Feliz é o homem que acha sabedoria,
e o homem que adquire conhecimento;
porque melhor é o lucro que ela dá do que o da prata,
e melhor sua renda do que o ouro mais fino.

Provérbios 3.13-14

DIREITO
CONSTITUCIONAL EM
MAPAS MENTAIS

ROBERTO TRONCOSO
MARCELO LEITE
THIAGO STRAUSS

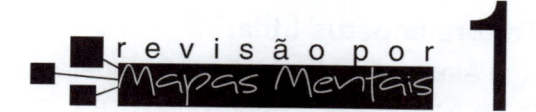

DIREITO CONSTITUCIONAL EM MAPAS MENTAIS

5ª edição, revista e atualizada até a EC nº 99/2017

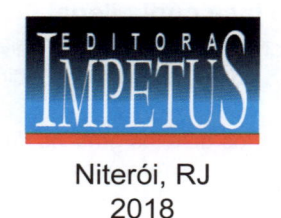

Niterói, RJ
2018

© 2018, Editora Impetus Ltda.

Editora Impetus Ltda.
Rua Alexandre Moura, 51 – Gragoatá – Niterói – RJ
CEP: 24210-200 – Telefax: (21) 2621-7007

CONSELHO EDITORIAL
ANA PAULA CALDEIRA • BENJAMIN CESAR DE AZEVEDO COSTA
ED LUIZ FERRARI • EUGÊNIO ROSA DE ARAÚJO
FÁBIO ZAMBITTE IBRAHIM • FERNANDA PONTES PIMENTEL
IZEQUIAS ESTEVAM DOS SANTOS • MARCELO LEONARDO TAVARES
RENATO MONTEIRO DE AQUINO • ROGÉRIO GRECO
VITOR MARCELO ARANHA AFONSO RODRIGUES • WILLIAM DOUGLAS

Editoração Eletrônica: Dos Autores
Capa: Wilson Cotrim
Revisão Ortográfica: REVETRAD – Revisões e Traduções e C&C Criações e Textos Ltda.
Impressão e Encadernação: Vozes Editora e Gráfica Ltda.

T768d

Troncoso, Roberto.
    Direito constitucional em mapas mentais / Roberto Troncoso, Thiago
Strauss e Marcelo Leite – 5ª edição. – Niterói, RJ: Impetus, 2018.
180 p. ; 23 x 33 cm.

    ISBN 978-85-7626-988-5

    1. Direito constitucional – Brasil. 2. Método de estudo. 3. Estratégia de
aprendizagem. I. Leite, Marcelo. II. Strauss, Thiago. III. Título.

                                                    CDD – 342.81

Dedicatória

Dedico esta obra:

Aos meus pais, Davi e Ana, que sempre me apoiaram nessa caminhada.

Aos meus grandes amigos Marcelo Leite e Thiago Strauss. É uma grande honra trabalhar ao lado de vocês.

Ao amigo Vicente Paulo. Que essa nossa nova amizade e parceria se frutifiquem eternamente.

Aos meus queridos alunos. Esta obra é para vocês!

Roberto Troncoso

Aos meus pais, Alcides e Maria de Lourdes, com a minha infinita gratidão a quem sempre me incentivou nos estudos e ofereceu conforto físico e emocional para o alcance dos meus objetivos.

Ao amigo Vicente Paulo, pelas oportunidades oferecidas e pelo reconhecimento que as obras de sua vida já impactaram, e muito, na minha vida.

Marcelo Leite

À minha mãe, Fernanda, pessoa que dedicou sua vida à minha educação, e a quem sou eternamente grato.

Aos meus filhos, Marcelo, Vítor e Rafaela, fontes maiores da minha inspiração.

À minha esposa, Maira, que, sempre a meu lado, demonstrou compreensão nos momentos em que estive ausente.

Thiago Strauss

Os Autores

Roberto Troncoso é Consultor Legislativo da Câmara dos Deputados – Área Direito Constitucional, Administrativo, Eleitoral, Municipal, Processo Legislativo e Regimento Interno. Exerceu o cargo de Auditor Federal de Controle Externo do Tribunal de Contas da União – TCU (2008-2014), onde exerceu a função de Pregoeiro Oficial e Gerente de Processos. Pós-graduado em Auditoria e Controle da Gestão Governamental. É professor de Direito Constitucional em cursos preparatórios para concursos e palestrante de técnicas de aprendizagem acelerada aplicadas a concursos públicos. Foi também Agente de Polícia Federal (2004-2008) e Técnico Judiciário do Tribunal de Justiça do Distrito Federal – TJDFT (2003-2004).

Marcelo Leite é Analista Legislativo – Técnica Legislativa – da Câmara dos Deputados e Advogado. Formado em Direito pelo Centro Universitário de Brasília (UniCeub), Ciência da Computação pela Universidade de Brasília (UnB), e pós-graduado em Auditoria e Controle da Gestão Governamental e em Sistemas Orientados a Objetos. Exerceu o cargo de Auditor Federal de Controle Externo do Tribunal de Contas da União por cinco anos (2007-2012). Foi também aprovado nos concursos para Analista Legislativo – Técnica Legislativa – da Câmara dos Deputados (2012), Auditor Federal de Controle Externo do TCU (2007), Analista e Técnico de Controle Interno do Ministério Público Federal (2007) e técnico do Tribunal Regional Federal (2006).

Thiago Strauss é Auditor Federal de Controle Externo do Tribunal de Contas da União, formado em Engenharia Mecânica pela Universidade de Brasília e professor de Direito Administrativo em cursos preparatórios para concursos públicos em Brasília. Foi também aprovado nos concursos para analista de finanças e controle da Controladoria-Geral da União e especialista em financiamento e execução de programas e projetos educacionais do Fundo Nacional de Desenvolvimento da Educação.

Apresentação

Ouse fazer e o poder lhe será dado. É com esse espírito que, após a excelente receptividade obtida na 1ª edição, resolvemos dar continuidade à série.

A ideia de adaptar a técnica de Mapas Mentais para concursos públicos surgiu quando, durante nossa preparação para o concurso do Tribunal de Contas da União, nos deparamos com a enorme quantidade de matérias cobradas e o vasto volume de informações a serem adquiridas. Naquela época, duas indagações fundamentais ocorreram: "Como aprender todo o conteúdo em um prazo razoável?" e "Como internalizar toda a matéria?". Criar Mapas Mentais foi a forma que encontramos para superar essa tarefa quase sobre-humana.

Os Mapas Mentais são esquemas que, elaborados na forma de organograma, abordam todo o conteúdo da disciplina exigido em concursos públicos. Por facilitarem a organização mental da matéria estudada, representam um meio eficaz para a assimilação e a memorização do conhecimento.

Dentre as inúmeras vantagens que os Mapas Mentais proporcionam, destacamos a possibilidade de **organizar todo o conteúdo das disciplinas de forma estruturada**, partindo do gênero para as espécies, dos títulos para os subtítulos. Dessa forma, **você obtém a visão global da matéria, partindo da visão geral para os detalhes**.

Os Mapas proporcionam, ainda, uma **comparação** entre as características das espécies de mesmo gênero, algo muito cobrado em provas de concursos, e possibilitam o encadeamento e a associação de ideias. Essa forma de esquematização permite realçar os principais conceitos da matéria e suas correlações com os demais institutos, buscando reforçar a memória associativa.

Além disso, o uso dos Mapas Mentais faz com que utilizemos os dois hemisférios do cérebro, inclusive partes que não costumamos usar com frequência nos estudos, como as que cuidam de nossa memória espacial, visual, e da criatividade. **Isso faz com que as sinapses cerebrais sejam ainda mais fortalecidas**, consolidando a memória de longo prazo e multiplicando a capacidade de absorção.

Tendo em vista o enorme volume de matérias cobradas nos editais dos mais variados concursos públicos, percebemos que, para acessar esse vasto conhecimento na hora da prova, não é eficiente estudar de forma confusa e em muitos livros. A solução para aprender todo o conteúdo e, ao mesmo tempo, não esquecê-lo vem com a **repetição**, por meio da **revisão contínua e estruturada** da matéria.

Com os mapas, **você poderá revisar toda a disciplina em um período muito mais curto do que se fosse fazê-lo por meio de um livro ou mesmo de um texto-resumo**. Tal possibilidade é essencial para as últimas semanas que antecedem a prova, pois permitirá rever todo o conteúdo do edital em apenas alguns dias.

Ouse, arrisque e faça acontecer! Desejamos a todos vocês **MUITO SUCESSO** nessa jornada de preparação para concurso público, que é bastante trabalhosa, **mas também, ao fim, EXTREMAMENTE GRATIFICANTE!**

Um grande abraço e bons estudos!

Roberto Troncoso, Marcelo Leite e Thiago Strauss

> *"Se você pensa que pode ou sonha que pode, comece. Ousadia tem genialidade, poder e mágica.* **Ouse fazer e o poder lhe será dado.**" *(Goethe)*

DIREITO CONSTITUCIONAL - VISÃO GERAL

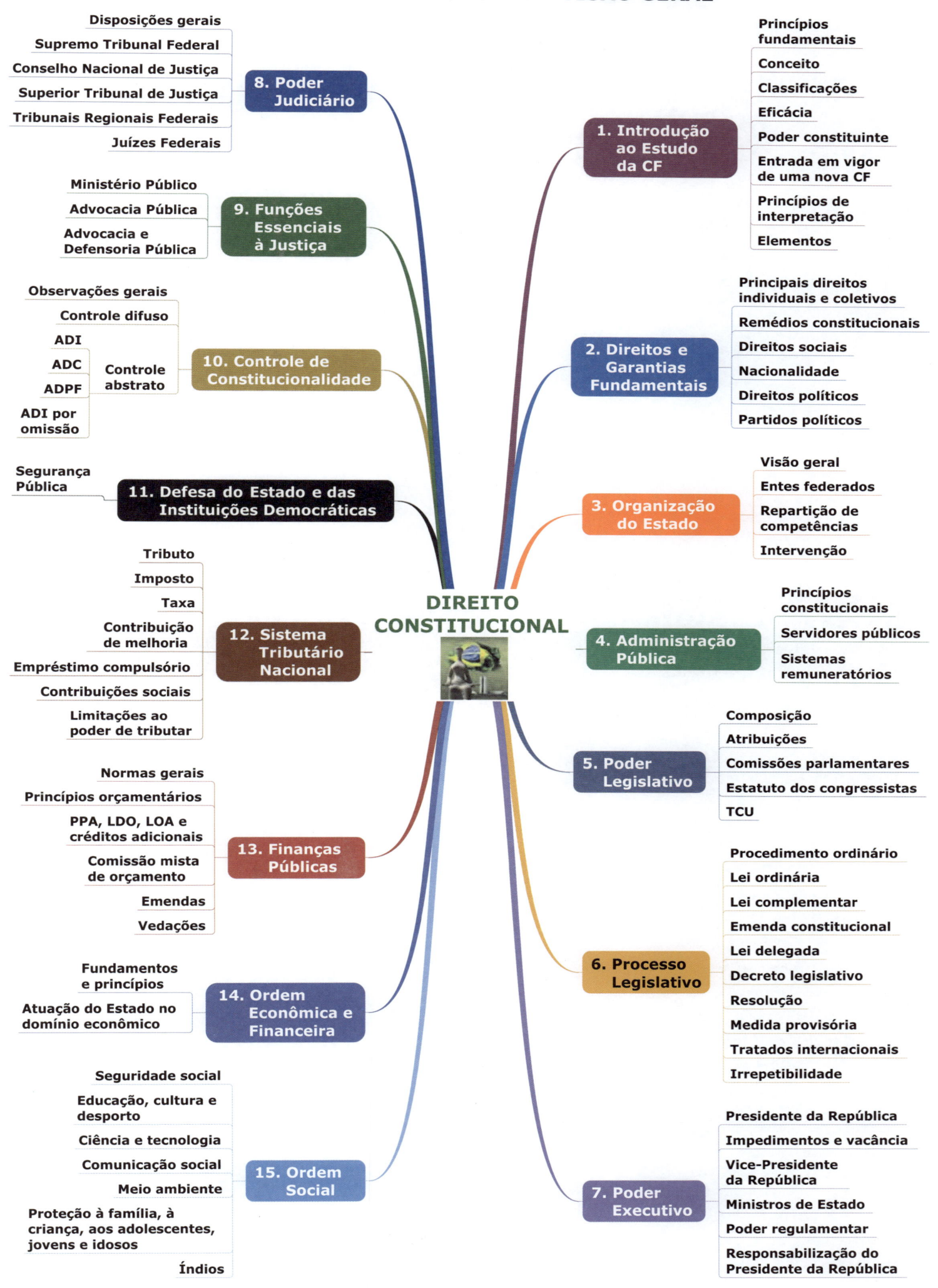

- **8. Poder Judiciário**
  - Disposições gerais
  - Supremo Tribunal Federal
  - Conselho Nacional de Justiça
  - Superior Tribunal de Justiça
  - Tribunais Regionais Federais
  - Juízes Federais

- **9. Funções Essenciais à Justiça**
  - Ministério Público
  - Advocacia Pública
  - Advocacia e Defensoria Pública

- **10. Controle de Constitucionalidade**
  - Observações gerais
  - Controle difuso
  - Controle abstrato
    - ADI
    - ADC
    - ADPF
  - ADI por omissão

- **11. Defesa do Estado e das Instituições Democráticas**
  - Segurança Pública

- **12. Sistema Tributário Nacional**
  - Tributo
  - Imposto
  - Taxa
  - Contribuição de melhoria
  - Empréstimo compulsório
  - Contribuições sociais
  - Limitações ao poder de tributar

- **13. Finanças Públicas**
  - Normas gerais
  - Princípios orçamentários
  - PPA, LDO, LOA e créditos adicionais
  - Comissão mista de orçamento
  - Emendas
  - Vedações

- **14. Ordem Econômica e Financeira**
  - Fundamentos e princípios
  - Atuação do Estado no domínio econômico

- **15. Ordem Social**
  - Seguridade social
  - Educação, cultura e desporto
  - Ciência e tecnologia
  - Comunicação social
  - Meio ambiente
  - Proteção à família, à criança, aos adolescentes, jovens e idosos
  - Índios

DIREITO CONSTITUCIONAL

- **1. Introdução ao Estudo da CF**
  - Princípios fundamentais
  - Conceito
  - Classificações
  - Eficácia
  - Poder constituinte
  - Entrada em vigor de uma nova CF
  - Princípios de interpretação
  - Elementos

- **2. Direitos e Garantias Fundamentais**
  - Principais direitos individuais e coletivos
  - Remédios constitucionais
  - Direitos sociais
  - Nacionalidade
  - Direitos políticos
  - Partidos políticos

- **3. Organização do Estado**
  - Visão geral
  - Entes federados
  - Repartição de competências
  - Intervenção

- **4. Administração Pública**
  - Princípios constitucionais
  - Servidores públicos
  - Sistemas remuneratórios

- **5. Poder Legislativo**
  - Composição
  - Atribuições
  - Comissões parlamentares
  - Estatuto dos congressistas
  - TCU

- **6. Processo Legislativo**
  - Procedimento ordinário
  - Lei ordinária
  - Lei complementar
  - Emenda constitucional
  - Lei delegada
  - Decreto legislativo
  - Resolução
  - Medida provisória
  - Tratados internacionais
  - Irrepetibilidade

- **7. Poder Executivo**
  - Presidente da República
  - Impedimentos e vacância
  - Vice-Presidente da República
  - Ministros de Estado
  - Poder regulamentar
  - Responsabilização do Presidente da República

Capítulo 1

Introdução ao Estudo da CF

INTRODUÇÃO AO ESTUDO DA CF I
PRINCÍPIOS FUNDAMENTAIS I

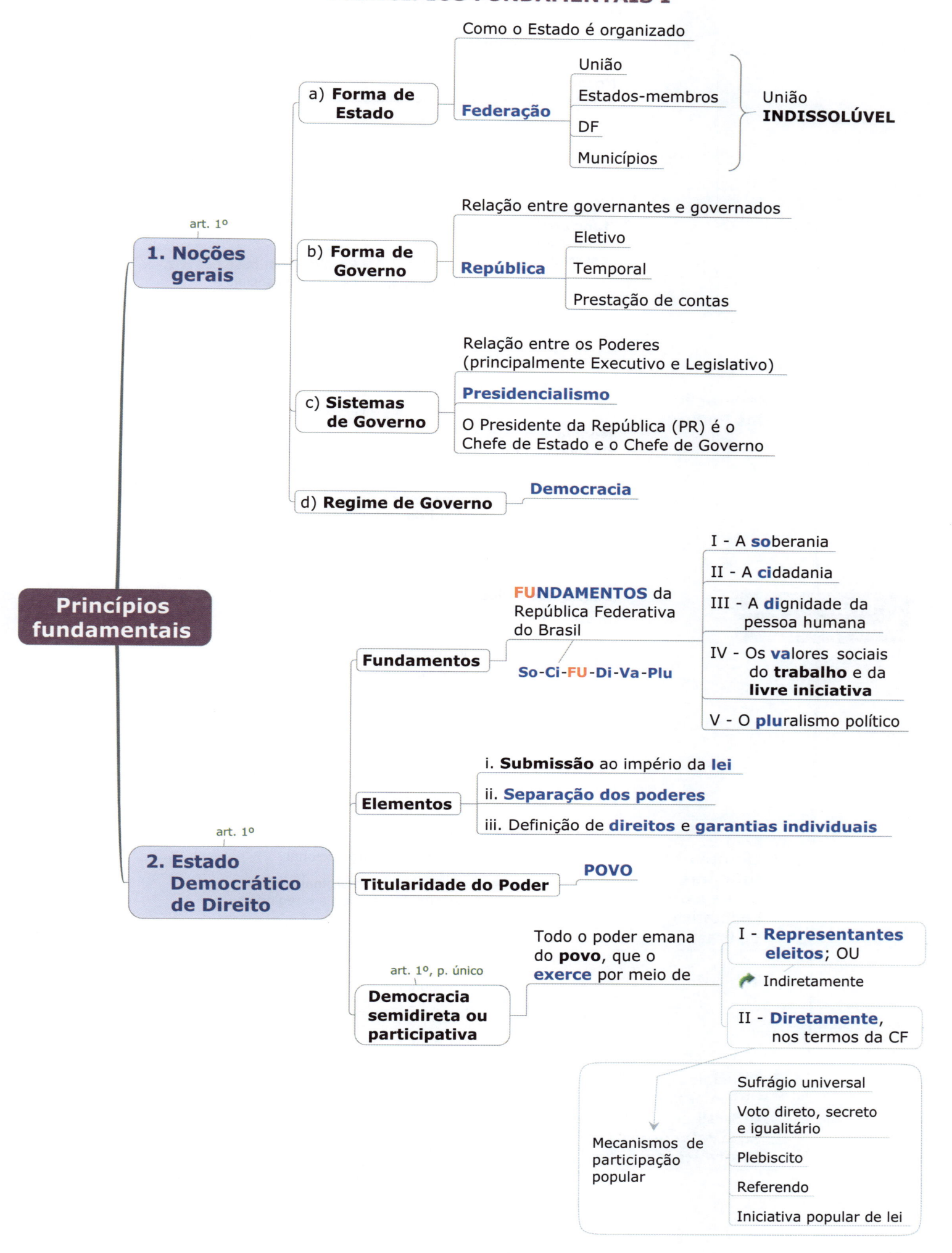

Princípios fundamentais

1. Noções gerais — art. 1º

a) **Forma de Estado** — Como o Estado é organizado
Federação — União, Estados-membros, DF, Municípios → União **INDISSOLÚVEL**

b) **Forma de Governo** — Relação entre governantes e governados
República — Eletivo, Temporal, Prestação de contas

c) **Sistemas de Governo** — Relação entre os Poderes (principalmente Executivo e Legislativo)
Presidencialismo
O Presidente da República (PR) é o Chefe de Estado e o Chefe de Governo

d) **Regime de Governo** — **Democracia**

2. Estado Democrático de Direito — art. 1º

Fundamentos
FUNDAMENTOS da República Federativa do Brasil
So-Ci-FU-Di-Va-Plu
I - A **so**berania
II - A **ci**dadania
III - A **di**gnidade da pessoa humana
IV - Os **va**lores sociais do **trabalho** e da **livre iniciativa**
V - O **plu**ralismo político

Elementos
i. **Submissão** ao império da **lei**
ii. **Separação dos poderes**
iii. Definição de **direitos** e **garantias individuais**

Titularidade do Poder — **POVO**

Democracia semidireta ou participativa — art. 1º, p. único
Todo o poder emana do **povo**, que o **exerce** por meio de
I - **Representantes eleitos**; OU → Indiretamente
II - **Diretamente**, nos termos da CF

Mecanismos de participação popular
- Sufrágio universal
- Voto direto, secreto e igualitário
- Plebiscito
- Referendo
- Iniciativa popular de lei

INTRODUÇÃO AO ESTUDO DA CF II
PRINCÍPIOS FUNDAMENTAIS II

Princípios fundamentais

3. Separação dos Poderes (art. 2º)

Noções gerais
- Origem no **iluminismo** — Contraposição às Monarquias absolutistas
- O **poder** soberno é **uno** e **indivisível**, e o **povo** é o **titular**
- A separação dos poderes determina apenas a **divisão** de **tarefas estatais**, de atividades entre distintos órgãos autônomos

Divisão funcional das 3 funções estatais
- **Legislativo**
  - Elabora leis (legislar)
  - Fiscaliza os outros poderes
- **Executivo**
  - Aplica as leis, de modo a atingir os objetivos da sociedade
- **Judiciário**
  - Resolve, com base nas leis, os conflitos sociais

Modelo flexível
- Os Poderes são **independentes** e **harmônicos** entre si
- ✔ **Regra** — As **funções** são reciprocamente **INDELEGÁVEIS**
- ✗ **Exceção**
  - Excepcionalmente pode ser delegável
  - Ex.: Lei delegada
- Há uma **divisão funcional** das atividades estatais
- Mas essa separação **não** é **rígida**, estanque
  - Ela é dinâmica, em que não há exclusividade no seu exercício
  - Cada Poder tem funções **típicas** e **atípicas**

Teoria dos freios e contrapesos
- Promove o exercício **harmônico** dos Poderes, para que um não se imponha aos demais
- **Exemplos**
  - Veto presidencial
  - Controle judicial de constitucionalidade
  - Congressista atuando como Ministro de Estado
  - Edição de MP e Lei Delegada pelo PR
  - Convocação de Ministros de Estado pelas Casas do CN
  - Fiscalização de atos do Executivo por CPIs

4. Objetivos fundamentais da República Federativa do Brasil (art. 3º)

- I - **Construir** uma sociedade livre, justa e solidária
- II - **Garantir** o desenvolvimento nacional
- III - **Erradicar** a pobreza e a marginalização e reduzir as desigualdades sociais e regionais
- IV - **Promover** o bem de todos, sem preconceitos de origem, raça, sexo, cor, idade e quaisquer outras formas de discriminação

5. Princípios que regem o Brasil em suas **relações internacionais** (art. 4º)

- I - Independência nacional
- II - Prevalência dos direitos humanos
- III - Autodeterminação dos povos
- IV - Não intervenção
- V - Igualdade entre os Estados
- VI - Defesa da paz
- VII - Solução pacífica dos conflitos
- VIII - Repúdio ao terrorismo e ao racismo
- IX - Cooperação entre os povos para o progresso da humanidade
- X - Concessão de asilo político

INTRODUÇÃO AO ESTUDO DA CF III

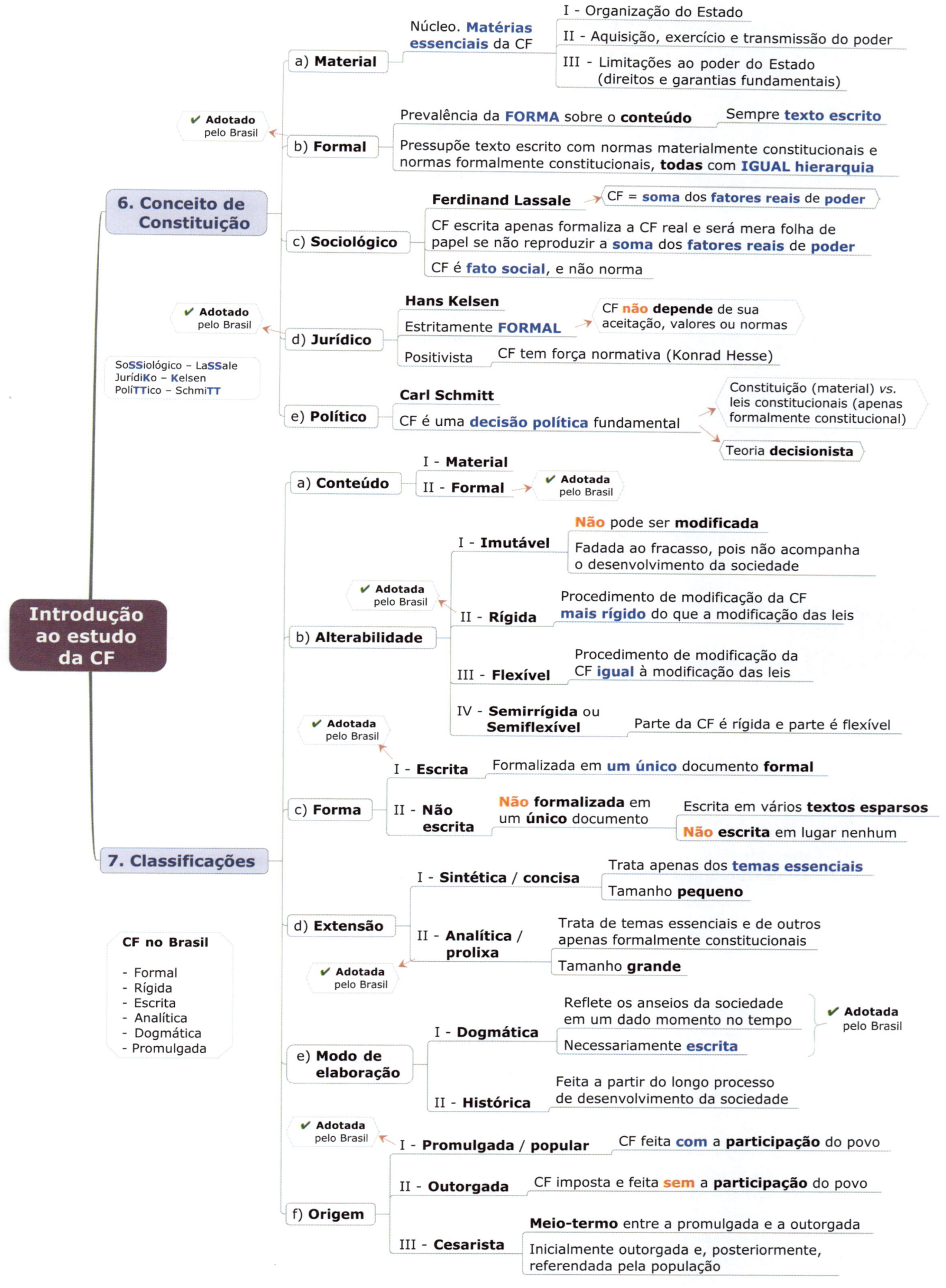

6. Conceito de Constituição

a) Material — Núcleo. **Matérias essenciais** da CF
- I - Organização do Estado
- II - Aquisição, exercício e transmissão do poder
- III - Limitações ao poder do Estado (direitos e garantias fundamentais)

✔ **Adotado** pelo Brasil

b) Formal
- Prevalência da **FORMA** sobre o **conteúdo** — Sempre **texto escrito**
- Pressupõe texto escrito com normas materialmente constitucionais e normas formalmente constitucionais, **todas** com **IGUAL hierarquia**

c) Sociológico
- **Ferdinand Lassale** — CF = **soma** dos **fatores reais** de **poder**
- CF escrita apenas formaliza a CF real e será mera folha de papel se não reproduzir a **soma** dos **fatores reais** de **poder**
- CF é **fato social**, e não norma

✔ **Adotado** pelo Brasil

d) Jurídico
- **Hans Kelsen**
- Estritamente **FORMAL** — CF **não depende** de sua aceitação, valores ou normas
- Positivista — CF tem força normativa (Konrad Hesse)

SoSSiológico – LaSSale
JurídiKo – Kelsen
PolíTTico – SchmiTT

e) Político
- **Carl Schmitt**
- CF é uma **decisão política** fundamental
- Constituição (material) *vs.* leis constitucionais (apenas formalmente constitucional)
- Teoria **decisionista**

Introdução ao estudo da CF

7. Classificações

a) Conteúdo
- I - **Material**
- II - **Formal** — ✔ **Adotada** pelo Brasil

b) Alterabilidade
- I - **Imutável** — **Não** pode ser **modificada** / Fadada ao fracasso, pois não acompanha o desenvolvimento da sociedade
- II - **Rígida** — Procedimento de modificação da CF **mais rígido** do que a modificação das leis ✔ **Adotada** pelo Brasil
- III - **Flexível** — Procedimento de modificação da CF **igual** à modificação das leis
- IV - **Semirrígida** ou **Semiflexível** — Parte da CF é rígida e parte é flexível

c) Forma — ✔ **Adotada** pelo Brasil
- I - **Escrita** — Formalizada em **um único** documento **formal**
- II - **Não escrita** — **Não** formalizada em **um único** documento
  - Escrita em vários **textos esparsos**
  - **Não** escrita em lugar nenhum

d) Extensão
- I - **Sintética / concisa** — Trata apenas dos **temas essenciais** / Tamanho **pequeno**
- II - **Analítica / prolixa** — Trata de temas essenciais e de outros apenas formalmente constitucionais / Tamanho **grande** ✔ **Adotada** pelo Brasil

CF no Brasil
- Formal
- Rígida
- Escrita
- Analítica
- Dogmática
- Promulgada

e) Modo de elaboração
- I - **Dogmática** — Reflete os anseios da sociedade em um dado momento no tempo ✔ **Adotada** pelo Brasil / Necessariamente **escrita**
- II - **Histórica** — Feita a partir do longo processo de desenvolvimento da sociedade

f) Origem — ✔ **Adotada** pelo Brasil
- I - **Promulgada / popular** — CF feita **com** a **participação** do povo
- II - **Outorgada** — CF imposta e feita **sem** a **participação** do povo
- III - **Cesarista** — **Meio-termo** entre a promulgada e a outorgada / Inicialmente outorgada e, posteriormente, referendada pela população

INTRODUÇÃO AO ESTUDO DA CF IV

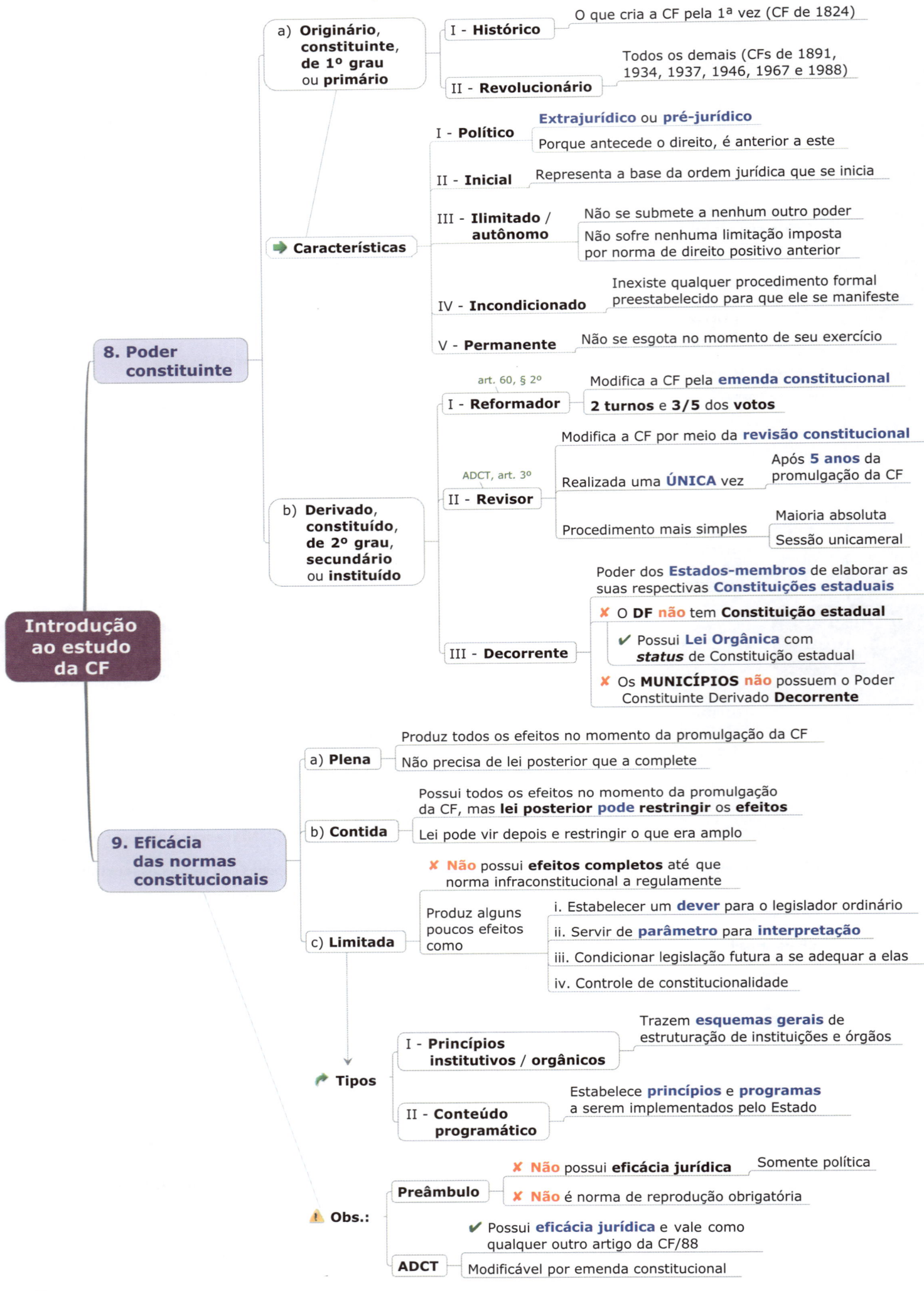

8. Poder constituinte

a) **Originário, constituinte, de 1º grau ou primário**

- I - **Histórico** — O que cria a CF pela 1ª vez (CF de 1824)
- II - **Revolucionário** — Todos os demais (CFs de 1891, 1934, 1937, 1946, 1967 e 1988)

➡ **Características**
- I - **Político** — Extrajurídico ou pré-jurídico / Porque antecede o direito, é anterior a este
- II - **Inicial** — Representa a base da ordem jurídica que se inicia
- III - **Ilimitado / autônomo** — Não se submete a nenhum outro poder / Não sofre nenhuma limitação imposta por norma de direito positivo anterior
- IV - **Incondicionado** — Inexiste qualquer procedimento formal preestabelecido para que ele se manifeste
- V - **Permanente** — Não se esgota no momento de seu exercício

b) **Derivado, constituído, de 2º grau, secundário ou instituído**

- I - **Reformador** — art. 60, § 2º — Modifica a CF pela **emenda constitucional** / **2 turnos** e **3/5** dos **votos**
- II - **Revisor** — ADCT, art. 3º — Modifica a CF por meio da **revisão constitucional** / Realizada uma **ÚNICA** vez → Após **5 anos** da promulgação da CF / Procedimento mais simples → Maioria absoluta / Sessão unicameral
- III - **Decorrente** — Poder dos **Estados-membros** de elaborar as suas respectivas **Constituições estaduais**
  - ✗ O **DF não** tem **Constituição estadual**
  - ✔ Possui **Lei Orgânica** com *status* de Constituição estadual
  - ✗ Os **MUNICÍPIOS não** possuem o Poder Constituinte Derivado **Decorrente**

9. Eficácia das normas constitucionais

a) **Plena** — Produz todos os efeitos no momento da promulgação da CF / Não precisa de lei posterior que a complete

b) **Contida** — Possui todos os efeitos no momento da promulgação da CF, mas **lei posterior pode restringir** os **efeitos** / Lei pode vir depois e restringir o que era amplo

c) **Limitada** — ✗ **Não** possui **efeitos completos** até que norma infraconstitucional a regulamente / Produz alguns poucos efeitos como:
  - i. Estabelecer um **dever** para o legislador ordinário
  - ii. Servir de **parâmetro** para **interpretação**
  - iii. Condicionar legislação futura a se adequar a elas
  - iv. Controle de constitucionalidade

➤ **Tipos**
- I - **Princípios institutivos / orgânicos** — Trazem **esquemas gerais** de estruturação de instituições e órgãos
- II - **Conteúdo programático** — Estabelece **princípios** e **programas** a serem implementados pelo Estado

⚠ **Obs.:**
- **Preâmbulo** — ✗ **Não** possui **eficácia jurídica** — Somente política / ✗ **Não** é norma de reprodução obrigatória
- **ADCT** — ✔ Possui **eficácia jurídica** e vale como qualquer outro artigo da CF/88 / Modificável por emenda constitucional

INTRODUÇÃO AO ESTUDO DA CF V

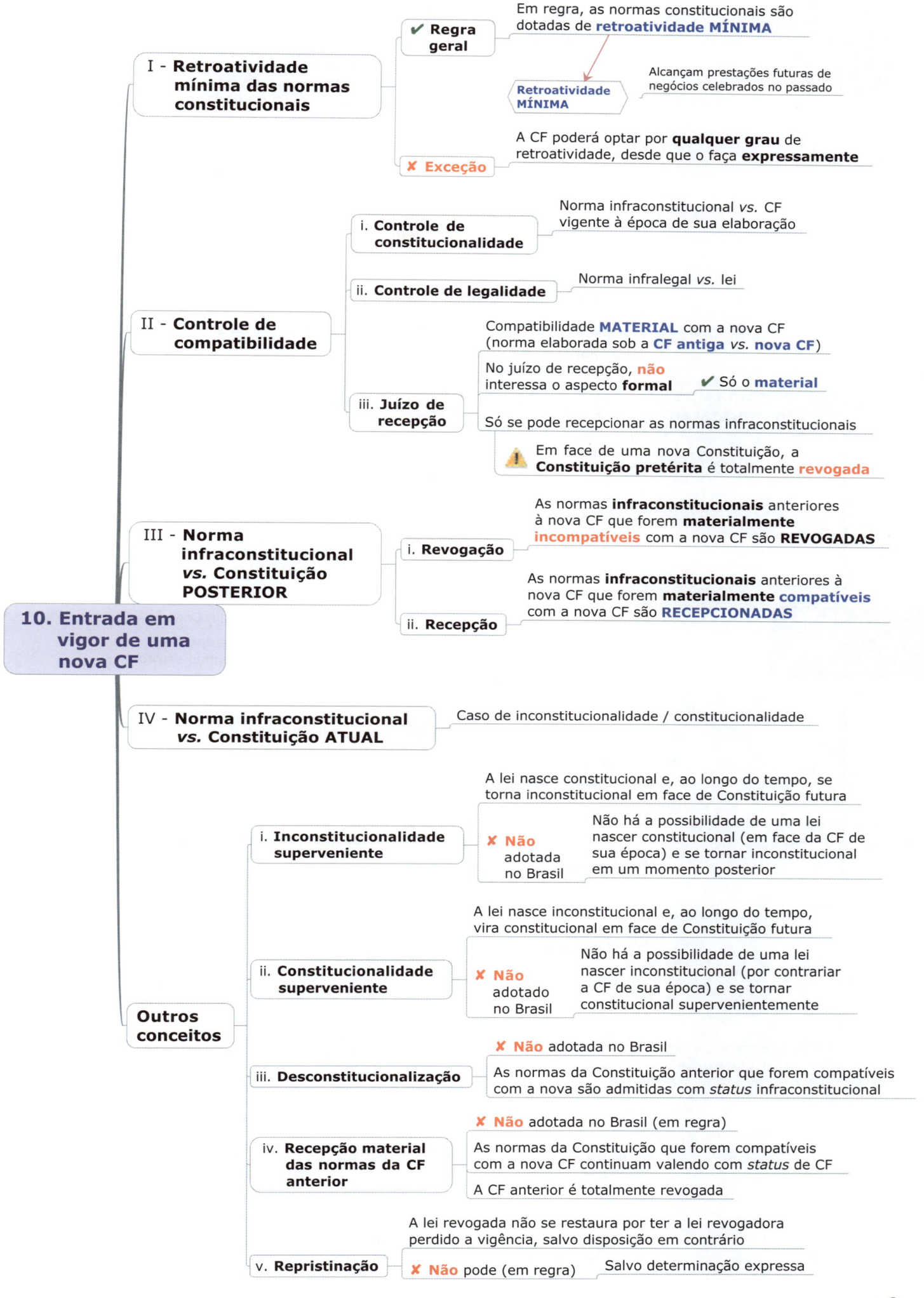

I - Retroatividade mínima das normas constitucionais

✔ **Regra geral** — Em regra, as normas constitucionais são dotadas de **retroatividade MÍNIMA**

Retroatividade **MÍNIMA** — Alcançam prestações futuras de negócios celebrados no passado

✗ **Exceção** — A CF poderá optar por **qualquer grau** de retroatividade, desde que o faça **expressamente**

II - Controle de compatibilidade

i. **Controle de constitucionalidade** — Norma infraconstitucional *vs.* CF vigente à época de sua elaboração

ii. **Controle de legalidade** — Norma infralegal *vs.* lei

iii. **Juízo de recepção** —
- Compatibilidade **MATERIAL** com a nova CF (norma elaborada sob a **CF antiga** *vs.* **nova CF**)
- No juízo de recepção, **não** interessa o aspecto **formal** — ✔ Só o **material**
- Só se pode recepcionar as normas infraconstitucionais
- ⚠ Em face de uma nova Constituição, a **Constituição pretérita** é totalmente **revogada**

III - Norma infraconstitucional *vs.* Constituição POSTERIOR

i. **Revogação** — As normas **infraconstitucionais** anteriores à nova CF que forem **materialmente incompatíveis** com a nova CF são **REVOGADAS**

ii. **Recepção** — As normas **infraconstitucionais** anteriores à nova CF que forem **materialmente compatíveis** com a nova CF são **RECEPCIONADAS**

10. Entrada em vigor de uma nova CF

IV - Norma infraconstitucional *vs.* Constituição ATUAL — Caso de inconstitucionalidade / constitucionalidade

Outros conceitos

i. **Inconstitucionalidade superveniente** —
- A lei nasce constitucional e, ao longo do tempo, se torna inconstitucional em face de Constituição futura
- ✗ **Não** adotada no Brasil — Não há a possibilidade de uma lei nascer constitucional (em face da CF de sua época) e se tornar inconstitucional em um momento posterior

ii. **Constitucionalidade superveniente** —
- A lei nasce inconstitucional e, ao longo do tempo, vira constitucional em face de Constituição futura
- ✗ **Não** adotado no Brasil — Não há a possibilidade de uma lei nascer inconstitucional (por contrariar a CF de sua época) e se tornar constitucional supervenientemente

iii. **Desconstitucionalização** —
- ✗ **Não** adotada no Brasil
- As normas da Constituição anterior que forem compatíveis com a nova são admitidas com *status* infraconstitucional

iv. **Recepção material das normas da CF anterior** —
- ✗ **Não** adotada no Brasil (em regra)
- As normas da Constituição que forem compatíveis com a nova CF continuam valendo com *status* de CF
- A CF anterior é totalmente revogada

v. **Repristinação** —
- A lei revogada não se restaura por ter a lei revogadora perdido a vigência, salvo disposição em contrário
- ✗ **Não** pode (em regra) — Salvo determinação expressa

9

INTRODUÇÃO AO ESTUDO DA CF VI

Introdução ao estudo da CF

11. Princípios de interpretação

a) Unidade da Constituição
A CF é **UNA** e não pode haver conflitos jurídicos em seu texto

b) Efeito integrador
Havendo **confronto** entre normas constitucionais, deve-se prestigiar as interpretações que favoreçam a **integração política** e **social** e reforcem a **unidade política**

c) Concordância prática ou harmonização
No **confronto** de duas normas ou direitos, deve-se buscar a **harmonia** entre eles, evitando-se o sacrifício total de um princípio em relação ao outro
Ex.: ponderação entre direitos fundamentais

d) Justeza ou conformidade funcional
Visa a impedir a alteração da **repartição de funções** estabelecidas na CF

e) Força normativa da Constituição
Prestigia-se a interpretação que garanta a **eficácia** a a **permanência** da Constituição

f) Eficiência ou máxima efetividade
Prestigia-se a interpretação de maior **efetividade**

g) Presunção de constitucionalidade das leis
Todas as leis são válidas, constitucionais, "até que se prove o contrário"
Só o Poder Judiciário pode declarar a inconstitucionalidade de uma lei

h) Supremacia da Constituição
A Constituição está no **topo** do **ordenamento jurídico** e nenhuma outra norma pode ir contra ela

i) Proporcionalidade ou razoabilidade
Quando da interpretação da CF, deve haver **adequação**, **necessidade** e **proporcionalidade** em sentido estrito

j) Interpretação conforme a Constituição
Quando uma norma possui dois ou mais significados, busca-se a **interpretação conforme a Constituição**, ou seja, deve se buscar alguma interpretação que torne a lei compatível com a CF

12. Elementos da Constituição

a) Orgânicos
São as normas que regulam a **estrutura** do **Estado** e do **Poder**
Ex.: Título III (Da Organização do Estado) e Título IV (Da Organização dos Poderes e do Sistema de Governo)

b) Limitativos
São as normas que **limitam** a atuação dos poderes estatais
Ex.: Título II (Dos Direitos e Garantias Fundamentais, com exceção do Capítulo II - Dos Direitos Sociais)

c) Socioideológicos
São as normas que revelam o compromisso da CF entre o Estado individualista e o Estado social intervencionista
Ex.: Capítulo II do Título II (Dos Direitos Sociais), e Título IV (Da Ordem Econômica)

d) De estabilização constitucional
São as normas constitucionais destinadas a assegurar a **solução** de **conflitos constitucionais**, a defesa da Constituição, do Estado e das instituições democráticas
Buscam garantir a **paz social**
Ex.: art. 102, I, "a" (Ação Direta de Inconstitucionalidade), arts. 34 a 36 (Da Intervenção nos Estados e Municípios)

e) Formais de aplicabilidade
São as normas que estabelecem **regras de aplicação** das Constituições
Ex.: Preâmbulo e ADCT

Capítulo 2

Direitos e Garantias Fundamentais

DIREITOS E GARANTIAS FUNDAMENTAIS

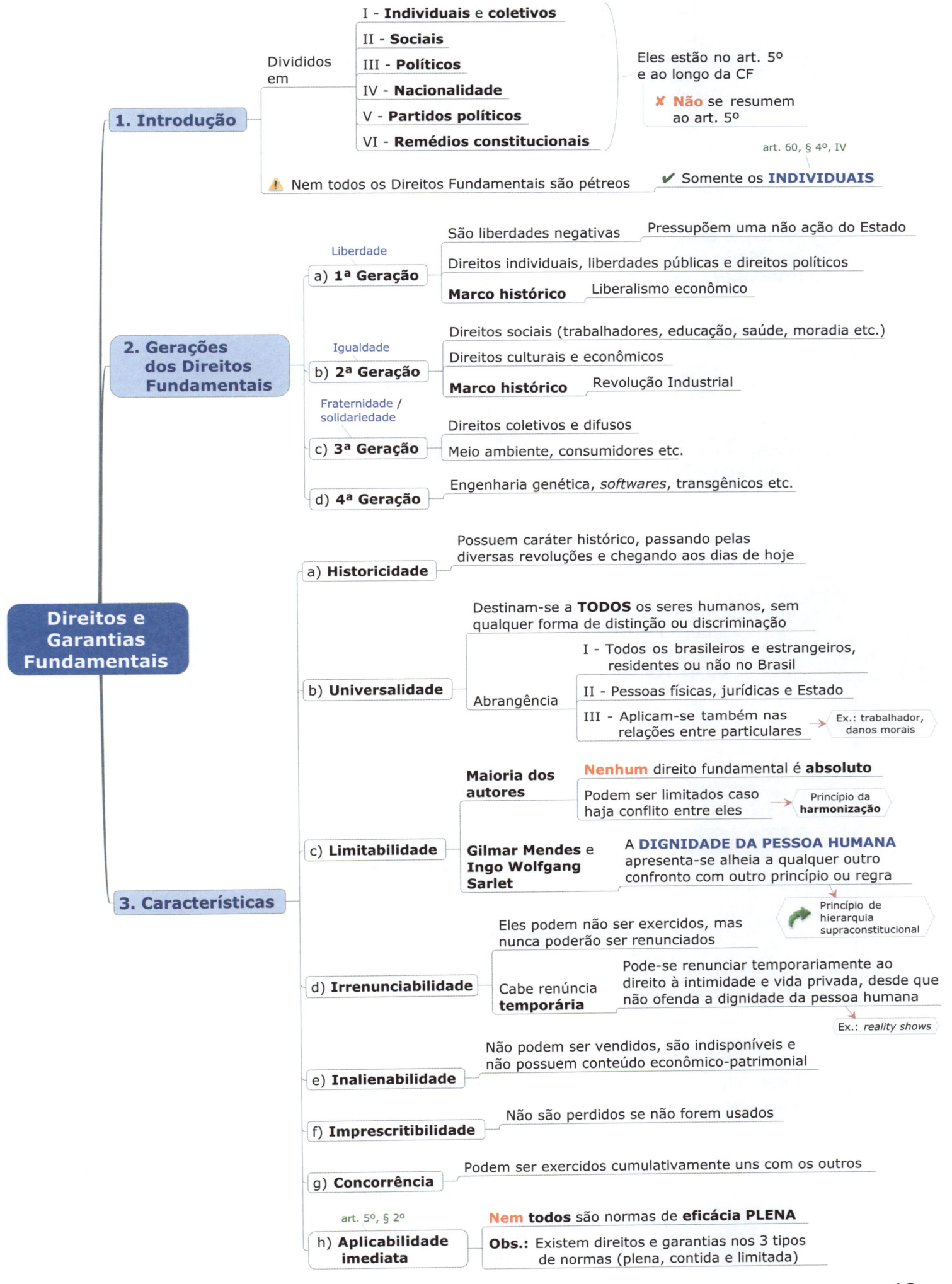

1. Introdução
Divididos em:
- I - **Individuais** e **coletivos**
- II - **Sociais**
- III - **Políticos**
- IV - **Nacionalidade**
- V - **Partidos políticos**
- VI - **Remédios constitucionais**

Eles estão no art. 5º e ao longo da CF
✗ **Não** se resumem ao art. 5º

art. 60, § 4º, IV

⚠ Nem todos os Direitos Fundamentais são pétreos ✔ Somente os **INDIVIDUAIS**

2. Gerações dos Direitos Fundamentais

a) **1ª Geração** — Liberdade
- São liberdades negativas — Pressupõem uma não ação do Estado
- Direitos individuais, liberdades públicas e direitos políticos
- **Marco histórico** — Liberalismo econômico

b) **2ª Geração** — Igualdade
- Direitos sociais (trabalhadores, educação, saúde, moradia etc.)
- Direitos culturais e econômicos
- **Marco histórico** — Revolução Industrial

c) **3ª Geração** — Fraternidade / solidariedade
- Direitos coletivos e difusos
- Meio ambiente, consumidores etc.

d) **4ª Geração**
- Engenharia genética, *softwares*, transgênicos etc.

3. Características

a) **Historicidade**
- Possuem caráter histórico, passando pelas diversas revoluções e chegando aos dias de hoje

b) **Universalidade**
- Destinam-se a **TODOS** os seres humanos, sem qualquer forma de distinção ou discriminação
- Abrangência
  - I - Todos os brasileiros e estrangeiros, residentes ou não no Brasil
  - II - Pessoas físicas, jurídicas e Estado
  - III - Aplicam-se também nas relações entre particulares → Ex.: trabalhador, danos morais

c) **Limitabilidade**
- **Maioria dos autores**
  - **Nenhum** direito fundamental é **absoluto**
  - Podem ser limitados caso haja conflito entre eles → Princípio da **harmonização**
- **Gilmar Mendes** e **Ingo Wolfgang Sarlet**
  - A **DIGNIDADE DA PESSOA HUMANA** apresenta-se alheia a qualquer outro confronto com outro princípio ou regra
  - Princípio de hierarquia supraconstitucional

d) **Irrenunciabilidade**
- Eles podem não ser exercidos, mas nunca poderão ser renunciados
- Cabe renúncia **temporária** — Pode-se renunciar temporariamente ao direito à intimidade e vida privada, desde que não ofenda a dignidade da pessoa humana
  - Ex.: *reality shows*

e) **Inalienabilidade**
- Não podem ser vendidos, são indisponíveis e não possuem conteúdo econômico-patrimonial

f) **Imprescritibilidade**
- Não são perdidos se não forem usados

g) **Concorrência**
- Podem ser exercidos cumulativamente uns com os outros

h) **Aplicabilidade imediata** — art. 5º, § 2º
- **Nem todos** são normas de **eficácia PLENA**
- **Obs.:** Existem direitos e garantias nos 3 tipos de normas (plena, contida e limitada)

Direitos e Garantias Fundamentais

PRINCIPAIS DIREITOS INDIVIDUAIS E COLETIVOS I

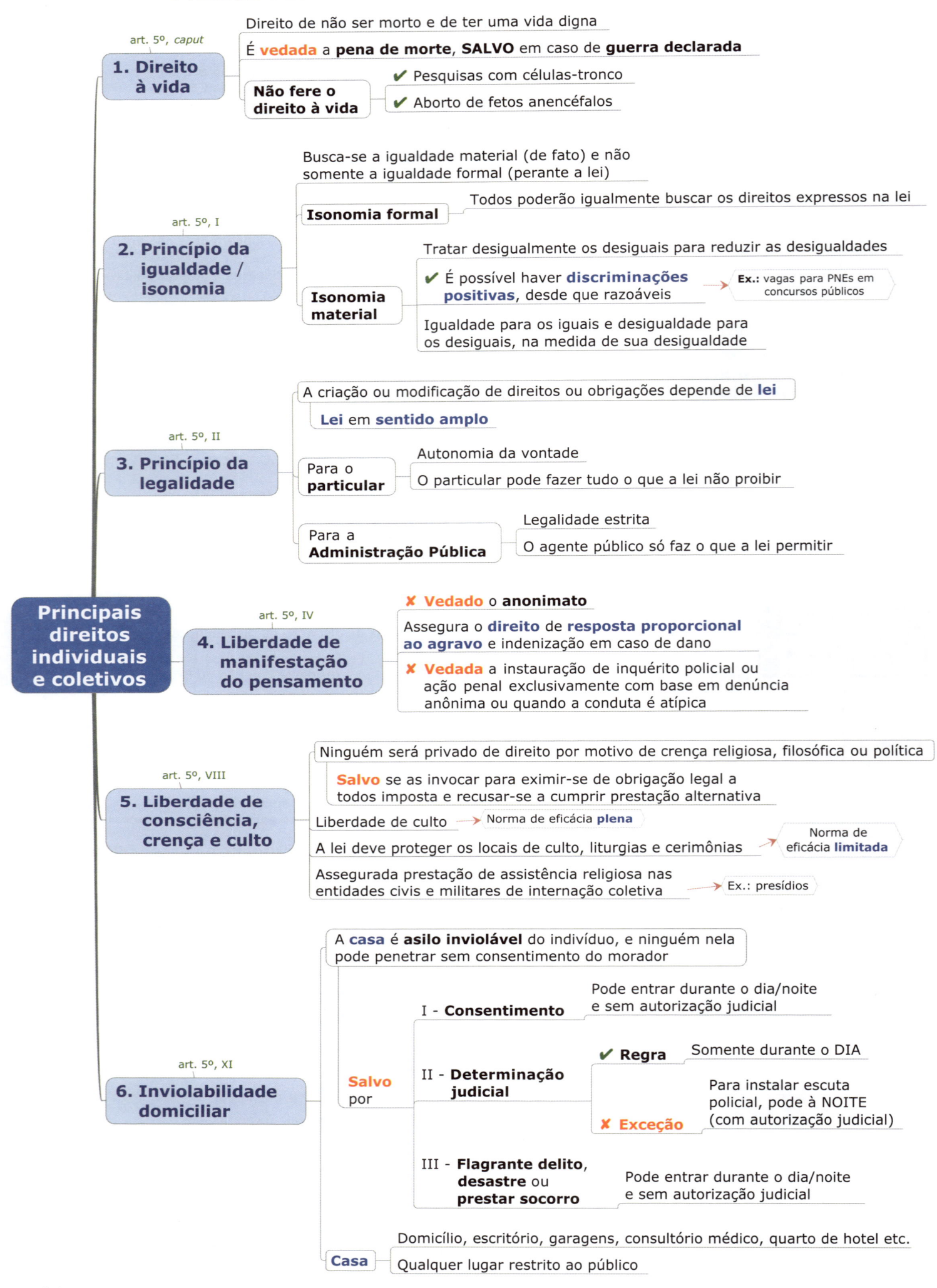

1. Direito à vida — art. 5º, *caput*
- Direito de não ser morto e de ter uma vida digna
- É **vedada** a **pena de morte**, **SALVO** em caso de **guerra declarada**
- **Não fere o direito à vida**
  - ✔ Pesquisas com células-tronco
  - ✔ Aborto de fetos anencéfalos

2. Princípio da igualdade / isonomia — art. 5º, I
- Busca-se a igualdade material (de fato) e não somente a igualdade formal (perante a lei)
- **Isonomia formal**
  - Todos poderão igualmente buscar os direitos expressos na lei
- **Isonomia material**
  - Tratar desigualmente os desiguais para reduzir as desigualdades
  - ✔ É possível haver **discriminações positivas**, desde que razoáveis → Ex.: vagas para PNEs em concursos públicos
  - Igualdade para os iguais e desigualdade para os desiguais, na medida de sua desigualdade

3. Princípio da legalidade — art. 5º, II
- A criação ou modificação de direitos ou obrigações depende de **lei**
- **Lei** em **sentido amplo**
- **Para o particular**
  - Autonomia da vontade
  - O particular pode fazer tudo o que a lei não proibir
- **Para a Administração Pública**
  - Legalidade estrita
  - O agente público só faz o que a lei permitir

4. Liberdade de manifestação do pensamento — art. 5º, IV
- ✘ **Vedado** o **anonimato**
- Assegura o **direito** de **resposta proporcional ao agravo** e indenização em caso de dano
- ✘ **Vedada** a instauração de inquérito policial ou ação penal exclusivamente com base em denúncia anônima ou quando a conduta é atípica

5. Liberdade de consciência, crença e culto — art. 5º, VIII
- Ninguém será privado de direito por motivo de crença religiosa, filosófica ou política
- **Salvo** se as invocar para eximir-se de obrigação legal a todos imposta e recusar-se a cumprir prestação alternativa
- Liberdade de culto → Norma de eficácia **plena**
- A lei deve proteger os locais de culto, liturgias e cerimônias → Norma de eficácia **limitada**
- Assegurada prestação de assistência religiosa nas entidades civis e militares de internação coletiva → Ex.: presídios

6. Inviolabilidade domiciliar — art. 5º, XI
- A **casa** é **asilo inviolável** do indivíduo, e ninguém nela pode penetrar sem consentimento do morador
- **Salvo por**
  - I - **Consentimento**
    - Pode entrar durante o dia/noite e sem autorização judicial
  - II - **Determinação judicial**
    - ✔ **Regra** — Somente durante o DIA
    - ✘ **Exceção** — Para instalar escuta policial, pode à NOITE (com autorização judicial)
  - III - **Flagrante delito, desastre** ou **prestar socorro**
    - Pode entrar durante o dia/noite e sem autorização judicial
- **Casa**
  - Domicílio, escritório, garagens, consultório médico, quarto de hotel etc.
  - Qualquer lugar restrito ao público

PRINCIPAIS DIREITOS INDIVIDUAIS E COLETIVOS II

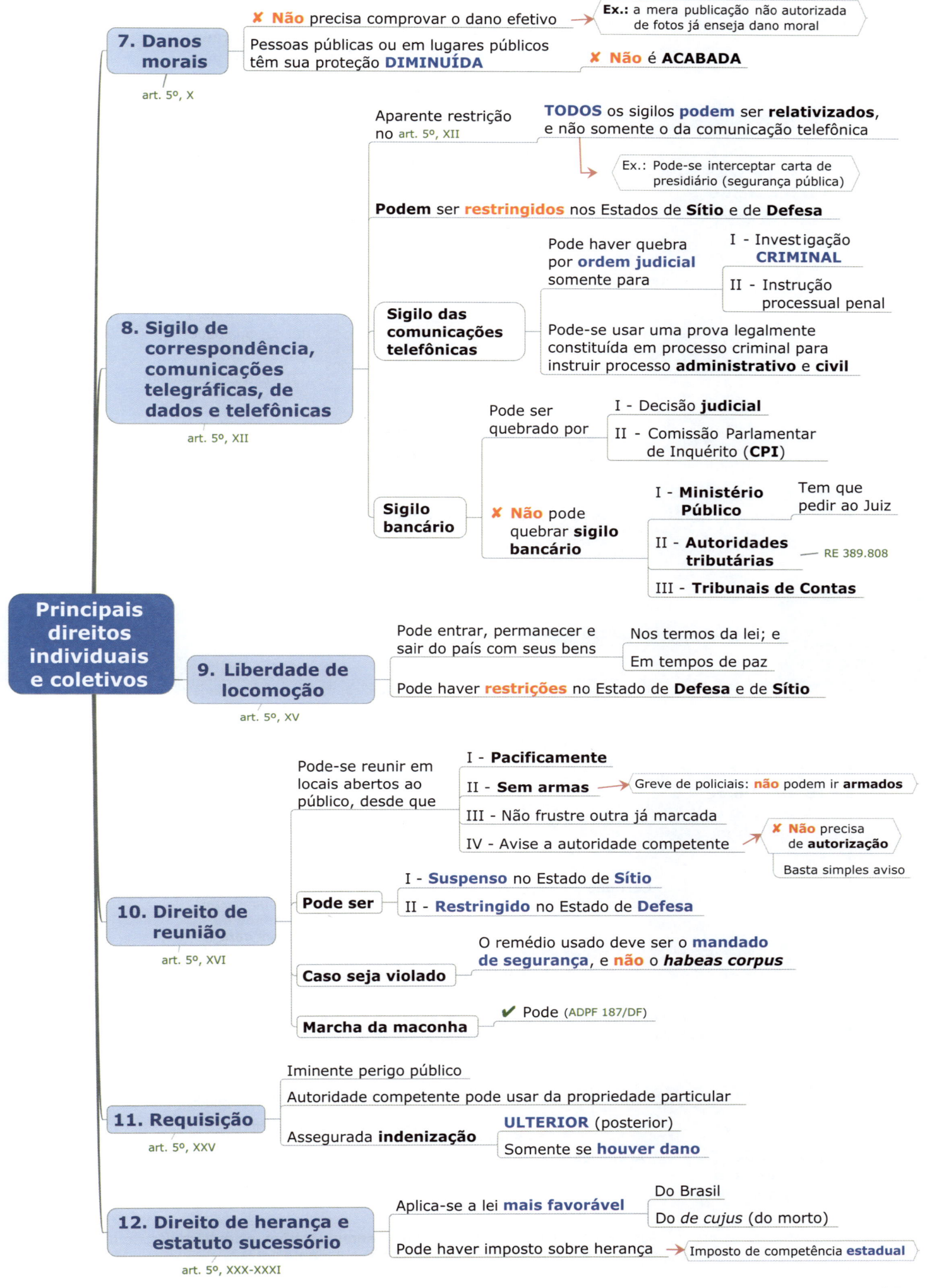

Principais direitos individuais e coletivos

7. Danos morais
art. 5º, X

- ✗ **Não** precisa comprovar o dano efetivo → **Ex.:** a mera publicação não autorizada de fotos já enseja dano moral
- Pessoas públicas ou em lugares públicos têm sua proteção **DIMINUÍDA** — ✗ **Não** é **ACABADA**

8. Sigilo de correspondência, comunicações telegráficas, de dados e telefônicas
art. 5º, XII

- Aparente restrição no art. 5º, XII — **TODOS** os sigilos **podem** ser **relativizados**, e não somente o da comunicação telefônica
  - **Ex.:** Pode-se interceptar carta de presidiário (segurança pública)
- **Podem** ser **restringidos** nos Estados de **Sítio** e de **Defesa**
- **Sigilo das comunicações telefônicas**
  - Pode haver quebra por **ordem judicial** somente para
    - I - Investigação **CRIMINAL**
    - II - Instrução processual penal
  - Pode-se usar uma prova legalmente constituída em processo criminal para instruir processo **administrativo** e **civil**
- **Sigilo bancário**
  - Pode ser quebrado por
    - I - Decisão **judicial**
    - II - Comissão Parlamentar de Inquérito (**CPI**)
  - ✗ **Não** pode quebrar **sigilo bancário**
    - I - **Ministério Público** — Tem que pedir ao Juiz
    - II - **Autoridades tributárias** — RE 389.808
    - III - **Tribunais de Contas**

9. Liberdade de locomoção
art. 5º, XV

- Pode entrar, permanecer e sair do país com seus bens
  - Nos termos da lei; e
  - Em tempos de paz
- Pode haver **restrições** no Estado de **Defesa** e de **Sítio**

10. Direito de reunião
art. 5º, XVI

- Pode-se reunir em locais abertos ao público, desde que
  - I - **Pacificamente**
  - II - **Sem armas** → Greve de policiais: **não** podem ir **armados**
  - III - Não frustre outra já marcada
  - IV - Avise a autoridade competente → ✗ **Não** precisa de **autorização** — Basta simples aviso
- **Pode ser**
  - I - **Suspenso** no Estado de **Sítio**
  - II - **Restringido** no Estado de **Defesa**
- **Caso seja violado** — O remédio usado deve ser o **mandado de segurança**, e **não** o *habeas corpus*
- **Marcha da maconha** — ✔ Pode (ADPF 187/DF)

11. Requisição
art. 5º, XXV

- Iminente perigo público
- Autoridade competente pode usar da propriedade particular
- Assegurada **indenização**
  - **ULTERIOR** (posterior)
  - Somente se **houver dano**

12. Direito de herança e estatuto sucessório
art. 5º, XXX-XXXI

- Aplica-se a lei **mais favorável**
  - Do Brasil
  - Do *de cujus* (do morto)
- Pode haver imposto sobre herança → Imposto de competência **estadual**

PRINCIPAIS DIREITOS INDIVIDUAIS E COLETIVOS III

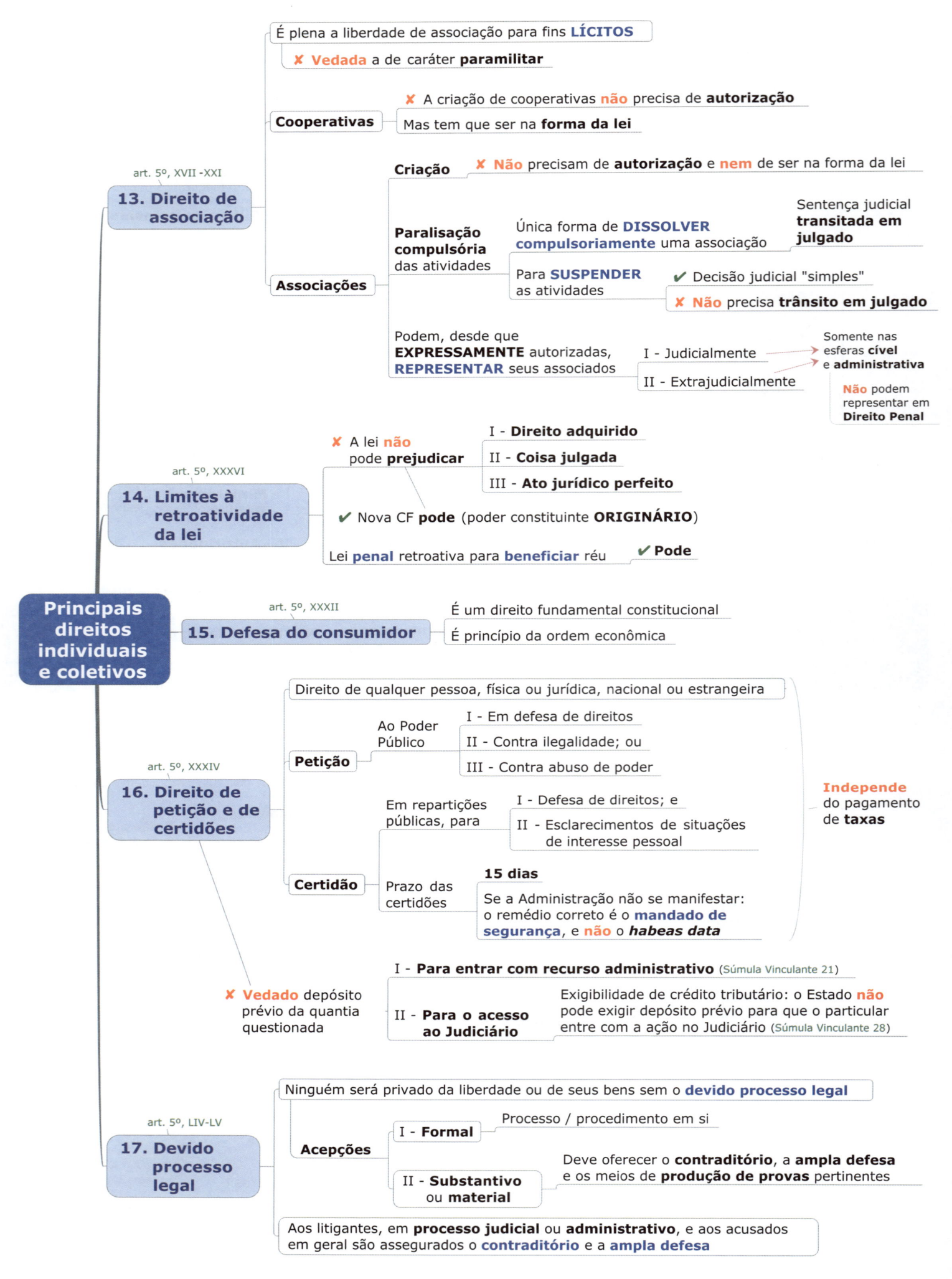

Principais direitos individuais e coletivos

13. Direito de associação — art. 5º, XVII -XXI

É plena a liberdade de associação para fins **LÍCITOS**

✗ **Vedada** a de caráter **paramilitar**

Cooperativas
- ✗ A criação de cooperativas **não** precisa de **autorização**
- Mas tem que ser na **forma da lei**

Associações
- **Criação** — ✗ **Não** precisam de **autorização** e **nem** de ser na forma da lei
- **Paralisação compulsória das atividades**
  - Única forma de **DISSOLVER compulsoriamente** uma associação — Sentença judicial **transitada em julgado**
  - Para **SUSPENDER** as atividades — ✔ Decisão judicial "simples" — ✗ **Não** precisa **trânsito em julgado**
- Podem, desde que **EXPRESSAMENTE** autorizadas, **REPRESENTAR** seus associados
  - I - Judicialmente → Somente nas esferas **cível** e **administrativa**
  - II - Extrajudicialmente → **Não** podem representar em **Direito Penal**

14. Limites à retroatividade da lei — art. 5º, XXXVI
- ✗ A lei **não** pode **prejudicar**
  - I - **Direito adquirido**
  - II - **Coisa julgada**
  - III - **Ato jurídico perfeito**
- ✔ Nova CF **pode** (poder constituinte **ORIGINÁRIO**)
- Lei **penal** retroativa para **beneficiar** réu — ✔ **Pode**

15. Defesa do consumidor — art. 5º, XXXII
- É um direito fundamental constitucional
- É princípio da ordem econômica

16. Direito de petição e de certidões — art. 5º, XXXIV

Direito de qualquer pessoa, física ou jurídica, nacional ou estrangeira

Petição — Ao Poder Público
- I - Em defesa de direitos
- II - Contra ilegalidade; ou
- III - Contra abuso de poder

Certidão
- Em repartições públicas, para
  - I - Defesa de direitos; e
  - II - Esclarecimentos de situações de interesse pessoal
- Prazo das certidões — **15 dias**
  - Se a Administração não se manifestar: o remédio correto é o **mandado de segurança**, e **não** o **habeas data**

Independe do pagamento de **taxas**

✗ **Vedado** depósito prévio da quantia questionada
- I - **Para entrar com recurso administrativo** (Súmula Vinculante 21)
- II - **Para o acesso ao Judiciário** — Exigibilidade de crédito tributário: o Estado **não** pode exigir depósito prévio para que o particular entre com a ação no Judiciário (Súmula Vinculante 28)

17. Devido processo legal — art. 5º, LIV-LV

Ninguém será privado da liberdade ou de seus bens sem o **devido processo legal**

Acepções
- I - **Formal** — Processo / procedimento em si
- II - **Substantivo ou material** — Deve oferecer o **contraditório**, a **ampla defesa** e os meios de **produção de provas** pertinentes

Aos litigantes, em **processo judicial** ou **administrativo**, e aos acusados em geral são assegurados o **contraditório** e a **ampla defesa**

PRINCIPAIS DIREITOS INDIVIDUAIS E COLETIVOS IV

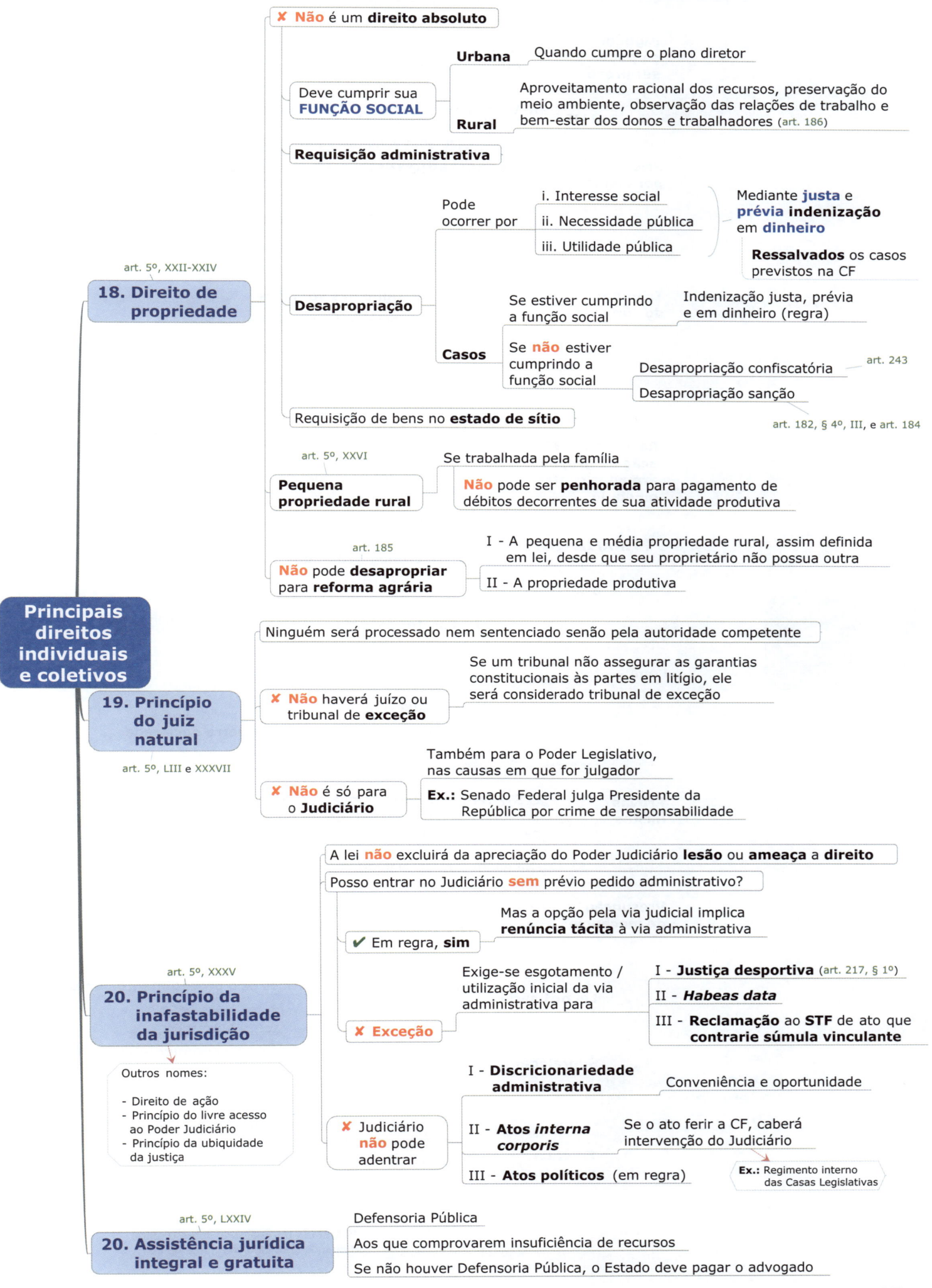

Principais direitos individuais e coletivos

18. Direito de propriedade
art. 5º, XXII-XXIV

- ✗ **Não** é um **direito absoluto**
- Deve cumprir sua **FUNÇÃO SOCIAL**
  - **Urbana** — Quando cumpre o plano diretor
  - **Rural** — Aproveitamento racional dos recursos, preservação do meio ambiente, observação das relações de trabalho e bem-estar dos donos e trabalhadores (art. 186)
- **Requisição administrativa**
  - **Desapropriação**
    - Pode ocorrer por
      - i. Interesse social
      - ii. Necessidade pública
      - iii. Utilidade pública
      - Mediante **justa** e **prévia** **indenização** em **dinheiro**
        - **Ressalvados** os casos previstos na CF
    - **Casos**
      - Se estiver cumprindo a função social — Indenização justa, prévia e em dinheiro (regra)
      - Se **não** estiver cumprindo a função social
        - Desapropriação confiscatória — art. 243
        - Desapropriação sanção — art. 182, § 4º, III, e art. 184
  - Requisição de bens no **estado de sítio**
- **Pequena propriedade rural** — art. 5º, XXVI
  - Se trabalhada pela família
  - **Não** pode ser **penhorada** para pagamento de débitos decorrentes de sua atividade produtiva
- **Não** pode **desapropriar** para **reforma agrária** — art. 185
  - I - A pequena e média propriedade rural, assim definida em lei, desde que seu proprietário não possua outra
  - II - A propriedade produtiva

19. Princípio do juiz natural
art. 5º, LIII e XXXVII

- Ninguém será processado nem sentenciado senão pela autoridade competente
- ✗ **Não** haverá juízo ou tribunal de **exceção**
  - Se um tribunal não assegurar as garantias constitucionais às partes em litígio, ele será considerado tribunal de exceção
- ✗ **Não** é só para o **Judiciário**
  - Também para o Poder Legislativo, nas causas em que for julgador
  - **Ex.:** Senado Federal julga Presidente da República por crime de responsabilidade

20. Princípio da inafastabilidade da jurisdição
art. 5º, XXXV

Outros nomes:
- Direito de ação
- Princípio do livre acesso ao Poder Judiciário
- Princípio da ubiquidade da justiça

- A lei **não** excluirá da apreciação do Poder Judiciário **lesão** ou **ameaça** a **direito**
- Posso entrar no Judiciário **sem** prévio pedido administrativo?
  - ✔ Em regra, **sim**
    - Mas a opção pela via judicial implica **renúncia tácita** à via administrativa
  - ✗ **Exceção**
    - Exige-se esgotamento / utilização inicial da via administrativa para
      - I - **Justiça desportiva** (art. 217, § 1º)
      - II - **Habeas data**
      - III - **Reclamação** ao **STF** de ato que **contrarie súmula vinculante**
- ✗ Judiciário **não** pode adentrar
  - I - **Discricionariedade administrativa** — Conveniência e oportunidade
  - II - **Atos interna corporis** — Se o ato ferir a CF, caberá intervenção do Judiciário
  - III - **Atos políticos** (em regra) — **Ex.:** Regimento interno das Casas Legislativas

20. Assistência jurídica integral e gratuita
art. 5º, LXXIV

- Defensoria Pública
- Aos que comprovarem insuficiência de recursos
- Se não houver Defensoria Pública, o Estado deve pagar o advogado

17

PRINCIPAIS DIREITOS INDIVIDUAIS E COLETIVOS V

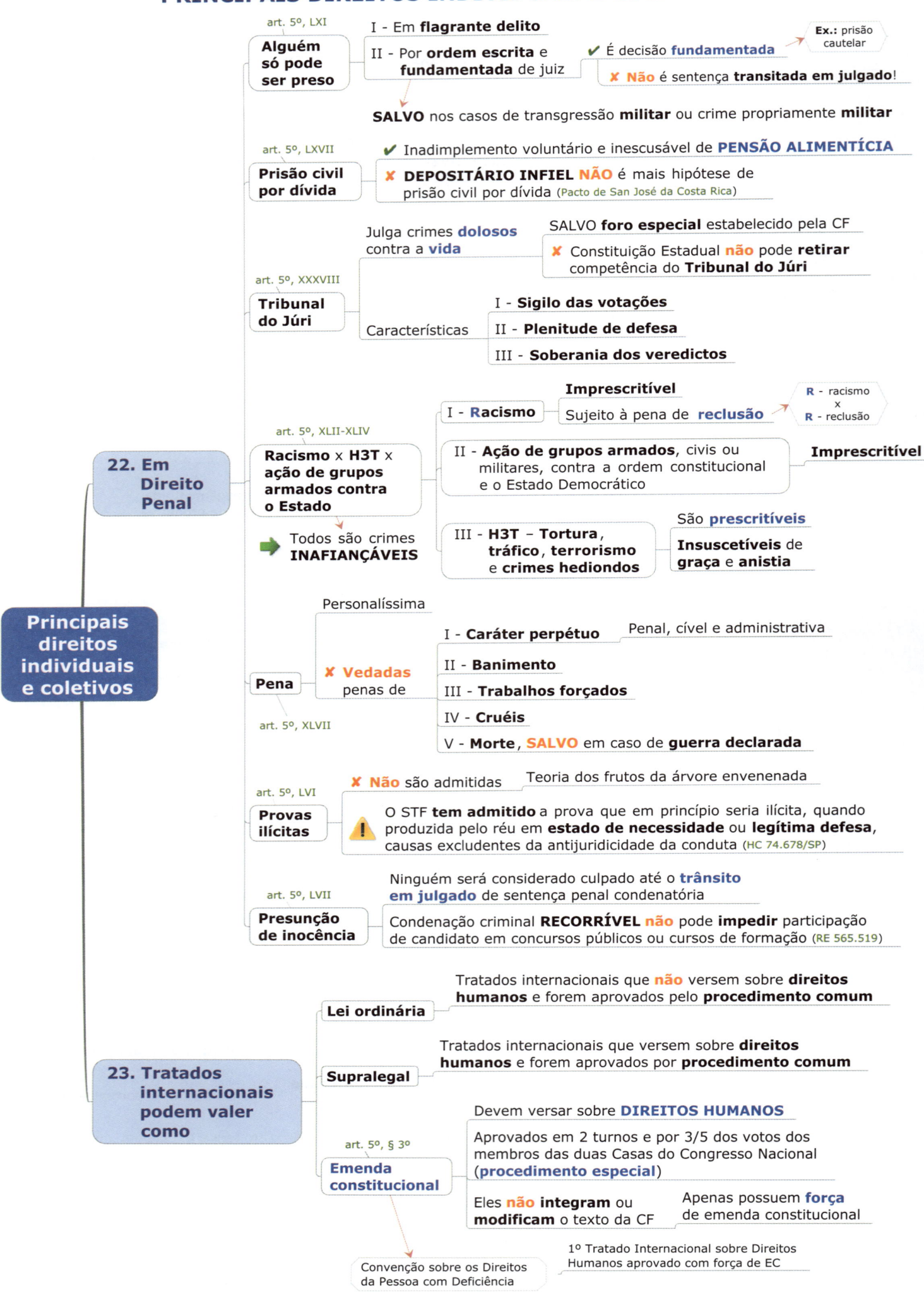

art. 5º, LXI

Alguém só pode ser preso
- I - Em **flagrante delito**
- II - Por **ordem escrita** e **fundamentada** de juiz
  - ✔ É decisão **fundamentada** → **Ex.:** prisão cautelar
  - ✘ **Não** é sentença **transitada em julgado**!
- **SALVO** nos casos de transgressão **militar** ou crime propriamente **militar**

art. 5º, LXVII

Prisão civil por dívida
- ✔ Inadimplemento voluntário e inescusável de **PENSÃO ALIMENTÍCIA**
- ✘ **DEPOSITÁRIO INFIEL NÃO** é mais hipótese de prisão civil por dívida (Pacto de San José da Costa Rica)

art. 5º, XXXVIII

Tribunal do Júri
- Julga crimes **dolosos** contra a **vida**
  - SALVO **foro especial** estabelecido pela CF
  - ✘ Constituição Estadual **não** pode **retirar** competência do **Tribunal do Júri**
- Características
  - I - **Sigilo das votações**
  - II - **Plenitude de defesa**
  - III - **Soberania dos veredictos**

art. 5º, XLII-XLIV

22. Em Direito Penal

Racismo x H3T x ação de grupos armados contra o Estado
- I - **Racismo** → **Imprescritível** / Sujeito à pena de **reclusão** → **R** - racismo x **R** - reclusão
- II - **Ação de grupos armados**, civis ou militares, contra a ordem constitucional e o Estado Democrático — **Imprescritível**
- ➡ Todos são crimes **INAFIANÇÁVEIS**
- III - **H3T – Tortura**, **tráfico**, **terrorismo** e **crimes hediondos**
  - São **prescritíveis**
  - **Insuscetíveis** de **graça** e **anistia**

Pena
- Personalíssima
- ✘ **Vedadas** penas de
  - I - **Caráter perpétuo** — Penal, cível e administrativa
  - II - **Banimento**
  - III - **Trabalhos forçados**
  - IV - **Cruéis**
  - V - **Morte**, **SALVO** em caso de **guerra declarada**

art. 5º, XLVII

art. 5º, LVI

Provas ilícitas
- ✘ **Não** são admitidas — Teoria dos frutos da árvore envenenada
- ⚠ O STF **tem admitido** a prova que em princípio seria ilícita, quando produzida pelo réu em **estado de necessidade** ou **legítima defesa**, causas excludentes da antijuridicidade da conduta (HC 74.678/SP)

art. 5º, LVII

Presunção de inocência
- Ninguém será considerado culpado até o **trânsito em julgado** de sentença penal condenatória
- Condenação criminal **RECORRÍVEL não** pode **impedir** participação de candidato em concursos públicos ou cursos de formação (RE 565.519)

23. Tratados internacionais podem valer como

Lei ordinária
- Tratados internacionais que **não** versem sobre **direitos humanos** e forem aprovados pelo **procedimento comum**

Supralegal
- Tratados internacionais que versem sobre **direitos humanos** e forem aprovados por **procedimento comum**

art. 5º, § 3º

Emenda constitucional
- Devem versar sobre **DIREITOS HUMANOS**
- Aprovados em 2 turnos e por 3/5 dos votos dos membros das duas Casas do Congresso Nacional (**procedimento especial**)
- Eles **não** integram ou **modificam** o texto da CF — Apenas possuem **força** de emenda constitucional
  - Convenção sobre os Direitos da Pessoa com Deficiência
  - 1º Tratado Internacional sobre Direitos Humanos aprovado com força de EC

Principais direitos individuais e coletivos

REMÉDIOS CONSTITUCIONAIS - *HABEAS CORPUS*

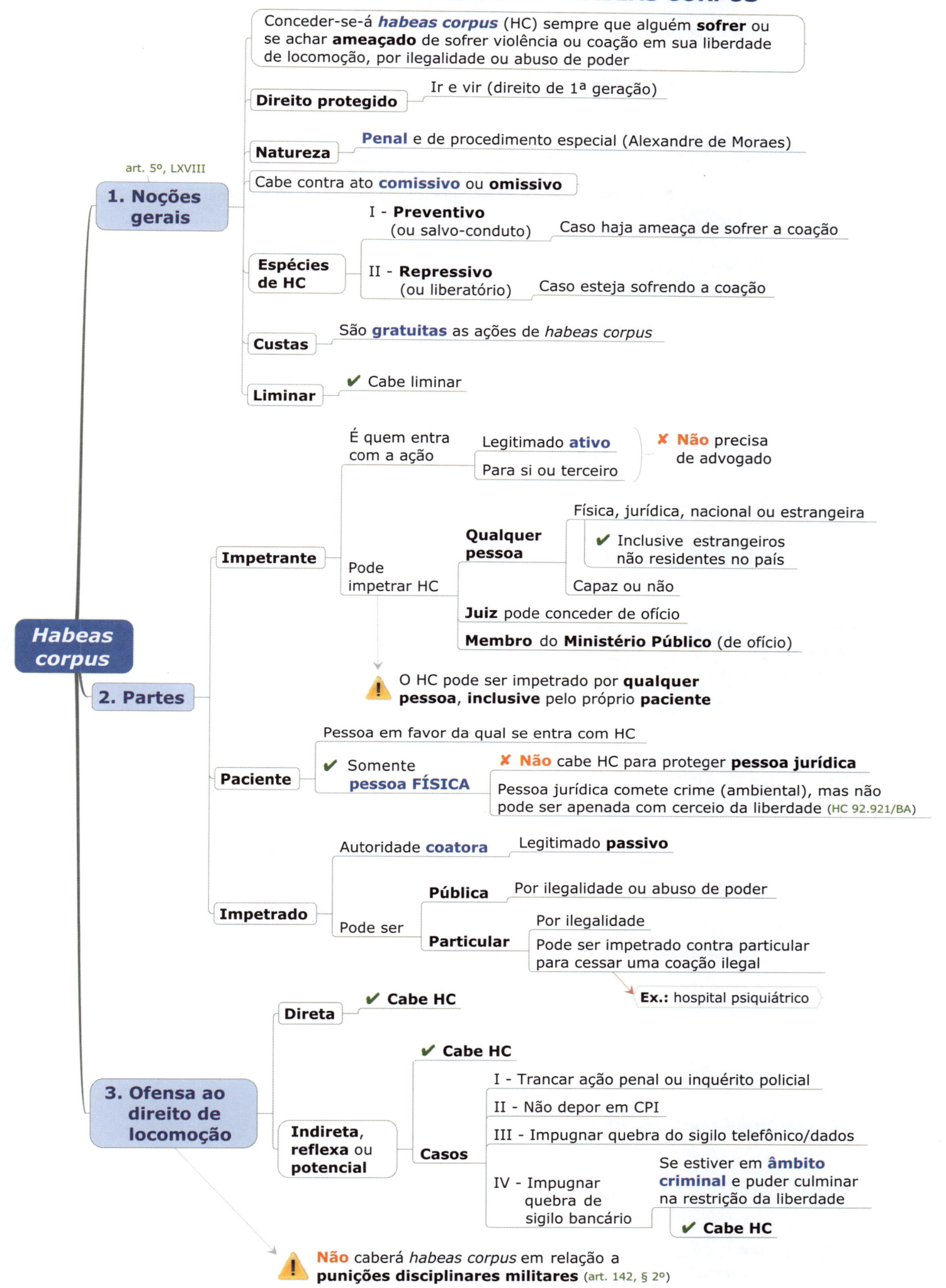

Habeas corpus

1. Noções gerais — art. 5º, LXVIII

Conceder-se-á *habeas corpus* (HC) sempre que alguém **sofrer** ou se achar **ameaçado** de sofrer violência ou coação em sua liberdade de locomoção, por ilegalidade ou abuso de poder

- **Direito protegido** — Ir e vir (direito de 1ª geração)
- **Natureza** — **Penal** e de procedimento especial (Alexandre de Moraes)
- Cabe contra ato **comissivo** ou **omissivo**
- **Espécies de HC**
  - I - **Preventivo** (ou salvo-conduto) — Caso haja ameaça de sofrer a coação
  - II - **Repressivo** (ou liberatório) — Caso esteja sofrendo a coação
- **Custas** — São **gratuitas** as ações de *habeas corpus*
- **Liminar** — ✔ Cabe liminar

2. Partes

- **Impetrante**
  - É quem entra com a ação
    - Legitimado **ativo**
    - Para si ou terceiro — ✘ **Não** precisa de advogado
  - Pode impetrar HC
    - **Qualquer pessoa** — Física, jurídica, nacional ou estrangeira
      - ✔ Inclusive estrangeiros não residentes no país
      - Capaz ou não
    - **Juiz** pode conceder de ofício
    - **Membro** do **Ministério Público** (de ofício)
  - ⚠ O HC pode ser impetrado por **qualquer pessoa, inclusive** pelo próprio **paciente**

- **Paciente**
  - Pessoa em favor da qual se entra com HC
  - ✔ Somente **pessoa FÍSICA**
    - ✘ **Não** cabe HC para proteger **pessoa jurídica**
    - Pessoa jurídica comete crime (ambiental), mas não pode ser apenada com cerceio da liberdade (HC 92.921/BA)

- **Impetrado**
  - Autoridade **coatora** — Legitimado **passivo**
  - Pode ser
    - **Pública** — Por ilegalidade ou abuso de poder
    - **Particular** — Por ilegalidade
      - Pode ser impetrado contra particular para cessar uma coação ilegal → **Ex.:** hospital psiquiátrico

3. Ofensa ao direito de locomoção

- **Direta** — ✔ **Cabe HC**
- **Indireta, reflexa** ou **potencial**
  - ✔ **Cabe HC**
  - **Casos**
    - I - Trancar ação penal ou inquérito policial
    - II - Não depor em CPI
    - III - Impugnar quebra do sigilo telefônico/dados
    - IV - Impugnar quebra de sigilo bancário — Se estiver em **âmbito criminal** e puder culminar na restrição da liberdade → ✔ **Cabe HC**
- ⚠ **Não** caberá *habeas corpus* em relação a **punições disciplinares militares** (art. 142, § 2º)

REMÉDIOS CONSTITUCIONAIS - *HABEAS DATA*

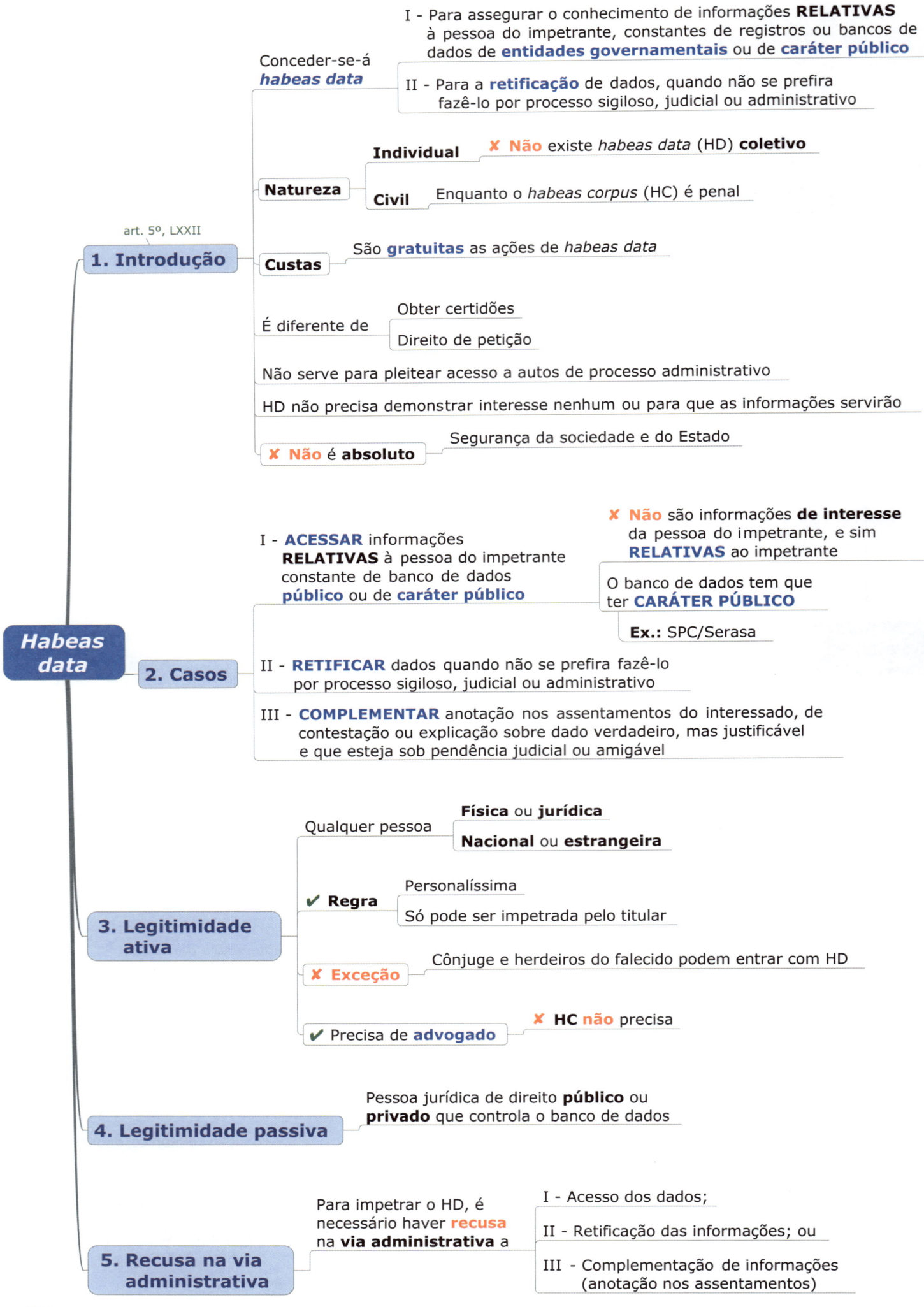

Habeas data

1. Introdução — art. 5º, LXXII

- Conceder-se-á *habeas data*
  - I - Para assegurar o conhecimento de informações **RELATIVAS** à pessoa do impetrante, constantes de registros ou bancos de dados de **entidades governamentais** ou de **caráter público**
  - II - Para a **retificação** de dados, quando não se prefira fazê-lo por processo sigiloso, judicial ou administrativo
- **Natureza**
  - **Individual** — ✗ **Não** existe *habeas data* (HD) **coletivo**
  - **Civil** — Enquanto o *habeas corpus* (HC) é penal
- **Custas** — São **gratuitas** as ações de *habeas data*
- É diferente de
  - Obter certidões
  - Direito de petição
- Não serve para pleitear acesso a autos de processo administrativo
- HD não precisa demonstrar interesse nenhum ou para que as informações servirão
- ✗ **Não** é **absoluto** — Segurança da sociedade e do Estado

2. Casos

- I - **ACESSAR** informações **RELATIVAS** à pessoa do impetrante constante de banco de dados **público** ou de **caráter público**
  - ✗ **Não** são informações **de interesse** da pessoa do impetrante, e sim **RELATIVAS** ao impetrante
  - O banco de dados tem que ter **CARÁTER PÚBLICO**
    - **Ex.:** SPC/Serasa
- II - **RETIFICAR** dados quando não se prefira fazê-lo por processo sigiloso, judicial ou administrativo
- III - **COMPLEMENTAR** anotação nos assentamentos do interessado, de contestação ou explicação sobre dado verdadeiro, mas justificável e que esteja sob pendência judicial ou amigável

3. Legitimidade ativa

- Qualquer pessoa
  - **Física** ou **jurídica**
  - **Nacional** ou **estrangeira**
- ✔ **Regra**
  - Personalíssima
  - Só pode ser impetrada pelo titular
- ✗ **Exceção** — Cônjuge e herdeiros do falecido podem entrar com HD
- ✔ Precisa de **advogado** — ✗ **HC não** precisa

4. Legitimidade passiva

- Pessoa jurídica de direito **público** ou **privado** que controla o banco de dados

5. Recusa na via administrativa

- Para impetrar o HD, é necessário haver **recusa** na **via administrativa** a
  - I - Acesso dos dados;
  - II - Retificação das informações; ou
  - III - Complementação de informações (anotação nos assentamentos)

REMÉDIOS CONSTITUCIONAIS - MANDADO DE SEGURANÇA I

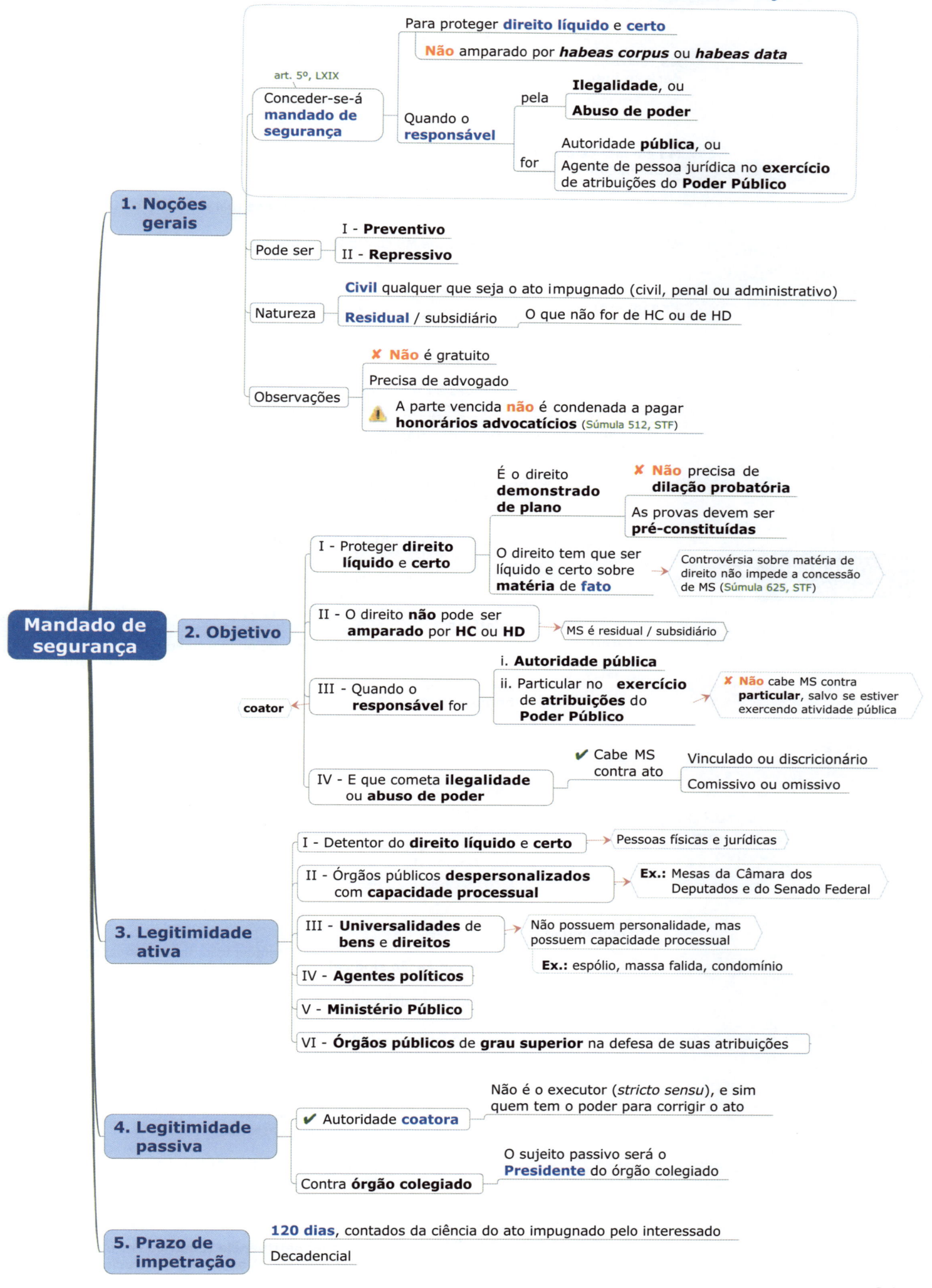

Mandado de segurança

1. Noções gerais

art. 5º, LXIX
Conceder-se-á **mandado de segurança**

Para proteger **direito líquido** e **certo**
Não amparado por **habeas corpus** ou **habeas data**

Quando o **responsável**
- pela **Ilegalidade**, ou **Abuso de poder**
- for Autoridade **pública**, ou Agente de pessoa jurídica no **exercício** de atribuições do **Poder Público**

Pode ser
- I - **Preventivo**
- II - **Repressivo**

Natureza
- **Civil** qualquer que seja o ato impugnado (civil, penal ou administrativo)
- **Residual** / subsidiário — O que não for de HC ou de HD

Observações
- ✘ **Não** é gratuito
- Precisa de advogado
- ⚠ A parte vencida **não** é condenada a pagar **honorários advocatícios** (Súmula 512, STF)

2. Objetivo

I - Proteger direito líquido e certo
- É o direito **demonstrado de plano**
  - ✘ **Não** precisa de **dilação probatória**
  - As provas devem ser **pré-constituídas**
- O direito tem que ser líquido e certo sobre **matéria** de **fato** → Controvérsia sobre matéria de direito não impede a concessão de MS (Súmula 625, STF)

II - O direito não pode ser amparado por HC ou HD → MS é residual / subsidiário

III - Quando o responsável for (coator)
- i. **Autoridade pública**
- ii. Particular no **exercício de atribuições** do **Poder Público** → ✘ **Não** cabe MS contra **particular**, salvo se estiver exercendo atividade pública

IV - E que cometa ilegalidade ou abuso de poder
- ✔ Cabe MS contra ato
  - Vinculado ou discricionário
  - Comissivo ou omissivo

3. Legitimidade ativa

I - Detentor do **direito líquido** e **certo** → Pessoas físicas e jurídicas

II - Órgãos públicos **despersonalizados** com **capacidade processual** → **Ex.:** Mesas da Câmara dos Deputados e do Senado Federal

III - Universalidades de **bens** e **direitos** → Não possuem personalidade, mas possuem capacidade processual
- **Ex.:** espólio, massa falida, condomínio

IV - Agentes políticos

V - Ministério Público

VI - Órgãos públicos de **grau superior** na defesa de suas atribuições

4. Legitimidade passiva

✔ Autoridade **coatora** → Não é o executor (stricto sensu), e sim quem tem o poder para corrigir o ato

Contra **órgão colegiado** → O sujeito passivo será o **Presidente** do órgão colegiado

5. Prazo de impetração

120 dias, contados da ciência do ato impugnado pelo interessado

Decadencial

REMÉDIOS CONSTITUCIONAIS - MANDADO DE SEGURANÇA II

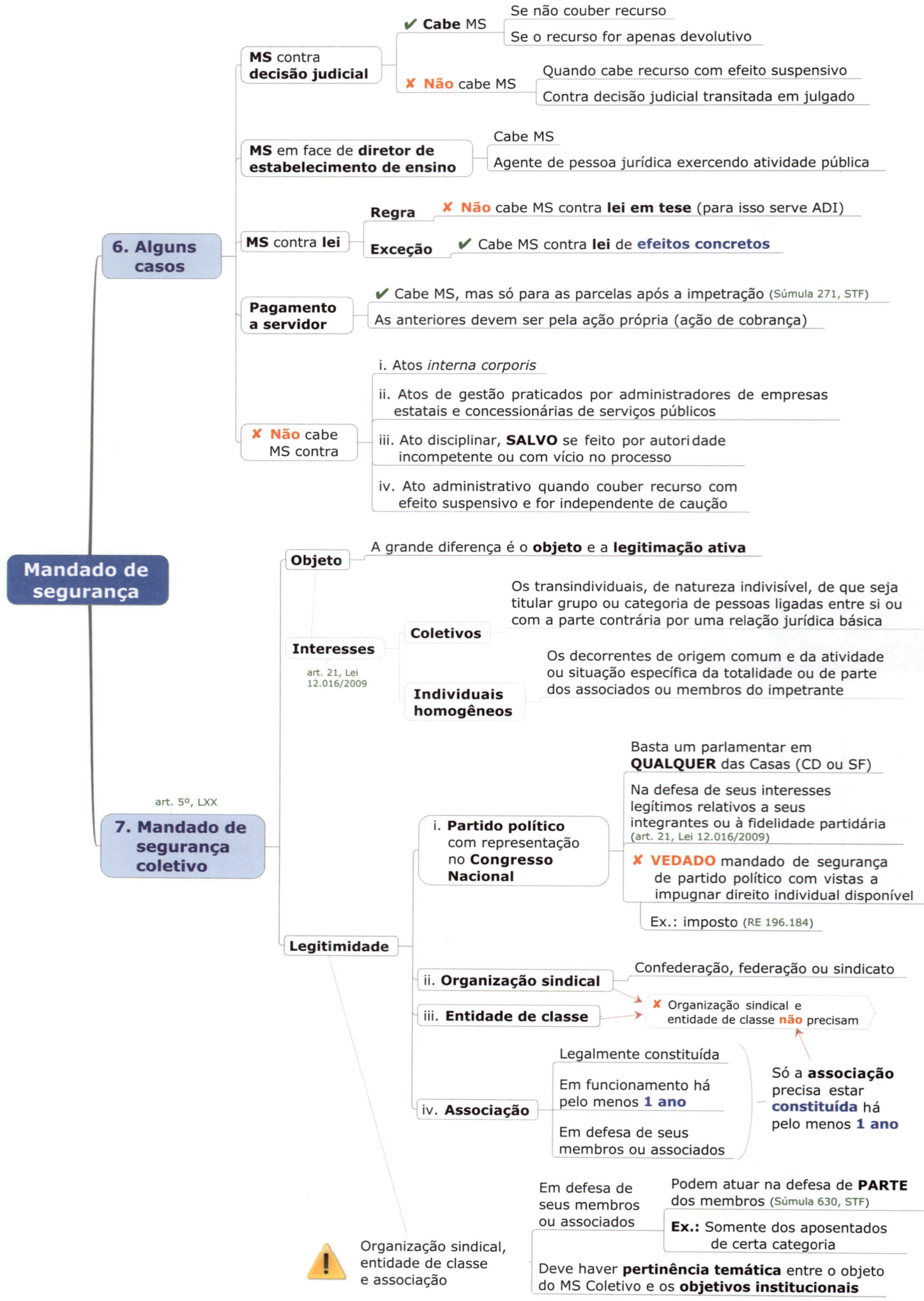

Mandado de segurança

6. Alguns casos

MS contra decisão judicial
- ✔ **Cabe** MS
  - Se não couber recurso
  - Se o recurso for apenas devolutivo
- ✗ **Não** cabe MS
  - Quando cabe recurso com efeito suspensivo
  - Contra decisão judicial transitada em julgado

MS em face de diretor de estabelecimento de ensino
- Cabe MS
- Agente de pessoa jurídica exercendo atividade pública

MS contra lei
- **Regra** ✗ **Não** cabe MS contra **lei em tese** (para isso serve ADI)
- **Exceção** ✔ Cabe MS contra **lei** de **efeitos concretos**

Pagamento a servidor
- ✔ Cabe MS, mas só para as parcelas após a impetração (Súmula 271, STF)
- As anteriores devem ser pela ação própria (ação de cobrança)

✗ Não cabe MS contra
- i. Atos *interna corporis*
- ii. Atos de gestão praticados por administradores de empresas estatais e concessionárias de serviços públicos
- iii. Ato disciplinar, **SALVO** se feito por autoridade incompetente ou com vício no processo
- iv. Ato administrativo quando couber recurso com efeito suspensivo e for independente de caução

7. Mandado de segurança coletivo (art. 5º, LXX)

Objeto
- A grande diferença é o **objeto** e a **legitimação ativa**

Interesses (art. 21, Lei 12.016/2009)
- **Coletivos** — Os transindividuais, de natureza indivisível, de que seja titular grupo ou categoria de pessoas ligadas entre si ou com a parte contrária por uma relação jurídica básica
- **Individuais homogêneos** — Os decorrentes de origem comum e da atividade ou situação específica da totalidade ou de parte dos associados ou membros do impetrante

Legitimidade
- **i. Partido político** com representação no **Congresso Nacional**
  - Basta um parlamentar em **QUALQUER** das Casas (CD ou SF)
  - Na defesa de seus interesses legítimos relativos a seus integrantes ou à fidelidade partidária (art. 21, Lei 12.016/2009)
  - ✗ **VEDADO** mandado de segurança de partido político com vistas a impugnar direito individual disponível
    - Ex.: imposto (RE 196.184)
- **ii. Organização sindical** — Confederação, federação ou sindicato
- **iii. Entidade de classe**
  - ✗ Organização sindical e entidade de classe **não** precisam
- **iv. Associação**
  - Legalmente constituída
  - Em funcionamento há pelo menos **1 ano**
  - Em defesa de seus membros ou associados
  - Só a **associação** precisa estar **constituída** há pelo menos **1 ano**

⚠ Organização sindical, entidade de classe e associação
- Em defesa de seus membros ou associados
  - Podem atuar na defesa de **PARTE** dos membros (Súmula 630, STF)
  - **Ex.:** Somente dos aposentados de certa categoria
- Deve haver **pertinência temática** entre o objeto do MS Coletivo e os **objetivos institucionais**

REMÉDIOS CONSTITUCIONAIS - MANDADO DE INJUNÇÃO

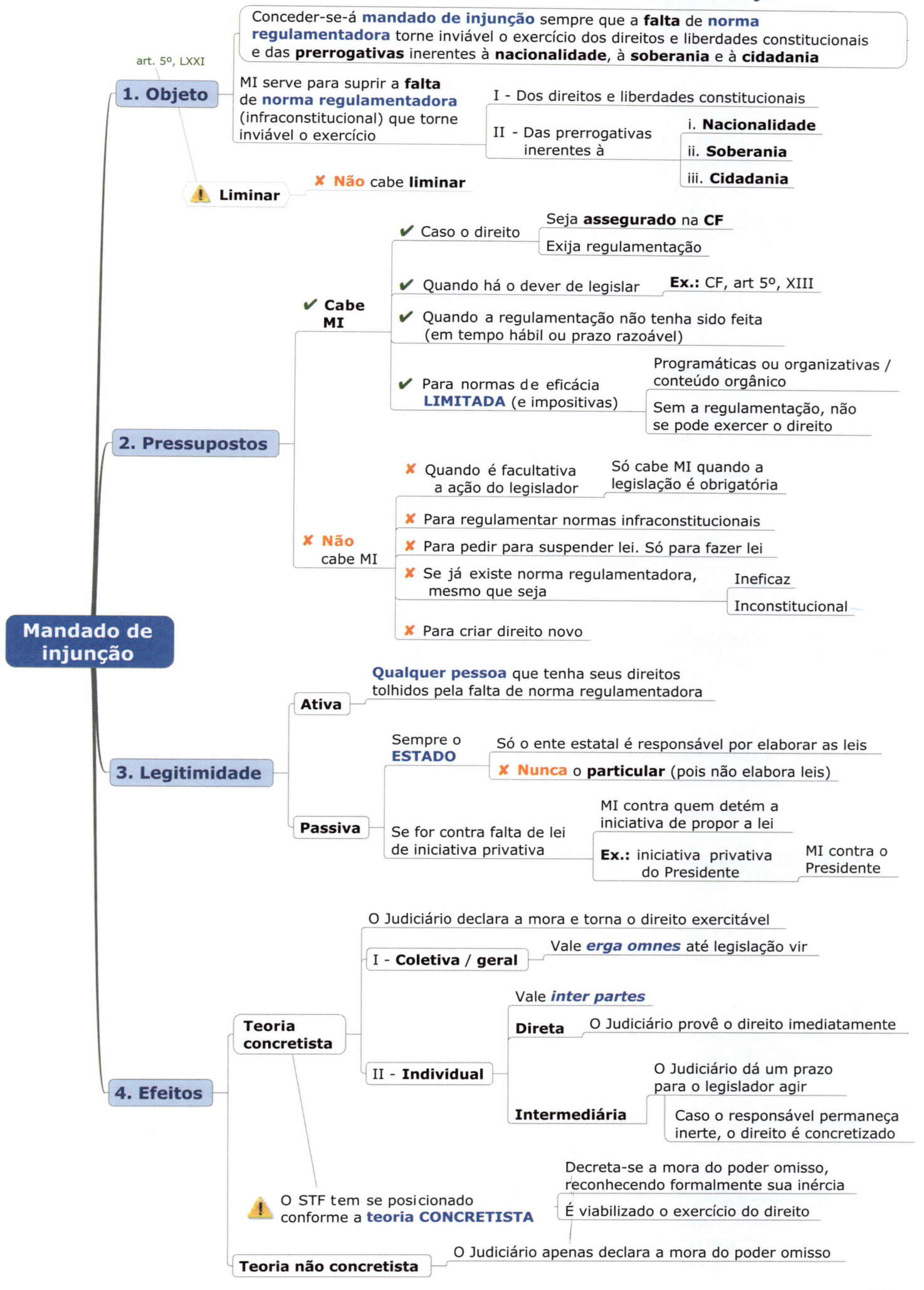

Mandado de injunção

Conceder-se-á **mandado de injunção** sempre que a **falta** de **norma regulamentadora** torne inviável o exercício dos direitos e liberdades constitucionais e das **prerrogativas** inerentes à **nacionalidade**, à **soberania** e à **cidadania**

art. 5º, LXXI

1. Objeto

MI serve para suprir a **falta** de **norma regulamentadora** (infraconstitucional) que torne inviável o exercício

- I - Dos direitos e liberdades constitucionais
- II - Das prerrogativas inerentes à
  - i. **Nacionalidade**
  - ii. **Soberania**
  - iii. **Cidadania**

⚠ **Liminar** — ✘ **Não** cabe **liminar**

2. Pressupostos

✔ **Cabe MI**
- ✔ Caso o direito
  - Seja **assegurado** na **CF**
  - Exija regulamentação
- ✔ Quando há o dever de legislar — **Ex.:** CF, art 5º, XIII
- ✔ Quando a regulamentação não tenha sido feita (em tempo hábil ou prazo razoável)
- ✔ Para normas de eficácia **LIMITADA** (e impositivas)
  - Programáticas ou organizativas / conteúdo orgânico
  - Sem a regulamentação, não se pode exercer o direito

✘ **Não** cabe MI
- ✘ Quando é facultativa a ação do legislador — Só cabe MI quando a legislação é obrigatória
- ✘ Para regulamentar normas infraconstitucionais
- ✘ Para pedir para suspender lei. Só para fazer lei
- ✘ Se já existe norma regulamentadora, mesmo que seja
  - Ineficaz
  - Inconstitucional
- ✘ Para criar direito novo

3. Legitimidade

Ativa — **Qualquer pessoa** que tenha seus direitos tolhidos pela falta de norma regulamentadora

Passiva
- Sempre o **ESTADO**
  - Só o ente estatal é responsável por elaborar as leis
  - ✘ **Nunca** o **particular** (pois não elabora leis)
- Se for contra falta de lei de iniciativa privativa
  - MI contra quem detém a iniciativa de propor a lei
  - **Ex.:** iniciativa privativa do Presidente — MI contra o Presidente

4. Efeitos

Teoria concretista
- O Judiciário declara a mora e torna o direito exercitável
- I - **Coletiva / geral** — Vale *erga omnes* até legislação vir
- II - **Individual** — Vale *inter partes*
  - **Direta** — O Judiciário provê o direito imediatamente
  - **Intermediária**
    - O Judiciário dá um prazo para o legislador agir
    - Caso o responsável permaneça inerte, o direito é concretizado

⚠ O STF tem se posicionado conforme a **teoria CONCRETISTA**
- Decreta-se a mora do poder omisso, reconhecendo formalmente sua inércia
- É viabilizado o exercício do direito

Teoria não concretista — O Judiciário apenas declara a mora do poder omisso

REMÉDIOS CONSTITUCIONAIS - AÇÃO POPULAR

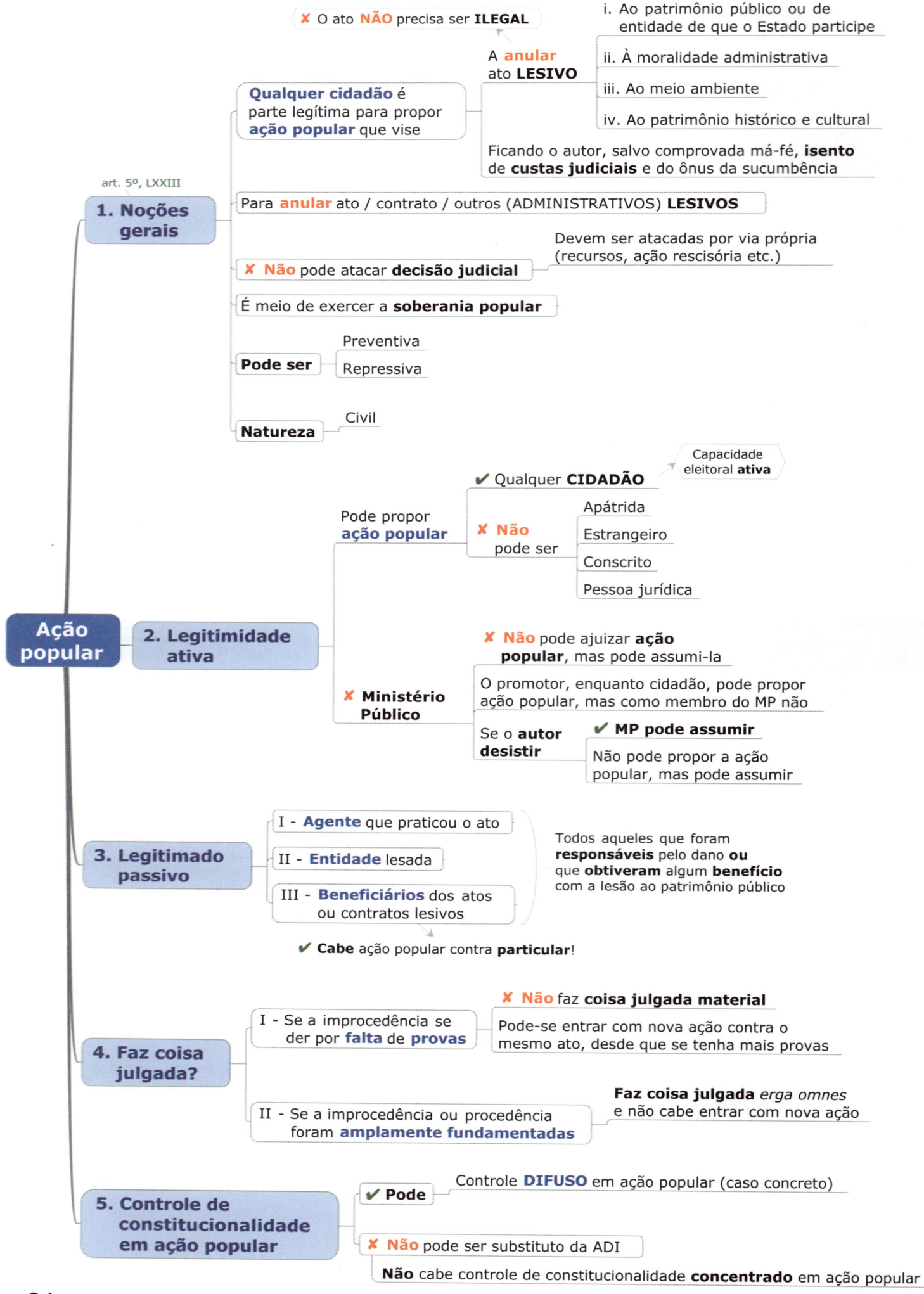

Ação popular

1. Noções gerais — art. 5º, LXXIII

- **Qualquer cidadão** é parte legítima para propor **ação popular** que vise
  - ✗ O ato **NÃO** precisa ser **ILEGAL**
  - A **anular** ato **LESIVO**
    - i. Ao patrimônio público ou de entidade de que o Estado participe
    - ii. À moralidade administrativa
    - iii. Ao meio ambiente
    - iv. Ao patrimônio histórico e cultural
  - Ficando o autor, salvo comprovada má-fé, **isento** de **custas judiciais** e do ônus da sucumbência
- Para **anular** ato / contrato / outros (ADMINISTRATIVOS) **LESIVOS**
- ✗ **Não** pode atacar **decisão judicial**
  - Devem ser atacadas por via própria (recursos, ação rescisória etc.)
- É meio de exercer a **soberania popular**
- **Pode ser**
  - Preventiva
  - Repressiva
- **Natureza**
  - Civil

2. Legitimidade ativa

- Pode propor **ação popular**
  - ✔ Qualquer **CIDADÃO** — Capacidade eleitoral **ativa**
  - ✗ **Não** pode ser
    - Apátrida
    - Estrangeiro
    - Conscrito
    - Pessoa jurídica
- ✗ **Ministério Público**
  - ✗ **Não** pode ajuizar **ação popular**, mas pode assumi-la
  - O promotor, enquanto cidadão, pode propor ação popular, mas como membro do MP não
  - Se o **autor desistir**
    - ✔ **MP pode assumir**
    - Não pode propor a ação popular, mas pode assumir

3. Legitimado passivo

- I - **Agente** que praticou o ato
- II - **Entidade** lesada
- III - **Beneficiários** dos atos ou contratos lesivos
  - Todos aqueles que foram **responsáveis** pelo dano **ou** que **obtiveram** algum **benefício** com a lesão ao patrimônio público
- ✔ **Cabe** ação popular contra **particular**!

4. Faz coisa julgada?

- I - Se a improcedência se der por **falta** de **provas**
  - ✗ **Não** faz **coisa julgada material**
  - Pode-se entrar com nova ação contra o mesmo ato, desde que se tenha mais provas
- II - Se a improcedência ou procedência foram **amplamente fundamentadas**
  - **Faz coisa julgada** *erga omnes* e não cabe entrar com nova ação

5. Controle de constitucionalidade em ação popular

- ✔ **Pode**
  - Controle **DIFUSO** em ação popular (caso concreto)
- ✗ **Não** pode ser substituto da ADI
- **Não** cabe controle de constitucionalidade **concentrado** em ação popular

DIREITOS SOCIAIS I

Direitos sociais

1. Noções gerais

Direitos sociais
art. 6º

- I - **Educação**
- II - **Saúde**
- III - **Trabalho**
- IV - **Alimentação**
- V - **Moradia**
- VI - **TRANSPORTE** → EC 90/2015
- VII - **Lazer**
- VIII - **Segurança**
- IX - **Previdência social**
- X - **Proteção** à **maternidade** e à **infância**
- XI - **Assistência** aos **desamparados**

Características
- São liberdades positivas
- São direitos fundamentais de **2ª geração** — art. 60, § 4º
- ✗ **Não** são **cláusulas pétreas**
  - Somente os **direitos** e **garantias INDIVIDUAIS**
  - Há doutrina contrária
    - ALGUNS direitos sociais são cláusulas pétreas
- Estão nos arts. 6º a 11 + ao longo da CF
- ✗ Lista do art. 7º **NÃO** é **exaustiva** — Ela é exemplificativa
- Seguem o **princípio** da **proibição do retrocesso** no domínio dos direitos fundamentais e sociais

Cláusula da Reserva do Possível
- Os direitos sociais devem ser efetivados, na medida exata em que isso for financeiramente possível

2. Sindicatos
art. 8º

- É uma agremiação fundada para a defesa comum dos interesses de seus aderentes
- Livre criação — ✗ **Não** precisa de **autorização**
- Base territorial mínima — Um **município**
- Sindicatos
  - Somente um sindicato por base territorial
  - Em caso de conflito — Princípio da anterioridade
- Ninguém será obrigado a se filiar ou a se manter filiado
- Participação do sindicato nas **negociações coletivas** de trabalho é **obrigatória**
- **Vedada** dispensa do empregado sindicalizado
  - A partir do registro da candidatura a cargo de direção ou representação sindical
  - Se eleito (ainda que suplente)
    - **Até um ano após o final** do mandato
    - **Salvo** se cometer **falta grave**

3. Contribuição

Confederativa
art. 8º, IV
- ✗ Natureza **não** tributária
- Devida somente pelos filiados
- Fixada por assembleia geral

Sindical
art. 149
- Devida por todos os trabalhadores da categoria, **filiados** ou **não**
- ✔ Natureza **tributária**
- Fixada em lei

4. Direito de greve
arts. 9º-11

- ✔ Pode fazer greve
- ✗ **Não** é **absoluto** — Serviços essenciais devem ser mantidos
- Empresas com **mais de 200 empregados** — ✔ Assegurada eleição de um representante para promover o entendimento direto com o empregador

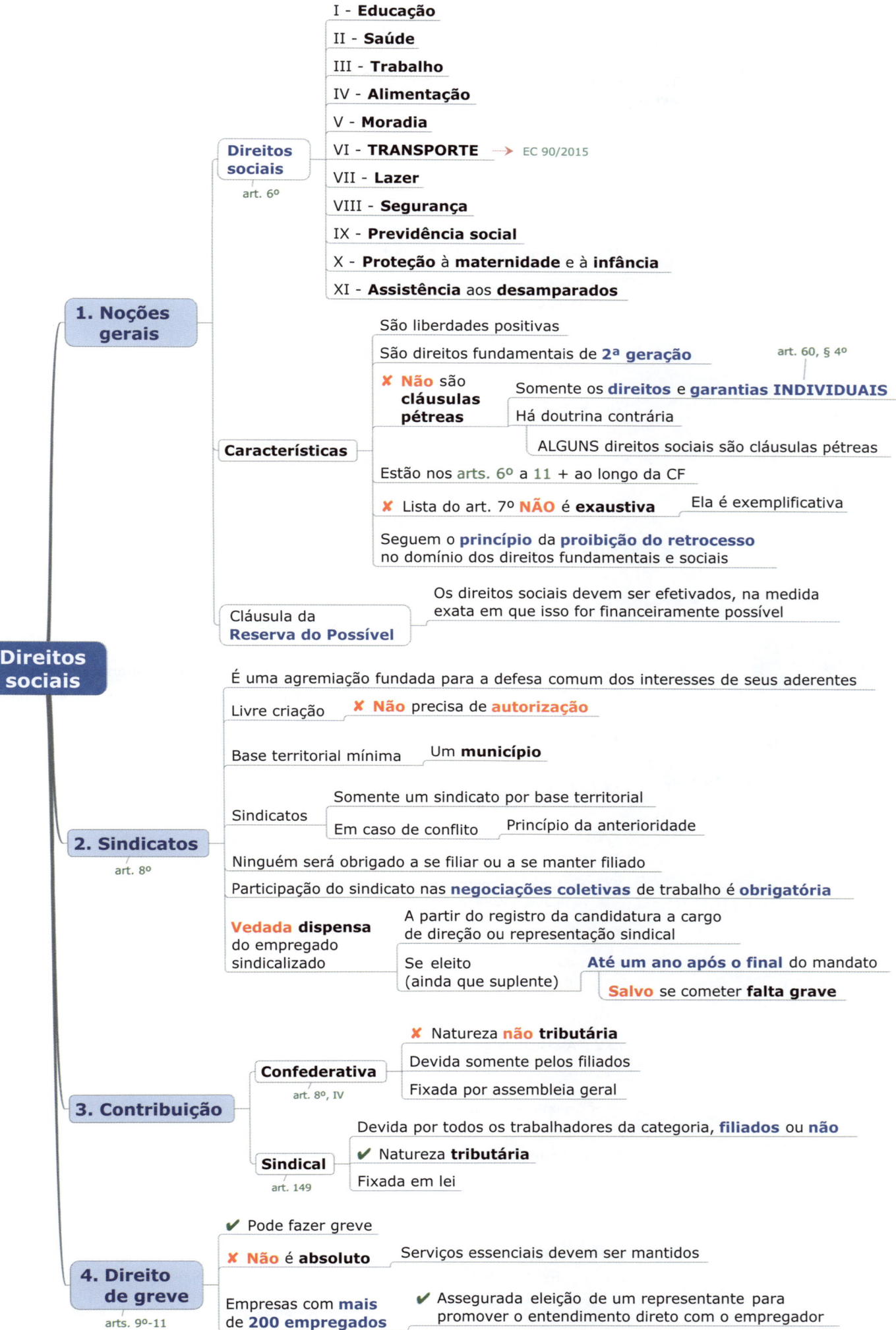

DIREITOS SOCIAIS II - DIREITO DOS TRABALHADORES

1. Noções gerais

✔ Aplicam-se a trabalhadores **urbanos**, **rurais** e **avulsos** — Há **restrições** aos trabalhadores **domésticos**

Trabalhador avulso — Aquele que presta serviços a vários tomadores e que executa serviços de curta duração → **Ex.:** estivador de porto

Direitos dos trabalhadores

2. Principais direitos dos trabalhadores — art. 7º

I - Relação de emprego protegida contra despedida arbitrária ou sem justa causa
- ✘ **Vedada** dispensa arbitrária ou sem justa causa da **gestante**
- Desde a confirmação da gravidez, até 5 meses após o parto

II - Seguro-desemprego, em caso de desemprego **INVOLUNTÁRIO**

III - Fundo de Garantia do Tempo de Serviço (FGTS) — ✘ Servidor público **NÃO** tem **FGTS**

IV - Salário-mínimo
- Cláusula de **reserva do possível**
- ✘ **Vedada** a **vinculação** a qualquer fim

VI - **Irredutibilidade** do salário, **SALVO** o disposto em **convenção** ou **acordo coletivo**

VIII - 13º salário com base na remuneração integral ou no valor da aposentadoria

XII - **Salário-família** pago em razão do dependente do trabalhador de **baixa renda**

XIII - **Jornada de trabalho**
- Não superior a
  - 8h por dia; e
  - 44h semanais
- Pode ser reduzida / compensada por acordo ou convenção coletiva
- Jornada extraordinária — 50% sobre a hora normal (inc. XVI)
- inc. XIV — Máximo de **6h** de **turno ininterrupto**, **SALVO** negociação coletiva

XV - Repouso semanal remunerado, **preferencialmente** aos **domingos**
- ✘ **Não** é **obrigatoriamente** aos domingos
- Pode ser em **QUALQUER** dia da semana

XXVI - Reconhecimento das **convenções** e **acordos coletivos** de trabalho → **Acordos coletivos** são "lei" entre as partes (trabalhador e empregador)

XVII - Gozo de **férias anuais** remuneradas com, pelo menos, **1/3** a mais do que o salário normal

XVIII - **Licença** à **gestante**, sem prejuízo do emprego e do salário, com a duração de **120 dias**

XX - Proteção do mercado de trabalho da mulher, mediante incentivos específicos, nos termos da lei

XXI - **Aviso prévio** proporcional ao tempo de serviço, sendo de, no mínimo, **30 dias**

XXII - Redução dos riscos inerentes ao trabalho, por meio de normas de saúde, higiene e segurança

XXIII - Adicional de remuneração para as atividades penosas, insalubres ou perigosas

XXV - Assistência gratuita aos filhos e dependentes desde o nascimento **até 5 anos** de idade em creches e pré-escolas
- ⚠ Caso o Estado não assegure esse direito, pode-se entrar na Justiça (RE 463.210)

XXVII - Proteção em face da automação, na forma da lei → Norma de **eficácia limitada**

XXVIII - Seguro contra acidentes de trabalho, a cargo do **EMPREGADOR**

XXXIII - Idades mínimas para o trabalho
- Regra — **16 anos**
- Exceção 1 — **18 anos** se o trabalho for noturno, perigoso ou insalubre
- Exceção 2 — **14 anos** se estiver na condição de **aprendiz**

DIREITOS SOCIAIS III - DIREITO DOS TRABALHADORES DOMÉSTICOS

Direitos dos trabalhadores domésticos

1. Direitos reconhecidos pelo **texto originário** da **CF**

- IV - Salário-mínimo
- VI - Irredutibilidade de salário
- VIII - 13º salário
- XV - Repouso semanal remunerado
- XVII - Gozo de férias, acrescido de 1/3 do salário
- XVIII - Licença gestante de 120 dias
- XIX - Licença-paternidade
- XXI - Aviso prévio proporcional ao tempo de serviço
- XXIV - Aposentadoria
- (+) Integração à Previdência Social (art. 7º, p. único)

2. Direitos reconhecidos pela **EC 72/2013**, de exercício **IMEDIATO**

- VII - Garantia de **salário**, nunca inferior ao **mínimo**, para os que percebem **remuneração variável**
- X - Proteção do salário na forma da lei, constituindo crime sua retenção dolosa
- XIII - **Jornada de trabalho** — Não superior a 8h por dia; e 44h semanais. Pode ser reduzida / compensada por acordo ou convenção coletiva
- XVI - Remuneração do **serviço extraordinário** superior, no mínimo, em **50%** à do **normal**
- XXII - Redução dos riscos inerentes ao trabalho, por meio de normas de saúde, higiene e segurança
- XXVI - Reconhecimento das convenções e acordos coletivos de trabalho
- XXX - **Proibição** de **diferença de salários**, de exercício de funções e de critério de admissão por motivo de sexo, idade, cor ou estado civil
- XXXI - **Proibição** de qualquer **discriminação** no tocante a salário e critérios de admissão do trabalhador portador de deficiência
- XXXIII - **Proibição** de **trabalho noturno**, perigoso ou insalubre a menores de 18 anos, de qualquer trabalho a menores de 16 anos, SALVO na condição de aprendiz, a partir de 14 anos

art. 7º, p. único (com redação dada pela EC 72/2013)

3. Direitos reconhecidos pela **EC 72/2013**, de exercício **DIFERIDO**

- I - Relação de emprego **protegida** contra **despedida arbitrária** ou **sem justa causa**, nos termos de lei complementar, que preverá **indenização compensatória**, dentre outros direitos
- II - **Seguro-desemprego**, em caso de desemprego involuntário
- III - **Fundo de garantia** do tempo de serviço (**FGTS**)
- IX - Remuneração do **trabalho noturno superior** à do diurno
- XII - **Salário-família** pago em razão do dependente do trabalhador de baixa renda nos termos da lei
- XXV - **Assistência** gratuita aos **filhos** e **dependentes** desde o nascimento **até 5 anos** de idade em creches e pré-escolas
- XXVIII - Seguro contra acidentes de trabalho, a cargo do **EMPREGADOR**

4. Direitos sociais previstos no art. 7º **NÃO** **reconhecidos** aos domésticos

- V – Piso salarial proporcional à extensão e à complexidade do trabalho
- XI – Participação nos lucros, ou resultados, desvinculada da remuneração, e, excepcionalmente, participação na gestão da empresa
- XIV – Jornada de 6h para o trabalho realizado em turnos ininterruptos de revezamento
- XX – Proteção do mercado de trabalho da mulher, mediante incentivos específicos
- XXIII – Adicional de remuneração para as atividades penosas, insalubres ou perigosas
- XXVII – Proteção em face da automação
- XXIX – Ação, quanto aos créditos resultantes das relações de trabalho, com prazo prescricional de 5 anos para os trabalhadores urbanos e rurais, até o limite de 2 anos após a extinção do contrato de trabalho
- XXXII – Proibição de distinção entre trabalho manual, técnico e intelectual ou entre os profissionais respectivos
- XXXIV – Igualdade de direitos entre o trabalhador com vínculo empregatício permanente e o trabalhador avulso

NACIONALIDADE I

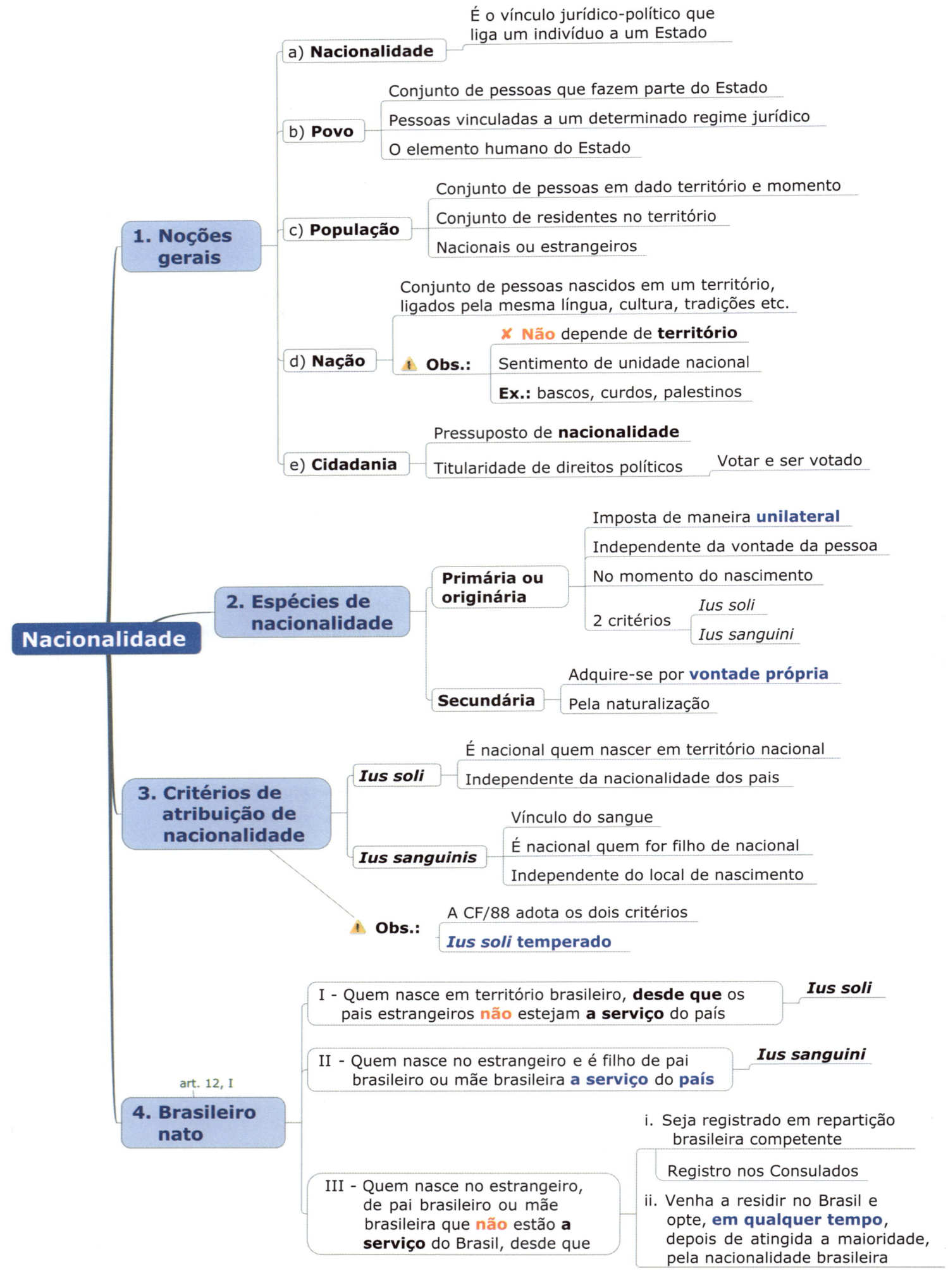

Nacionalidade

1. Noções gerais

a) Nacionalidade — É o vínculo jurídico-político que liga um indivíduo a um Estado

b) Povo
- Conjunto de pessoas que fazem parte do Estado
- Pessoas vinculadas a um determinado regime jurídico
- O elemento humano do Estado

c) População
- Conjunto de pessoas em dado território e momento
- Conjunto de residentes no território
- Nacionais ou estrangeiros

d) Nação — Conjunto de pessoas nascidos em um território, ligados pela mesma língua, cultura, tradições etc.
- **Obs.:**
  - ✗ **Não** depende de **território**
  - Sentimento de unidade nacional
  - **Ex.:** bascos, curdos, palestinos

e) Cidadania
- Pressuposto de **nacionalidade**
- Titularidade de direitos políticos — Votar e ser votado

2. Espécies de nacionalidade

Primária ou originária
- Imposta de maneira **unilateral**
- Independente da vontade da pessoa
- No momento do nascimento
- 2 critérios
  - *Ius soli*
  - *Ius sanguini*

Secundária
- Adquire-se por **vontade própria**
- Pela naturalização

3. Critérios de atribuição de nacionalidade

Ius soli
- É nacional quem nascer em território nacional
- Independente da nacionalidade dos pais

Ius sanguinis
- Vínculo do sangue
- É nacional quem for filho de nacional
- Independente do local de nascimento

Obs.:
- A CF/88 adota os dois critérios
- ***Ius soli* temperado**

4. Brasileiro nato (art. 12, I)

I - Quem nasce em território brasileiro, **desde que** os pais estrangeiros **não** estejam **a serviço** do país — *Ius soli*

II - Quem nasce no estrangeiro e é filho de pai brasileiro ou mãe brasileira **a serviço** do **país** — *Ius sanguini*

III - Quem nasce no estrangeiro, de pai brasileiro ou mãe brasileira que **não** estão **a serviço** do Brasil, desde que
- i. Seja registrado em repartição brasileira competente — Registro nos Consulados
- ii. Venha a residir no Brasil e opte, **em qualquer tempo**, depois de atingida a maioridade, pela nacionalidade brasileira

NACIONALIDADE II

Nacionalidade

5. Brasileiro naturalizado

Depende de manifestação da pessoa e do país

Ato discricionário do Brasil (regra)

Naturalização

- **Expressa** — Depende de requerimento, que pode ser do interessado
- **Tácita** — Adquirida independentemente de manifestação expressa do naturalizado
  - ✗ A CF/88 **não prevê** a **naturalização tácita**

art. 12, II

São **brasileiros naturalizados**

- I - Estrangeiros que, na forma da lei, adquiram nacionalidade brasileira
- II - Originários de países de língua portuguesa com
  - Idoneidade moral
  - Residência no Brasil por **1 ano ininterrupto**
- III - Estrangeiro de qualquer nacionalidade que
  - Resida no Brasil há mais de **15 anos ininterruptos**
  - Não tenha condenação criminal
  - Requeira a nacionalidade brasileira

art. 12, § 1º

⚠ **Obs.:** Portugueses **equiparados** a brasileiros **NATURALIZADOS**

Aos portugueses com **residência permanente** no Brasil, são assegurados **direitos** de brasileiros **naturalizados**, desde que haja reciprocidade em Portugal, ressalvadas as vedações constitucionais

✗ **Não** é **nacionalidade**, e sim **direitos** – o português não se naturaliza brasileiro, mas tem os mesmos direitos do brasileiro naturalizado

6. Distinção entre brasileiros natos e naturalizados

art. 12, § 2º

Princípio da igualdade — A lei **não** poderá fazer **distinção** entre brasileiro nato e naturalizado, salvo os casos expressos na própria Constituição

Distinções previstas na CF

- I - Brasileiro naturalizado pode ter cancelada sua naturalização por exercer atividade nociva ao interesse nacional
- II - Dentre os componentes do Conselho da República, deve haver 6 brasileiros natos (art. 89)
- III - Não pode haver extradição de brasileiro nato, mas pode haver extradição de brasileiro NATURALIZADO, em caso de
  - i. Crime comum, praticado antes da naturalização; ou
  - ii. De comprovado envolvimento em tráfico ilícito de entorpecentes e drogas afins
  - Não interessa se o crime foi cometido antes ou depois da naturalização
- IV - Empresa jornalística somente pode pertencer a
  - i. Brasileiros natos
  - ii. Brasileiros naturalizados há mais de 10 anos
  - iii. Pessoas jurídicas constituídas sob as leis brasileiras e que tenham sede no País
- V - Cargos privativos de **brasileiro NATO**
  - i. Presidente e Vice-Presidente da República
  - ii. Presidente da Câmara dos Deputados
  - iii. Presidente do Senado Federal
  - iv. Ministro do Supremo Tribunal Federal
  - v. Carreira diplomática
  - vi. Oficial das Forças Armadas
  - vii. Ministro de Estado da Defesa

art. 12, § 3º

7. Perda da nacionalidade

art. 12, § 4º

Sempre *ex NUNC*

Perderá a nacionalidade o brasileiro que

- I - Tiver **cancelada sua naturalização**, por sentença judicial, em virtude de atividade nociva ao interesse nacional — Somente brasileiros naturalizados
- II - Adquirir outra nacionalidade, **salvo** nos casos
  - i. De reconhecimento de nacionalidade originária pela lei estrangeira
  - ii. De imposição de naturalização, pela norma estrangeira, ao brasileiro residente em estado estrangeiro, como condição para permanência em seu território ou para o exercício de direitos civis

DIREITOS POLÍTICOS I

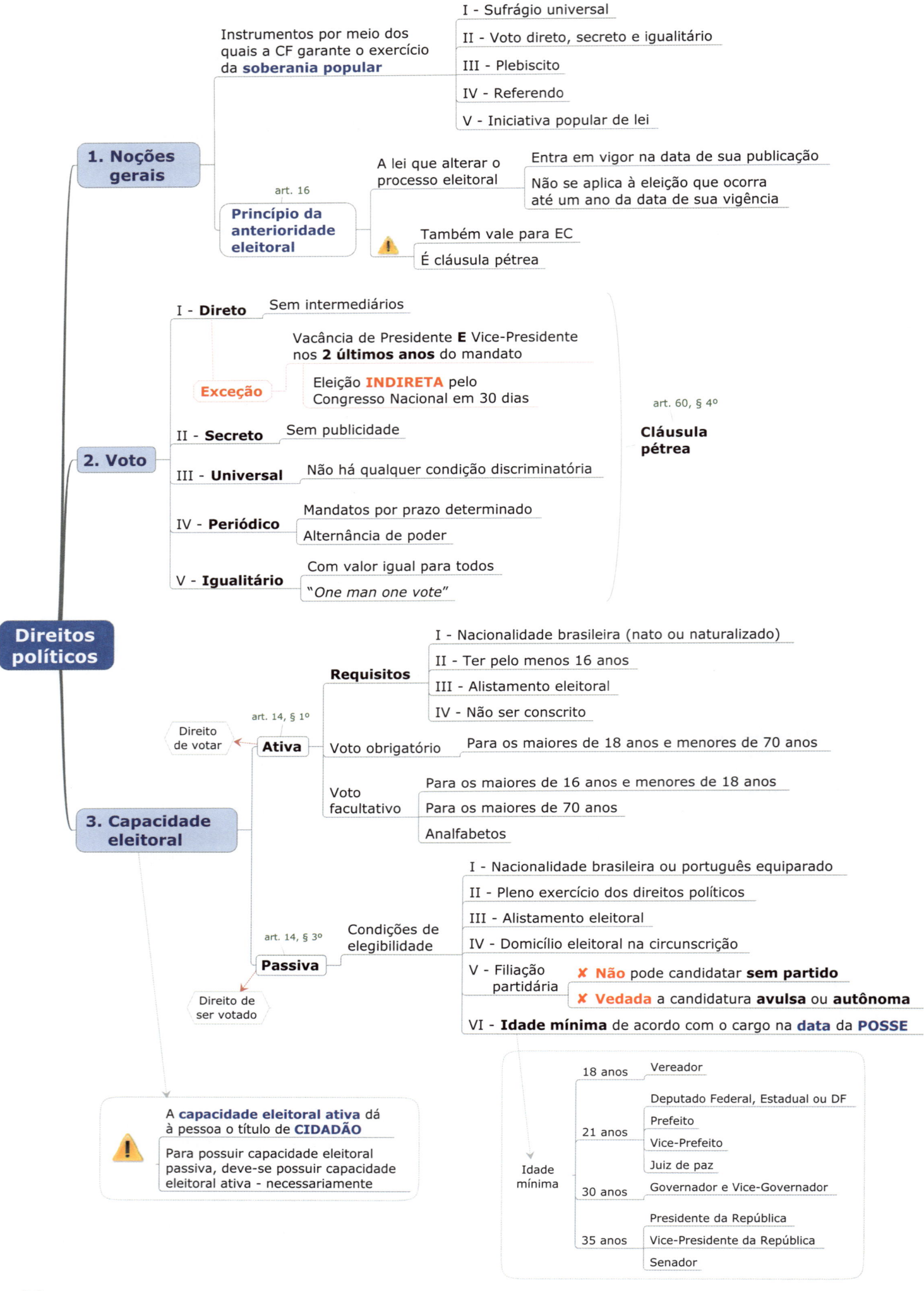

Direitos políticos

1. Noções gerais

Instrumentos por meio dos quais a CF garante o exercício da **soberania popular**
- I - Sufrágio universal
- II - Voto direto, secreto e igualitário
- III - Plebiscito
- IV - Referendo
- V - Iniciativa popular de lei

art. 16
Princípio da anterioridade eleitoral

A lei que alterar o processo eleitoral
- Entra em vigor na data de sua publicação
- Não se aplica à eleição que ocorra até um ano da data de sua vigência

⚠ Também vale para EC
É cláusula pétrea

2. Voto

- I - **Direto** — Sem intermediários
  - **Exceção** — Vacância de Presidente **E** Vice-Presidente nos **2 últimos anos** do mandato → Eleição **INDIRETA** pelo Congresso Nacional em 30 dias
- II - **Secreto** — Sem publicidade
- III - **Universal** — Não há qualquer condição discriminatória
- IV - **Periódico** — Mandatos por prazo determinado / Alternância de poder
- V - **Igualitário** — Com valor igual para todos / *"One man one vote"*

art. 60, § 4º
Cláusula pétrea

3. Capacidade eleitoral

Ativa (art. 14, § 1º) — Direito de votar
- **Requisitos**
  - I - Nacionalidade brasileira (nato ou naturalizado)
  - II - Ter pelo menos 16 anos
  - III - Alistamento eleitoral
  - IV - Não ser conscrito
- Voto obrigatório — Para os maiores de 18 anos e menores de 70 anos
- Voto facultativo
  - Para os maiores de 16 anos e menores de 18 anos
  - Para os maiores de 70 anos
  - Analfabetos

Passiva (art. 14, § 3º) — Direito de ser votado
- Condições de elegibilidade
  - I - Nacionalidade brasileira ou português equiparado
  - II - Pleno exercício dos direitos políticos
  - III - Alistamento eleitoral
  - IV - Domicílio eleitoral na circunscrição
  - V - Filiação partidária
    - ✗ **Não** pode candidatar **sem partido**
    - ✗ **Vedada** a candidatura **avulsa** ou **autônoma**
  - VI - **Idade mínima** de acordo com o cargo na **data** da **POSSE**

⚠ A **capacidade eleitoral ativa** dá à pessoa o título de **CIDADÃO**

Para possuir capacidade eleitoral passiva, deve-se possuir capacidade eleitoral ativa - necessariamente

Idade mínima:
- 18 anos — Vereador
- 21 anos — Deputado Federal, Estadual ou DF / Prefeito / Vice-Prefeito / Juiz de paz
- 30 anos — Governador e Vice-Governador
- 35 anos — Presidente da República / Vice-Presidente da República / Senador

DIREITOS POLÍTICOS II

Direitos políticos

4. Inelegibilidade absoluta
art. 14, § 4º5

Ocorre para qualquer cargo eletivo

✘ Lei **não pode** ampliar o rol de inelegibilidade **ABSOLUTA** → Emenda à CF pode

São **absolutamente** inelegíveis
- I - **Inalistáveis, estrangeiros** e **conscritos**
- II - **Analfabetos** — Apesar de possuírem capacidade eleitoral ativa – FACULTATIVA

5. Inelegibilidade relativa
art. 14, §§ 5º, 6º e 7º

São **relativamente** inelegíveis

Válida para alguns cargos eletivos

LC pode estabelecer novas formas de inelegibilidade **RELATIVA** (art. 14, § 9º)

Ex.: LC 135 (Lei da Ficha Limpa)

I - Presidente da República (PR), Governador, Prefeito e quem os houver sucedido ou substituído **não podem** se reeleger para um **3º mandato**

- ✔ Podem ocupar o cargo por mais de 2 mandatos — O que **não pode** é mais de **2 mandatos SUCESSIVOS**
- ✔ Podem cumprir 2 mandatos e se candidatar a **OUTRO CARGO** (têm que desincompatibilizar)

Renúncia — Titular já reeleito **não** pode **renunciar** antes do término do mandato para pleitear um 3º mandato — A renúncia vale, mas não pode reeleger

II - PR, Governador e **Prefeito**, para concorrerem a **OUTROS cargos**, devem renunciar a seus mandatos **até 6 meses antes** do **PLEITO**

✘ **Não** é do término do **MANDATO**

Desincompatibilização
- Para concorrer à **reeleição** (mesmo cargo) — **Chefes do Executivo não** precisam se desincompatibilizar para concorrer à **REELEIÇÃO**
- Para concorrer a **outro cargo** — Tem que desincompatibilizar — Desincompatibilização é obrigatória para qualquer **OUTRO** cargo eletivo

III - São inelegíveis no território da JURISDIÇÃO do TITULAR, cônjuge e parentes **até 2º grau** do **PR, Governador, Prefeito** ou quem os houver substituído dentro dos **6 meses anteriores ao pleito**

Inelegibilidade reflexa ←

Exceções
- i. Se o cônjuge, parente ou afim já possui mandato eletivo e se candidatou à REELEIÇÃO — Se for para outro cargo não pode
- ii. Viúva — ⚠ Se cônjuge separou durante o mandato, ainda assim é inelegível (Súmula Vinculante 18)
- iii. Se o titular do cargo — Renunciar até 6 meses antes do pleito; e — Tiver direito à reeleição

Alcança somente a circunscrição de jurisdição do titular

É inelegível para **QUALQUER CARGO** na jurisdição do titular e não somente para o cargo do titular

Parente = consanguíneo, afim ou por adoção

A incompatibilidade também se aplica a quem os substituir dentro dos 6 meses anteriores ao pleito

DIREITOS POLÍTICOS III

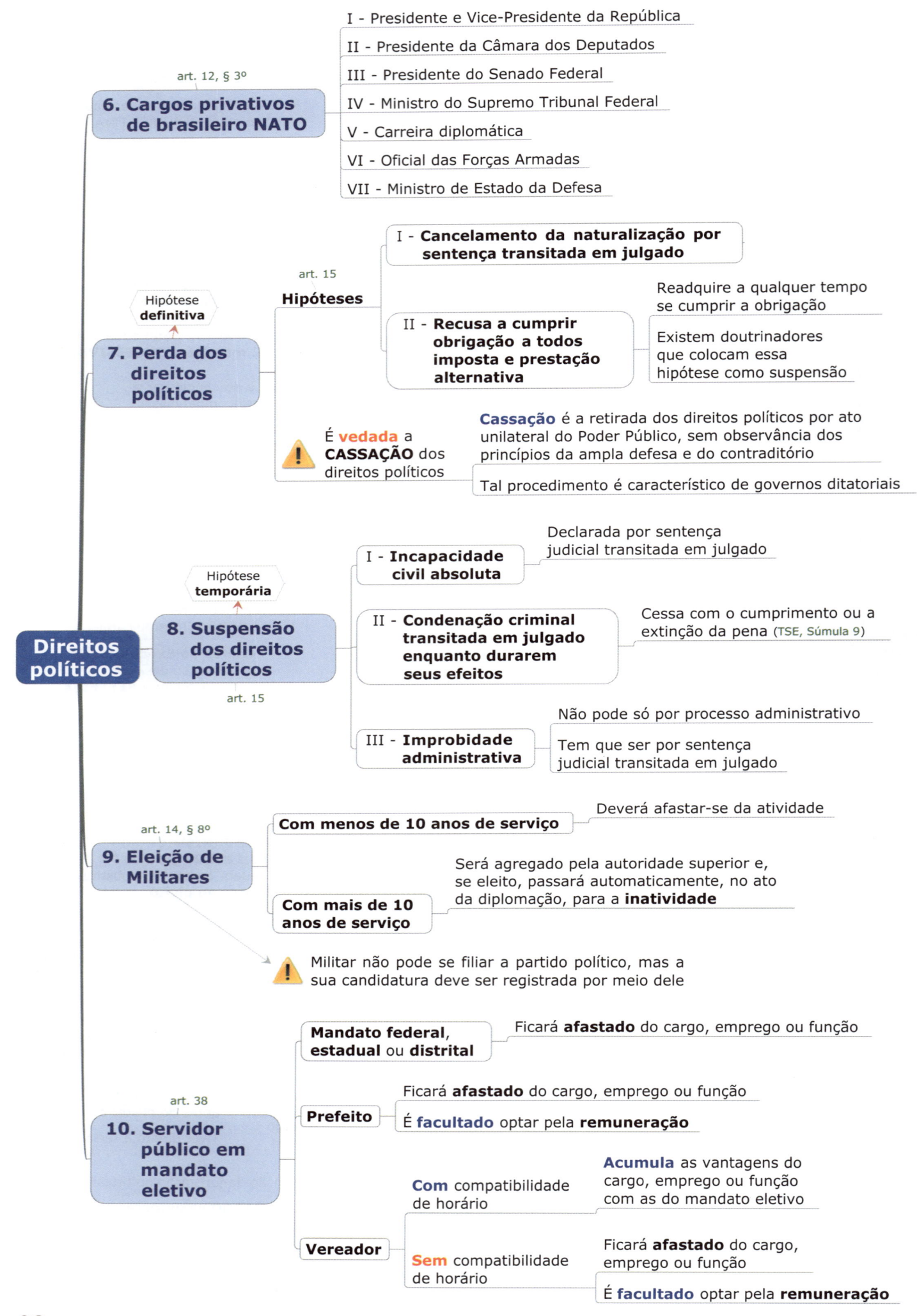

Direitos políticos

6. Cargos privativos de brasileiro NATO — art. 12, § 3º
- I - Presidente e Vice-Presidente da República
- II - Presidente da Câmara dos Deputados
- III - Presidente do Senado Federal
- IV - Ministro do Supremo Tribunal Federal
- V - Carreira diplomática
- VI - Oficial das Forças Armadas
- VII - Ministro de Estado da Defesa

7. Perda dos direitos políticos — Hipótese **definitiva**

Hipóteses — art. 15
- I - **Cancelamento da naturalização por sentença transitada em julgado**
- II - **Recusa a cumprir obrigação a todos imposta e prestação alternativa**
  - Readquire a qualquer tempo se cumprir a obrigação
  - Existem doutrinadores que colocam essa hipótese como suspensão

⚠ É **vedada** a **CASSAÇÃO** dos direitos políticos
- **Cassação** é a retirada dos direitos políticos por ato unilateral do Poder Público, sem observância dos princípios da ampla defesa e do contraditório
- Tal procedimento é característico de governos ditatoriais

8. Suspensão dos direitos políticos — Hipótese **temporária** — art. 15
- I - **Incapacidade civil absoluta**
  - Declarada por sentença judicial transitada em julgado
- II - **Condenação criminal transitada em julgado enquanto durarem seus efeitos**
  - Cessa com o cumprimento ou a extinção da pena (TSE, Súmula 9)
- III - **Improbidade administrativa**
  - Não pode só por processo administrativo
  - Tem que ser por sentença judicial transitada em julgado

9. Eleição de Militares — art. 14, § 8º
- **Com menos de 10 anos de serviço**
  - Deverá afastar-se da atividade
- **Com mais de 10 anos de serviço**
  - Será agregado pela autoridade superior e, se eleito, passará automaticamente, no ato da diplomação, para a **inatividade**

⚠ Militar não pode se filiar a partido político, mas a sua candidatura deve ser registrada por meio dele

10. Servidor público em mandato eletivo — art. 38
- **Mandato federal, estadual ou distrital**
  - Ficará **afastado** do cargo, emprego ou função
- **Prefeito**
  - Ficará **afastado** do cargo, emprego ou função
  - É **facultado** optar pela **remuneração**
- **Vereador**
  - **Com** compatibilidade de horário
    - **Acumula** as vantagens do cargo, emprego ou função com as do mandato eletivo
  - **Sem** compatibilidade de horário
    - Ficará **afastado** do cargo, emprego ou função
    - É **facultado** optar pela **remuneração**

PARTIDOS POLÍTICOS

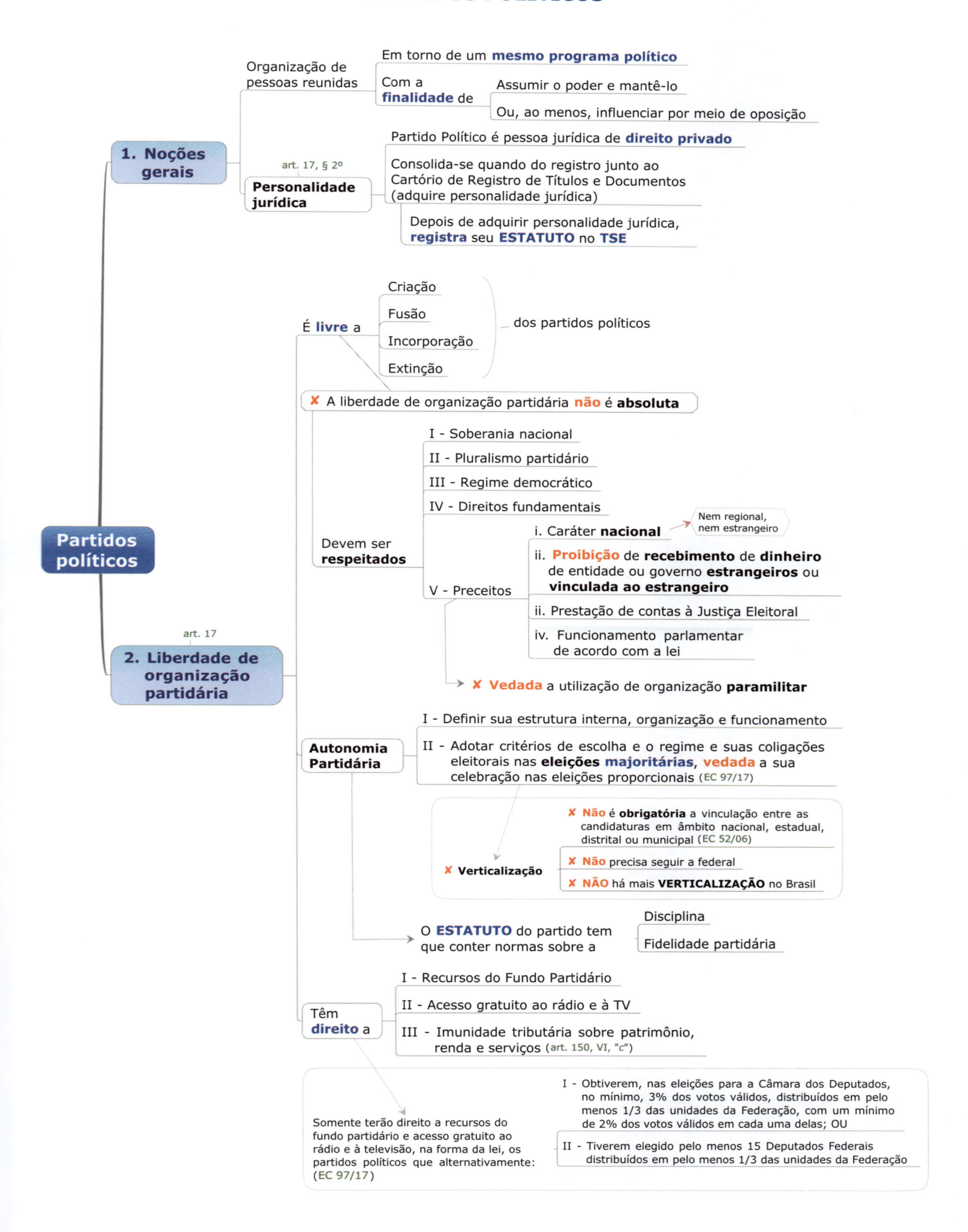

1. Noções gerais

Organização de pessoas reunidas
- Em torno de um **mesmo programa político**
- Com a **finalidade** de
  - Assumir o poder e mantê-lo
  - Ou, ao menos, influenciar por meio de oposição

art. 17, § 2º
Personalidade jurídica
- Partido Político é pessoa jurídica de **direito privado**
- Consolida-se quando do registro junto ao Cartório de Registro de Títulos e Documentos (adquire personalidade jurídica)
- Depois de adquirir personalidade jurídica, **registra** seu **ESTATUTO** no **TSE**

Partidos políticos

art. 17
2. Liberdade de organização partidária

É **livre** a
- Criação
- Fusão
- Incorporação
- Extinção

dos partidos políticos

✗ A liberdade de organização partidária **não** é **absoluta**

Devem ser **respeitados**
- I - Soberania nacional
- II - Pluralismo partidário
- III - Regime democrático
- IV - Direitos fundamentais
- V - Preceitos
  - i. Caráter **nacional** → Nem regional, nem estrangeiro
  - ii. **Proibição** de **recebimento** de **dinheiro** de entidade ou governo **estrangeiros** ou **vinculada ao estrangeiro**
  - ii. Prestação de contas à Justiça Eleitoral
  - iv. Funcionamento parlamentar de acordo com a lei

→ ✗ **Vedada** a utilização de organização **paramilitar**

Autonomia Partidária
- I - Definir sua estrutura interna, organização e funcionamento
- II - Adotar critérios de escolha e o regime e suas coligações eleitorais nas **eleições majoritárias**, **vedada** a sua celebração nas eleições proporcionais (EC 97/17)

✗ **Verticalização**
- ✗ **Não** é **obrigatória** a vinculação entre as candidaturas em âmbito nacional, estadual, distrital ou municipal (EC 52/06)
- ✗ **Não** precisa seguir a federal
- ✗ **NÃO** há mais **VERTICALIZAÇÃO** no Brasil

O **ESTATUTO** do partido tem que conter normas sobre a
- Disciplina
- Fidelidade partidária

Têm **direito** a
- I - Recursos do Fundo Partidário
- II - Acesso gratuito ao rádio e à TV
- III - Imunidade tributária sobre patrimônio, renda e serviços (art. 150, VI, "c")

Somente terão direito a recursos do fundo partidário e acesso gratuito ao rádio e à televisão, na forma da lei, os partidos políticos que alternativamente: (EC 97/17)
- I - Obtiverem, nas eleições para a Câmara dos Deputados, no mínimo, 3% dos votos válidos, distribuídos em pelo menos 1/3 das unidades da Federação, com um mínimo de 2% dos votos válidos em cada uma delas; OU
- II - Tiverem elegido pelo menos 15 Deputados Federais distribuídos em pelo menos 1/3 das unidades da Federação

Capítulo 3

Organização do Estado

ORGANIZAÇÃO DO ESTADO I

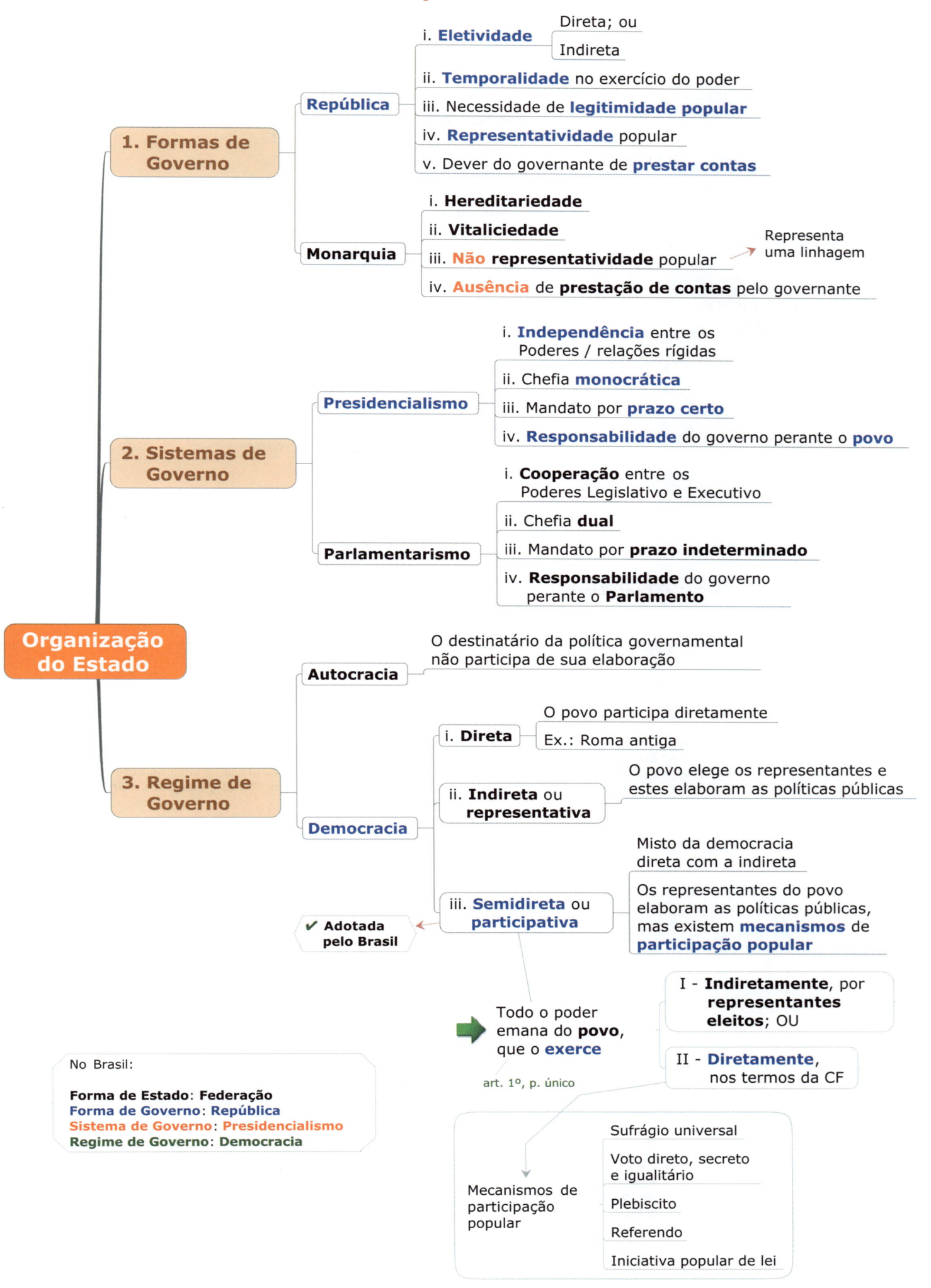

Organização do Estado

1. Formas de Governo

República
- i. **Eletividade** — Direta; ou / Indireta
- ii. **Temporalidade** no exercício do poder
- iii. Necessidade de **legitimidade popular**
- iv. **Representatividade** popular
- v. Dever do governante de **prestar contas**

Monarquia
- i. **Hereditariedade**
- ii. **Vitaliciedade**
- iii. **Não** **representatividade** popular → Representa uma linhagem
- iv. **Ausência** de **prestação de contas** pelo governante

2. Sistemas de Governo

Presidencialismo
- i. **Independência** entre os Poderes / relações rígidas
- ii. Chefia **monocrática**
- iii. Mandato por **prazo certo**
- iv. **Responsabilidade** do governo perante o **povo**

Parlamentarismo
- i. **Cooperação** entre os Poderes Legislativo e Executivo
- ii. Chefia **dual**
- iii. Mandato por **prazo indeterminado**
- iv. **Responsabilidade** do governo perante o **Parlamento**

3. Regime de Governo

Autocracia — O destinatário da política governamental não participa de sua elaboração

Democracia
- i. **Direta** — O povo participa diretamente / Ex.: Roma antiga
- ii. **Indireta ou representativa** — O povo elege os representantes e estes elaboram as políticas públicas
- iii. **Semidireta ou participativa** — Misto da democracia direta com a indireta / Os representantes do povo elaboram as políticas públicas, mas existem **mecanismos** de **participação popular**

✔ **Adotada pelo Brasil**

Todo o poder emana do **povo**, que o **exerce**
art. 1º, p. único
- I - **Indiretamente**, por **representantes eleitos**; OU
- II - **Diretamente**, nos termos da CF

Mecanismos de participação popular
- Sufrágio universal
- Voto direto, secreto e igualitário
- Plebiscito
- Referendo
- Iniciativa popular de lei

No Brasil:

Forma de Estado: Federação
Forma de Governo: República
Sistema de Governo: Presidencialismo
Regime de Governo: Democracia

37

ORGANIZAÇÃO DO ESTADO II

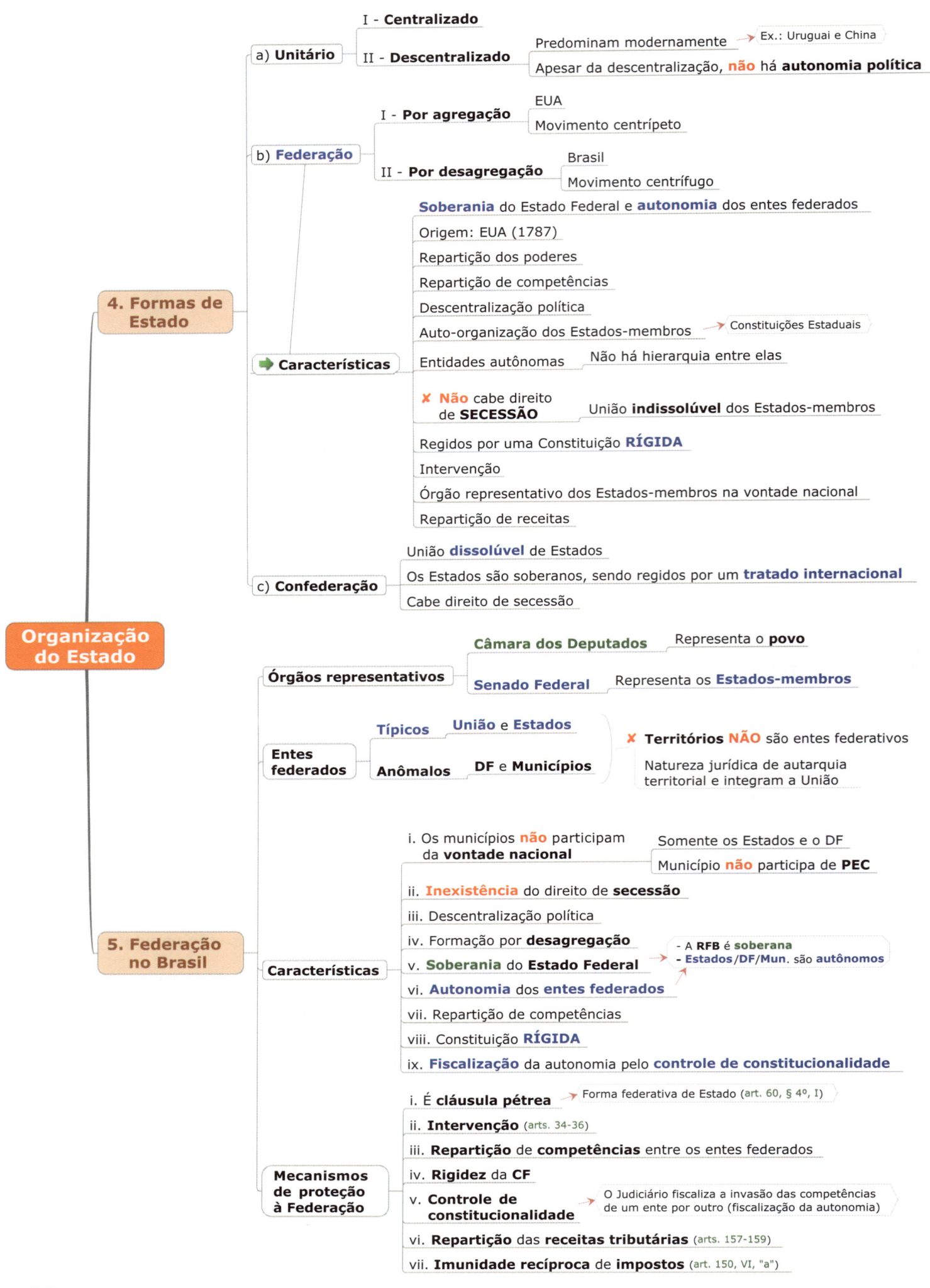

Organização do Estado

4. Formas de Estado

a) Unitário
- I - **Centralizado**
- II - **Descentralizado**
  - Predominam modernamente → Ex.: Uruguai e China
  - Apesar da descentralização, **não** há **autonomia política**

b) Federação
- I - **Por agregação**
  - EUA
  - Movimento centrípeto
- II - **Por desagregação**
  - Brasil
  - Movimento centrífugo

➡ Características
- **Soberania** do Estado Federal e **autonomia** dos entes federados
- Origem: EUA (1787)
- Repartição dos poderes
- Repartição de competências
- Descentralização política
- Auto-organização dos Estados-membros → Constituições Estaduais
- Entidades autônomas — Não há hierarquia entre elas
- ✗ **Não** cabe direito de **SECESSÃO** — União **indissolúvel** dos Estados-membros
- Regidos por uma Constituição **RÍGIDA**
- Intervenção
- Órgão representativo dos Estados-membros na vontade nacional
- Repartição de receitas

c) Confederação
- União **dissolúvel** de Estados
- Os Estados são soberanos, sendo regidos por um **tratado internacional**
- Cabe direito de secessão

5. Federação no Brasil

Órgãos representativos
- **Câmara dos Deputados** — Representa o **povo**
- **Senado Federal** — Representa os **Estados-membros**

Entes federados
- **Típicos** — **União** e **Estados**
- **Anômalos** — **DF e Municípios**
  - ✗ **Territórios NÃO** são entes federativos
  - Natureza jurídica de autarquia territorial e integram a União

Características
- i. Os municípios **não** participam da **vontade nacional**
  - Somente os Estados e o DF
  - Município **não** participa de **PEC**
- ii. **Inexistência** do direito de **secessão**
- iii. Descentralização política
- iv. Formação por **desagregação**
- v. **Soberania** do **Estado Federal**
  - A **RFB** é **soberana**
  - **Estados/DF/Mun**. são **autônomos**
- vi. **Autonomia** dos **entes federados**
- vii. Repartição de competências
- viii. Constituição **RÍGIDA**
- ix. **Fiscalização** da autonomia pelo **controle de constitucionalidade**

Mecanismos de proteção à Federação
- i. É **cláusula pétrea** → Forma federativa de Estado (art. 60, § 4º, I)
- ii. **Intervenção** (arts. 34-36)
- iii. **Repartição** de **competências** entre os entes federados
- iv. **Rigidez** da **CF**
- v. **Controle de constitucionalidade** → O Judiciário fiscaliza a invasão das competências de um ente por outro (fiscalização da autonomia)
- vi. **Repartição** das **receitas tributárias** (arts. 157-159)
- vii. **Imunidade recíproca** de **impostos** (art. 150, VI, "a")

ORGANIZAÇÃO DO ESTADO - ENTES FEDERADOS I

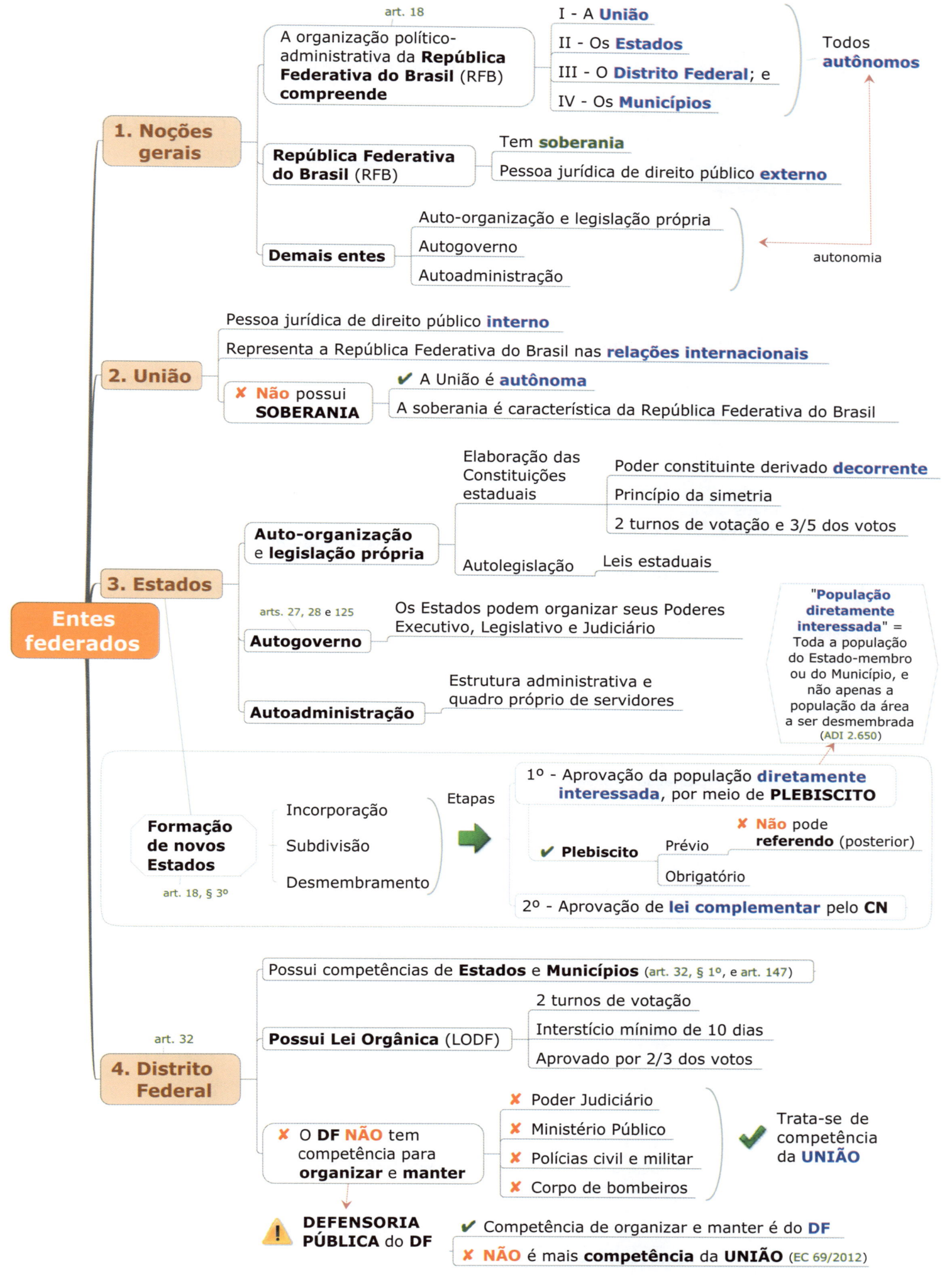

Entes federados

1. Noções gerais

art. 18

A organização político-administrativa da **República Federativa do Brasil** (RFB) **compreende**
- I - A **União**
- II - Os **Estados**
- III - O **Distrito Federal**; e
- IV - Os **Municípios**

Todos **autônomos**

República Federativa do Brasil (RFB)
- Tem **soberania**
- Pessoa jurídica de direito público **externo**

Demais entes
- Auto-organização e legislação própria
- Autogoverno
- Autoadministração

autonomia

2. União

- Pessoa jurídica de direito público **interno**
- Representa a República Federativa do Brasil nas **relações internacionais**
- ✗ **Não** possui **SOBERANIA**
  - ✔ A União é **autônoma**
  - A soberania é característica da República Federativa do Brasil

3. Estados

Auto-organização e legislação própria
- Elaboração das Constituições estaduais
  - Poder constituinte derivado **decorrente**
  - Princípio da simetria
  - 2 turnos de votação e 3/5 dos votos
- Autolegislação — Leis estaduais

arts. 27, 28 e 125

Autogoverno — Os Estados podem organizar seus Poderes Executivo, Legislativo e Judiciário

Autoadministração — Estrutura administrativa e quadro próprio de servidores

"População diretamente interessada" = Toda a população do Estado-membro ou do Município, e não apenas a população da área a ser desmembrada (ADI 2.650)

Formação de novos Estados
art. 18, § 3º
- Incorporação
- Subdivisão
- Desmembramento

Etapas
- 1º - Aprovação da população **diretamente interessada**, por meio de **PLEBISCITO**
  - ✔ **Plebiscito** — Prévio
    - ✗ **Não** pode **referendo** (posterior)
    - Obrigatório
- 2º - Aprovação de **lei complementar** pelo **CN**

4. Distrito Federal

art. 32

- Possui competências de **Estados** e **Municípios** (art. 32, § 1º, e art. 147)
- **Possui Lei Orgânica** (LODF)
  - 2 turnos de votação
  - Interstício mínimo de 10 dias
  - Aprovado por 2/3 dos votos
- ✗ O **DF NÃO** tem competência para **organizar** e **manter**
  - ✗ Poder Judiciário
  - ✗ Ministério Público
  - ✗ Polícias civil e militar
  - ✗ Corpo de bombeiros

  ✔ Trata-se de competência da **UNIÃO**

⚠ **DEFENSORIA PÚBLICA do DF**
- ✔ Competência de organizar e manter é do **DF**
- ✗ **NÃO** é mais **competência** da **UNIÃO** (EC 69/2012)

39

ORGANIZAÇÃO DO ESTADO - ENTES FEDERADOS II

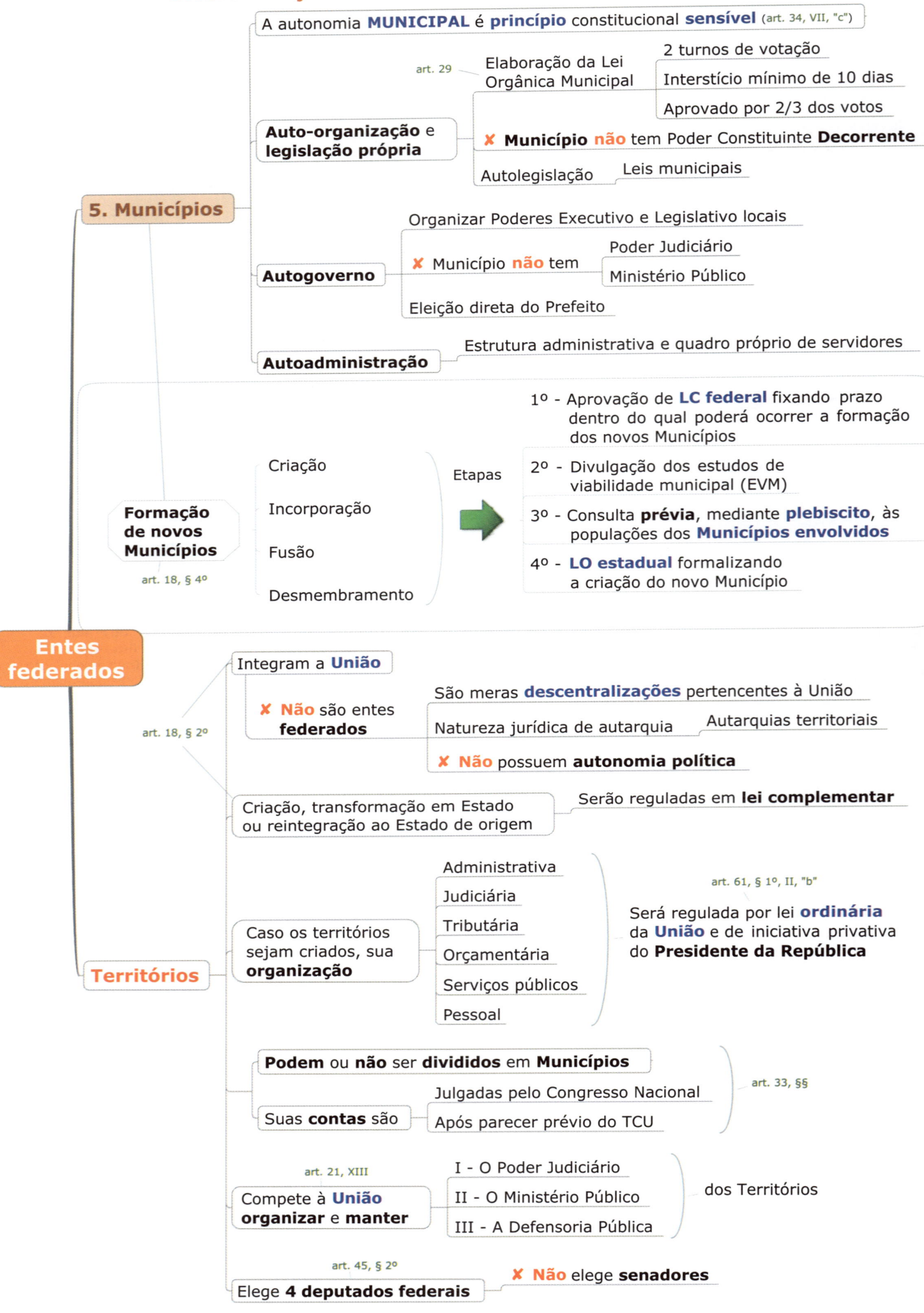

A autonomia **MUNICIPAL** é **princípio** constitucional **sensível** (art. 34, VII, "c")

5. Municípios

Auto-organização e **legislação própria**

art. 29 — Elaboração da Lei Orgânica Municipal
- 2 turnos de votação
- Interstício mínimo de 10 dias
- Aprovado por 2/3 dos votos

✗ **Município não** tem Poder Constituinte **Decorrente**

Autolegislação — Leis municipais

Autogoverno
- Organizar Poderes Executivo e Legislativo locais
- ✗ Município **não** tem:
  - Poder Judiciário
  - Ministério Público
- Eleição direta do Prefeito

Autoadministração — Estrutura administrativa e quadro próprio de servidores

Formação de novos Municípios
art. 18, § 4º

- Criação
- Incorporação
- Fusão
- Desmembramento

Etapas:
- 1º - Aprovação de **LC federal** fixando prazo dentro do qual poderá ocorrer a formação dos novos Municípios
- 2º - Divulgação dos estudos de viabilidade municipal (EVM)
- 3º - Consulta **prévia**, mediante **plebiscito**, às populações dos **Municípios envolvidos**
- 4º - **LO estadual** formalizando a criação do novo Município

Entes federados

Territórios
art. 18, § 2º

- Integram a **União**
- ✗ **Não** são entes **federados**
  - São meras **descentralizações** pertencentes à União
  - Natureza jurídica de autarquia — Autarquias territoriais
  - ✗ **Não** possuem **autonomia política**

Criação, transformação em Estado ou reintegração ao Estado de origem — Serão reguladas em **lei complementar**

Caso os territórios sejam criados, sua **organização**
- Administrativa
- Judiciária
- Tributária
- Orçamentária
- Serviços públicos
- Pessoal

art. 61, § 1º, II, "b" — Será regulada por lei **ordinária** da **União** e de iniciativa privativa do **Presidente da República**

Podem ou **não** ser **divididos** em **Municípios**

Suas **contas** são:
- Julgadas pelo Congresso Nacional
- Após parecer prévio do TCU

art. 33, §§

Compete à **União** **organizar** e **manter**
art. 21, XIII
- I - O Poder Judiciário
- II - O Ministério Público
- III - A Defensoria Pública

dos Territórios

Elege **4 deputados federais**
art. 45, § 2º
✗ **Não** elege **senadores**

ORGANIZAÇÃO DO ESTADO - REPARTIÇÃO DE COMPETÊNCIAS I

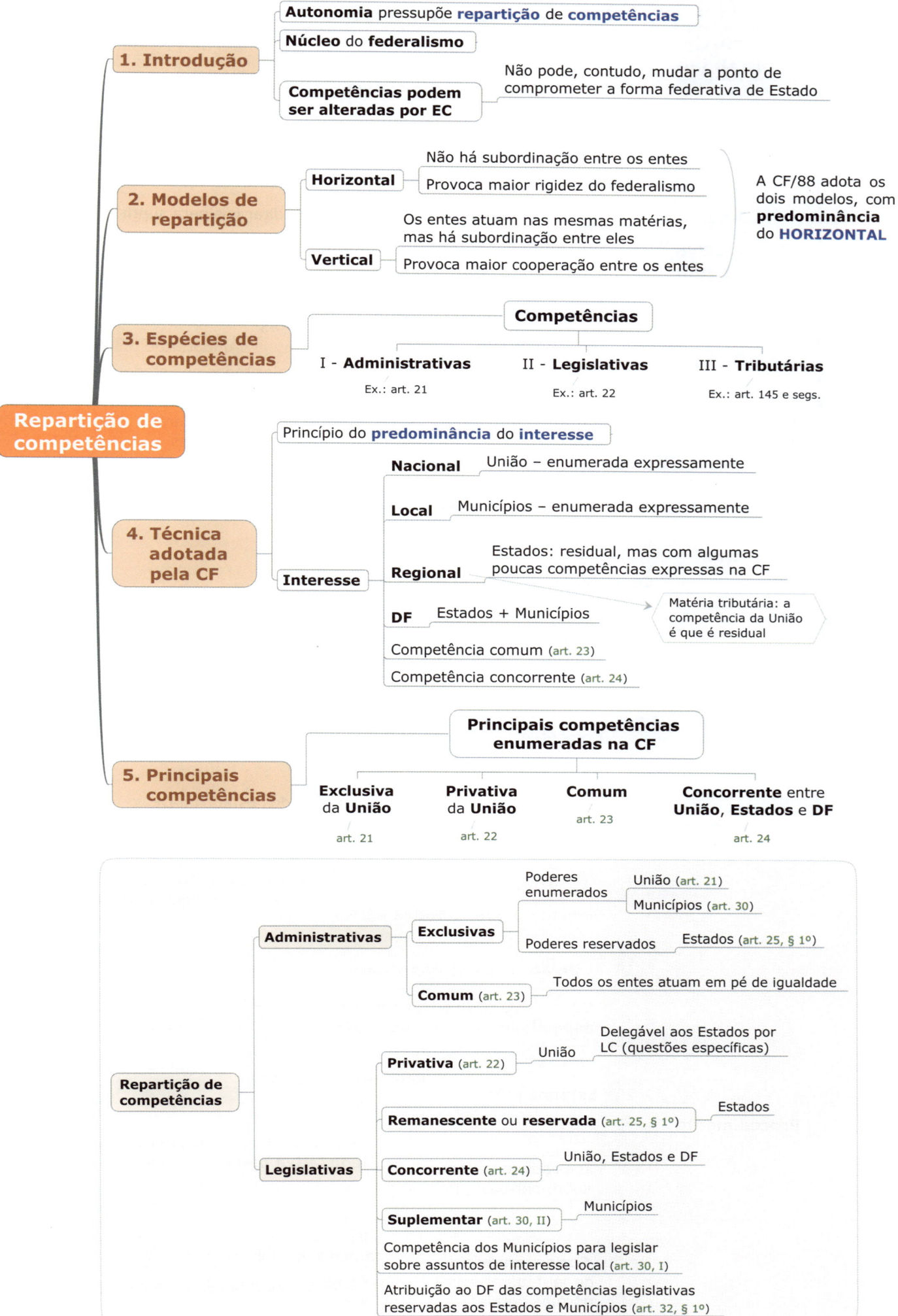

Repartição de competências

1. Introdução
- **Autonomia** pressupõe **repartição** de **competências**
- **Núcleo** do **federalismo**
- **Competências podem ser alteradas por EC** — Não pode, contudo, mudar a ponto de comprometer a forma federativa de Estado

2. Modelos de repartição
- **Horizontal**
  - Não há subordinação entre os entes
  - Provoca maior rigidez do federalismo
- **Vertical**
  - Os entes atuam nas mesmas matérias, mas há subordinação entre eles
  - Provoca maior cooperação entre os entes
- A CF/88 adota os dois modelos, com **predominância** do **HORIZONTAL**

3. Espécies de competências
- **Competências**
  - I - **Administrativas** — Ex.: art. 21
  - II - **Legislativas** — Ex.: art. 22
  - III - **Tributárias** — Ex.: art. 145 e segs.

4. Técnica adotada pela CF
- Princípio do **predominância** do **interesse**
- **Interesse**
  - **Nacional** — União – enumerada expressamente
  - **Local** — Municípios – enumerada expressamente
  - **Regional** — Estados: residual, mas com algumas poucas competências expressas na CF → Matéria tributária: a competência da União é que é residual
  - **DF** — Estados + Municípios
  - Competência comum (art. 23)
  - Competência concorrente (art. 24)

5. Principais competências
- **Principais competências enumeradas na CF**
  - **Exclusiva da União** — art. 21
  - **Privativa da União** — art. 22
  - **Comum** — art. 23
  - **Concorrente** entre **União, Estados** e **DF** — art. 24

Repartição de competências
- **Administrativas**
  - **Exclusivas**
    - Poderes enumerados
      - União (art. 21)
      - Municípios (art. 30)
    - Poderes reservados — Estados (art. 25, § 1º)
  - **Comum** (art. 23) — Todos os entes atuam em pé de igualdade
- **Legislativas**
  - **Privativa** (art. 22) — União — Delegável aos Estados por LC (questões específicas)
  - **Remanescente** ou **reservada** (art. 25, § 1º) — Estados
  - **Concorrente** (art. 24) — União, Estados e DF
  - **Suplementar** (art. 30, II) — Municípios
  - Competência dos Municípios para legislar sobre assuntos de interesse local (art. 30, I)
  - Atribuição ao DF das competências legislativas reservadas aos Estados e Municípios (art. 32, § 1º)

ORGANIZAÇÃO DO ESTADO - REPARTIÇÃO DE COMPETÊNCIAS II

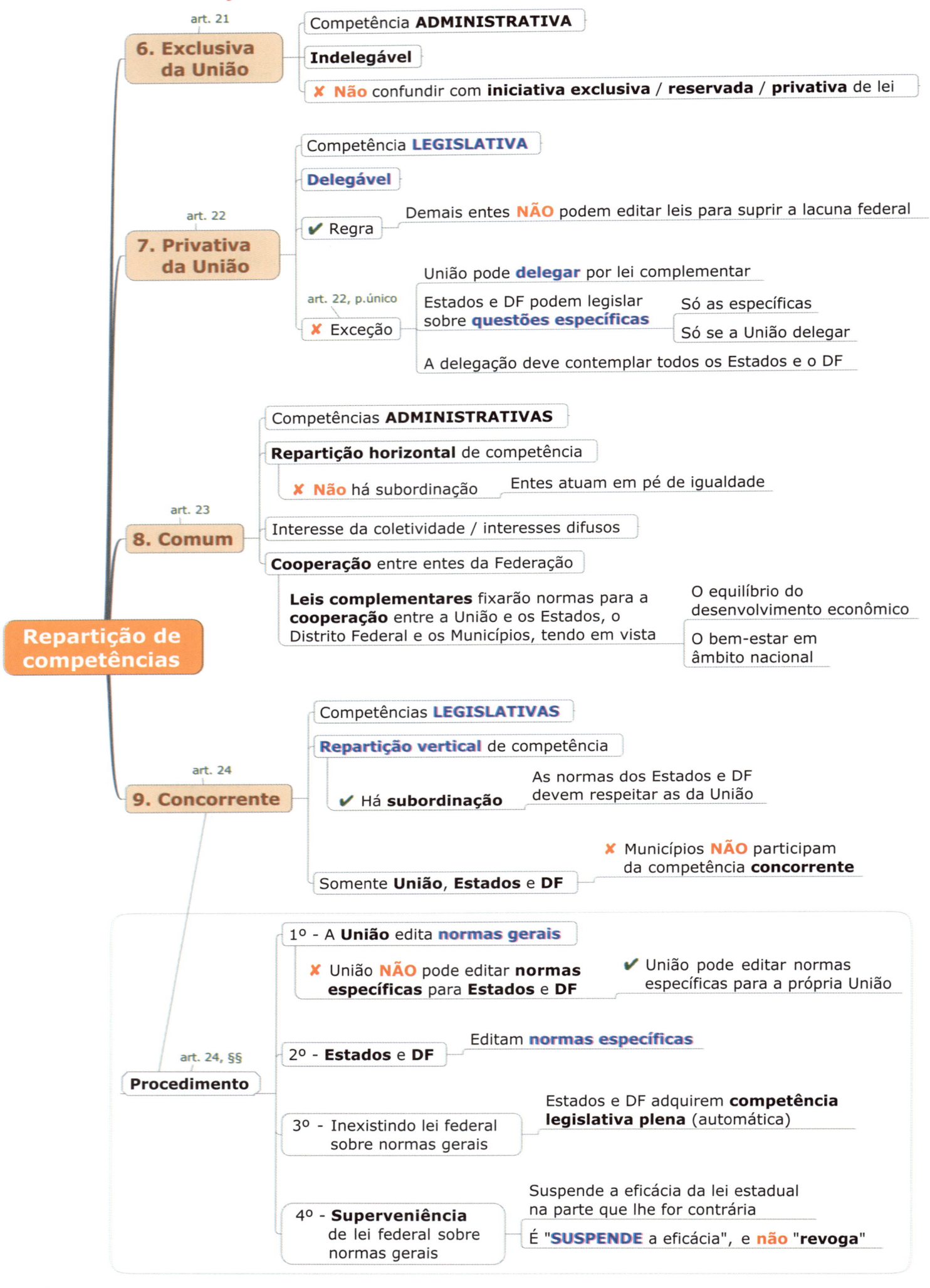

Repartição de competências

6. Exclusiva da União — art. 21
- Competência **ADMINISTRATIVA**
- **Indelegável**
- ✘ **Não** confundir com **iniciativa exclusiva / reservada / privativa** de lei

7. Privativa da União — art. 22
- Competência **LEGISLATIVA**
- **Delegável**
- ✔ Regra — art. 22 — Demais entes **NÃO** podem editar leis para suprir a lacuna federal
- ✘ Exceção — art. 22, p.único
  - União pode **delegar** por lei complementar
  - Estados e DF podem legislar sobre **questões específicas**
    - Só as específicas
    - Só se a União delegar
  - A delegação deve contemplar todos os Estados e o DF

8. Comum — art. 23
- Competências **ADMINISTRATIVAS**
- **Repartição horizontal** de competência
  - ✘ **Não** há subordinação — Entes atuam em pé de igualdade
- Interesse da coletividade / interesses difusos
- **Cooperação** entre entes da Federação
- **Leis complementares** fixarão normas para a **cooperação** entre a União e os Estados, o Distrito Federal e os Municípios, tendo em vista
  - O equilíbrio do desenvolvimento econômico
  - O bem-estar em âmbito nacional

9. Concorrente — art. 24
- Competências **LEGISLATIVAS**
- **Repartição vertical** de competência
  - ✔ Há **subordinação** — As normas dos Estados e DF devem respeitar as da União
- Somente **União, Estados** e **DF**
  - ✘ Municípios **NÃO** participam da competência **concorrente**

Procedimento — art. 24, §§
- 1º - A **União** edita **normas gerais**
  - ✘ União **NÃO** pode editar **normas específicas** para **Estados** e **DF**
  - ✔ União pode editar normas específicas para a própria União
- 2º - **Estados** e **DF** — Editam **normas específicas**
- 3º - Inexistindo lei federal sobre normas gerais — Estados e DF adquirem **competência legislativa plena** (automática)
- 4º - **Superveniência** de lei federal sobre normas gerais
  - Suspende a eficácia da lei estadual na parte que lhe for contrária
  - É "**SUSPENDE** a eficácia", e **não** "**revoga**"

ORGANIZAÇÃO DO ESTADO - REPARTIÇÃO DE COMPETÊNCIAS III

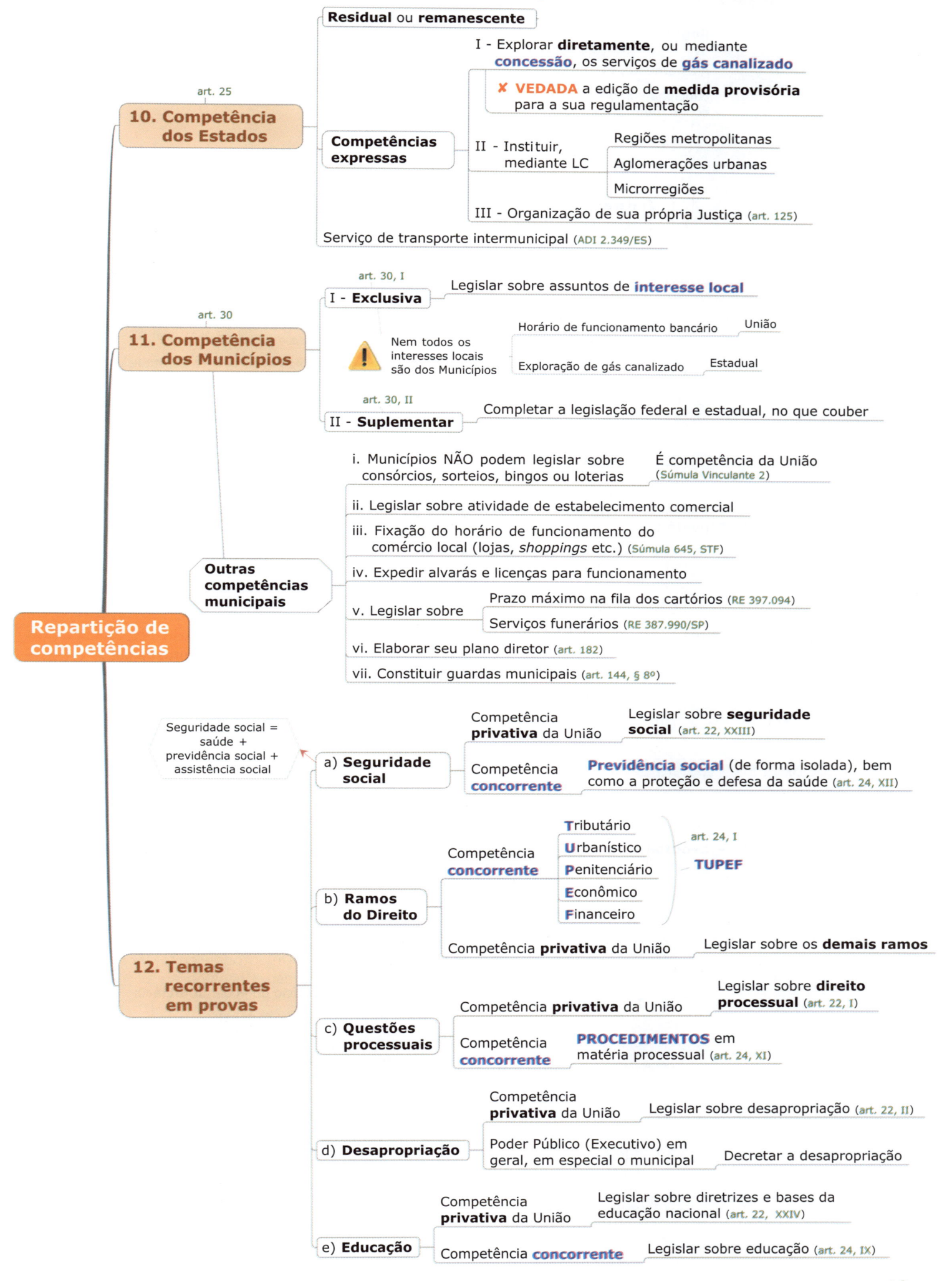

Repartição de competências

10. Competência dos Estados (art. 25)

Residual ou **remanescente**

Competências expressas

I - Explorar **diretamente**, ou mediante **concessão**, os serviços de **gás canalizado**
✗ **VEDADA** a edição de **medida provisória** para a sua regulamentação

II - Instituir, mediante LC
- Regiões metropolitanas
- Aglomerações urbanas
- Microrregiões

III - Organização de sua própria Justiça (art. 125)

Serviço de transporte intermunicipal (ADI 2.349/ES)

11. Competência dos Municípios (art. 30)

I - Exclusiva (art. 30, I) — Legislar sobre assuntos de **interesse local**

⚠ Nem todos os interesses locais são dos Municípios
- Horário de funcionamento bancário — União
- Exploração de gás canalizado — Estadual

II - Suplementar (art. 30, II) — Completar a legislação federal e estadual, no que couber

Outras competências municipais

i. Municípios NÃO podem legislar sobre consórcios, sorteios, bingos ou loterias — É competência da União (Súmula Vinculante 2)

ii. Legislar sobre atividade de estabelecimento comercial

iii. Fixação do horário de funcionamento do comércio local (lojas, *shoppings* etc.) (Súmula 645, STF)

iv. Expedir alvarás e licenças para funcionamento

v. Legislar sobre
- Prazo máximo na fila dos cartórios (RE 397.094)
- Serviços funerários (RE 387.990/SP)

vi. Elaborar seu plano diretor (art. 182)

vii. Constituir guardas municipais (art. 144, § 8º)

12. Temas recorrentes em provas

Seguridade social = saúde + previdência social + assistência social

a) Seguridade social
- Competência **privativa** da União — Legislar sobre **seguridade social** (art. 22, XXIII)
- Competência **concorrente** — **Previdência social** (de forma isolada), bem como a proteção e defesa da saúde (art. 24, XII)

b) Ramos do Direito
- Competência **concorrente**:
  - **T**ributário
  - **U**rbanístico
  - **P**enitenciário
  - **E**conômico
  - **F**inanceiro

  (art. 24, I) — **TUPEF**
- Competência **privativa** da União — Legislar sobre os **demais ramos**

c) Questões processuais
- Competência **privativa** da União — Legislar sobre **direito processual** (art. 22, I)
- Competência **concorrente** — **PROCEDIMENTOS** em matéria processual (art. 24, XI)

d) Desapropriação
- Competência **privativa** da União — Legislar sobre desapropriação (art. 22, II)
- Poder Público (Executivo) em geral, em especial o municipal — Decretar a desapropriação

e) Educação
- Competência **privativa** da União — Legislar sobre diretrizes e bases da educação nacional (art. 22, XXIV)
- Competência **concorrente** — Legislar sobre educação (art. 24, IX)

INTERVENÇÃO

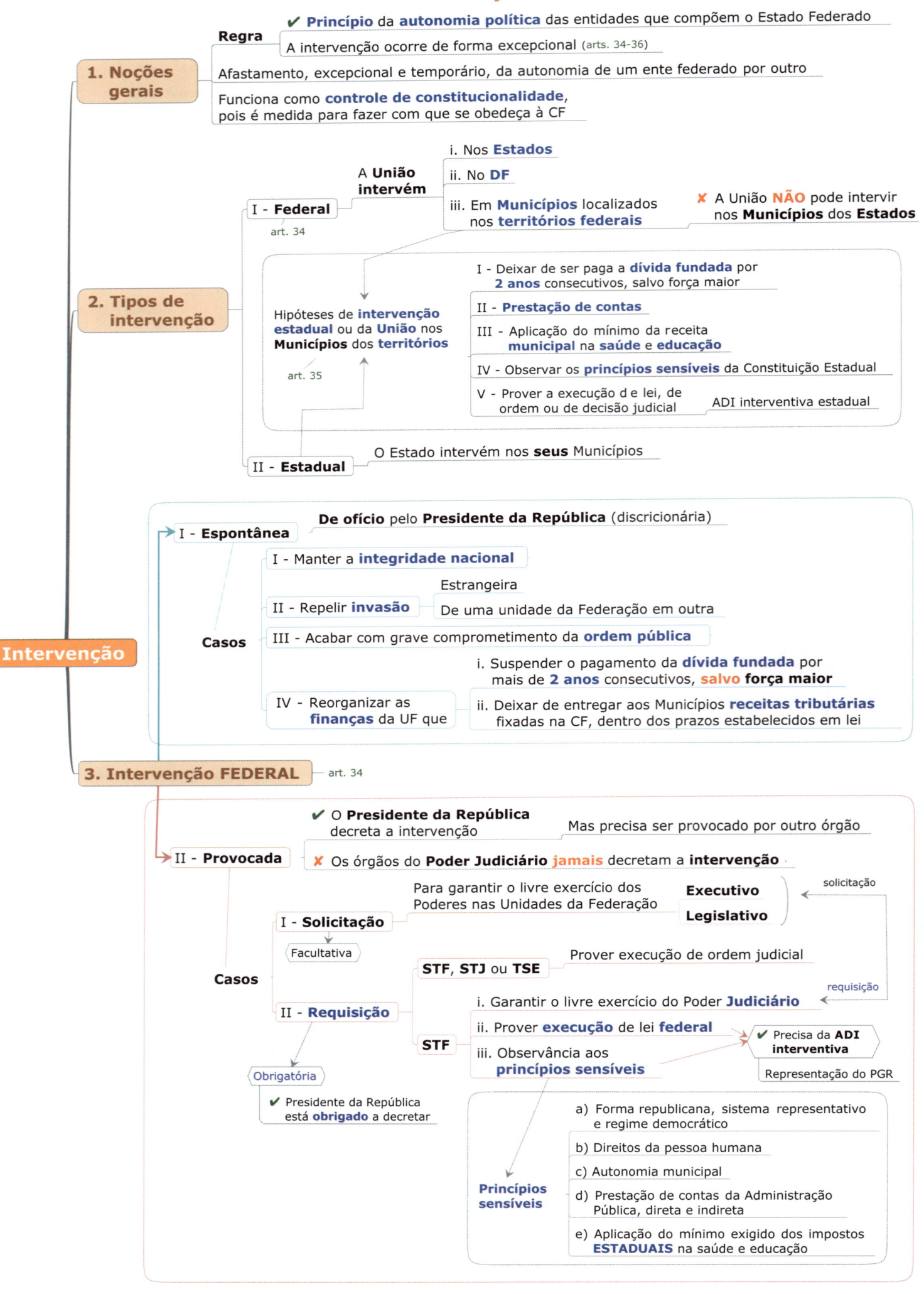

Intervenção

1. Noções gerais

Regra
- ✔ **Princípio** da **autonomia política** das entidades que compõem o Estado Federado
- A intervenção ocorre de forma excepcional (arts. 34-36)

Afastamento, excepcional e temporário, da autonomia de um ente federado por outro

Funciona como **controle de constitucionalidade**, pois é medida para fazer com que se obedeça à CF

2. Tipos de intervenção

I - Federal art. 34

A **União intervém**
- i. Nos **Estados**
- ii. No **DF**
- iii. Em **Municípios** localizados nos **territórios federais**

✗ A União **NÃO** pode intervir nos **Municípios** dos **Estados**

Hipóteses de **intervenção estadual** ou da **União** nos **Municípios** dos **territórios** art. 35
- I - Deixar de ser paga a **dívida fundada** por **2 anos** consecutivos, salvo força maior
- II - **Prestação de contas**
- III - Aplicação do mínimo da receita **municipal** na **saúde** e **educação**
- IV - Observar os **princípios sensíveis** da Constituição Estadual
- V - Prover a execução d e lei, de ordem ou de decisão judicial — ADI interventiva estadual

II - Estadual — O Estado intervém nos **seus** Municípios

3. Intervenção FEDERAL — art. 34

I - Espontânea
De ofício pelo **Presidente da República** (discricionária)

Casos
- I - Manter a **integridade nacional**
- II - Repelir **invasão**
  - Estrangeira
  - De uma unidade da Federação em outra
- III - Acabar com grave comprometimento da **ordem pública**
- IV - Reorganizar as **finanças** da UF que
  - i. Suspender o pagamento da **dívida fundada** por mais de **2 anos** consecutivos, **salvo** força maior
  - ii. Deixar de entregar aos Municípios **receitas tributárias** fixadas na CF, dentro dos prazos estabelecidos em lei

II - Provocada
- ✔ O **Presidente da República** decreta a intervenção — Mas precisa ser provocado por outro órgão
- ✗ Os órgãos do **Poder Judiciário** jamais decretam a **intervenção**

Casos
- **I - Solicitação** — Facultativa
  - Para garantir o livre exercício dos Poderes nas Unidades da Federação — **Executivo** / **Legislativo** ← solicitação
- **II - Requisição** — Obrigatória
  - ✔ Presidente da República está **obrigado** a decretar
  - **STF, STJ** ou **TSE** — Prover execução de ordem judicial
  - **STF**
    - i. Garantir o livre exercício do Poder **Judiciário** ← requisição
    - ii. Prover **execução** de lei **federal**
    - iii. Observância aos **princípios sensíveis** → ✔ Precisa da **ADI interventiva** — Representação do PGR

Princípios sensíveis
- a) Forma republicana, sistema representativo e regime democrático
- b) Direitos da pessoa humana
- c) Autonomia municipal
- d) Prestação de contas da Administração Pública, direta e indireta
- e) Aplicação do mínimo exigido dos impostos **ESTADUAIS** na saúde e educação

44

Capítulo 4

Administração Pública

ADMINISTRAÇÃO PÚBLICA I - PRINCÍPIOS CONSTITUCIONAIS

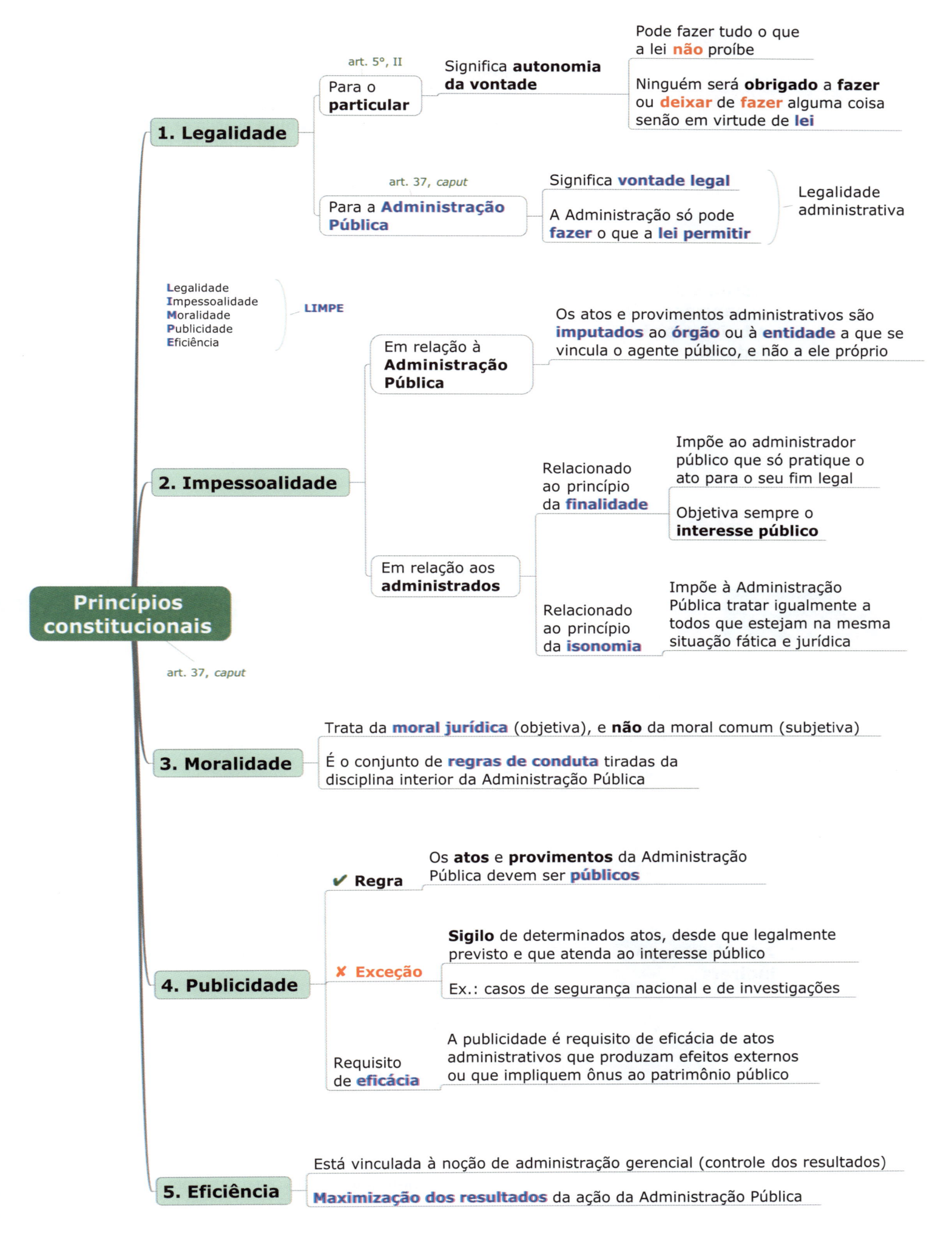

Princípios constitucionais

1. Legalidade

art. 5º, II

Para o particular — Significa **autonomia da vontade**
- Pode fazer tudo o que a lei **não** proíbe
- Ninguém será **obrigado** a **fazer** ou **deixar** de **fazer** alguma coisa senão em virtude de **lei**

art. 37, caput

Para a Administração Pública
- Significa **vontade legal**
- A Administração só pode **fazer** o que a **lei permitir**
- Legalidade administrativa

Legalidade
Impessoalidade
Moralidade
Publicidade
Eficiência
— LIMPE

2. Impessoalidade

art. 37, caput

Em relação à Administração Pública — Os atos e provimentos administrativos são **imputados** ao **órgão** ou à **entidade** a que se vincula o agente público, e não a ele próprio

Em relação aos administrados
- Relacionado ao princípio da **finalidade**
  - Impõe ao administrador público que só pratique o ato para o seu fim legal
  - Objetiva sempre o **interesse público**
- Relacionado ao princípio da **isonomia**
  - Impõe à Administração Pública tratar igualmente a todos que estejam na mesma situação fática e jurídica

3. Moralidade
- Trata da **moral jurídica** (objetiva), e **não** da moral comum (subjetiva)
- É o conjunto de **regras de conduta** tiradas da disciplina interior da Administração Pública

4. Publicidade
- ✔ **Regra** — Os **atos** e **provimentos** da Administração Pública devem ser **públicos**
- ✗ **Exceção**
  - **Sigilo** de determinados atos, desde que legalmente previsto e que atenda ao interesse público
  - Ex.: casos de segurança nacional e de investigações
- **Requisito de eficácia** — A publicidade é requisito de eficácia de atos administrativos que produzam efeitos externos ou que impliquem ônus ao patrimônio público

5. Eficiência
- Está vinculada à noção de administração gerencial (controle dos resultados)
- **Maximização dos resultados** da ação da Administração Pública

ADMINISTRAÇÃO PÚBLICA II

Administração Pública

1. Normas de organização da administração federal

I - Criação, transformação e extinção de cargos, empregos e funções públicas

- art. 48, X
  Competência do **Congresso Nacional**, exercida mediante **lei**
- art. 61, § 1º, II, "a"
  Iniciativa de lei do **Presidente da República** quando se tratar de cargos, funções ou empregos públicos na **administração direta** e **autárquica**

II - Extinção de funções e cargos públicos VAGOS — art. 84, VI, "b"

- Competência privativa do **Presidente da República**
- Mediante **decreto autônomo**

III - Criação / extinção de órgãos da Administração Pública

- art. 48, XI
  Competência do **Congresso Nacional**, exercida mediante **lei**
- art. 61, § 1º, II, "e"
  Iniciativa de lei do **Presidente da República**

IV - Organização e funcionamento da Administração federal, quando não implicar — art. 84, VI, "a"

- i. Aumento de despesa
- ii. Criação / extinção de órgãos públicos

Competência privativa do **Presidente da República**, mediante **decreto autônomo**

2. Administração indireta

Pessoas jurídicas de direito PÚBLICO

- Tipos
  - **Autarquia**
  - **Fundação** pública de direito **público**
- Forma de **criação** — art. 37, XIX
  - Lei específica **CRIA**

Pessoas jurídicas de direito PRIVADO

- Tipos
  - **Fundação** pública de direito **privado**
  - **Empresa pública**
  - **Sociedade de economia mista**
- Forma de **criação** — art. 37, XIX
  - Lei específica **AUTORIZA** criação
  - A criação ocorre com a inscrição do ato constitutivo no registro público competente (CC, art. 45)
- Criação de **subsidiárias** — art. 37, XX
  - **Autorização legislativa**, em caráter genérico
  - A criação ocorre com a inscrição do ato constitutivo no registro público competente (CC, art. 45)

ADMINISTRAÇÃO PÚBLICA III - SERVIDORES PÚBLICOS

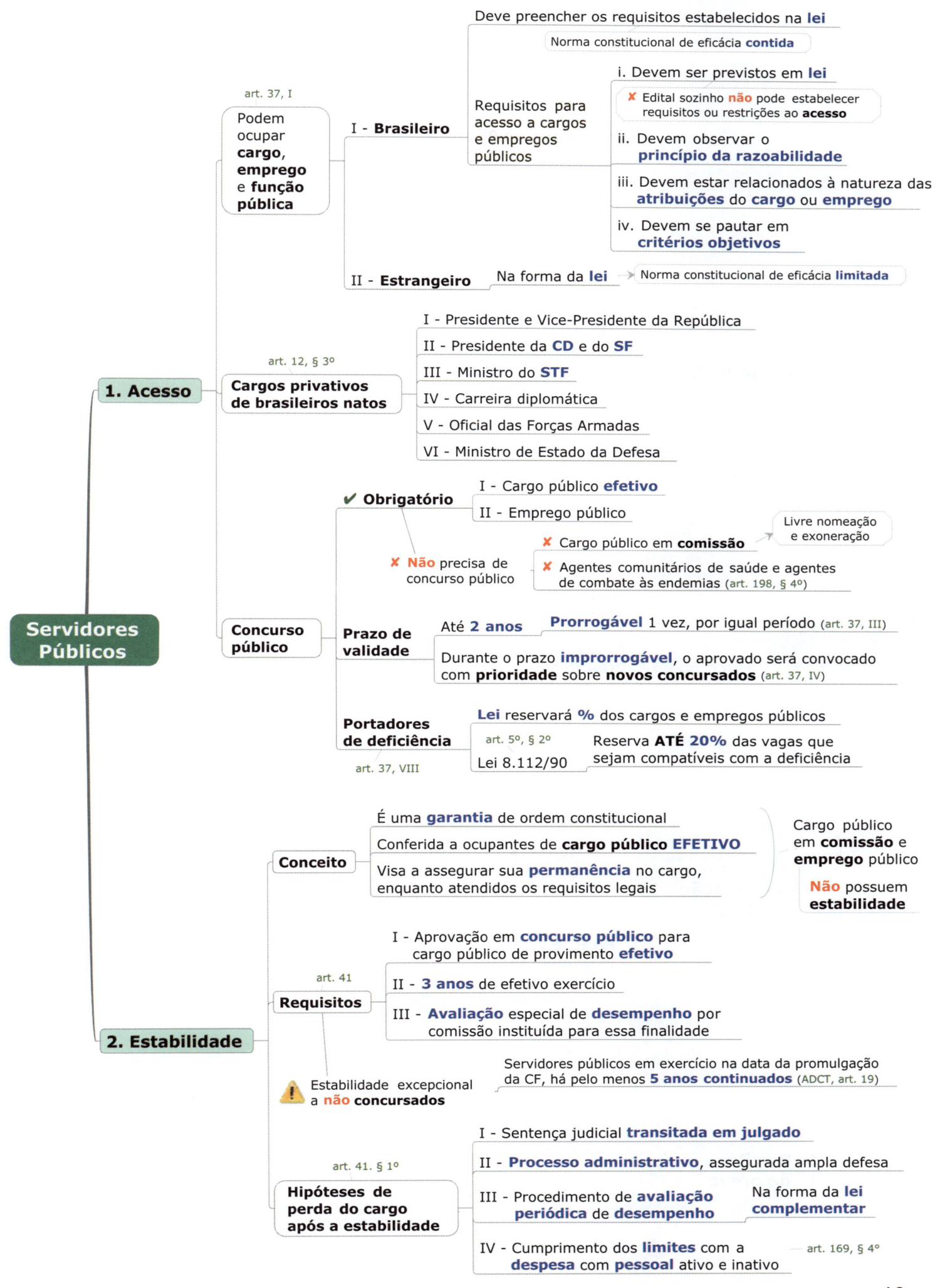

Servidores Públicos

1. Acesso

Podem ocupar cargo, emprego e função pública (art. 37, I)

I - Brasileiro

Requisitos para acesso a cargos e empregos públicos
- Deve preencher os requisitos estabelecidos na **lei**
  - Norma constitucional de eficácia **contida**
- i. Devem ser previstos em **lei**
  - ✗ Edital sozinho **não** pode estabelecer requisitos ou restrições ao **acesso**
- ii. Devem observar o **princípio da razoabilidade**
- iii. Devem estar relacionados à natureza das **atribuições** do **cargo** ou **emprego**
- iv. Devem se pautar em **critérios objetivos**

II - Estrangeiro — Na forma da **lei** → Norma constitucional de eficácia **limitada**

Cargos privativos de brasileiros natos (art. 12, § 3º)
- I - Presidente e Vice-Presidente da República
- II - Presidente da **CD** e do **SF**
- III - Ministro do **STF**
- IV - Carreira diplomática
- V - Oficial das Forças Armadas
- VI - Ministro de Estado da Defesa

Concurso público

✔ **Obrigatório**
- I - Cargo público **efetivo**
- II - Emprego público

✗ **Não** precisa de concurso público
- ✗ Cargo público em **comissão** → Livre nomeação e exoneração
- ✗ Agentes comunitários de saúde e agentes de combate às endemias (art. 198, § 4º)

Prazo de validade
- Até **2 anos** — **Prorrogável** 1 vez, por igual período (art. 37, III)
- Durante o prazo **improrrogável**, o aprovado será convocado com **prioridade** sobre **novos concursados** (art. 37, IV)

Portadores de deficiência (art. 37, VIII)
- **Lei** reservará **%** dos cargos e empregos públicos
- Lei 8.112/90 (art. 5º, § 2º) — Reserva **ATÉ 20%** das vagas que sejam compatíveis com a deficiência

2. Estabilidade

Conceito
- É uma **garantia** de ordem constitucional
- Conferida a ocupantes de **cargo público EFETIVO**
- Visa a assegurar sua **permanência** no cargo, enquanto atendidos os requisitos legais
- Cargo público em **comissão** e **emprego** público → **Não** possuem **estabilidade**

Requisitos (art. 41)
- I - Aprovação em **concurso público** para cargo público de provimento **efetivo**
- II - **3 anos** de efetivo exercício
- III - **Avaliação** especial de **desempenho** por comissão instituída para essa finalidade

⚠ Estabilidade excepcional a **não** concursados — Servidores públicos em exercício na data da promulgação da CF, há pelo menos **5 anos continuados** (ADCT, art. 19)

Hipóteses de perda do cargo após a estabilidade (art. 41. § 1º)
- I - Sentença judicial **transitada em julgado**
- II - **Processo administrativo**, assegurada ampla defesa
- III - Procedimento de **avaliação periódica** de **desempenho** — Na forma da **lei complementar**
- IV - Cumprimento dos **limites** com a **despesa** com **pessoal** ativo e inativo — art. 169, § 4º

49

ADMINISTRAÇÃO PÚBLICA IV - SERVIDORES PÚBLICOS

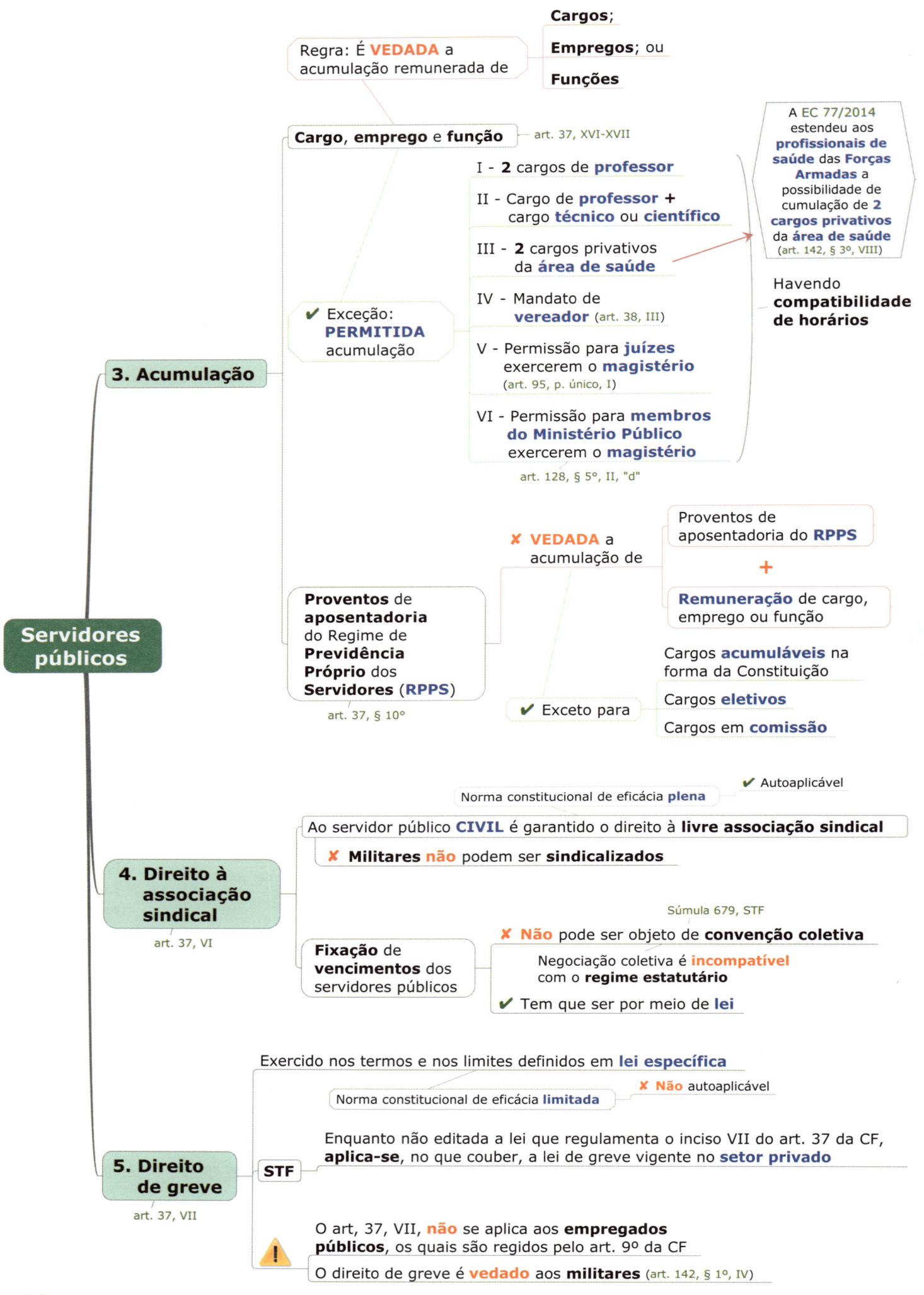

Servidores públicos

3. Acumulação

Regra: É **VEDADA** a acumulação remunerada de
- **Cargos**;
- **Empregos**; ou
- **Funções**

Cargo, emprego e **função** — *art. 37, XVI-XVII*

✔ Exceção: **PERMITIDA** acumulação

- I - **2** cargos de **professor**
- II - Cargo de **professor +** cargo **técnico** ou **científico**
- III - **2** cargos privativos da **área de saúde**
- IV - Mandato de **vereador** (art. 38, III)
- V - Permissão para **juízes** exercerem o **magistério** (art. 95, p. único, I)
- VI - Permissão para **membros do Ministério Público** exercerem o **magistério**

art. 128, § 5°, II, "d"

A EC 77/2014 estendeu aos **profissionais de saúde** das **Forças Armadas** a possibilidade de cumulação de **2 cargos privativos** da **área de saúde** (art. 142, § 3°, VIII)

Havendo **compatibilidade de horários**

Proventos de **aposentadoria** do Regime de **Previdência Próprio** dos **Servidores** (**RPPS**)
art. 37, § 10°

✗ **VEDADA** a acumulação de
- Proventos de aposentadoria do **RPPS**
- **+**
- **Remuneração** de cargo, emprego ou função

✔ Exceto para
- Cargos **acumuláveis** na forma da Constituição
- Cargos **eletivos**
- Cargos em **comissão**

4. Direito à associação sindical
art. 37, VI

✔ Autoaplicável

Norma constitucional de eficácia **plena**

Ao servidor público **CIVIL** é garantido o direito à **livre associação sindical**

✗ **Militares não** podem ser **sindicalizados**

Fixação de **vencimentos** dos servidores públicos

Súmula 679, STF
- ✗ **Não** pode ser objeto de **convenção coletiva**
- Negociação coletiva é **incompatível** com o **regime estatutário**
- ✔ Tem que ser por meio de **lei**

5. Direito de greve
art. 37, VII

Exercido nos termos e nos limites definidos em **lei específica**

✗ **Não** autoaplicável

Norma constitucional de eficácia **limitada**

STF — Enquanto não editada a lei que regulamenta o inciso VII do art. 37 da CF, **aplica-se**, no que couber, a lei de greve vigente no **setor privado**

⚠ O art, 37, VII, **não** se aplica aos **empregados públicos**, os quais são regidos pelo art. 9° da CF

O direito de greve é **vedado** aos **militares** (art. 142, § 1°, IV)

ADMINISTRAÇÃO PÚBLICA V - SISTEMA REMUNERATÓRIO I

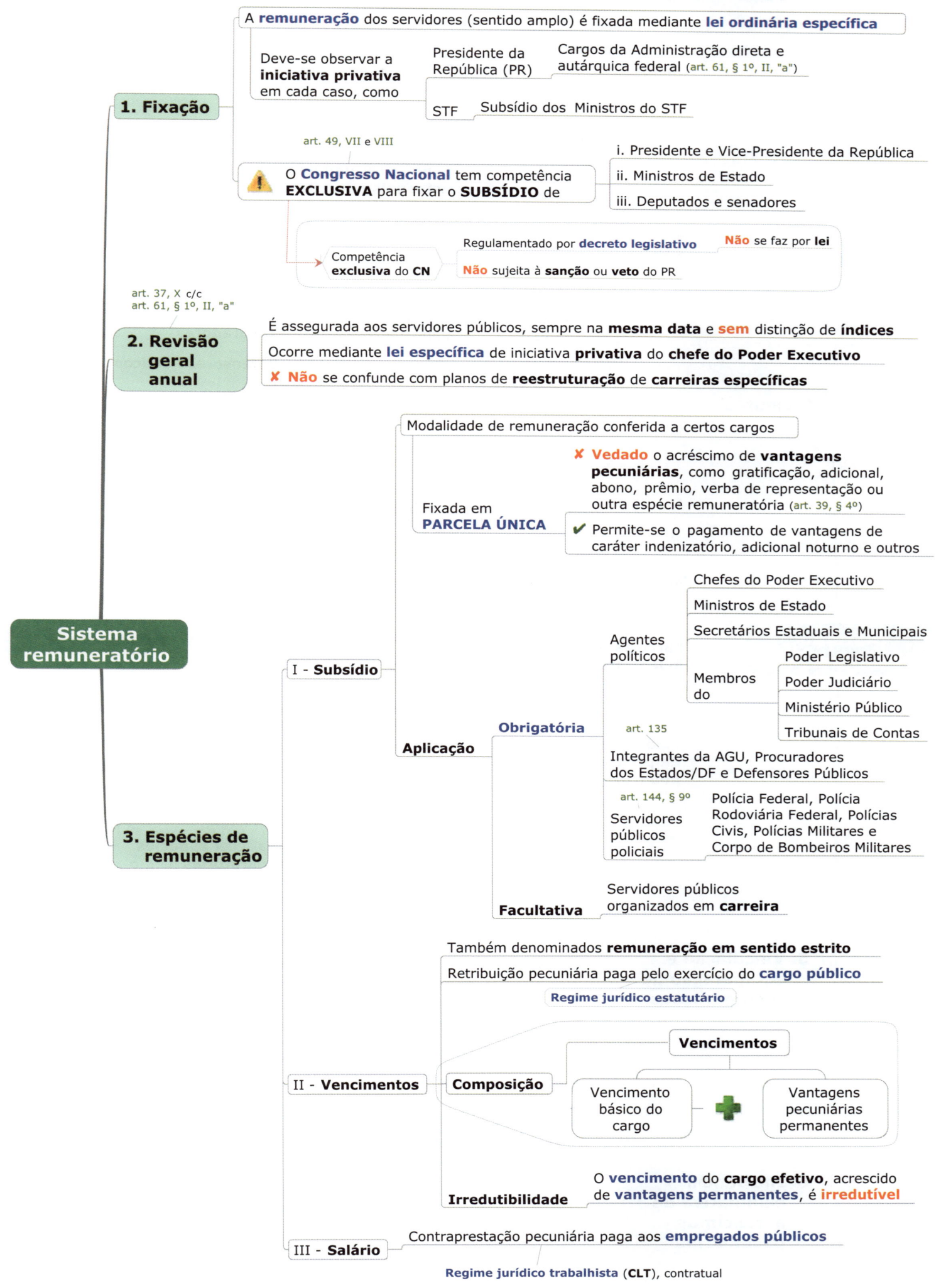

Sistema remuneratório

1. Fixação

A **remuneração** dos servidores (sentido amplo) é fixada mediante **lei ordinária específica**

Deve-se observar a **iniciativa privativa** em cada caso, como

- Presidente da República (PR) — Cargos da Administração direta e autárquica federal (art. 61, § 1º, II, "a")
- STF — Subsídio dos Ministros do STF

art. 49, VII e VIII

⚠ O **Congresso Nacional** tem competência **EXCLUSIVA** para fixar o **SUBSÍDIO** de
- i. Presidente e Vice-Presidente da República
- ii. Ministros de Estado
- iii. Deputados e senadores

Competência **exclusiva do CN**
- Regulamentado por **decreto legislativo** — **Não** se faz por **lei**
- **Não** sujeita à **sanção** ou **veto** do PR

2. Revisão geral anual

art. 37, X c/c
art. 61, § 1º, II, "a"

É assegurada aos servidores públicos, sempre na **mesma data** e **sem** distinção de **índices**

Ocorre mediante **lei específica** de iniciativa **privativa** do **chefe do Poder Executivo**

✘ **Não** se confunde com planos de **reestruturação** de **carreiras específicas**

3. Espécies de remuneração

I - Subsídio

Modalidade de remuneração conferida a certos cargos

Fixada em **PARCELA ÚNICA**
- ✘ **Vedado** o acréscimo de **vantagens pecuniárias**, como gratificação, adicional, abono, prêmio, verba de representação ou outra espécie remuneratória (art. 39, § 4º)
- ✔ Permite-se o pagamento de vantagens de caráter indenizatório, adicional noturno e outros

Aplicação

Obrigatória
- Agentes políticos
  - Chefes do Poder Executivo
  - Ministros de Estado
  - Secretários Estaduais e Municipais
  - Membros do
    - Poder Legislativo
    - Poder Judiciário
    - Ministério Público
    - Tribunais de Contas
- art. 135 — Integrantes da AGU, Procuradores dos Estados/DF e Defensores Públicos
- art. 144, § 9º — Servidores públicos policiais — Polícia Federal, Polícia Rodoviária Federal, Polícias Civis, Polícias Militares e Corpo de Bombeiros Militares

Facultativa — Servidores públicos organizados em **carreira**

II - Vencimentos

Também denominados **remuneração em sentido estrito**

Retribuição pecuniária paga pelo exercício do **cargo público**

Regime jurídico estatutário

Composição

Vencimentos
- Vencimento básico do cargo ➕ Vantagens pecuniárias permanentes

Irredutibilidade — O **vencimento** do **cargo efetivo**, acrescido de **vantagens permanentes**, é **irredutível**

III - Salário

Contraprestação pecuniária paga aos **empregados públicos**

Regime jurídico trabalhista (**CLT**), contratual

51

ADMINISTRAÇÃO PÚBLICA VI - SISTEMA REMUNERATÓRIO II

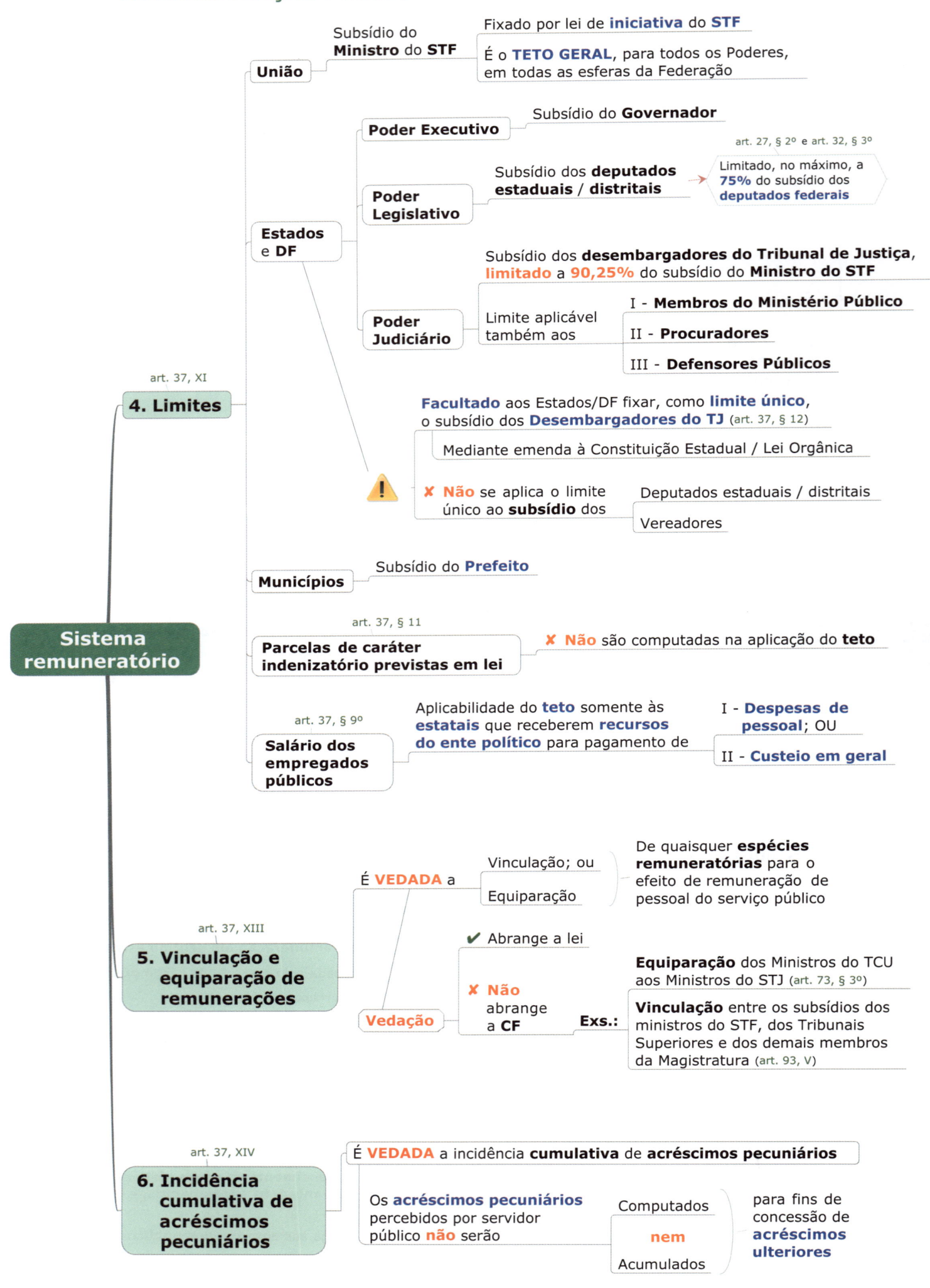

Sistema remuneratório

4. Limites (art. 37, XI)

União — Subsídio do **Ministro** do STF
- Fixado por lei de **iniciativa** do **STF**
- É o **TETO GERAL**, para todos os Poderes, em todas as esferas da Federação

Estados e DF
- **Poder Executivo** — Subsídio do **Governador**
- **Poder Legislativo** — Subsídio dos **deputados estaduais / distritais** → Limitado, no máximo, a **75%** do subsídio dos **deputados federais** (art. 27, § 2º e art. 32, § 3º)
- **Poder Judiciário** — Subsídio dos **desembargadores do Tribunal de Justiça**, **limitado** a **90,25%** do subsídio do **Ministro do STF**
  - Limite aplicável também aos:
    - I - **Membros do Ministério Público**
    - II - **Procuradores**
    - III - **Defensores Públicos**
- **Facultado** aos Estados/DF fixar, como **limite único**, o subsídio dos **Desembargadores do TJ** (art. 37, § 12)
  - Mediante emenda à Constituição Estadual / Lei Orgânica
  - ⚠ ✗ **Não** se aplica o limite único ao **subsídio** dos:
    - Deputados estaduais / distritais
    - Vereadores

Municípios — Subsídio do **Prefeito**

Parcelas de caráter indenizatório previstas em lei (art. 37, § 11) — ✗ **Não** são computadas na aplicação do **teto**

Salário dos empregados públicos (art. 37, § 9º) — Aplicabilidade do **teto** somente às **estatais** que receberem **recursos do ente político** para pagamento de:
- I - **Despesas de pessoal**; OU
- II - **Custeio em geral**

5. Vinculação e equiparação de remunerações (art. 37, XIII)

- É **VEDADA** a:
  - Vinculação; ou
  - Equiparação

  De quaisquer **espécies remuneratórias** para o efeito de remuneração de pessoal do serviço público

- ✔ Abrange a lei
- ✗ **Não** abrange a **CF** — **Vedação** — Exs.:
  - **Equiparação** dos Ministros do TCU aos Ministros do STJ (art. 73, § 3º)
  - **Vinculação** entre os subsídios dos ministros do STF, dos Tribunais Superiores e dos demais membros da Magistratura (art. 93, V)

6. Incidência cumulativa de acréscimos pecuniários (art. 37, XIV)

- É **VEDADA** a incidência **cumulativa** de **acréscimos pecuniários**
- Os **acréscimos pecuniários** percebidos por servidor público **não** serão:
  - Computados
  - **nem**
  - Acumulados

  para fins de concessão de **acréscimos ulteriores**

REGIME PRÓPRIO DE PREVIDÊNCIA DOS SERVIDORES PÚBLICOS I

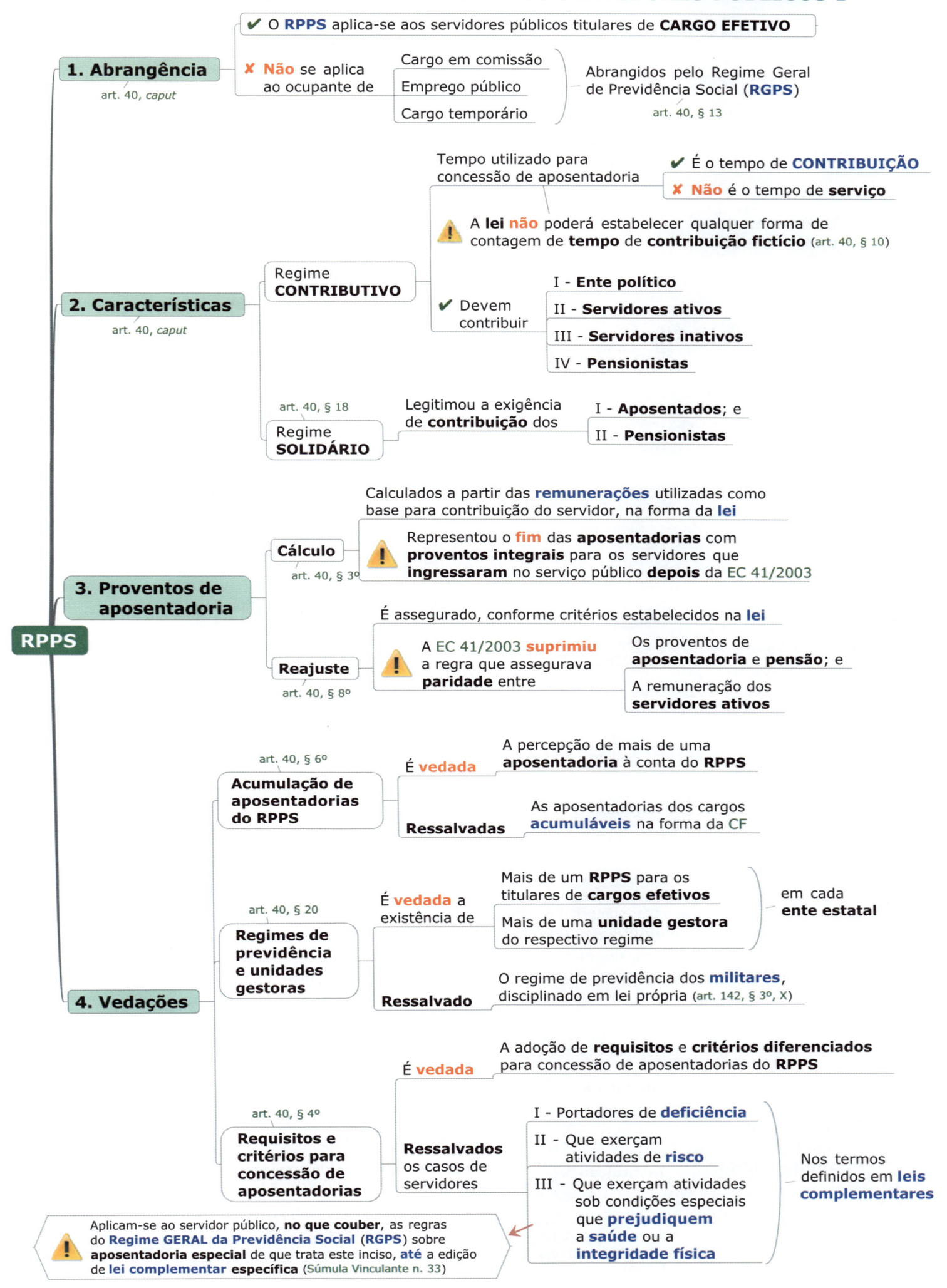

RPPS

1. Abrangência
art. 40, *caput*

✔ O **RPPS** aplica-se aos servidores públicos titulares de **CARGO EFETIVO**

✘ **Não** se aplica ao ocupante de
- Cargo em comissão
- Emprego público
- Cargo temporário

Abrangidos pelo Regime Geral de Previdência Social (**RGPS**)
art. 40, § 13

2. Características
art. 40, *caput*

Regime **CONTRIBUTIVO**

Tempo utilizado para concessão de aposentadoria
- ✔ É o tempo de **CONTRIBUIÇÃO**
- ✘ **Não** é o tempo de **serviço**

⚠ A **lei não** poderá estabelecer qualquer forma de contagem de **tempo** de **contribuição fictício** (art. 40, § 10)

✔ Devem contribuir
- I - **Ente político**
- II - **Servidores ativos**
- III - **Servidores inativos**
- IV - **Pensionistas**

art. 40, § 18
Regime **SOLIDÁRIO**

Legitimou a exigência de **contribuição** dos
- I - **Aposentados**; e
- II - **Pensionistas**

3. Proventos de aposentadoria

Cálculo
art. 40, § 3º

Calculados a partir das **remunerações** utilizadas como base para contribuição do servidor, na forma da **lei**

⚠ Representou o **fim** das **aposentadorias** com **proventos integrais** para os servidores que **ingressaram** no serviço público **depois** da EC 41/2003

Reajuste
art. 40, § 8º

É assegurado, conforme critérios estabelecidos na **lei**

⚠ A EC 41/2003 **suprimiu** a regra que assegurava **paridade** entre
- Os proventos de **aposentadoria** e **pensão**; e
- A remuneração dos **servidores ativos**

4. Vedações

art. 40, § 6º
Acumulação de aposentadorias do RPPS

É **vedada** — A percepção de mais de uma **aposentadoria** à conta do **RPPS**

Ressalvadas — As aposentadorias dos cargos **acumuláveis** na forma da CF

art. 40, § 20
Regimes de previdência e unidades gestoras

É **vedada** a existência de
- Mais de um **RPPS** para os titulares de **cargos efetivos**
- Mais de uma **unidade gestora** do respectivo regime

em cada **ente estatal**

Ressalvado — O regime de previdência dos **militares**, disciplinado em lei própria (art. 142, § 3º, X)

art. 40, § 4º
Requisitos e critérios para concessão de aposentadorias

É **vedada** — A adoção de **requisitos** e **critérios diferenciados** para concessão de aposentadorias do **RPPS**

Ressalvados os casos de servidores
- I - Portadores de **deficiência**
- II - Que exerçam atividades de **risco**
- III - Que exerçam atividades sob condições especiais que **prejudiquem** a **saúde** ou a **integridade física**

Nos termos definidos em **leis complementares**

⚠ Aplicam-se ao servidor público, **no que couber**, as regras do **Regime GERAL da Previdência Social** (**RGPS**) sobre **aposentadoria especial** de que trata este inciso, **até** a edição de **lei complementar** específica (Súmula Vinculante n. 33)

REGIME PRÓPRIO DE PREVIDÊNCIA DOS SERVIDORES PÚBLICOS II

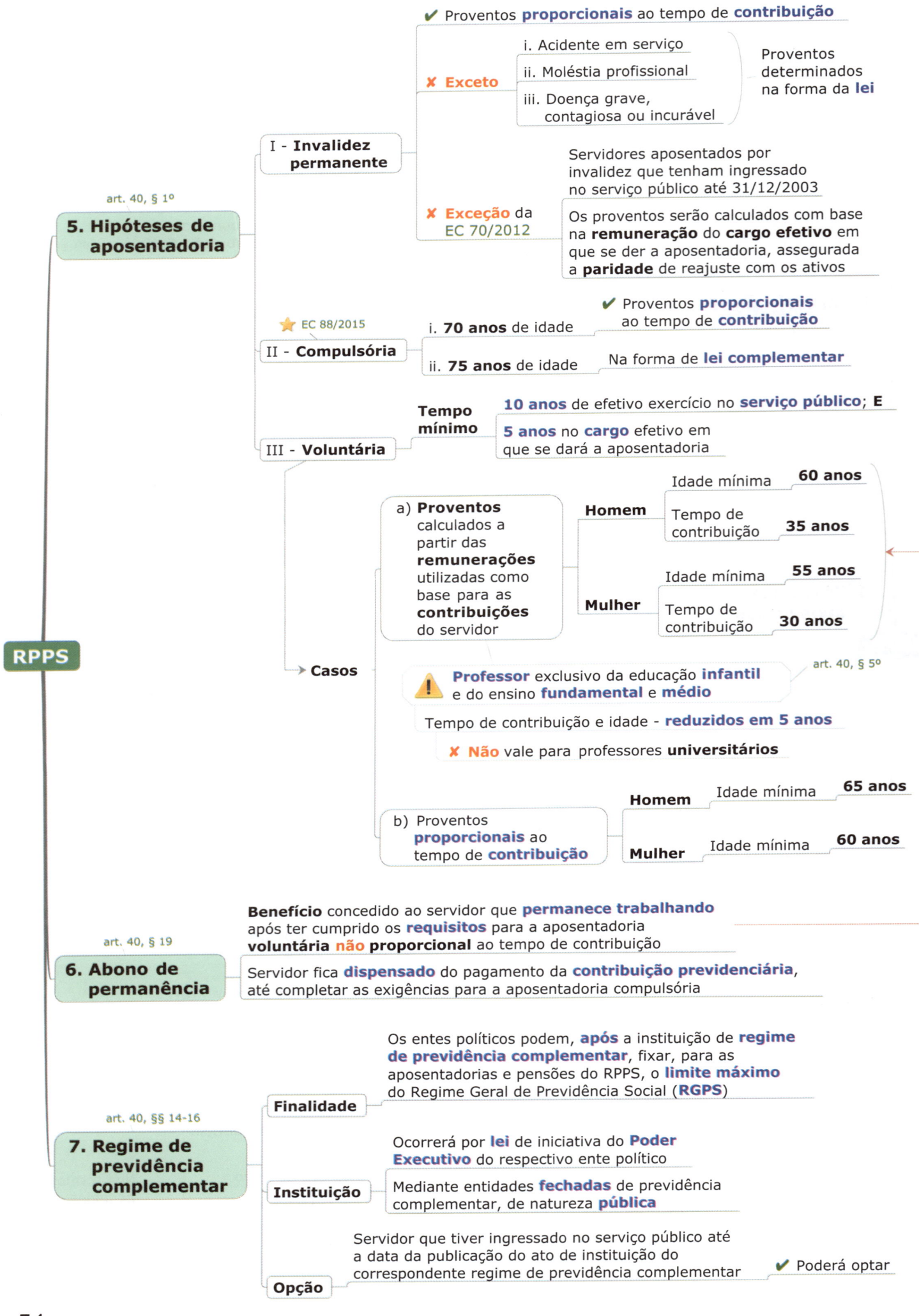

RPPS

5. Hipóteses de aposentadoria
art. 40, § 1º

I - Invalidez permanente

✔ Proventos **proporcionais** ao tempo de **contribuição**

✘ **Exceto**
- i. Acidente em serviço
- ii. Moléstia profissional
- iii. Doença grave, contagiosa ou incurável

Proventos determinados na forma da **lei**

✘ **Exceção** da EC 70/2012

Servidores aposentados por invalidez que tenham ingressado no serviço público até 31/12/2003

Os proventos serão calculados com base na **remuneração** do **cargo efetivo** em que se der a aposentadoria, assegurada a **paridade** de reajuste com os ativos

II - Compulsória
⭐ EC 88/2015
- i. **70 anos** de idade — ✔ Proventos **proporcionais** ao tempo de **contribuição**
- ii. **75 anos** de idade — Na forma de **lei complementar**

III - Voluntária

Tempo mínimo
- **10 anos** de efetivo exercício no **serviço público**; **E**
- **5 anos** no **cargo** efetivo em que se dará a aposentadoria

→ **Casos**

a) **Proventos** calculados a partir das **remunerações** utilizadas como base para as **contribuições** do servidor

Homem
- Idade mínima **60 anos**
- Tempo de contribuição **35 anos**

Mulher
- Idade mínima **55 anos**
- Tempo de contribuição **30 anos**

⚠ **Professor** exclusivo da educação **infantil** e do ensino **fundamental** e **médio**
art. 40, § 5º

Tempo de contribuição e idade - **reduzidos em 5 anos**

✘ **Não** vale para professores **universitários**

b) Proventos **proporcionais** ao tempo de **contribuição**
- **Homem** Idade mínima **65 anos**
- **Mulher** Idade mínima **60 anos**

6. Abono de permanência
art. 40, § 19

Benefício concedido ao servidor que **permanece trabalhando** após ter cumprido os **requisitos** para a aposentadoria **voluntária não proporcional** ao tempo de contribuição

Servidor fica **dispensado** do pagamento da **contribuição previdenciária**, até completar as exigências para a aposentadoria compulsória

7. Regime de previdência complementar
art. 40, §§ 14-16

Finalidade
Os entes políticos podem, **após** a instituição de **regime de previdência complementar**, fixar, para as aposentadorias e pensões do RPPS, o **limite máximo** do Regime Geral de Previdência Social (**RGPS**)

Instituição
- Ocorrerá por **lei** de iniciativa do **Poder Executivo** do respectivo ente político
- Mediante entidades **fechadas** de previdência complementar, de natureza **pública**

Opção
Servidor que tiver ingressado no serviço público até a data da publicação do ato de instituição do correspondente regime de previdência complementar — ✔ Poderá optar

Capítulo 5

Poder Legislativo

PODER LEGISLATIVO

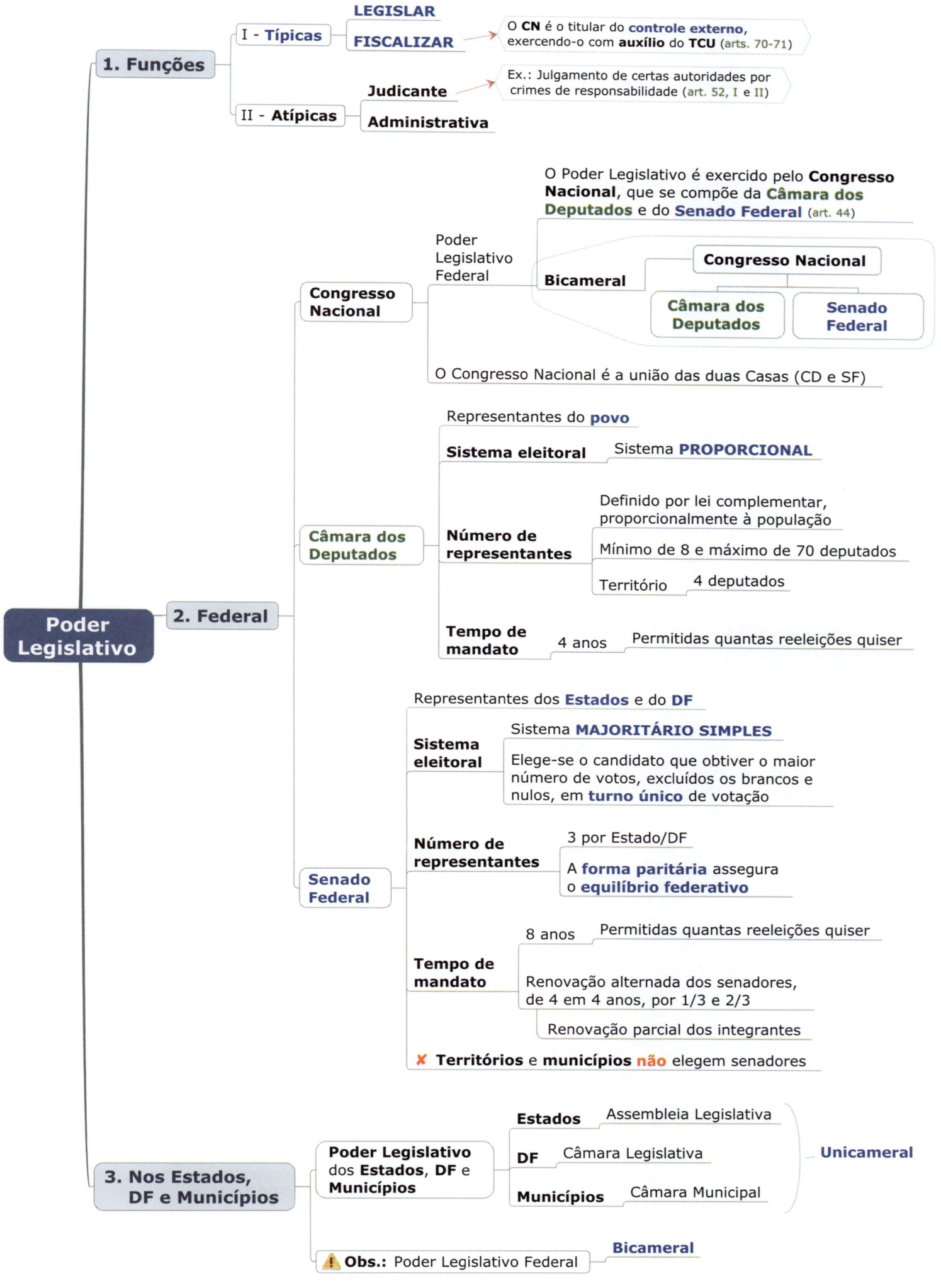

1. Funções
- I - **Típicas**
  - **LEGISLAR**
  - **FISCALIZAR** → O **CN** é o titular do **controle externo**, exercendo-o com **auxílio** do **TCU** (arts. 70-71)
- II - **Atípicas**
  - **Judicante** → Ex.: Julgamento de certas autoridades por crimes de responsabilidade (art. 52, I e II)
  - **Administrativa**

2. Federal

Congresso Nacional
- Poder Legislativo Federal
  - O Poder Legislativo é exercido pelo **Congresso Nacional**, que se compõe da **Câmara dos Deputados** e do **Senado Federal** (art. 44)
  - **Bicameral**
    - **Congresso Nacional**
      - **Câmara dos Deputados**
      - **Senado Federal**
- O Congresso Nacional é a união das duas Casas (CD e SF)

Câmara dos Deputados
- Representantes do **povo**
- **Sistema eleitoral** — Sistema **PROPORCIONAL**
- **Número de representantes**
  - Definido por lei complementar, proporcionalmente à população
  - Mínimo de 8 e máximo de 70 deputados
  - Território — 4 deputados
- **Tempo de mandato** — 4 anos — Permitidas quantas reeleições quiser

Senado Federal
- Representantes dos **Estados** e do **DF**
- **Sistema eleitoral** — Sistema **MAJORITÁRIO SIMPLES**
  - Elege-se o candidato que obtiver o maior número de votos, excluídos os brancos e nulos, em **turno único** de votação
- **Número de representantes**
  - 3 por Estado/DF
  - A **forma paritária** assegura o **equilíbrio federativo**
- **Tempo de mandato**
  - 8 anos — Permitidas quantas reeleições quiser
  - Renovação alternada dos senadores, de 4 em 4 anos, por 1/3 e 2/3
  - Renovação parcial dos integrantes
- ✗ **Territórios** e **municípios não** elegem senadores

3. Nos Estados, DF e Municípios
- **Poder Legislativo** dos **Estados, DF e Municípios**
  - **Estados** — Assembleia Legislativa
  - **DF** — Câmara Legislativa — **Unicameral**
  - **Municípios** — Câmara Municipal
- ⚠ **Obs.:** Poder Legislativo Federal — **Bicameral**

Poder Legislativo

ATRIBUIÇÕES DO PODER LEGISLATIVO I - CONGRESSO NACIONAL

Atribuições do Congresso Nacional

art. 48 — Competências PRIVATIVAS

I - Sistema tributário, arrecadação e distribuição de rendas

II – **PPA**, **LDO** e **LOA**, operações de crédito, dívida pública e emissões de curso forçado

III - Fixação e modificação do efetivo das Forças Armadas

V - Limites do território nacional, espaço aéreo e marítimo e bens do domínio da União

VI - **Incorporação**, **subdivisão** ou **desmembramento** de áreas de Territórios ou Estados, ouvidas as respectivas Assembleias Legislativas

VII - **Transferência** temporária da sede do **Governo Federal**

VIII - Concessão de **anistia**

IX - Organização administrativa, judiciária, do Ministério Público e da Defensoria Pública da União e dos Territórios e organização judiciária (administrativa não) e do Ministério Público do DF

> ➤ A Defensoria Pública do DF é organizada pelo **DF!** (EC 69/2012)

X – **Criação**, **transformação** e **extinção** de cargos, empregos e funções públicas

> ➤ Quando vagos é pelo PR - decreto autônomo (art. 84, VI, "b")

XI – Criação e extinção de Ministérios e órgãos da Administração pública

XII - Telecomunicações e radiodifusão

XIV - Moeda, seus limites de emissão, e montante da **dívida mobiliária FEDERAL**

> ➤ Dívida mobiliária dos Estados, DF e Municípios é competência do **SF**

XV - Fixação do **subsídio** dos ministros do STF

São externadas por **leis ordinárias** e **leis complementares**

✔ **Dependem** de **sanção** do Presidente da República

⚠ ➤ Cabe ao CN dispor sobre **TODAS** as matérias de competência da **União** — O rol do art. 48 **NÃO** é **taxativo**

---

art. 49 — Competências EXCLUSIVAS

I - Resolver definitivamente sobre **tratados**, **acordos** ou **atos internacionais** que acarretem encargos ou compromissos gravosos ao patrimônio nacional

II - **Autorizar** o **Presidente** a declarar **guerra**, a celebrar a **paz**, a permitir que **forças estrangeiras** transitem pelo território nacional ou nele permaneçam **temporariamente**

III - Autorizar o **Presidente** e o **Vice** a se **ausentarem** do País, quando a ausência exceder a **15 dias**

IV - Aprovar o **estado** de **defesa** e a **intervenção federal**, autorizar o **estado** de **sítio**, ou **suspender** qualquer uma dessas medidas

V - **Sustar** os **atos normativos** do Poder Executivo que **exorbitem** do **poder regulamentar** ou dos limites de delegação legislativa

VI - Mudar temporariamente sua sede

IX - **Julgar** anualmente as **contas** prestadas pelo **Presidente da República** e apreciar os relatórios sobre a execução dos planos de governo

X - **Fiscalizar** e **controlar**, diretamente, ou por qualquer de suas Casas, os atos do Poder Executivo, **incluídos** os da **Administração indireta**

XII - Apreciar os atos de **concessão** e **renovação** de concessão de emissoras de **rádio** e **televisão**

XIII - Escolher **2/3** dos membros do **TCU**

XV - Autorizar **referendo** e convocar **plebiscito**

XVI - Autorizar, em **terras indígenas**, a exploração e o aproveitamento de **recursos hídricos** e a pesquisa e lavra de riquezas **minerais**

XVII - Aprovar, previamente, a alienação ou concessão de **terras públicas** com área superior a **2.500 hectares**

São externadas por **decreto legislativo**

⚠ ✘ **Não** depende de **sanção** do Presidente da República

ATRIBUIÇÕES DO PODER LEGISLATIVO II

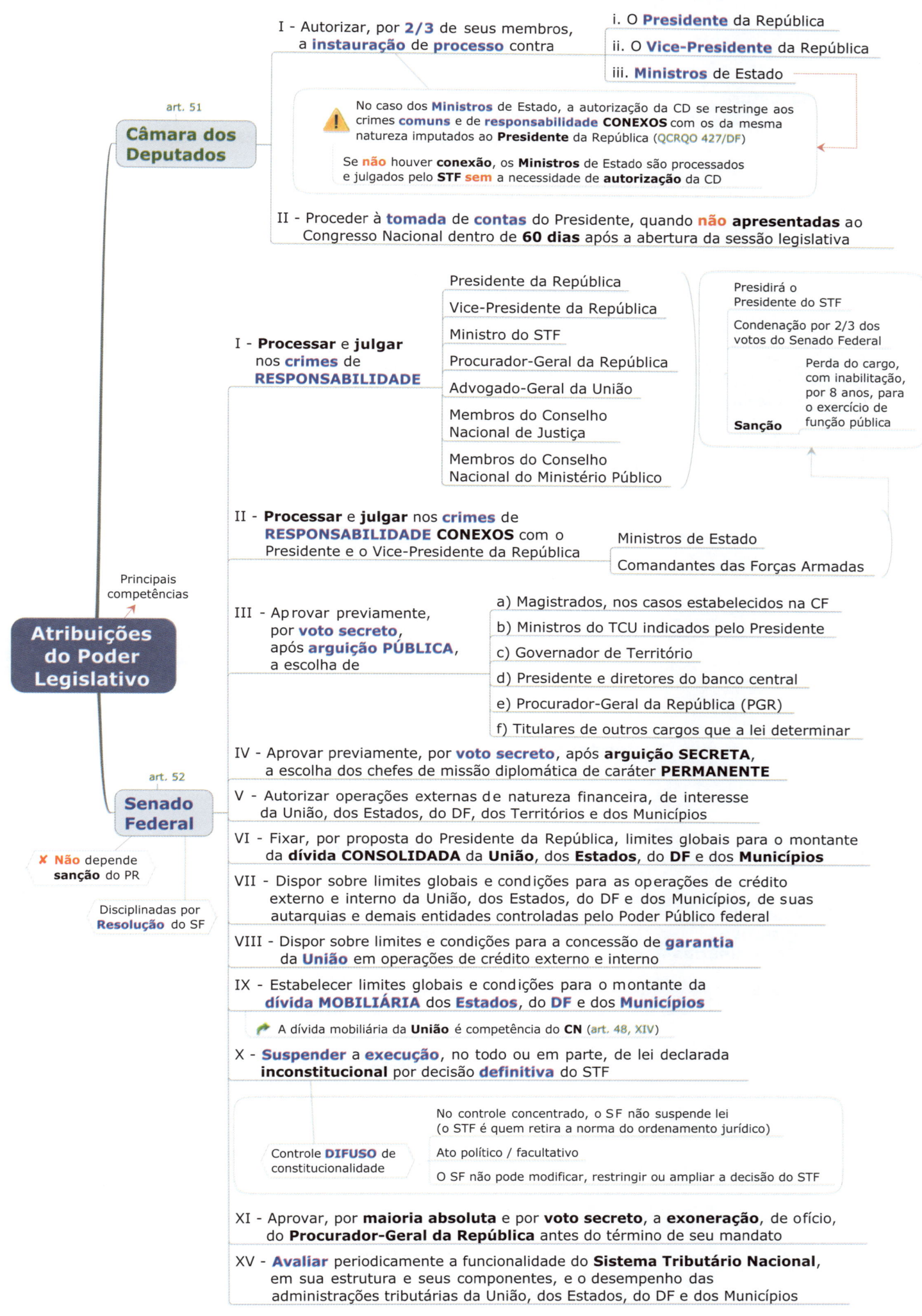

Atribuições do Poder Legislativo

Principais competências

Câmara dos Deputados (art. 51)

I - Autorizar, por **2/3** de seus membros, a **instauração** de **processo** contra
- i. O **Presidente** da República
- ii. O **Vice-Presidente** da República
- iii. **Ministros** de Estado

⚠️ No caso dos **Ministros** de Estado, a autorização da CD se restringe aos crimes **comuns** e de **responsabilidade CONEXOS** com os da mesma natureza imputados ao **Presidente** da República (QCRQO 427/DF)

Se **não** houver **conexão**, os **Ministros** de Estado são processados e julgados pelo **STF sem** a necessidade de **autorização** da CD

II - Proceder à **tomada** de **contas** do Presidente, quando **não apresentadas** ao Congresso Nacional dentro de **60 dias** após a abertura da sessão legislativa

Senado Federal (art. 52)

✗ **Não** depende **sanção** do PR

Disciplinadas por **Resolução** do SF

I - **Processar** e **julgar** nos **crimes** de **RESPONSABILIDADE**
- Presidente da República
- Vice-Presidente da República
- Ministro do STF
- Procurador-Geral da República
- Advogado-Geral da União
- Membros do Conselho Nacional de Justiça
- Membros do Conselho Nacional do Ministério Público

Presidirá o Presidente do STF

Condenação por 2/3 dos votos do Senado Federal

Sanção: Perda do cargo, com inabilitação, por 8 anos, para o exercício de função pública

II - **Processar** e **julgar** nos **crimes** de **RESPONSABILIDADE CONEXOS** com o Presidente e o Vice-Presidente da República
- Ministros de Estado
- Comandantes das Forças Armadas

III - Aprovar previamente, por **voto secreto**, após **arguição PÚBLICA**, a escolha de
- a) Magistrados, nos casos estabelecidos na CF
- b) Ministros do TCU indicados pelo Presidente
- c) Governador de Território
- d) Presidente e diretores do banco central
- e) Procurador-Geral da República (PGR)
- f) Titulares de outros cargos que a lei determinar

IV - Aprovar previamente, por **voto secreto**, após **arguição SECRETA**, a escolha dos chefes de missão diplomática de caráter **PERMANENTE**

V - Autorizar operações externas de natureza financeira, de interesse da União, dos Estados, do DF, dos Territórios e dos Municípios

VI - Fixar, por proposta do Presidente da República, limites globais para o montante da **dívida CONSOLIDADA** da **União**, dos **Estados**, do **DF** e dos **Municípios**

VII - Dispor sobre limites globais e condições para as operações de crédito externo e interno da União, dos Estados, do DF e dos Municípios, de suas autarquias e demais entidades controladas pelo Poder Público federal

VIII - Dispor sobre limites e condições para a concessão de **garantia** da **União** em operações de crédito externo e interno

IX - Estabelecer limites globais e condições para o montante da **dívida MOBILIÁRIA** dos **Estados**, do **DF** e dos **Municípios**

➤ A dívida mobiliária da **União** é competência do **CN** (art. 48, XIV)

X - **Suspender** a **execução**, no todo ou em parte, de lei declarada **inconstitucional** por decisão **definitiva** do STF

Controle **DIFUSO** de constitucionalidade
- No controle concentrado, o SF não suspende lei (o STF é quem retira a norma do ordenamento jurídico)
- Ato político / facultativo
- O SF não pode modificar, restringir ou ampliar a decisão do STF

XI - Aprovar, por **maioria absoluta** e por **voto secreto**, a **exoneração**, de ofício, do **Procurador-Geral da República** antes do término de seu mandato

XV - **Avaliar** periodicamente a funcionalidade do **Sistema Tributário Nacional**, em sua estrutura e seus componentes, e o desempenho das administrações tributárias da União, dos Estados, do DF e dos Municípios

PODER LEGISLATIVO - REUNIÕES

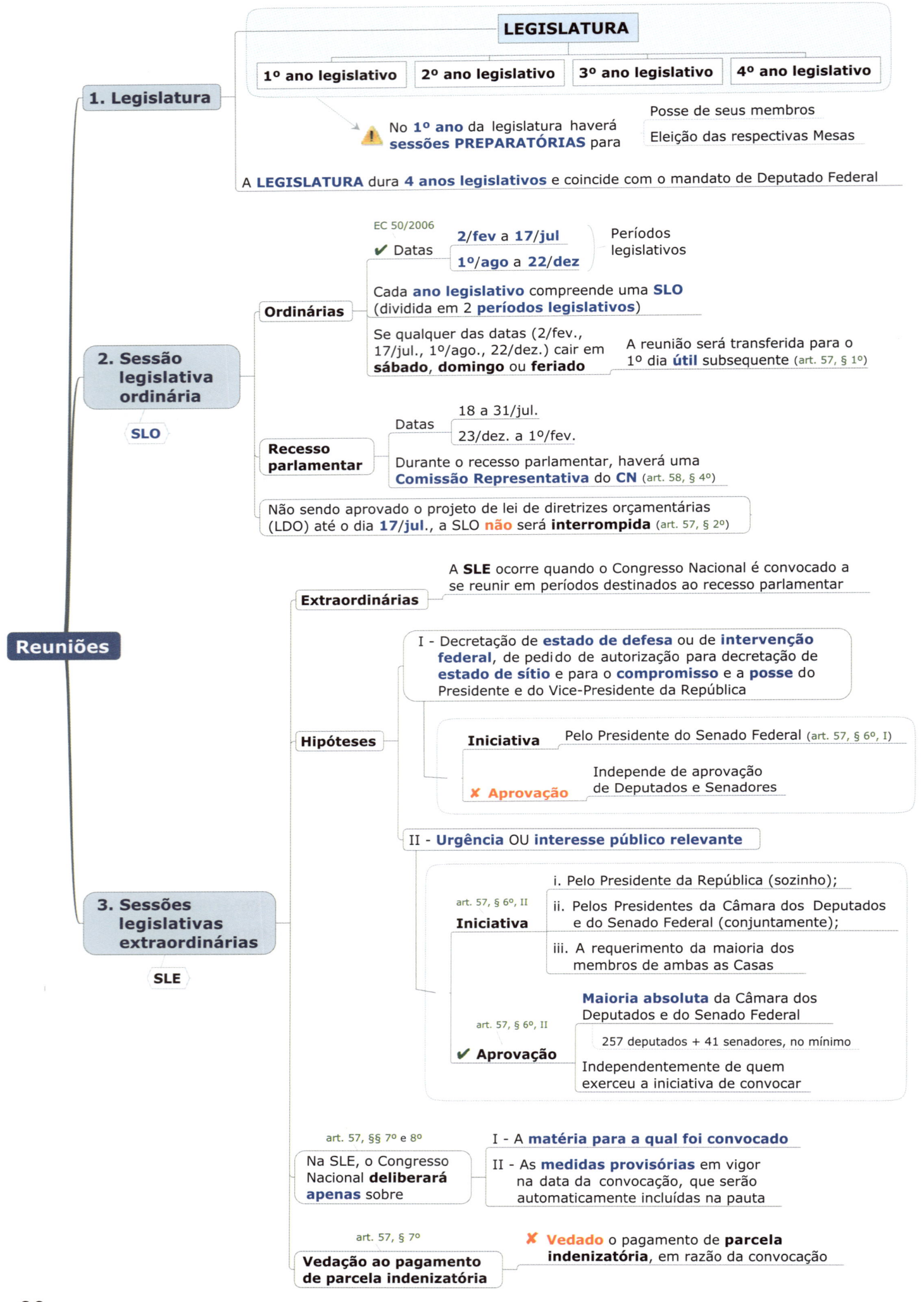

LEGISLATURA

| 1º ano legislativo | 2º ano legislativo | 3º ano legislativo | 4º ano legislativo |

No **1º ano** da legislatura haverá **sessões PREPARATÓRIAS** para
- Posse de seus membros
- Eleição das respectivas Mesas

A **LEGISLATURA** dura **4 anos legislativos** e coincide com o mandato de Deputado Federal

1. Legislatura

Reuniões

2. Sessão legislativa ordinária

SLO

Ordinárias

EC 50/2006

✔ Datas
- **2/fev a 17/jul**
- **1º/ago a 22/dez**
} Períodos legislativos

Cada **ano legislativo** compreende uma **SLO** (dividida em 2 **períodos legislativos**)

Se qualquer das datas (2/fev., 17/jul., 1º/ago., 22/dez.) cair em **sábado, domingo** ou **feriado** → A reunião será transferida para o 1º dia **útil** subsequente (art. 57, § 1º)

Recesso parlamentar

Datas
- 18 a 31/jul.
- 23/dez. a 1º/fev.

Durante o recesso parlamentar, haverá uma **Comissão Representativa** do **CN** (art. 58, § 4º)

Não sendo aprovado o projeto de lei de diretrizes orçamentárias (LDO) até o dia **17/jul.**, a SLO **não** será **interrompida** (art. 57, § 2º)

3. Sessões legislativas extraordinárias

SLE

Extraordinárias

A **SLE** ocorre quando o Congresso Nacional é convocado a se reunir em períodos destinados ao recesso parlamentar

Hipóteses

I - Decretação de **estado de defesa** ou de **intervenção federal**, de pedido de autorização para decretação de **estado de sítio** e para o **compromisso** e a **posse** do Presidente e do Vice-Presidente da República

Iniciativa — Pelo Presidente do Senado Federal (art. 57, § 6º, I)

✗ Aprovação — Independe de aprovação de Deputados e Senadores

II - **Urgência** OU **interesse público relevante**

art. 57, § 6º, II
Iniciativa
- i. Pelo Presidente da República (sozinho);
- ii. Pelos Presidentes da Câmara dos Deputados e do Senado Federal (conjuntamente);
- iii. A requerimento da maioria dos membros de ambas as Casas

art. 57, § 6º, II
✔ Aprovação
Maioria absoluta da Câmara dos Deputados e do Senado Federal
- 257 deputados + 41 senadores, no mínimo
- Independentemente de quem exerceu a iniciativa de convocar

art. 57, §§ 7º e 8º
Na SLE, o Congresso Nacional **deliberará apenas** sobre
- I - A **matéria para a qual foi convocado**
- II - As **medidas provisórias** em vigor na data da convocação, que serão automaticamente incluídas na pauta

art. 57, § 7º
Vedação ao pagamento de parcela indenizatória
✗ Vedado o pagamento de **parcela indenizatória**, em razão da convocação

PODER LEGISLATIVO - COMISSÕES PARLAMENTARES

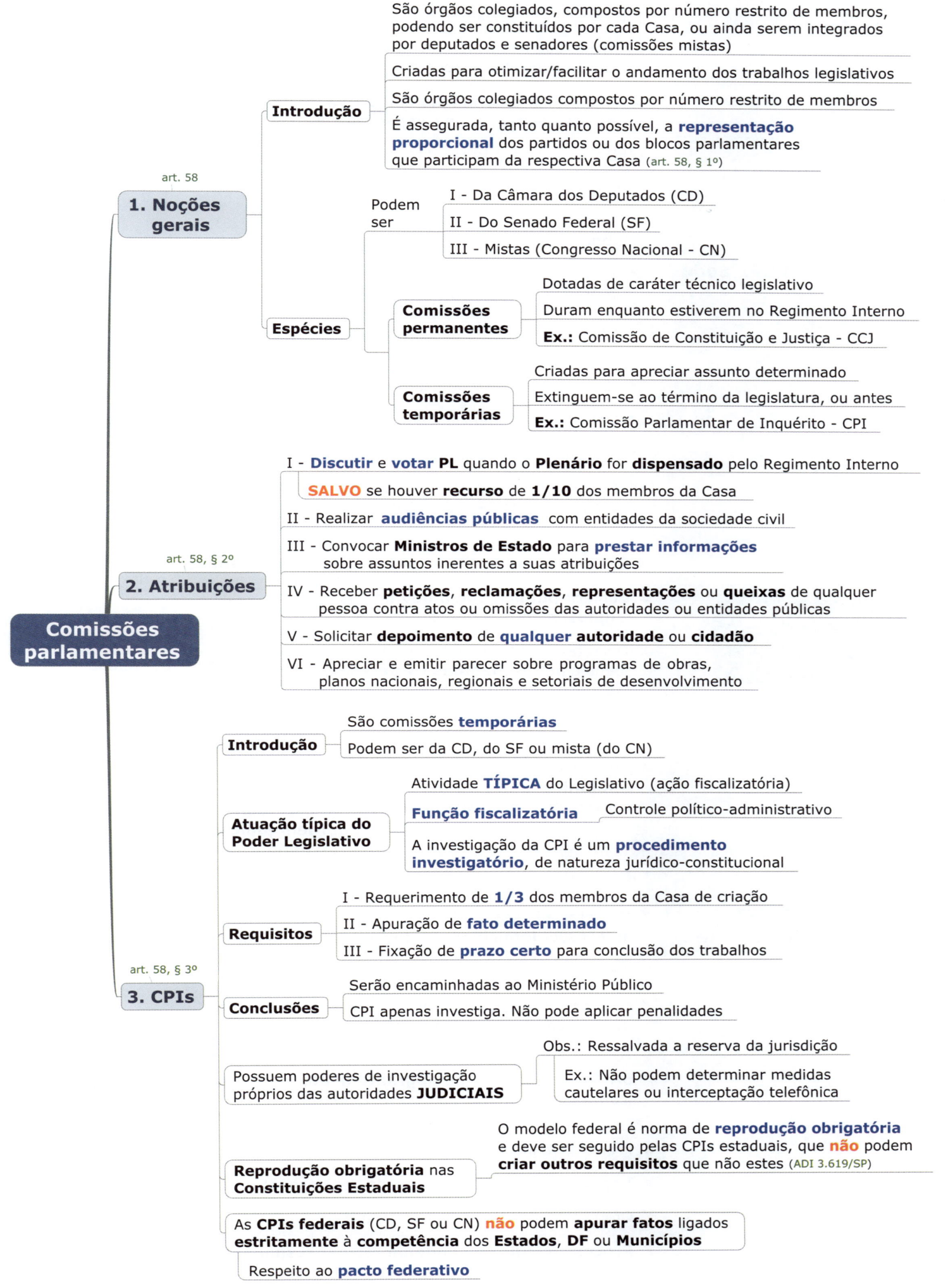

1. Noções gerais (art. 58)

Introdução
- São órgãos colegiados, compostos por número restrito de membros, podendo ser constituídos por cada Casa, ou ainda serem integrados por deputados e senadores (comissões mistas)
- Criadas para otimizar/facilitar o andamento dos trabalhos legislativos
- São órgãos colegiados compostos por número restrito de membros
- É assegurada, tanto quanto possível, a **representação proporcional** dos partidos ou dos blocos parlamentares que participam da respectiva Casa (art. 58, § 1º)

Espécies

Podem ser
- I - Da Câmara dos Deputados (CD)
- II - Do Senado Federal (SF)
- III - Mistas (Congresso Nacional - CN)

Comissões permanentes
- Dotadas de caráter técnico legislativo
- Duram enquanto estiverem no Regimento Interno
- **Ex.:** Comissão de Constituição e Justiça - CCJ

Comissões temporárias
- Criadas para apreciar assunto determinado
- Extinguem-se ao término da legislatura, ou antes
- **Ex.:** Comissão Parlamentar de Inquérito - CPI

2. Atribuições (art. 58, § 2º)

- I - **Discutir** e **votar PL** quando o **Plenário** for **dispensado** pelo Regimento Interno
  - **SALVO** se houver **recurso** de **1/10** dos membros da Casa
- II - Realizar **audiências públicas** com entidades da sociedade civil
- III - Convocar **Ministros de Estado** para **prestar informações** sobre assuntos inerentes a suas atribuições
- IV - Receber **petições**, **reclamações**, **representações** ou **queixas** de qualquer pessoa contra atos ou omissões das autoridades ou entidades públicas
- V - Solicitar **depoimento** de **qualquer** autoridade ou **cidadão**
- VI - Apreciar e emitir parecer sobre programas de obras, planos nacionais, regionais e setoriais de desenvolvimento

Comissões parlamentares

3. CPIs (art. 58, § 3º)

Introdução
- São comissões **temporárias**
- Podem ser da CD, do SF ou mista (do CN)

Atuação típica do Poder Legislativo
- Atividade **TÍPICA** do Legislativo (ação fiscalizatória)
- **Função fiscalizatória** — Controle político-administrativo
- A investigação da CPI é um **procedimento investigatório**, de natureza jurídico-constitucional

Requisitos
- I - Requerimento de **1/3** dos membros da Casa de criação
- II - Apuração de **fato determinado**
- III - Fixação de **prazo certo** para conclusão dos trabalhos

Conclusões
- Serão encaminhadas ao Ministério Público
- CPI apenas investiga. Não pode aplicar penalidades

Possuem poderes de investigação próprios das autoridades **JUDICIAIS**
- Obs.: Ressalvada a reserva da jurisdição
- Ex.: Não podem determinar medidas cautelares ou interceptação telefônica

Reprodução obrigatória nas **Constituições Estaduais**
- O modelo federal é norma de **reprodução obrigatória** e deve ser seguido pelas CPIs estaduais, que **não** podem **criar outros requisitos** que não estes (ADI 3.619/SP)

As **CPIs federais** (CD, SF ou CN) **não** podem **apurar fatos** ligados **estritamente** à **competência** dos **Estados, DF** ou **Municípios**

Respeito ao **pacto federativo**

CPI - PRERROGATIVAS E VEDAÇÕES

Prerrogativas e vedações das CPIs

A CPI pode

✔ Convocar investigados e testemunhas para depor

✔ Investigar negócios entre particulares, desde que relacionados ao interesse público

✔ Determinar a **condução coercitiva de testemunha**, no caso de recusa ao comparecimento

✔ Determinar a **quebra** dos **sigilos bancário**, **fiscal** e **telefônico**
> CPI estadual também pode!

✔ Investigar fatos que sejam objeto de inquéritos policiais ou de processos judiciais

✔ Convocar magistrados para depor sobre a prática de **atos administrativos** — ✘ Atos judiciais **não**!

✔ Convocar indígena para depor, desde que na respectiva comunidade e com presença de representante da Funai e de antropólogo

✔ Convocar Ministro de Estado e Membro do MP para depor

✔ Determinar diligências, perícias e exames que entenderem necessários

✔ Utilizar-se de polícia judiciária para localizar testemunha

✔ Requisitar de repartições públicas informações e documentos de seu interesse

A CPI não pode

✘ Desrespeitar o **direito** ao **silêncio** e ao **sigilo profissional**

✘ Conferir **publicidade indevida** aos **dados sigilosos** obtidos em decorrência da investigação

✘ Decretar a indisponibilidade dos bens e outras **medidas cautelares** (sequestro, arresto de bens) — O poder geral de cautela é prerrogativa do Poder Judiciário

✘ Autorizar **interceptação telefônica** (gravação de conversas telefônicas / grampo)
- Cláusula de "**reserva de jurisdição**"
- Sigilo das comunicações telefônicas
- Medida cabível somente mediante **ordem judicial**, para fins de **investigação criminal** ou **instrução processual penal** (art. 5º, XII)

✘ Decretar a busca e a apreensão **domiciliar** de documentos
- Inviolabilidade do domicílio (art. 5º, XI)
- Medida passível somente por ordem judicial

✘ Convocar magistrados para depor sobre a prática de **ato** de **natureza jurisdicional**

✘ Decretar a **prisão** do depoente, **SALVO** em situação de **flagrante delito**, como falso testemunho, por exemplo
- Cláusula de "**reserva de jurisdição**"
- Prerrogativa do Judiciário

✘ Proibir investigado de ausentar-se do País

✘ Impedir a presença de advogado dos depoentes em suas reuniões

✘ Oferecer denúncia ao Poder Judiciário

✘ **Processar**, **julgar**, **condenar**, apurar **responsabilidade** civil ou penal do investigado, pois trata-se de **procedimento investigatório**

PODER LEGISLATIVO - ESTATUTO DOS CONGRESSISTAS I

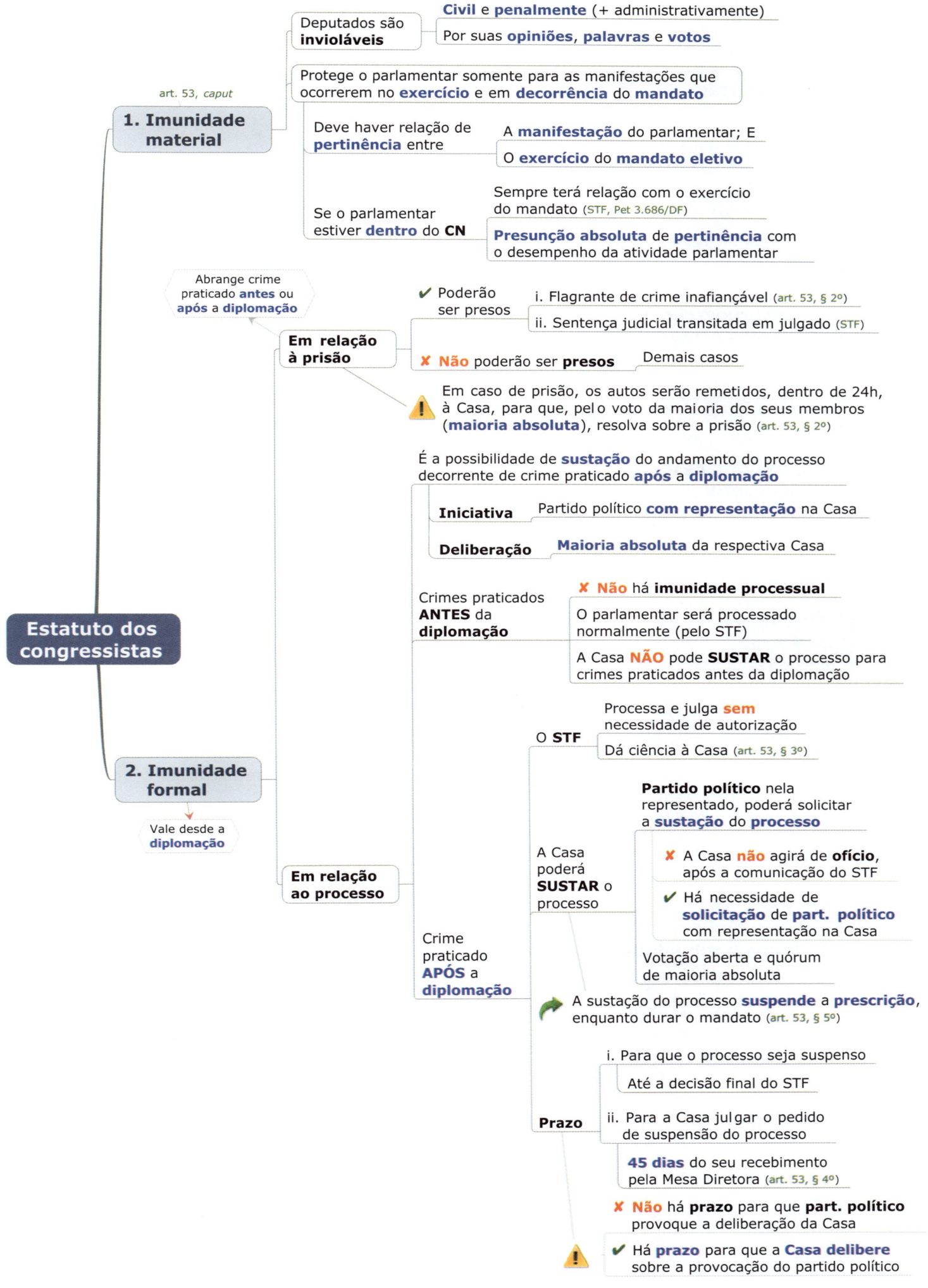

Estatuto dos congressistas

1. Imunidade material
art. 53, *caput*

- Deputados são **invioláveis**
  - **Civil** e **penalmente** (+ administrativamente)
  - Por suas **opiniões**, **palavras** e **votos**
- Protege o parlamentar somente para as manifestações que ocorrerem no **exercício** e em **decorrência** do **mandato**
- Deve haver relação de **pertinência** entre
  - A **manifestação** do parlamentar; E
  - O **exercício** do **mandato eletivo**
- Se o parlamentar estiver **dentro** do **CN**
  - Sempre terá relação com o exercício do mandato (STF, Pet 3.686/DF)
  - **Presunção absoluta** de **pertinência** com o desempenho da atividade parlamentar

2. Imunidade formal
Vale desde a **diplomação**

Abrange crime praticado **antes** ou **após** a **diplomação**

Em relação à prisão
- ✔ Poderão ser presos
  - i. Flagrante de crime inafiançável (art. 53, § 2º)
  - ii. Sentença judicial transitada em julgado (STF)
- ✘ **Não** poderão ser **presos** — Demais casos
- ⚠ Em caso de prisão, os autos serão remetidos, dentro de 24h, à Casa, para que, pelo voto da maioria dos seus membros (**maioria absoluta**), resolva sobre a prisão (art. 53, § 2º)

Em relação ao processo

É a possibilidade de **sustação** do andamento do processo decorrente de crime praticado **após** a **diplomação**

- **Iniciativa** — Partido político **com representação** na Casa
- **Deliberação** — **Maioria absoluta** da respectiva Casa

Crimes praticados **ANTES** da **diplomação**
- ✘ **Não** há **imunidade processual**
- O parlamentar será processado normalmente (pelo STF)
- A Casa **NÃO** pode **SUSTAR** o processo para crimes praticados antes da diplomação

Crime praticado **APÓS** a **diplomação**
- O **STF**
  - Processa e julga **sem** necessidade de autorização
  - Dá ciência à Casa (art. 53, § 3º)
- A Casa poderá **SUSTAR** o processo
  - **Partido político** nela representado, poderá solicitar a **sustação** do **processo**
  - ✘ A Casa **não** agirá de **ofício**, após a comunicação do STF
  - ✔ Há necessidade de **solicitação** de **part. político** com representação na Casa
  - Votação aberta e quórum de maioria absoluta
- ➜ A sustação do processo **suspende** a **prescrição**, enquanto durar o mandato (art. 53, § 5º)
- **Prazo**
  - i. Para que o processo seja suspenso
    - Até a decisão final do STF
  - ii. Para a Casa julgar o pedido de suspensão do processo
    - **45 dias** do seu recebimento pela Mesa Diretora (art. 53, § 4º)
  - ✘ **Não** há **prazo** para que **part. político** provoque a deliberação da Casa
  - ⚠ ✔ Há **prazo** para que a **Casa delibere** sobre a provocação do partido político

PODER LEGISLATIVO - ESTATUTO DOS CONGRESSISTAS II

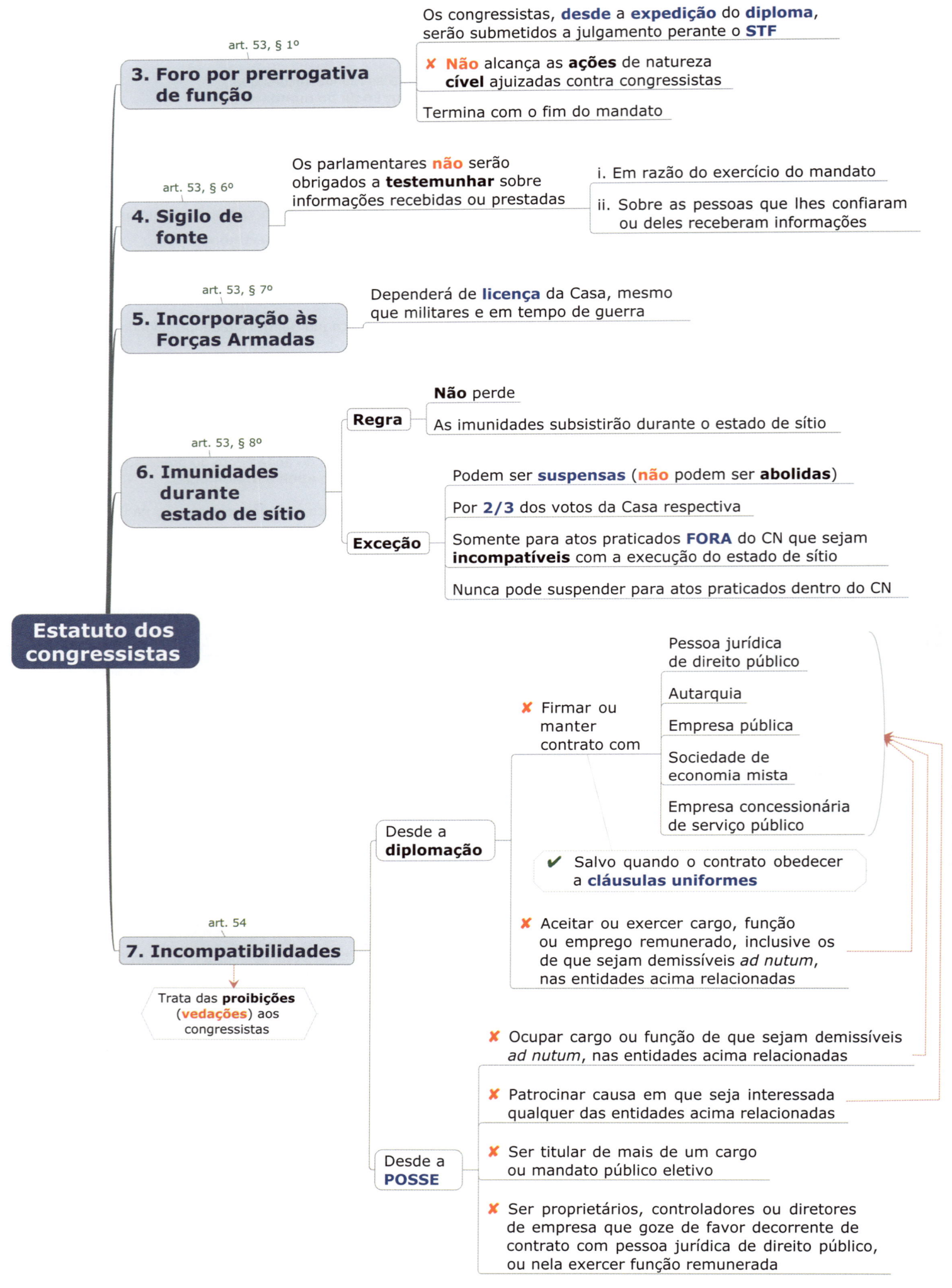

Estatuto dos congressistas

3. Foro por prerrogativa de função — art. 53, § 1º

Os congressistas, **desde** a **expedição** do **diploma**, serão submetidos a julgamento perante o **STF**

✗ **Não** alcança as **ações** de natureza **cível** ajuizadas contra congressistas

Termina com o fim do mandato

4. Sigilo de fonte — art. 53, § 6º

Os parlamentares **não** serão obrigados a **testemunhar** sobre informações recebidas ou prestadas

i. Em razão do exercício do mandato

ii. Sobre as pessoas que lhes confiaram ou deles receberam informações

5. Incorporação às Forças Armadas — art. 53, § 7º

Dependerá de **licença** da Casa, mesmo que militares e em tempo de guerra

6. Imunidades durante estado de sítio — art. 53, § 8º

Regra
- **Não** perde
- As imunidades subsistirão durante o estado de sítio

Exceção
- Podem ser **suspensas** (**não** podem ser **abolidas**)
- Por **2/3** dos votos da Casa respectiva
- Somente para atos praticados **FORA** do CN que sejam **incompatíveis** com a execução do estado de sítio
- Nunca pode suspender para atos praticados dentro do CN

7. Incompatibilidades — art. 54

Trata das **proibições** (**vedações**) aos congressistas

Desde a diplomação

✗ Firmar ou manter contrato com
- Pessoa jurídica de direito público
- Autarquia
- Empresa pública
- Sociedade de economia mista
- Empresa concessionária de serviço público

✔ Salvo quando o contrato obedecer a **cláusulas uniformes**

✗ Aceitar ou exercer cargo, função ou emprego remunerado, inclusive os de que sejam demissíveis *ad nutum*, nas entidades acima relacionadas

Desde a POSSE

✗ Ocupar cargo ou função de que sejam demissíveis *ad nutum*, nas entidades acima relacionadas

✗ Patrocinar causa em que seja interessada qualquer das entidades acima relacionadas

✗ Ser titular de mais de um cargo ou mandato público eletivo

✗ Ser proprietários, controladores ou diretores de empresa que goze de favor decorrente de contrato com pessoa jurídica de direito público, ou nela exercer função remunerada

PODER LEGISLATIVO - ESTATUTO DOS CONGRESSISTAS III

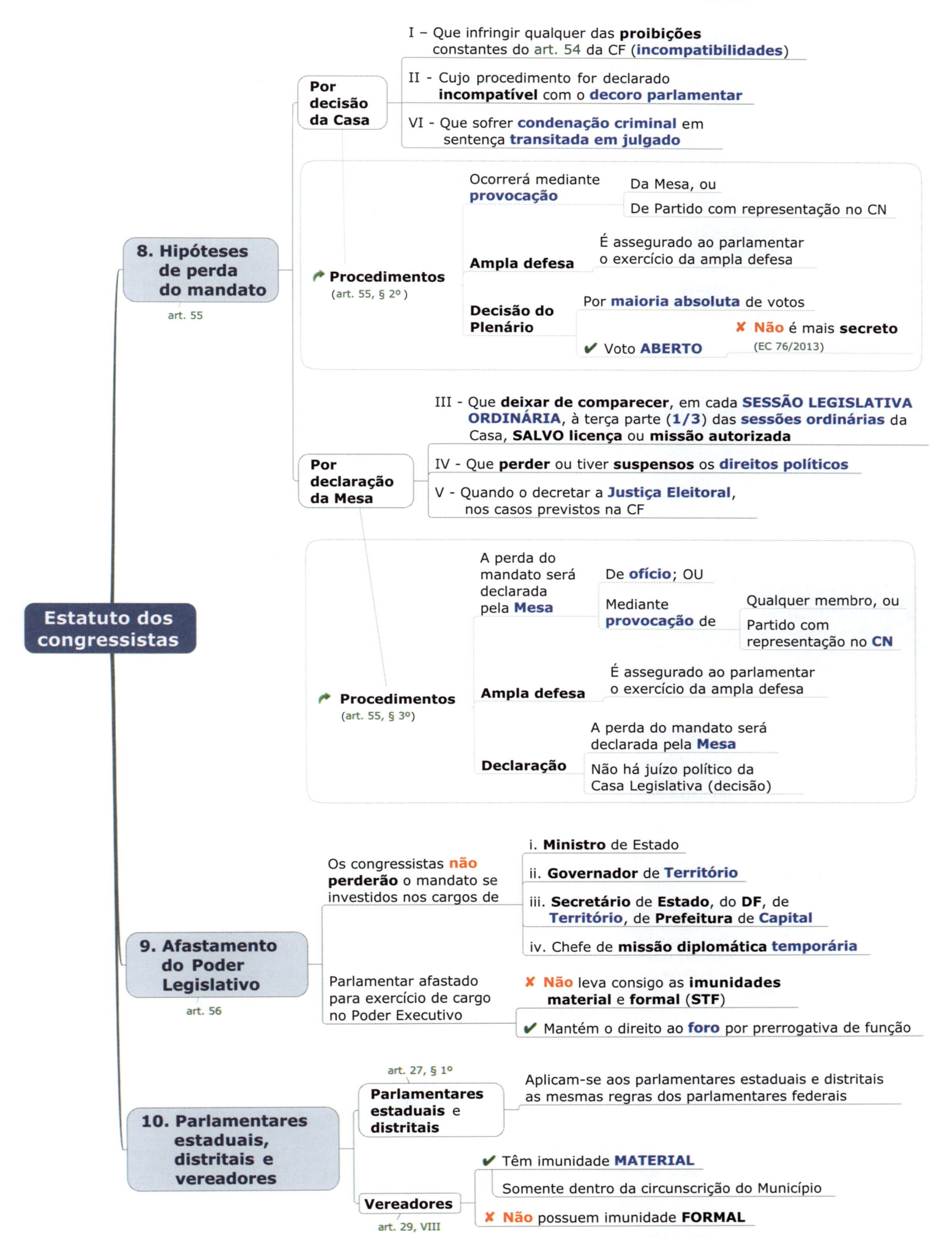

FISCALIZAÇÃO CONTÁBIL, ORÇAMENTÁRIA E FINANCEIRA

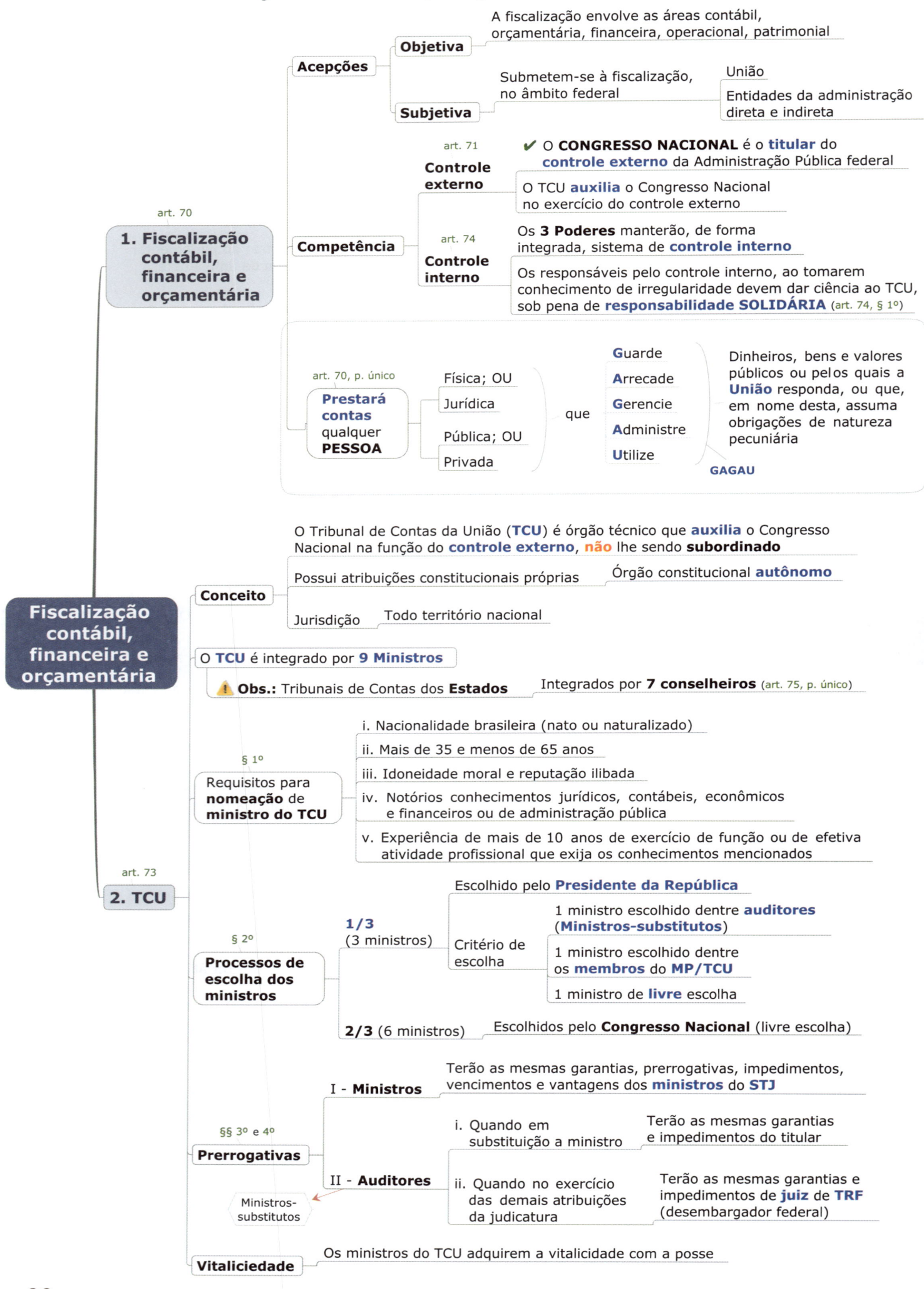

Fiscalização contábil, financeira e orçamentária

1. Fiscalização contábil, financeira e orçamentária (art. 70)

Acepções
- **Objetiva** — A fiscalização envolve as áreas contábil, orçamentária, financeira, operacional, patrimonial
- **Subjetiva** — Submetem-se à fiscalização, no âmbito federal:
  - União
  - Entidades da administração direta e indireta

Competência
- **Controle externo** (art. 71)
  - ✔ O **CONGRESSO NACIONAL** é o **titular** do **controle externo** da Administração Pública federal
  - O TCU **auxilia** o Congresso Nacional no exercício do controle externo
- **Controle interno** (art. 74)
  - Os **3 Poderes** manterão, de forma integrada, sistema de **controle interno**
  - Os responsáveis pelo controle interno, ao tomarem conhecimento de irregularidade devem dar ciência ao TCU, sob pena de **responsabilidade SOLIDÁRIA** (art. 74, § 1º)

Prestará contas qualquer **PESSOA** (art. 70, p. único)
- Física; OU
- Jurídica
- Pública; OU
- Privada

que:
- **G**uarde
- **A**rrecade
- **G**erencie
- **A**dministre
- **U**tilize

Dinheiros, bens e valores públicos ou pelos quais a **União** responda, ou que, em nome desta, assuma obrigações de natureza pecuniária

GAGAU

2. TCU (art. 73)

Conceito
- O Tribunal de Contas da União (**TCU**) é órgão técnico que **auxilia** o Congresso Nacional na função do **controle externo**, **não** lhe sendo **subordinado**
- Possui atribuições constitucionais próprias — Órgão constitucional **autônomo**
- Jurisdição — Todo território nacional

O **TCU** é integrado por **9 Ministros**

⚠ **Obs.:** Tribunais de Contas dos **Estados** — Integrados por **7 conselheiros** (art. 75, p. único)

Requisitos para nomeação de ministro do TCU (§ 1º)
- i. Nacionalidade brasileira (nato ou naturalizado)
- ii. Mais de 35 e menos de 65 anos
- iii. Idoneidade moral e reputação ilibada
- iv. Notórios conhecimentos jurídicos, contábeis, econômicos e financeiros ou de administração pública
- v. Experiência de mais de 10 anos de exercício de função ou de efetiva atividade profissional que exija os conhecimentos mencionados

Processos de escolha dos ministros (§ 2º)
- **1/3** (3 ministros) — Escolhido pelo **Presidente da República**
  - Critério de escolha:
    - 1 ministro escolhido dentre **auditores** (**Ministros-substitutos**)
    - 1 ministro escolhido dentre os **membros** do **MP/TCU**
    - 1 ministro de **livre** escolha
- **2/3** (6 ministros) — Escolhidos pelo **Congresso Nacional** (livre escolha)

Prerrogativas (§§ 3º e 4º)
- **I - Ministros** — Terão as mesmas garantias, prerrogativas, impedimentos, vencimentos e vantagens dos **ministros** do **STJ**
- **II - Auditores**
  - i. Quando em substituição a ministro — Terão as mesmas garantias e impedimentos do titular
  - ii. Quando no exercício das demais atribuições da judicatura — Terão as mesmas garantias e impedimentos de **juiz** de **TRF** (desembargador federal)

Ministros-substitutos

Vitaliciedade — Os ministros do TCU adquirem a vitalicidade com a posse

COMPETÊNCIAS CONSTITUCIONAIS DO TCU

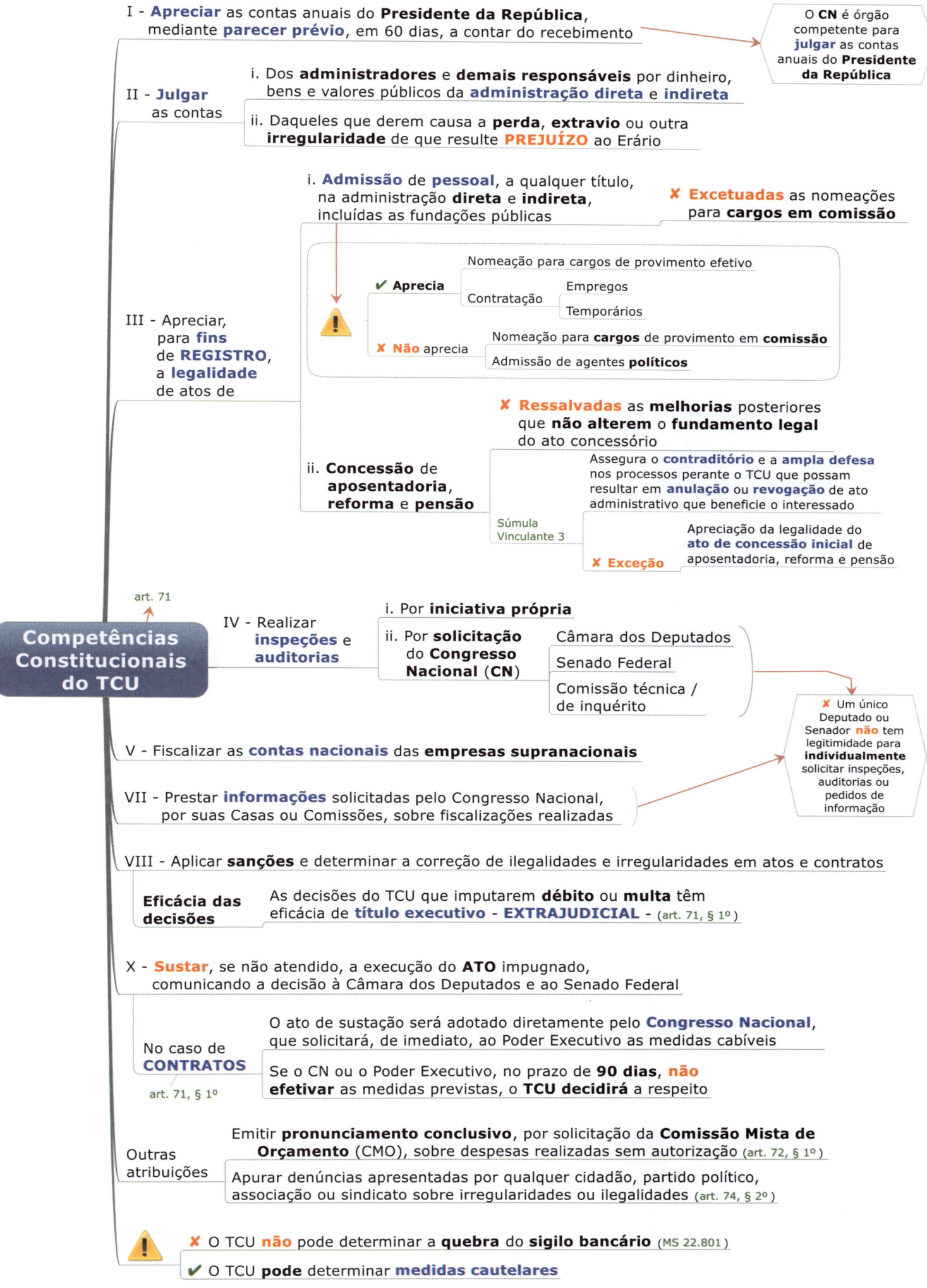

Competências Constitucionais do TCU — art. 71

I - **Apreciar** as contas anuais do **Presidente da República**, mediante **parecer prévio**, em 60 dias, a contar do recebimento

> O **CN** é órgão competente para **julgar** as contas anuais do **Presidente da República**

II - Julgar as contas
- i. Dos **administradores** e **demais responsáveis** por dinheiro, bens e valores públicos da **administração direta** e **indireta**
- ii. Daqueles que derem causa a **perda**, **extravio** ou outra **irregularidade** de que resulte **PREJUÍZO** ao Erário

III - Apreciar, para **fins** de **REGISTRO**, a **legalidade** de atos de
- i. **Admissão** de **pessoal**, a qualquer título, na administração **direta** e **indireta**, incluídas as fundações públicas
  - ✗ **Excetuadas** as nomeações para **cargos em comissão**
  - ✔ **Aprecia**
    - Nomeação para cargos de provimento efetivo
    - Contratação — Empregos / Temporários
  - ✗ **Não** aprecia
    - Nomeação para **cargos** de provimento em **comissão**
    - Admissão de agentes **políticos**
- ii. **Concessão** de **aposentadoria, reforma** e **pensão**
  - ✗ **Ressalvadas** as **melhorias** posteriores que **não alterem** o **fundamento legal** do ato concessório
  - **Súmula Vinculante 3**
    - Assegura o **contraditório** e a **ampla defesa** nos processos perante o TCU que possam resultar em **anulação** ou **revogação** de ato administrativo que beneficie o interessado
    - ✗ **Exceção** — Apreciação da legalidade do **ato de concessão inicial** de aposentadoria, reforma e pensão

IV - Realizar **inspeções** e **auditorias**
- i. Por **iniciativa própria**
- ii. Por **solicitação** do **Congresso Nacional (CN)**
  - Câmara dos Deputados
  - Senado Federal
  - Comissão técnica / de inquérito

> ✗ Um único Deputado ou Senador **não** tem legitimidade para **individualmente** solicitar inspeções, auditorias ou pedidos de informação

V - Fiscalizar as **contas nacionais** das **empresas supranacionais**

VII - Prestar **informações** solicitadas pelo Congresso Nacional, por suas Casas ou Comissões, sobre fiscalizações realizadas

VIII - Aplicar **sanções** e determinar a correção de ilegalidades e irregularidades em atos e contratos

Eficácia das decisões — As decisões do TCU que imputarem **débito** ou **multa** têm eficácia de **título executivo - EXTRAJUDICIAL -** (art. 71, § 1º)

X - Sustar, se não atendido, a execução do **ATO** impugnado, comunicando a decisão à Câmara dos Deputados e ao Senado Federal

No caso de CONTRATOS — art. 71, § 1º
- O ato de sustação será adotado diretamente pelo **Congresso Nacional**, que solicitará, de imediato, ao Poder Executivo as medidas cabíveis
- Se o CN ou o Poder Executivo, no prazo de **90 dias, não efetivar** as medidas previstas, o **TCU decidirá** a respeito

Outras atribuições
- Emitir **pronunciamento conclusivo**, por solicitação da **Comissão Mista de Orçamento** (CMO), sobre despesas realizadas sem autorização (art. 72, § 1º)
- Apurar denúncias apresentadas por qualquer cidadão, partido político, associação ou sindicato sobre irregularidades ou ilegalidades (art. 74, § 2º)

⚠ ✗ O TCU **não** pode determinar a **quebra** do **sigilo bancário** (MS 22.801)
✔ O TCU **pode** determinar **medidas cautelares**

Capítulo 6

Processo Legislativo

PROCESSO LEGISLATIVO - VISÃO GERAL

Processo Legislativo

1. Noções gerais

Conceito

É a sequência de atos que devem ser cumpridos para a devida formação das normas jurídicas

É o procedimento destinado à elaboração de
- i. **Emenda Constitucional** (EC)
- ii. **Lei Ordinária** (LO)
- iii. **Lei Complementar** (LC)
- iv. **Lei Delegada** (LDel)
- v. **Medida Provisória** (MP)
- vi. **Decreto Legislativo** (Dec Leg)
- vii. **Resoluções** (Res)

⚠ São normas primárias, mas **não** são objeto do **processo legislativo**
- ✘ Decreto autônomo
- ✘ Resoluções de Tribunais

Hierarquia entre espécies normativas

- ✘ **Não** há **hierarquia** entre as espécies normativas — ✔ Exceto **emenda constitucional** → Ver "Pirâmide Normativa 1"
- ✔ **Há hierarquia** entre Constituição Federal, Constituição Estadual e Lei Orgânica Municipal → Ver "Pirâmide Normativa 2"
- ✘ **Não** há **hierarquia** entre leis federais, estaduais e municipais — Existe conflito de competência → Ver "Pirâmide Normativa 3"

Normas primárias
- Derivam diretamente da CF
- Inovam o direito
- Possuem **igual hierarquia**, **SALVO** emenda constitucional
- Cada uma tem um campo de atuação específico (**princípio da especialidade**)

⚠ **Obs.:**
- As espécies legislativas **não** são **cláusulas pétreas** — ✔ Podem ser modificadas por **EC**. Ex.: EC 32/2001 - alterou regras das MPs
- Todos os procedimentos do processo legislativo são normas de **reprodução obrigatória** nos Estados e Municípios, no que couber (ADI 1.254/RJ-MC)

2. Lei ordinária *vs.* lei complementar

Noções
- São atos normativos primários
- ✘ **Não** há **hierarquia** entre elas — Princípio da especialidade

Igualdades
- Procedimento legislativo em 3 fases

Diferenças

I - **Material** → Objeto
- **Lei complementar** — Hipóteses previstas taxativamente na CF
- **Lei ordinária** — Residual

II - **Formal** → Quórum de aprovação
- **Lei complementar** — Maioria absoluta
- **Lei ordinária** — Maioria simples

Casos em que uma lei complementar pode ser alterada ou revogada por uma lei ordinária
- I - Quando a **lei complementar** tratar de **matéria** de **lei ordinária**
- II - Quando a **matéria**, no **passado**, era **reservada** à **lei complementar**, mas **deixou de ser**, em virtude de uma **nova CF** ou de **EC**

⚠ Nesses dois casos, apesar de continuar sendo chamada de lei complementar, ela funcionará como lei ordinária
- **Formalmente** — Lei complementar
- **Materialmente** — Lei ordinária

PIRÂMIDE NORMATIVA 1

CF +
Emenda constitucional +
Tratados internacionais sobre
direitos humanos aprovados pelo
procedimento **especial**

Tratados internacionais sobre
direitos humanos aprovados pelo
procedimento **ordinário**
(**SUPRALEGAL**)

Lei ordinária + Lei complementar + Lei delegada +
Decreto legislativo + Resolução da Câmara, do
Senado, do Congresso e dos Tribunais + Medida
provisória + Decreto autônomo + Tratados
internacionais QUE NÃO SEJAM sobre direitos humanos
aprovados pelo procedimento ordinário

Decreto REGULAMENTAR, portaria, resolução, instrução normativa
e demais normas infralegais

PIRÂMIDE NORMATIVA 2

Constituição
Federal

Constituição
Estadual

Lei Orgânica Municipal

PIRÂMIDE NORMATIVA 3

 Lei Federal  Lei Estadual  Lei Municipal

PROCESSO LEGISLATIVO ORDINÁRIO I - INICIATIVA

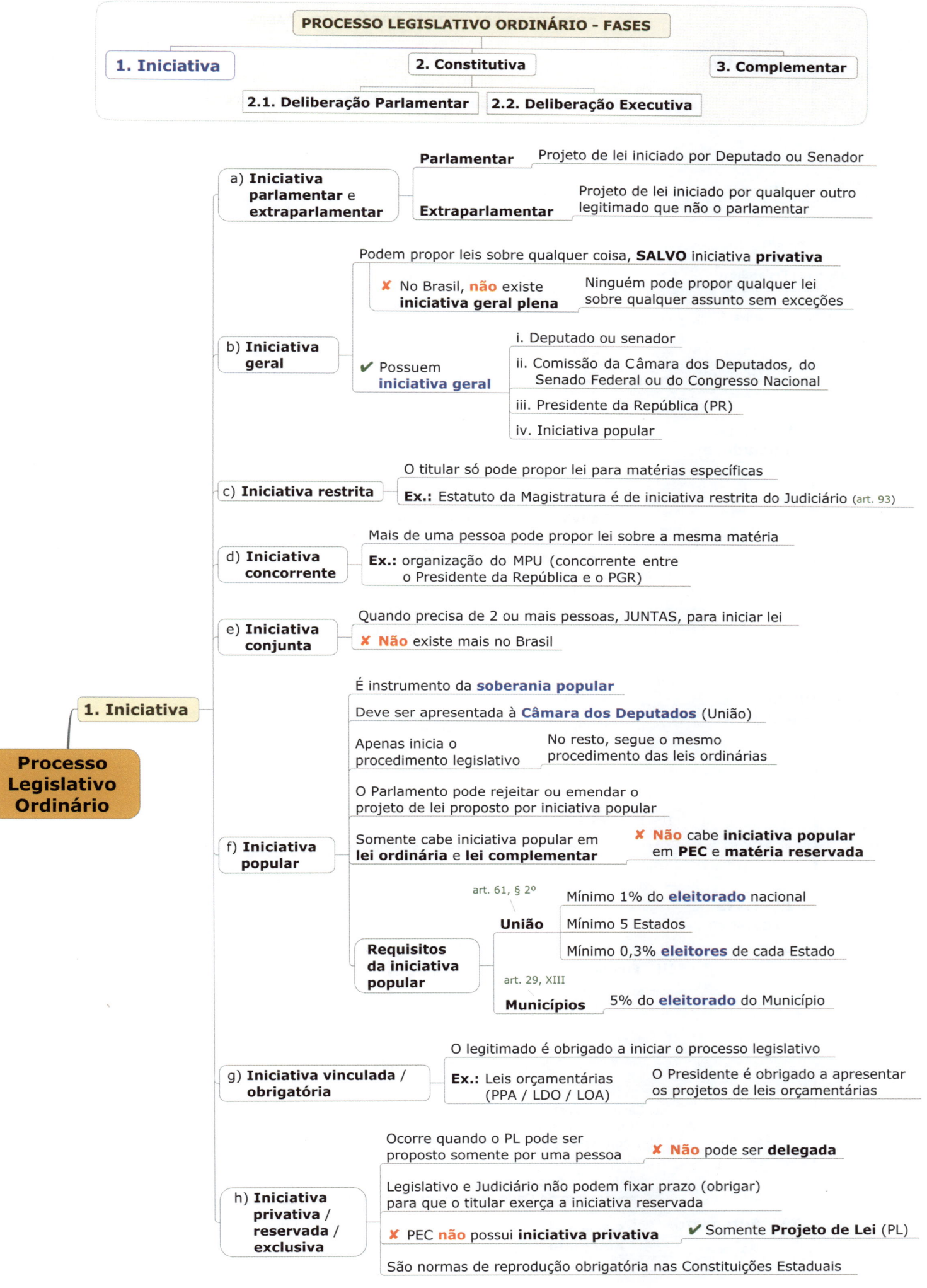

PROCESSO LEGISLATIVO ORDINÁRIO - FASES

- 1. Iniciativa
- 2. Constitutiva
  - 2.1. Deliberação Parlamentar
  - 2.2. Deliberação Executiva
- 3. Complementar

Processo Legislativo Ordinário → **1. Iniciativa**

a) Iniciativa parlamentar e extraparlamentar
- **Parlamentar** — Projeto de lei iniciado por Deputado ou Senador
- **Extraparlamentar** — Projeto de lei iniciado por qualquer outro legitimado que não o parlamentar

b) Iniciativa geral
- Podem propor leis sobre qualquer coisa, **SALVO** iniciativa **privativa**
  - ✘ No Brasil, **não** existe **iniciativa geral plena** — Ninguém pode propor qualquer lei sobre qualquer assunto sem exceções
  - ✔ Possuem **iniciativa geral**
    - i. Deputado ou senador
    - ii. Comissão da Câmara dos Deputados, do Senado Federal ou do Congresso Nacional
    - iii. Presidente da República (PR)
    - iv. Iniciativa popular

c) Iniciativa restrita
- O titular só pode propor lei para matérias específicas
- **Ex.:** Estatuto da Magistratura é de iniciativa restrita do Judiciário (art. 93)

d) Iniciativa concorrente
- Mais de uma pessoa pode propor lei sobre a mesma matéria
- **Ex.:** organização do MPU (concorrente entre o Presidente da República e o PGR)

e) Iniciativa conjunta
- Quando precisa de 2 ou mais pessoas, JUNTAS, para iniciar lei
- ✘ **Não** existe mais no Brasil

f) Iniciativa popular
- É instrumento da **soberania popular**
- Deve ser apresentada à **Câmara dos Deputados** (União)
- Apenas inicia o procedimento legislativo — No resto, segue o mesmo procedimento das leis ordinárias
- O Parlamento pode rejeitar ou emendar o projeto de lei proposto por iniciativa popular
- Somente cabe iniciativa popular em **lei ordinária** e **lei complementar** — ✘ **Não** cabe **iniciativa popular** em **PEC** e **matéria reservada**
- **Requisitos da iniciativa popular**
  - art. 61, § 2º — **União**
    - Mínimo 1% do **eleitorado** nacional
    - Mínimo 5 Estados
    - Mínimo 0,3% **eleitores** de cada Estado
  - art. 29, XIII — **Municípios** — 5% do **eleitorado** do Município

g) Iniciativa vinculada / obrigatória
- O legitimado é obrigado a iniciar o processo legislativo
- **Ex.:** Leis orçamentárias (PPA / LDO / LOA) — O Presidente é obrigado a apresentar os projetos de leis orçamentárias

h) Iniciativa privativa / reservada / exclusiva
- Ocorre quando o PL pode ser proposto somente por uma pessoa — ✘ **Não** pode ser **delegada**
- Legislativo e Judiciário não podem fixar prazo (obrigar) para que o titular exerça a iniciativa reservada
- ✘ PEC **não** possui **iniciativa privativa** — ✔ Somente **Projeto de Lei** (PL)
- São normas de reprodução obrigatória nas Constituições Estaduais

PROCESSO LEGISLATIVO ORDINÁRIO II

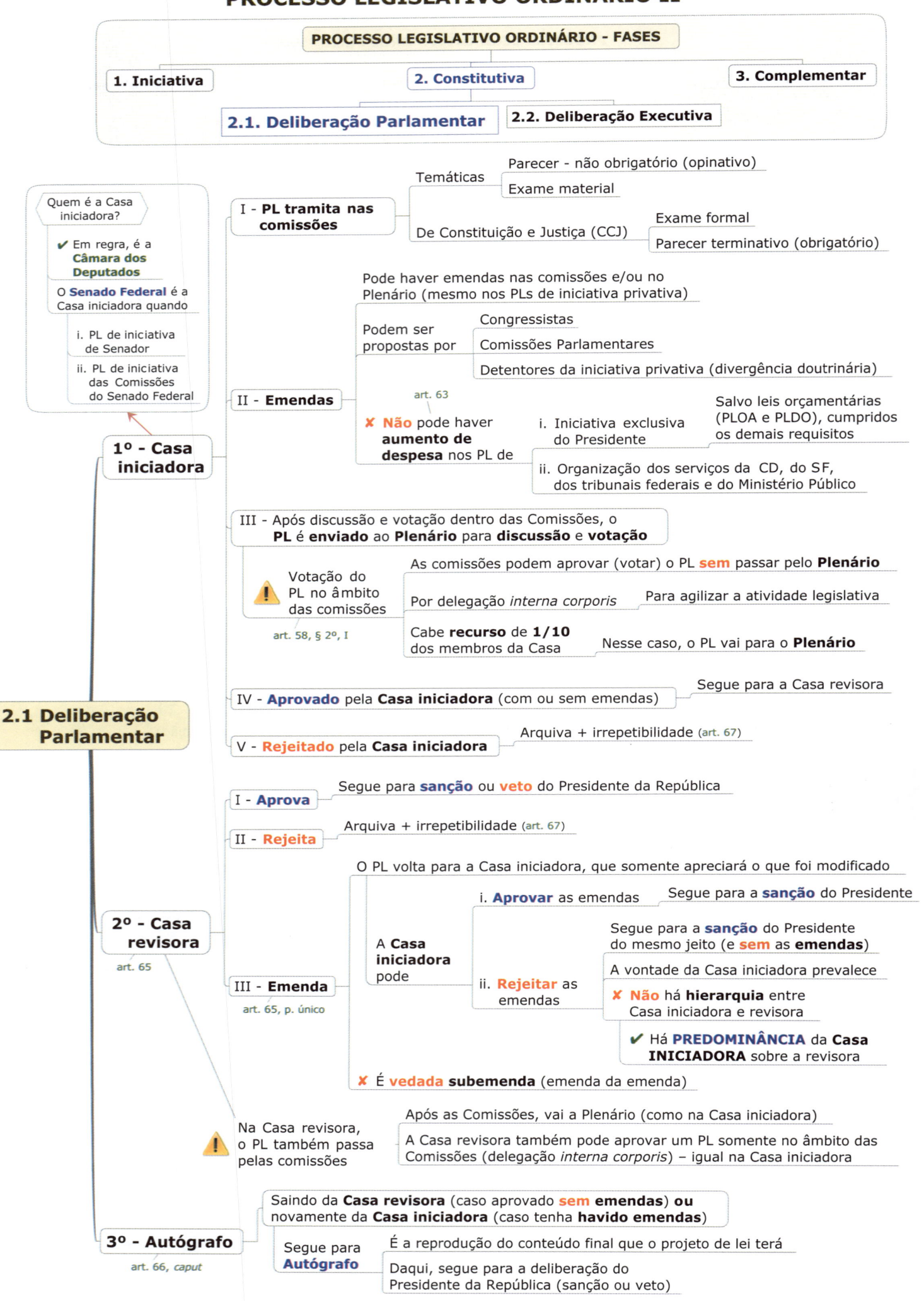

PROCESSO LEGISLATIVO ORDINÁRIO - FASES

1. Iniciativa
2. Constitutiva
3. Complementar

2.1. Deliberação Parlamentar
2.2. Deliberação Executiva

Quem é a Casa iniciadora?
✔ Em regra, é a **Câmara dos Deputados**
O **Senado Federal** é a Casa iniciadora quando
  i. PL de iniciativa de Senador
  ii. PL de iniciativa das Comissões do Senado Federal

1º – Casa iniciadora

2.1 Deliberação Parlamentar

I - PL tramita nas comissões
- Temáticas
  - Parecer - não obrigatório (opinativo)
  - Exame material
- De Constituição e Justiça (CCJ)
  - Exame formal
  - Parecer terminativo (obrigatório)

II - Emendas
- Pode haver emendas nas comissões e/ou no Plenário (mesmo nos PLs de iniciativa privativa)
- Podem ser propostas por
  - Congressistas
  - Comissões Parlamentares
  - Detentores da iniciativa privativa (divergência doutrinária)
- *art. 63*
- ✗ **Não** pode haver **aumento de despesa** nos PL de
  - i. Iniciativa exclusiva do Presidente — Salvo leis orçamentárias (PLOA e PLDO), cumpridos os demais requisitos
  - ii. Organização dos serviços da CD, do SF, dos tribunais federais e do Ministério Público

III - Após discussão e votação dentro das Comissões, o **PL** é **enviado** ao **Plenário** para **discussão** e **votação**
- ⚠ Votação do PL no âmbito das comissões *art. 58, § 2º, I*
  - As comissões podem aprovar (votar) o PL **sem** passar pelo **Plenário**
  - Por delegação *interna corporis* — Para agilizar a atividade legislativa
  - Cabe **recurso de 1/10** dos membros da Casa — Nesse caso, o PL vai para o **Plenário**

IV - Aprovado pela **Casa iniciadora** (com ou sem emendas) — Segue para a Casa revisora

V - Rejeitado pela **Casa iniciadora** — Arquiva + irrepetibilidade (*art. 67*)

2º – Casa revisora *art. 65*

I - Aprova — Segue para **sanção** ou **veto** do Presidente da República

II - Rejeita — Arquiva + irrepetibilidade (*art. 67*)

III - Emenda *art. 65, p. único*
- O PL volta para a Casa iniciadora, que somente apreciará o que foi modificado
- A **Casa iniciadora** pode
  - i. **Aprovar** as emendas — Segue para a **sanção** do Presidente
  - ii. **Rejeitar** as emendas
    - Segue para a **sanção** do Presidente do mesmo jeito (e **sem** as **emendas**)
    - A vontade da Casa iniciadora prevalece
    - ✗ **Não** há **hierarquia** entre Casa iniciadora e revisora
    - ✔ Há **PREDOMINÂNCIA** da **Casa INICIADORA** sobre a revisora
- ✗ É **vedada** subemenda (emenda da emenda)

⚠ Na Casa revisora, o PL também passa pelas comissões
- Após as Comissões, vai a Plenário (como na Casa iniciadora)
- A Casa revisora também pode aprovar um PL somente no âmbito das Comissões (delegação *interna corporis*) – igual na Casa iniciadora

3º – Autógrafo *art. 66, caput*
- Saindo da **Casa revisora** (caso aprovado **sem emendas**) **ou** novamente da **Casa iniciadora** (caso tenha **havido emendas**)
- Segue para **Autógrafo**
  - É a reprodução do conteúdo final que o projeto de lei terá
  - Daqui, segue para a deliberação do Presidente da República (sanção ou veto)

PROCESSO LEGISLATIVO ORDINÁRIO III

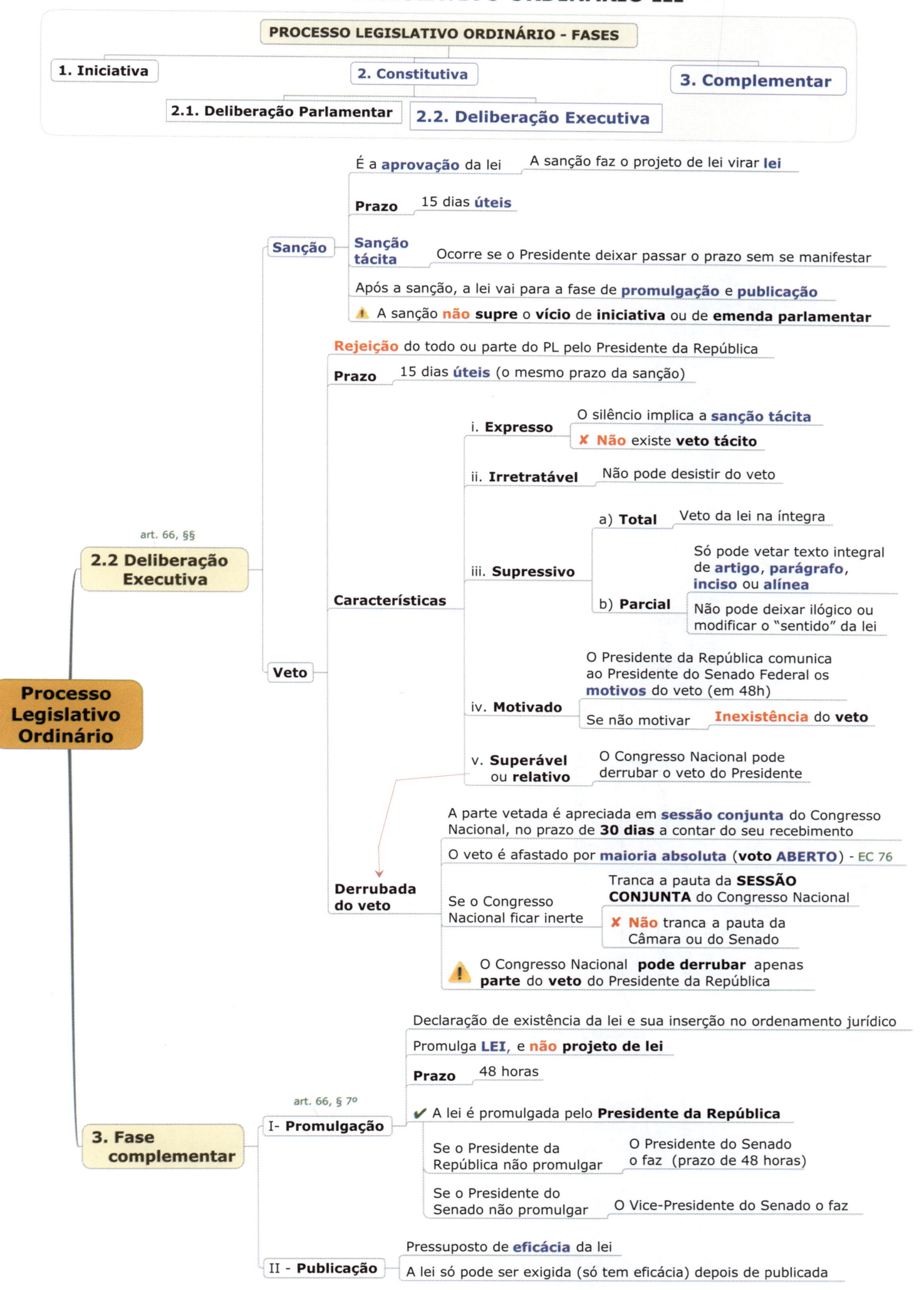

PROCESSO LEGISLATIVO ORDINÁRIO - FASES

1. Iniciativa
2. Constitutiva
   - 2.1. Deliberação Parlamentar
   - 2.2. Deliberação Executiva
3. Complementar

Processo Legislativo Ordinário

2.2 Deliberação Executiva (art. 66, §§)

Sanção
- É a **aprovação** da lei → A sanção faz o projeto de lei virar **lei**
- **Prazo** — 15 dias **úteis**
- **Sanção tácita** — Ocorre se o Presidente deixar passar o prazo sem se manifestar
- Após a sanção, a lei vai para a fase de **promulgação** e **publicação**
- ⚠ A sanção **não** supre o **vício** de **iniciativa** ou de **emenda parlamentar**

Veto
- **Rejeição** do todo ou parte do PL pelo Presidente da República
- **Prazo** — 15 dias **úteis** (o mesmo prazo da sanção)
- **Características**
  - i. **Expresso**
    - O silêncio implica a **sanção tácita**
    - ✘ **Não** existe **veto tácito**
  - ii. **Irretratável** — Não pode desistir do veto
  - iii. **Supressivo**
    - a) **Total** — Veto da lei na íntegra — Só pode vetar texto integral de **artigo, parágrafo, inciso** ou **alínea**
    - b) **Parcial** — Não pode deixar ilógico ou modificar o "sentido" da lei
  - iv. **Motivado**
    - O Presidente da República comunica ao Presidente do Senado Federal os **motivos** do veto (em 48h)
    - Se não motivar → **Inexistência** do **veto**
  - v. **Superável** ou **relativo** — O Congresso Nacional pode derrubar o veto do Presidente

Derrubada do veto
- A parte vetada é apreciada em **sessão conjunta** do Congresso Nacional, no prazo de **30 dias** a contar do seu recebimento
- O veto é afastado por **maioria absoluta** (**voto ABERTO**) - EC 76
- Se o Congresso Nacional ficar inerte
  - Tranca a pauta da **SESSÃO CONJUNTA** do Congresso Nacional
  - ✘ **Não** tranca a pauta da Câmara ou do Senado
- ⚠ O Congresso Nacional **pode derrubar** apenas **parte** do **veto** do Presidente da República

3. Fase complementar (art. 66, § 7º)

I- Promulgação
- Declaração de existência da lei e sua inserção no ordenamento jurídico
- Promulga **LEI**, e **não projeto de lei**
- **Prazo** — 48 horas
- ✔ A lei é promulgada pelo **Presidente da República**
- Se o Presidente da República não promulgar — O Presidente do Senado o faz (prazo de 48 horas)
- Se o Presidente do Senado não promulgar — O Vice-Presidente do Senado o faz

II - Publicação
- Pressuposto de **eficácia** da lei
- A lei só pode ser exigida (só tem eficácia) depois de publicada

MAPA 1 DO PROCESSO LEGISLATIVO ORDINÁRIO

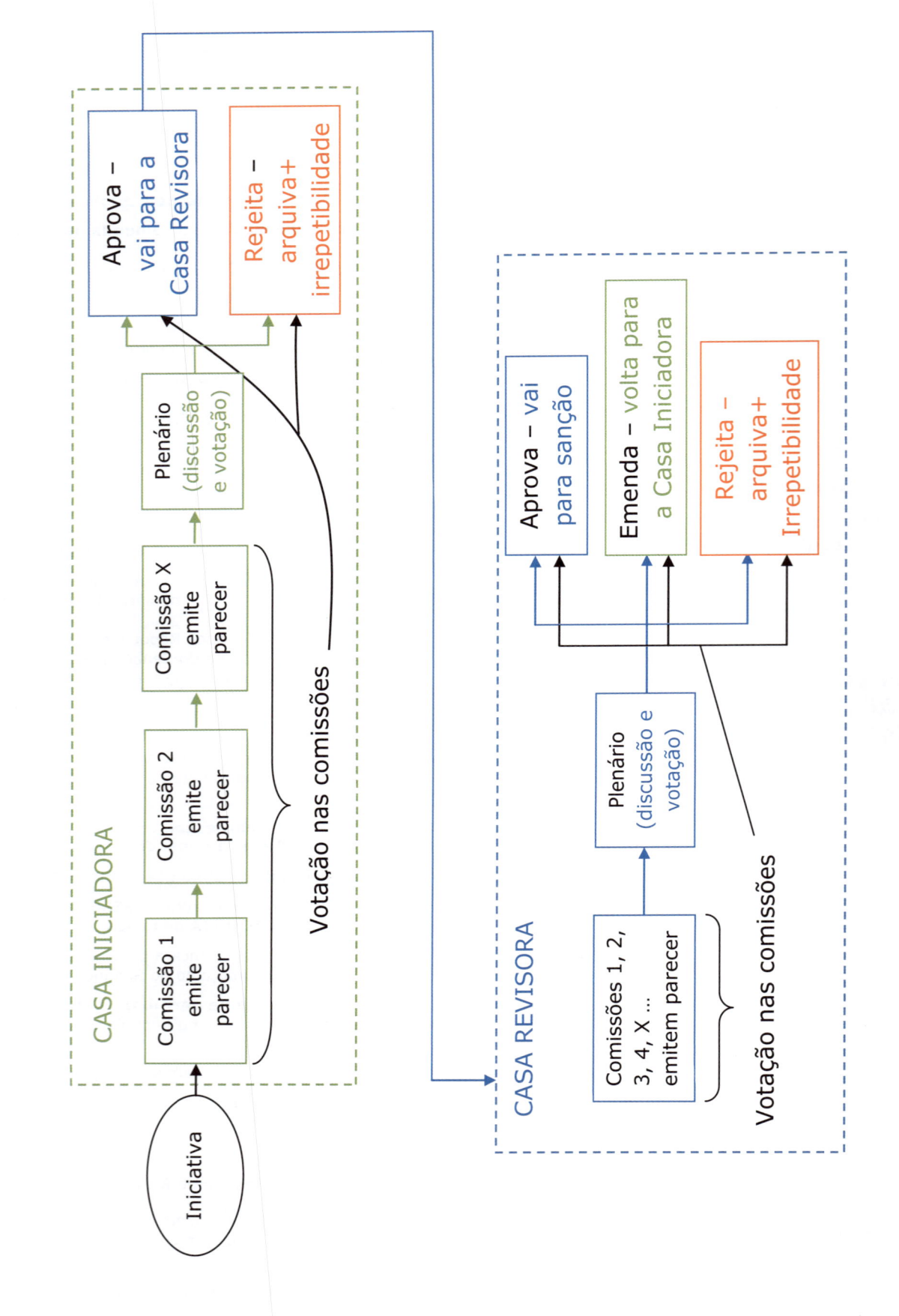

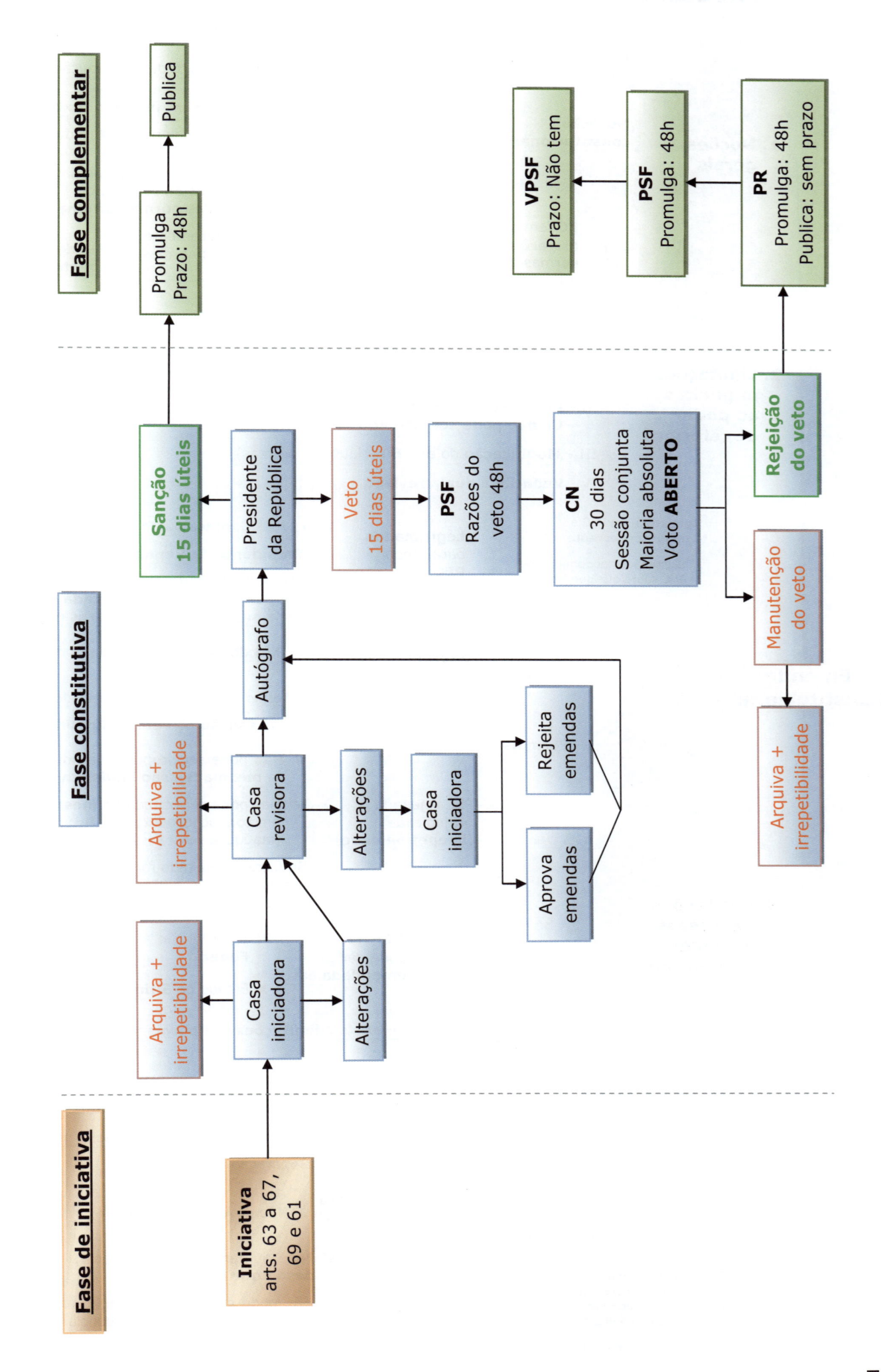

MAPA 2 DO PROCESSO LEGISLATIVO ORDINÁRIO

Fase de iniciativa

Iniciativa arts. 63 a 67, 69 e 61

Fase constitutiva

Arquiva + irrepetibilidade

Casa iniciadora

Alterações

Arquiva + irrepetibilidade

Casa revisora

Alterações

Casa iniciadora

Rejeita emendas

Aprova emendas

Autógrafo

Sanção 15 dias úteis

Presidente da República

Veto 15 dias úteis

PSF Razões do veto 48h

CN 30 dias Sessão conjunta Maioria absoluta Voto **ABERTO**

Rejeição do veto

Manutenção do veto

Arquiva + irrepetibilidade

Fase complementar

Promulga Prazo: 48h

Publica

VPSF Prazo: Não tem

PSF Promulga: 48h

PR Promulga: 48h Publica: sem prazo

PROCESSO LEGISLATIVO - EMENDA CONSTITUCIONAL I

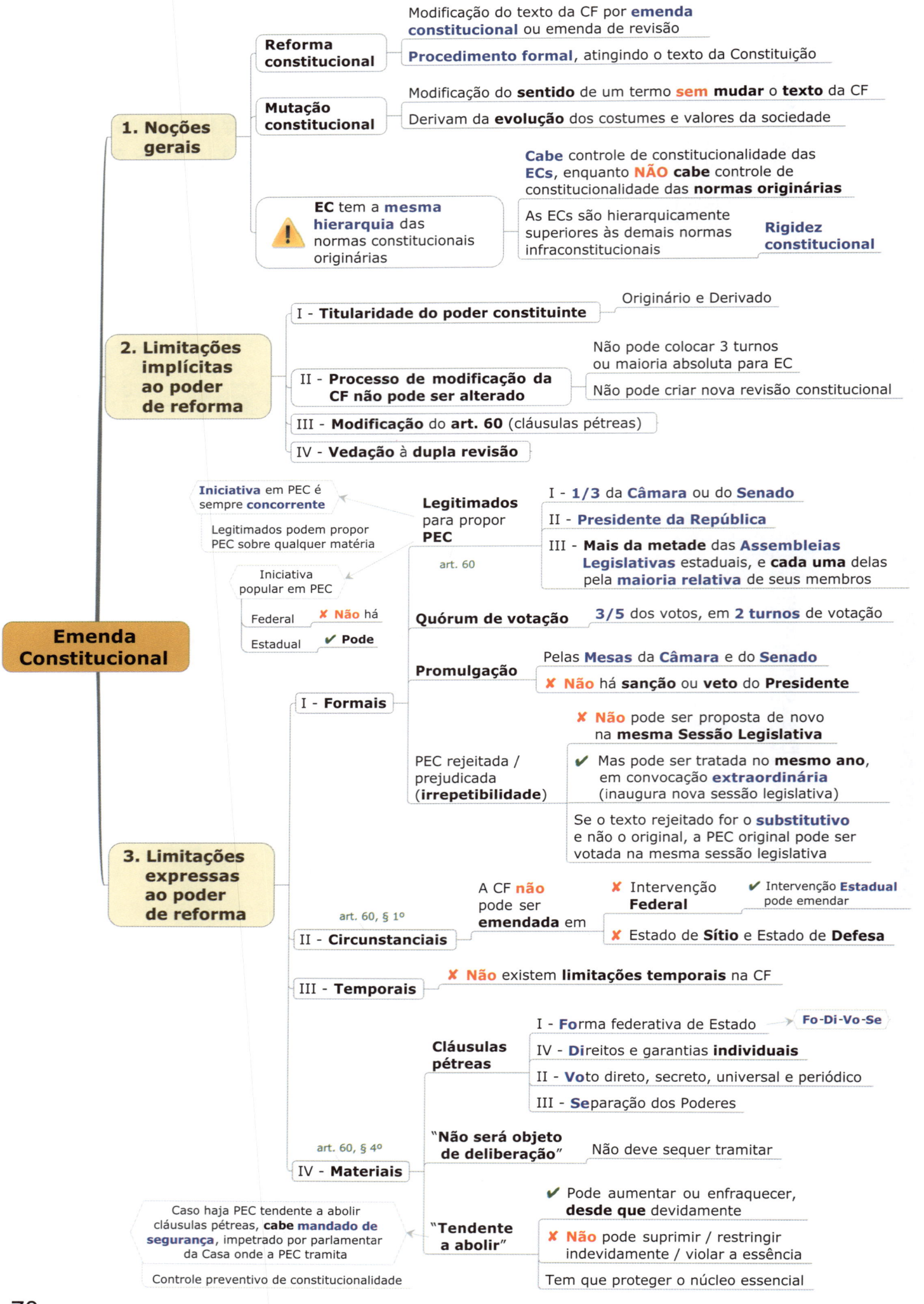

1. Noções gerais

Reforma constitucional
- Modificação do texto da CF por **emenda constitucional** ou emenda de revisão
- **Procedimento formal**, atingindo o texto da Constituição

Mutação constitucional
- Modificação do **sentido** de um termo **sem mudar** o **texto** da CF
- Derivam da **evolução** dos costumes e valores da sociedade

⚠ **EC** tem a **mesma hierarquia** das normas constitucionais originárias
- **Cabe** controle de constitucionalidade das **ECs**, enquanto **NÃO cabe** controle de constitucionalidade das **normas originárias**
- As ECs são hierarquicamente superiores às demais normas infraconstitucionais — **Rigidez constitucional**

2. Limitações implícitas ao poder de reforma

- **I - Titularidade do poder constituinte** — Originário e Derivado
- **II - Processo de modificação da CF não pode ser alterado**
  - Não pode colocar 3 turnos ou maioria absoluta para EC
  - Não pode criar nova revisão constitucional
- **III - Modificação** do **art. 60** (cláusulas pétreas)
- **IV - Vedação** à **dupla revisão**

Emenda Constitucional

Iniciativa em PEC é sempre **concorrente**

Legitimados podem propor PEC sobre qualquer matéria

Iniciativa popular em PEC
- Federal — ✘ **Não** há
- Estadual — ✔ **Pode**

3. Limitações expressas ao poder de reforma

I - Formais

art. 60 — **Legitimados para propor PEC**
- I - **1/3** da **Câmara** ou do **Senado**
- II - **Presidente da República**
- III - **Mais da metade** das **Assembleias Legislativas** estaduais, e **cada uma** delas pela **maioria relativa** de seus membros

Quórum de votação — **3/5** dos votos, em **2 turnos** de votação

Promulgação
- Pelas **Mesas** da **Câmara** e do **Senado**
- ✘ **Não** há **sanção** ou **veto** do **Presidente**

PEC rejeitada / prejudicada (**irrepetibilidade**)
- ✘ **Não** pode ser proposta de novo na **mesma Sessão Legislativa**
- ✔ Mas pode ser tratada no **mesmo ano**, em convocação **extraordinária** (inaugura nova sessão legislativa)
- Se o texto rejeitado for o **substitutivo** e não o original, a PEC original pode ser votada na mesma sessão legislativa

II - Circunstanciais

art. 60, § 1º — A CF **não** pode ser **emendada** em
- ✘ Intervenção **Federal** — ✔ Intervenção **Estadual** pode emendar
- ✘ Estado de **Sítio** e Estado de **Defesa**

III - Temporais — ✘ **Não** existem **limitações temporais** na CF

IV - Materiais

art. 60, § 4º

Cláusulas pétreas — Fo-Di-Vo-Se
- I - **Fo**rma federativa de Estado
- IV - **Di**reitos e garantias **individuais**
- II - **Vo**to direto, secreto, universal e periódico
- III - **Se**paração dos Poderes

"Não será objeto de deliberação" — Não deve sequer tramitar

"Tendente a abolir"
- ✔ Pode aumentar ou enfraquecer, **desde que** devidamente
- ✘ **Não** pode suprimir / restringir indevidamente / violar a essência
- Tem que proteger o núcleo essencial

Caso haja PEC tendente a abolir cláusulas pétreas, **cabe mandado de segurança**, impetrado por parlamentar da Casa onde a PEC tramita

Controle preventivo de constitucionalidade

78

PROCESSO LEGISLATIVO - EMENDA CONSTITUCIONAL II

Emenda Constitucional

4. Processo legislativo de emenda constitucional

Ver Mapa do "Processo Legislativo da Emenda Constitucional"

✗ **Não** existe **Casa iniciadora** definida pela CF
- A CF não diz em qual Casa deve ser iniciada uma PEC de iniciativa do Presidente e das Assembleias Legislativas estaduais
- Regimento Interno da Câmara dos Deputados diz que é na Câmara dos Deputados

A 1ª Casa **não** prevalece sobre a 2ª (como ocorre no caso de projeto de lei)

Só volta da 2ª para a 1ª Casa se houver alteração substancial
- Nesse caso, volta a PEC inteira, como uma "nova PEC", e não apenas a parte modificada

PEC "fatiada" (promulgação fracionada)
- Pode promulgar a parte não emendada (substancialmente) pela 2ª Casa, desde que ela seja **independente / autônoma**

5. Tratados internacionais com força de EC

art. 5º, § 3º
- Equivalem às emendas constitucionais
- Tratados internacionais sobre **direitos humanos** aprovados em **2 turnos** e **3/5 dos votos**

6. EC e direito adquirido, ato jurídico perfeito e coisa julgada

✔ EC **deve respeitar**
- Direito adquirido
- Ato jurídico perfeito
- Coisa julgada

⚠ Há doutrina contrária

✗ Não cabe alegar frente ao **Poder Constituinte Originário**
- Direito adquirido
- Ato jurídico perfeito
- Coisa julgada

Mas cabe alegá-los frente ao Poder Constituinte **Derivado**

7. Vedações ao constituinte decorrente

Constituição Estadual **não** pode

✗ Estabelecer
- Monarquia como forma de governo
- Parlamentarismo como sistema de governo
- Outros sistemas eleitorais

✗ Modificar o quórum de 3/5 para aprovação de EC – normas do processo legislativo são de repetição obrigatória

✗ Estabelecer prazo para que os detentores de iniciativa privativa apresentem projeto de lei ao Legislativo
- Fere a separação dos Poderes

✗ Condicionar a eficácia de convênio celebrado pelo Executivo à prévia aprovação do Legislativo (art. 84, II)

✗ Subordinar nomeação do Procurador-Geral de Justiça à prévia aprovação da Assembleia Legislativa (art. 128, §§ 1º e 3º)

✗ Tratar de matérias de iniciativa privativa do chefe do Executivo, a partir de proposta de emenda apresentada por parlamentar

art. 61, § 1º + ADI 858

Tais matérias só podem ser disciplinadas a partir de iniciativa do chefe do Executivo
- Projeto de lei
- Emenda constitucional de iniciativa do Governador

✗ Condicionar a nomeação, exoneração e destituição dos secretários de Estado à prévia aprovação da Assembleia Legislativa (art. 84, I)

✗ Dar competência para que a Assembleia Legislativa julgue suas próprias contas e as dos administradores do Executivo e do Judiciário

Prestação de Contas Estaduais
- i. Do Governador
  - TCE aprecia
  - Assembleia Legislativa julga
- ii. Das demais Administrações dos 3 Poderes
  - TCE julga

MAPA DO PROCESSO LEGISLATIVO DA EMENDA CONSTITUCIONAL

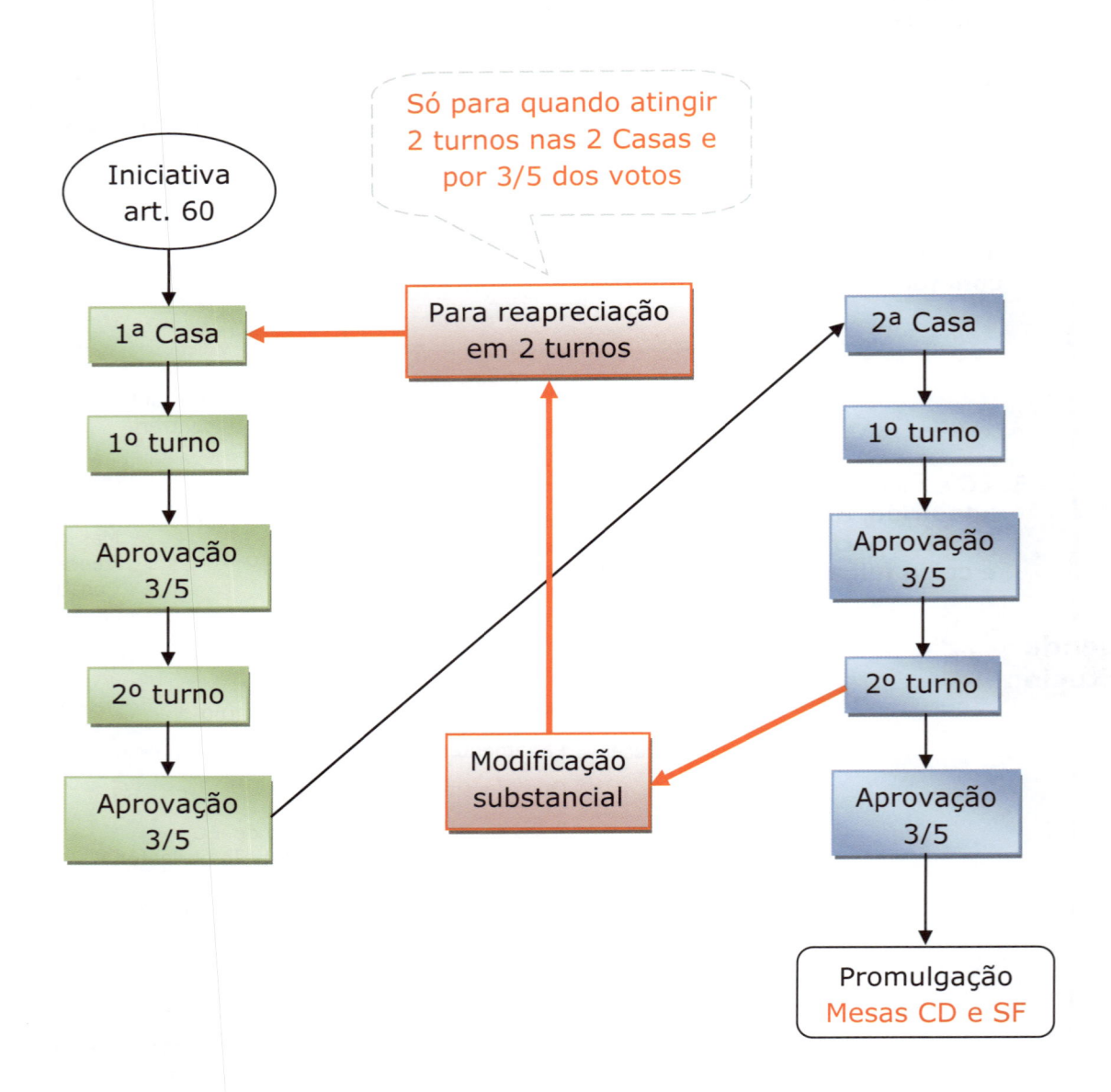

PROCESSO LEGISLATIVO - MEDIDA PROVISÓRIA I

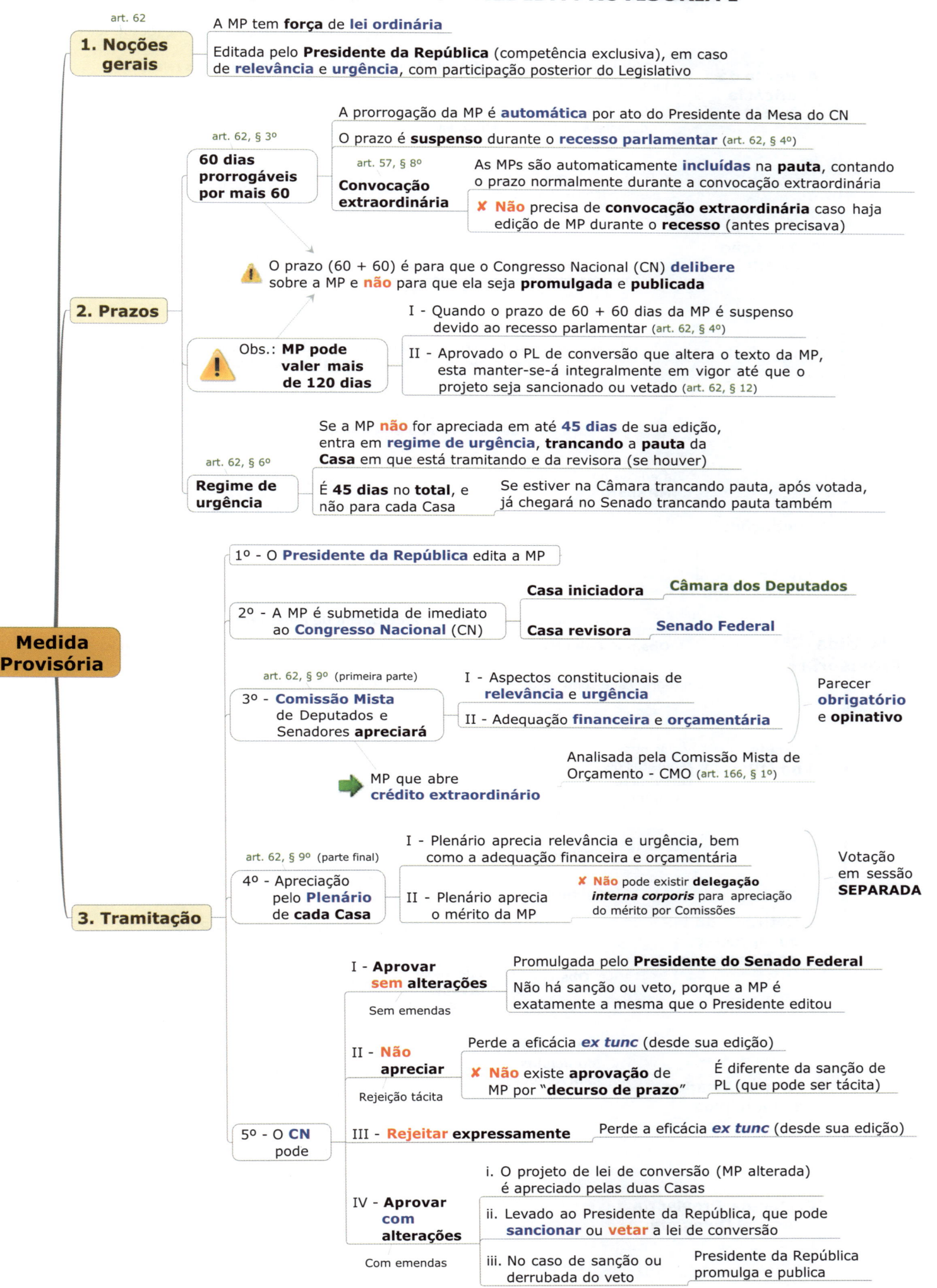

art. 62

1. Noções gerais
- A MP tem **força** de **lei ordinária**
- Editada pelo **Presidente da República** (competência exclusiva), em caso de **relevância** e **urgência**, com participação posterior do Legislativo

2. Prazos

art. 62, § 3º
60 dias prorrogáveis por mais 60
- A prorrogação da MP é **automática** por ato do Presidente da Mesa do CN
- O prazo é **suspenso** durante o **recesso parlamentar** (art. 62, § 4º)
- **art. 57, § 8º**
  Convocação extraordinária
  - As MPs são automaticamente **incluídas** na **pauta**, contando o prazo normalmente durante a convocação extraordinária
  - ✗ **Não** precisa de **convocação extraordinária** caso haja edição de MP durante o **recesso** (antes precisava)

- ⚠ O prazo (60 + 60) é para que o Congresso Nacional (CN) **delibere** sobre a MP e **não** para que ela seja **promulgada** e **publicada**

- ⚠ Obs.: **MP pode valer mais de 120 dias**
  - I - Quando o prazo de 60 + 60 dias da MP é suspenso devido ao recesso parlamentar (art. 62, § 4º)
  - II - Aprovado o PL de conversão que altera o texto da MP, esta manter-se-á integralmente em vigor até que o projeto seja sancionado ou vetado (art. 62, § 12)

art. 62, § 6º
Regime de urgência
- Se a MP **não** for apreciada em até **45 dias** de sua edição, entra em **regime de urgência**, **trancando** a **pauta** da **Casa** em que está tramitando e da revisora (se houver)
- É **45 dias** no **total**, e não para cada Casa
  - Se estiver na Câmara trancando pauta, após votada, já chegará no Senado trancando pauta também

Medida Provisória

3. Tramitação

- 1º - O **Presidente da República** edita a MP

- 2º - A MP é submetida de imediato ao **Congresso Nacional** (CN)
  - **Casa iniciadora** — **Câmara dos Deputados**
  - **Casa revisora** — **Senado Federal**

- **art. 62, § 9º** (primeira parte)
  3º - **Comissão Mista** de Deputados e Senadores **apreciará**
  - I - Aspectos constitucionais de **relevância** e **urgência**
  - II - Adequação **financeira** e **orçamentária**
  - Parecer **obrigatório** e **opinativo**

  - ➡ MP que abre **crédito extraordinário**
    - Analisada pela Comissão Mista de Orçamento - CMO (art. 166, § 1º)

- **art. 62, § 9º** (parte final)
  4º - Apreciação pelo **Plenário** de **cada Casa**
  - I - Plenário aprecia relevância e urgência, bem como a adequação financeira e orçamentária
  - II - Plenário aprecia o mérito da MP
    - ✗ **Não** pode existir **delegação** *interna corporis* para apreciação do mérito por Comissões
  - Votação em sessão **SEPARADA**

- 5º - O **CN** pode
  - I - **Aprovar sem alterações**
    Sem emendas
    - Promulgada pelo **Presidente do Senado Federal**
    - Não há sanção ou veto, porque a MP é exatamente a mesma que o Presidente editou
  - II - **Não apreciar**
    Rejeição tácita
    - Perde a eficácia *ex tunc* (desde sua edição)
    - ✗ **Não** existe **aprovação** de MP por "**decurso de prazo**"
      - É diferente da sanção de PL (que pode ser tácita)
  - III - **Rejeitar expressamente**
    - Perde a eficácia *ex tunc* (desde sua edição)
  - IV - **Aprovar com alterações**
    Com emendas
    - i. O projeto de lei de conversão (MP alterada) é apreciado pelas duas Casas
    - ii. Levado ao Presidente da República, que pode **sancionar** ou **vetar** a lei de conversão
    - iii. No caso de sanção ou derrubada do veto
      - Presidente da República promulga e publica

PROCESSO LEGISLATIVO - MEDIDA PROVISÓRIA II

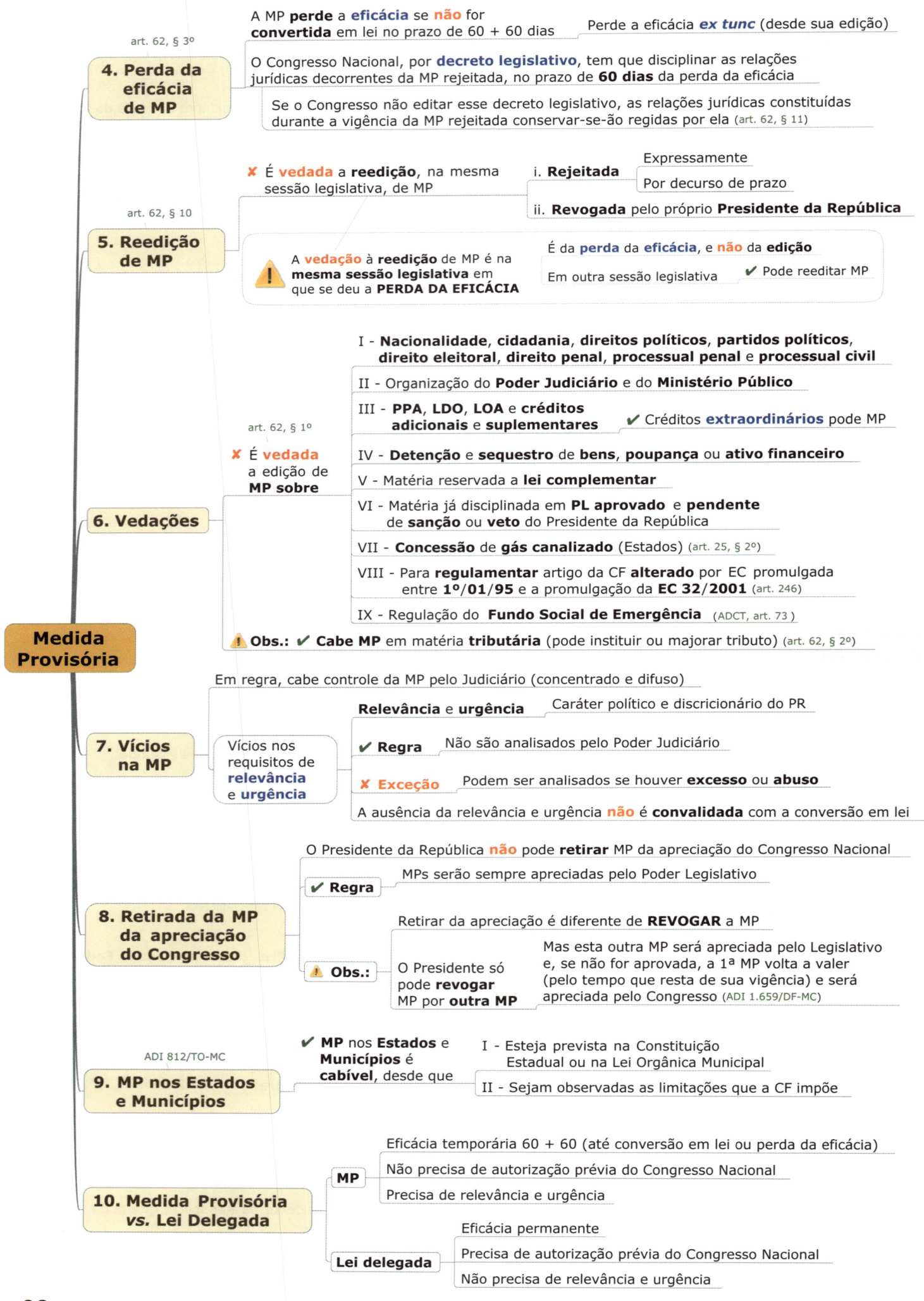

art. 62, § 3º

4. Perda da eficácia de MP

A MP **perde** a **eficácia** se **não** for **convertida** em lei no prazo de 60 + 60 dias — Perde a eficácia *ex tunc* (desde sua edição)

O Congresso Nacional, por **decreto legislativo**, tem que disciplinar as relações jurídicas decorrentes da MP rejeitada, no prazo de **60 dias** da perda da eficácia

Se o Congresso não editar esse decreto legislativo, as relações jurídicas constituídas durante a vigência da MP rejeitada conservar-se-ão regidas por ela (art. 62, § 11)

art. 62, § 10

5. Reedição de MP

✗ É **vedada** a **reedição**, na mesma sessão legislativa, de MP

i. **Rejeitada**
- Expressamente
- Por decurso de prazo

ii. **Revogada** pelo próprio **Presidente da República**

⚠ A **vedação** à **reedição** de MP é na **mesma sessão legislativa** em que se deu a **PERDA DA EFICÁCIA**
- É da **perda** da **eficácia**, e **não** da **edição**
- Em outra sessão legislativa — ✔ Pode reeditar MP

art. 62, § 1º

✗ É **vedada** a edição de **MP sobre**

6. Vedações

I - **Nacionalidade, cidadania, direitos políticos, partidos políticos, direito eleitoral, direito penal, processual penal** e **processual civil**

II - Organização do **Poder Judiciário** e do **Ministério Público**

III - **PPA, LDO, LOA** e **créditos adicionais** e **suplementares** — ✔ Créditos **extraordinários** pode MP

IV - **Detenção** e **sequestro** de **bens, poupança** ou **ativo financeiro**

V - Matéria reservada a **lei complementar**

VI - Matéria já disciplinada em **PL aprovado** e **pendente** de **sanção** ou **veto** do Presidente da República

VII - **Concessão** de **gás canalizado** (Estados) (art. 25, § 2º)

VIII - Para **regulamentar** artigo da CF **alterado** por EC promulgada entre **1º/01/95** e a promulgação da **EC 32/2001** (art. 246)

IX - Regulação do **Fundo Social de Emergência** (ADCT, art. 73)

⚠ **Obs.:** ✔ **Cabe MP** em matéria **tributária** (pode instituir ou majorar tributo) (art. 62, § 2º)

Medida Provisória

7. Vícios na MP

Em regra, cabe controle da MP pelo Judiciário (concentrado e difuso)

Vícios nos requisitos de **relevância** e **urgência**

Relevância e **urgência** — Caráter político e discricionário do PR

✔ **Regra** — Não são analisados pelo Poder Judiciário

✗ **Exceção** — Podem ser analisados se houver **excesso** ou **abuso**

A ausência da relevância e urgência **não** é **convalidada** com a conversão em lei

8. Retirada da MP da apreciação do Congresso

O Presidente da República **não** pode **retirar** MP da apreciação do Congresso Nacional

✔ **Regra** — MPs serão sempre apreciadas pelo Poder Legislativo

Retirar da apreciação é diferente de **REVOGAR** a MP

⚠ **Obs.:** O Presidente só pode **revogar** MP por **outra MP**

Mas esta outra MP será apreciada pelo Legislativo e, se não for aprovada, a 1ª MP volta a valer (pelo tempo que resta de sua vigência) e será apreciada pelo Congresso (ADI 1.659/DF-MC)

ADI 812/TO-MC

9. MP nos Estados e Municípios

✔ **MP** nos **Estados** e **Municípios** é **cabível**, desde que

I - Esteja prevista na Constituição Estadual ou na Lei Orgânica Municipal

II - Sejam observadas as limitações que a CF impõe

10. Medida Provisória *vs.* Lei Delegada

MP
- Eficácia temporária 60 + 60 (até conversão em lei ou perda da eficácia)
- Não precisa de autorização prévia do Congresso Nacional
- Precisa de relevância e urgência

Lei delegada
- Eficácia permanente
- Precisa de autorização prévia do Congresso Nacional
- Não precisa de relevância e urgência

PROCESSO LEGISLATIVO DAS MEDIDAS PROVISÓRIAS

CN – 60+60 (urgência a partir de 45 dias)

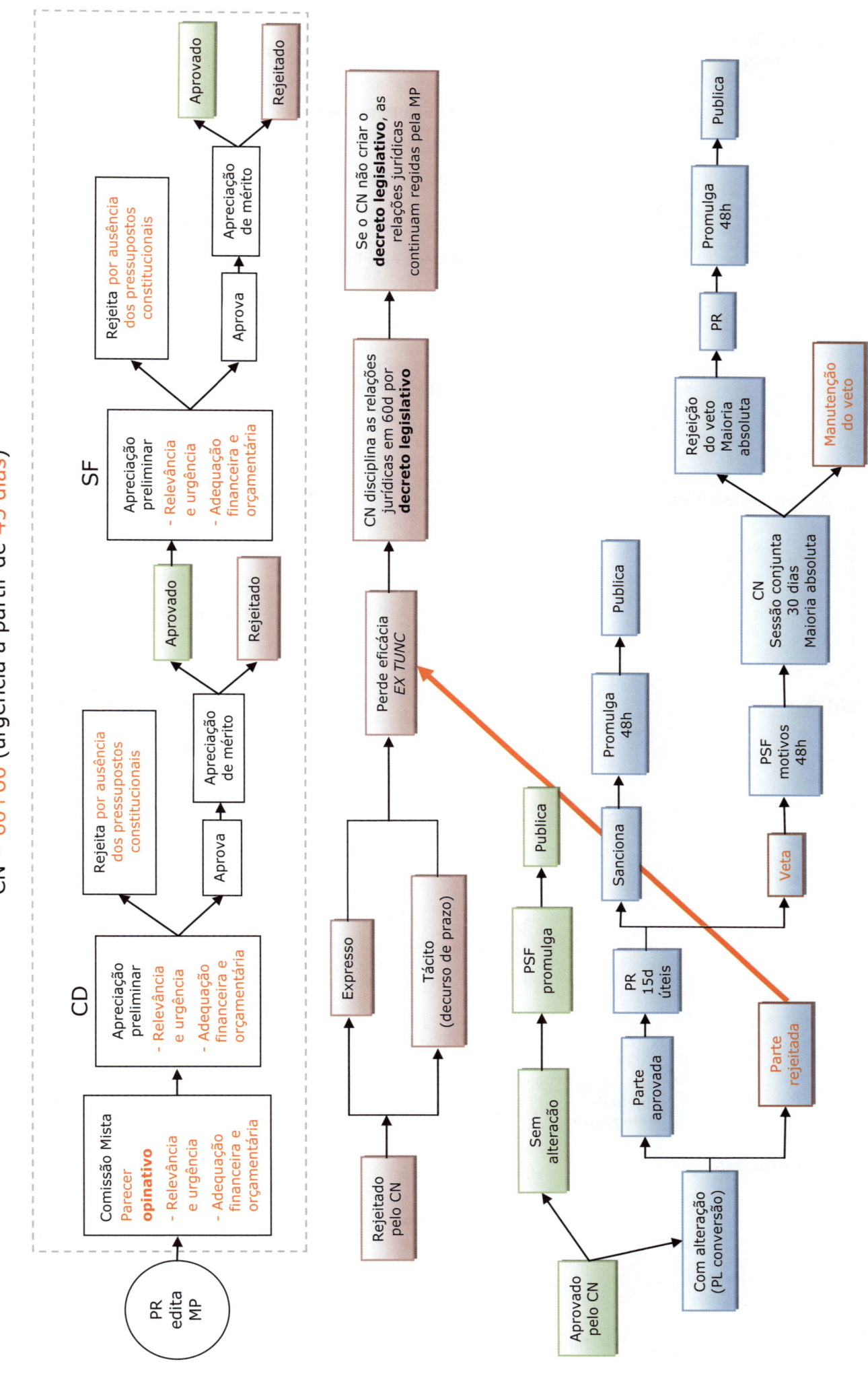

PROCESSO LEGISLATIVO - LEI DELEGADA

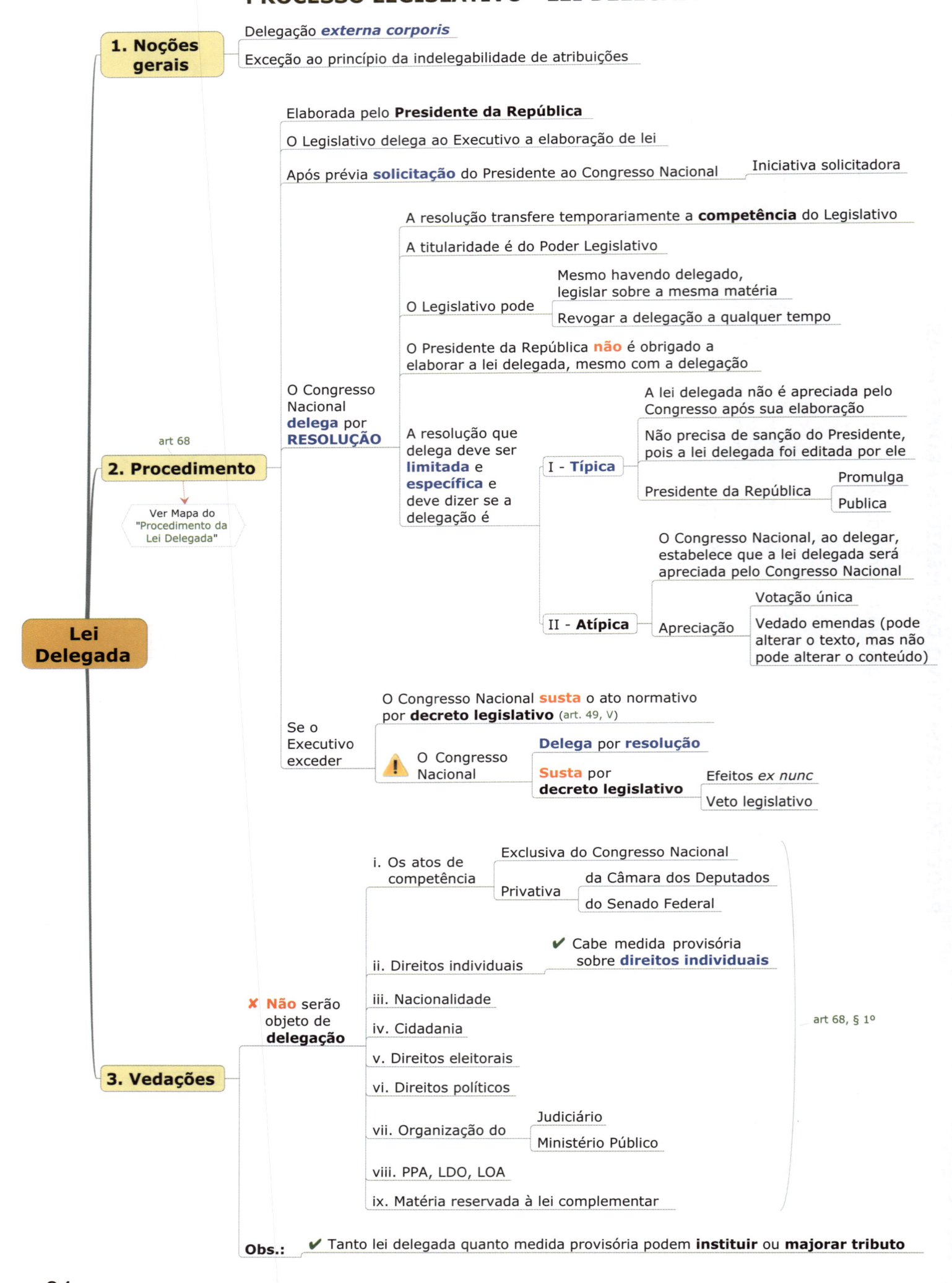

Lei Delegada

1. Noções gerais
- Delegação *externa corporis*
- Exceção ao princípio da indelegabilidade de atribuições

2. Procedimento (art 68)
Ver Mapa do "Procedimento da Lei Delegada"

- Elaborada pelo **Presidente da República**
- O Legislativo delega ao Executivo a elaboração de lei
- Após prévia **solicitação** do Presidente ao Congresso Nacional — Iniciativa solicitadora

O Congresso Nacional delega por RESOLUÇÃO
- A resolução transfere temporariamente a **competência** do Legislativo
- A titularidade é do Poder Legislativo
- O Legislativo pode
  - Mesmo havendo delegado, legislar sobre a mesma matéria
  - Revogar a delegação a qualquer tempo
- O Presidente da República **não** é obrigado a elaborar a lei delegada, mesmo com a delegação
- A resolução que delega deve ser **limitada** e **específica** e deve dizer se a delegação é
  - **I - Típica**
    - A lei delegada não é apreciada pelo Congresso após sua elaboração
    - Não precisa de sanção do Presidente, pois a lei delegada foi editada por ele
    - Presidente da República
      - Promulga
      - Publica
  - **II - Atípica**
    - O Congresso Nacional, ao delegar, estabelece que a lei delegada será apreciada pelo Congresso Nacional
    - Apreciação
      - Votação única
      - Vedado emendas (pode alterar o texto, mas não pode alterar o conteúdo)

Se o Executivo exceder
- O Congresso Nacional **susta** o ato normativo por **decreto legislativo** (art. 49, V)
- ⚠ O Congresso Nacional
  - **Delega** por **resolução**
  - **Susta** por **decreto legislativo**
    - Efeitos *ex nunc*
    - Veto legislativo

3. Vedações
- ✗ **Não** serão objeto de **delegação** (art 68, § 1º)
  - i. Os atos de competência
    - Exclusiva do Congresso Nacional
    - Privativa
      - da Câmara dos Deputados
      - do Senado Federal
  - ii. Direitos individuais — ✔ Cabe medida provisória sobre **direitos individuais**
  - iii. Nacionalidade
  - iv. Cidadania
  - v. Direitos eleitorais
  - vi. Direitos políticos
  - vii. Organização do
    - Judiciário
    - Ministério Público
  - viii. PPA, LDO, LOA
  - ix. Matéria reservada à lei complementar

Obs.: ✔ Tanto lei delegada quanto medida provisória podem **instituir** ou **majorar tributo**

PROCEDIMENTO DA LEI DELEGADA

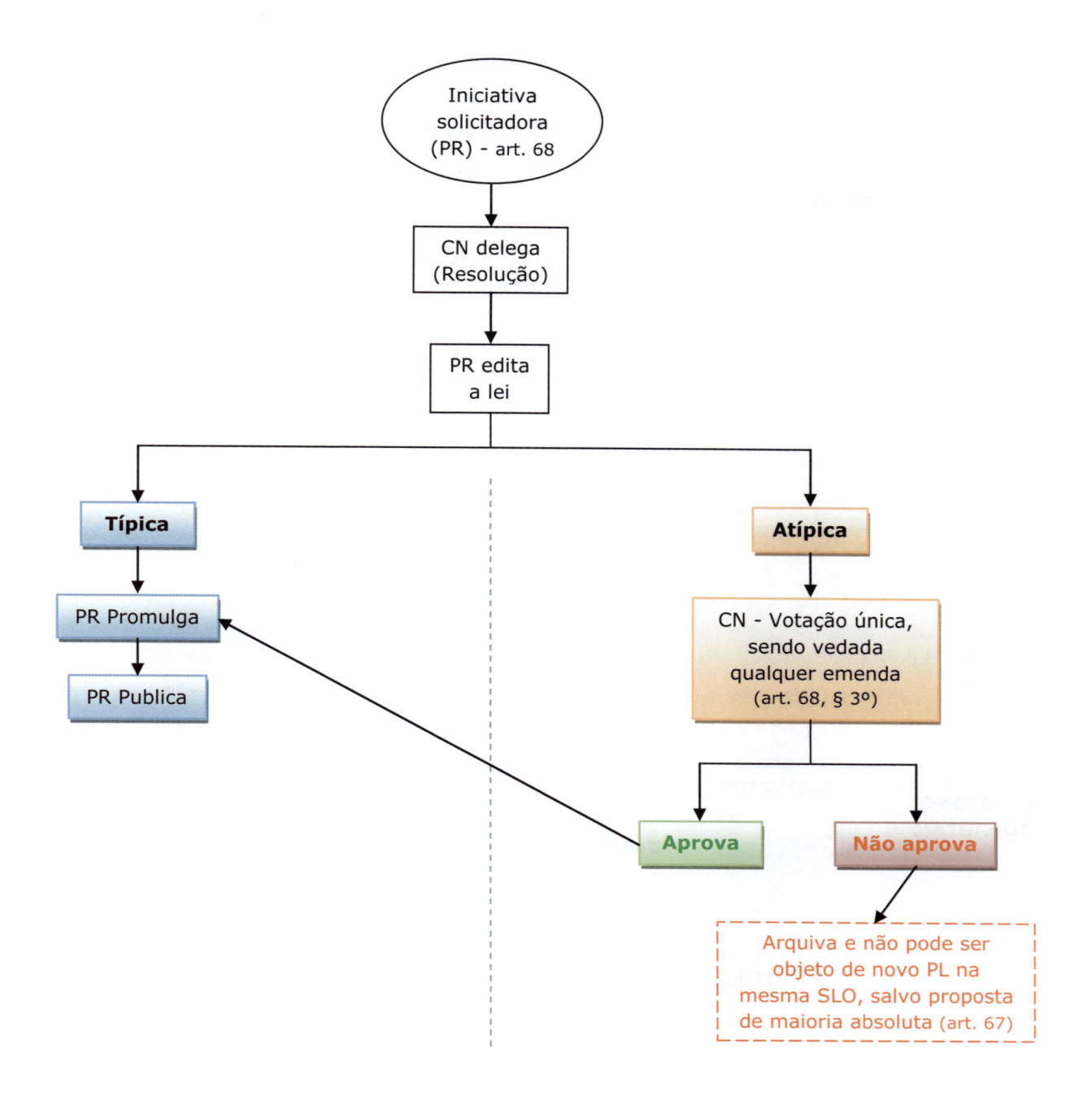

85

PROCESSO LEGISLATIVO – DEMAIS ESPÉCIES NORMATIVAS

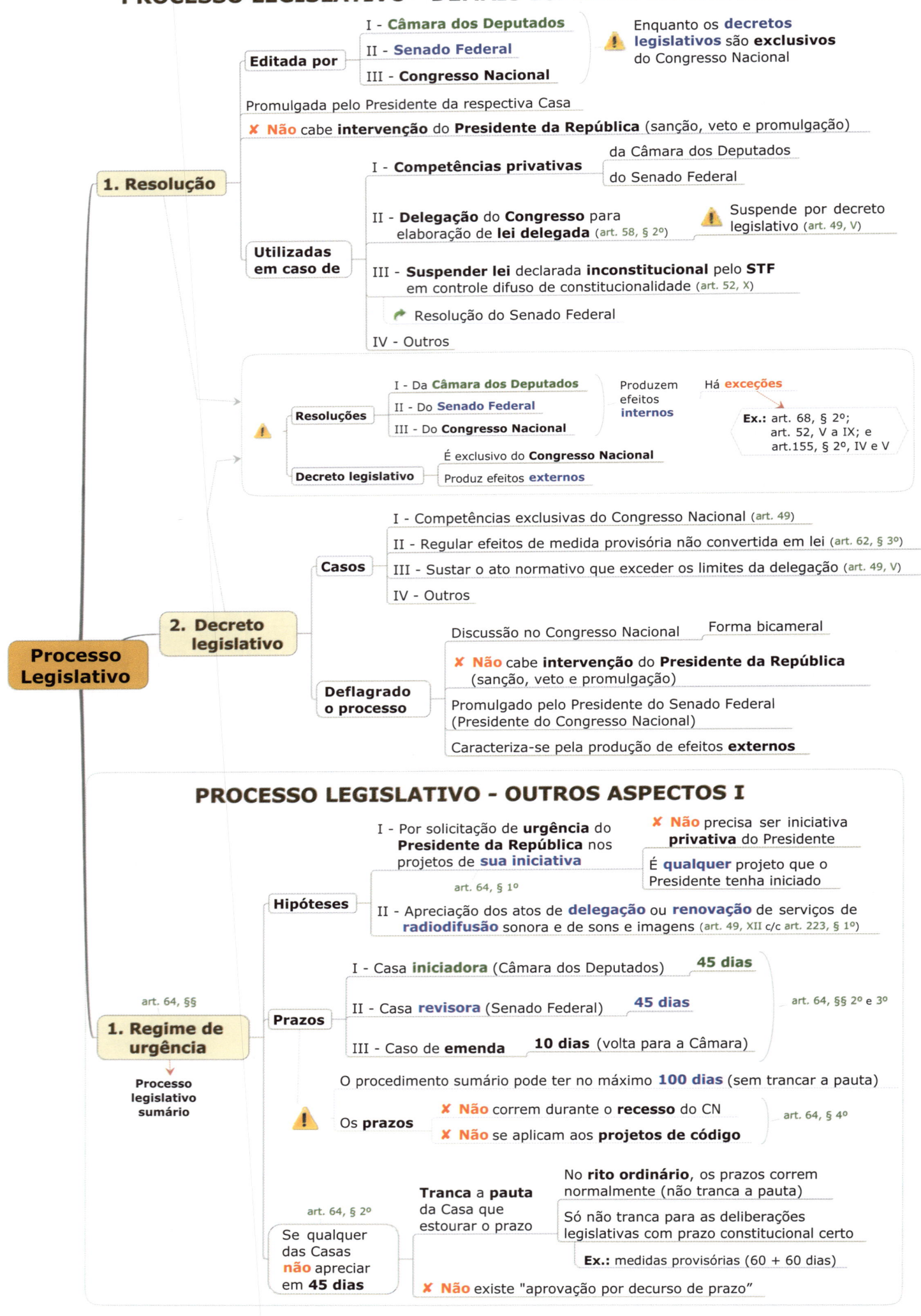

Processo Legislativo

1. Resolução

Editada por
- I - **Câmara dos Deputados**
- II - **Senado Federal**
- III - **Congresso Nacional**

⚠ Enquanto os **decretos legislativos** são **exclusivos** do Congresso Nacional

Promulgada pelo Presidente da respectiva Casa

✗ **Não** cabe **intervenção** do **Presidente da República** (sanção, veto e promulgação)

Utilizadas em caso de
- I - **Competências privativas**
  - da Câmara dos Deputados
  - do Senado Federal
- II - **Delegação** do **Congresso** para elaboração de **lei delegada** (art. 58, § 2º) — ⚠ Suspende por decreto legislativo (art. 49, V)
- III - **Suspender lei** declarada **inconstitucional** pelo **STF** em controle difuso de constitucionalidade (art. 52, X)
  - ↱ Resolução do Senado Federal
- IV - Outros

⚠ **Resoluções**
- I - Da **Câmara dos Deputados**
- II - Do **Senado Federal**
- III - Do **Congresso Nacional**

Produzem efeitos **internos**

Há **exceções**
Ex.: art. 68, § 2º; art. 52, V a IX; e art.155, § 2º, IV e V

Decreto legislativo
- É exclusivo do **Congresso Nacional**
- Produz efeitos **externos**

2. Decreto legislativo

Casos
- I - Competências exclusivas do Congresso Nacional (art. 49)
- II - Regular efeitos de medida provisória não convertida em lei (art. 62, § 3º)
- III - Sustar o ato normativo que exceder os limites da delegação (art. 49, V)
- IV - Outros

Deflagrado o processo
- Discussão no Congresso Nacional — Forma bicameral
- ✗ **Não** cabe **intervenção** do **Presidente da República** (sanção, veto e promulgação)
- Promulgado pelo Presidente do Senado Federal (Presidente do Congresso Nacional)
- Caracteriza-se pela produção de efeitos **externos**

PROCESSO LEGISLATIVO – OUTROS ASPECTOS I

1. Regime de urgência
art. 64, §§
→ Processo legislativo sumário

Hipóteses
- I - Por solicitação de **urgência** do **Presidente da República** nos projetos de **sua iniciativa** — art. 64, § 1º
  - ✗ **Não** precisa ser iniciativa **privativa** do Presidente
  - É **qualquer** projeto que o Presidente tenha iniciado
- II - Apreciação dos atos de **delegação** ou **renovação** de serviços de **radiodifusão** sonora e de sons e imagens (art. 49, XII c/c art. 223, § 1º)

Prazos
- I - Casa **iniciadora** (Câmara dos Deputados) **45 dias**
- II - Casa **revisora** (Senado Federal) **45 dias**
- III - Caso de **emenda** **10 dias** (volta para a Câmara)

art. 64, §§ 2º e 3º

O procedimento sumário pode ter no máximo **100 dias** (sem trancar a pauta)

⚠ Os **prazos**
- ✗ **Não** correm durante o **recesso** do CN
- ✗ **Não** se aplicam aos **projetos de código**

art. 64, § 4º

art. 64, § 2º
Se qualquer das Casas **não** apreciar em **45 dias**

Tranca a **pauta** da Casa que estourar o prazo
- No **rito ordinário**, os prazos correm normalmente (não tranca a pauta)
- Só não tranca para as deliberações legislativas com prazo constitucional certo
  - **Ex.:** medidas provisórias (60 + 60 dias)

✗ **Não** existe "aprovação por decurso de prazo"

PROCESSO LEGISLATIVO - OUTROS ASPECTOS II

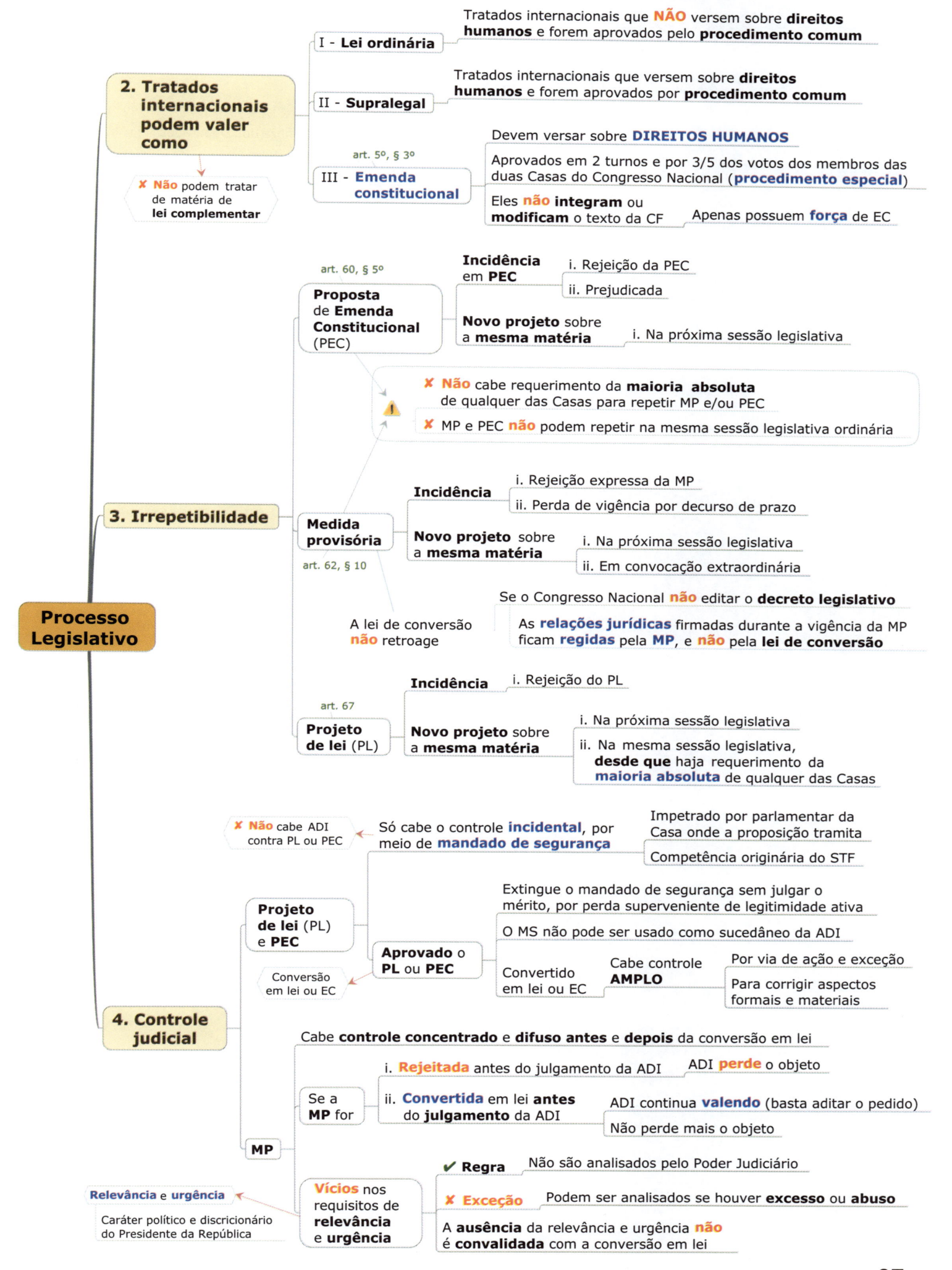

2. Tratados internacionais podem valer como

✗ **Não** podem tratar de matéria de **lei complementar**

I - Lei ordinária
Tratados internacionais que **NÃO** versem sobre **direitos humanos** e forem aprovados pelo **procedimento comum**

II - Supralegal
Tratados internacionais que versem sobre **direitos humanos** e forem aprovados por **procedimento comum**

art. 5º, § 3º
III - Emenda constitucional
Devem versar sobre **DIREITOS HUMANOS**
Aprovados em 2 turnos e por 3/5 dos votos dos membros das duas Casas do Congresso Nacional (**procedimento especial**)
Eles **não** integram ou **modificam** o texto da CF — Apenas possuem **força** de EC

Processo Legislativo

3. Irrepetibilidade

art. 60, § 5º
Proposta de Emenda Constitucional (PEC)
- **Incidência em PEC**
  - i. Rejeição da PEC
  - ii. Prejudicada
- **Novo projeto** sobre a **mesma matéria**
  - i. Na próxima sessão legislativa

⚠ ✗ **Não** cabe requerimento da **maioria absoluta** de qualquer das Casas para repetir MP e/ou PEC
✗ MP e PEC **não** podem repetir na mesma sessão legislativa ordinária

Medida provisória
art. 62, § 10
- **Incidência**
  - i. Rejeição expressa da MP
  - ii. Perda de vigência por decurso de prazo
- **Novo projeto** sobre a **mesma matéria**
  - i. Na próxima sessão legislativa
  - ii. Em convocação extraordinária

A lei de conversão **não** retroage
Se o Congresso Nacional **não** editar o **decreto legislativo**
As **relações jurídicas** firmadas durante a vigência da MP ficam **regidas** pela **MP**, e **não** pela **lei de conversão**

art. 67
Projeto de lei (PL)
- **Incidência**
  - i. Rejeição do PL
- **Novo projeto** sobre a **mesma matéria**
  - i. Na próxima sessão legislativa
  - ii. Na mesma sessão legislativa, **desde que** haja requerimento da **maioria absoluta** de qualquer das Casas

4. Controle judicial

✗ **Não** cabe ADI contra PL ou PEC
Só cabe o controle **incidental**, por meio de **mandado de segurança**
Impetrado por parlamentar da Casa onde a proposição tramita
Competência originária do STF

Projeto de lei (PL) e PEC

Aprovado o **PL ou PEC**
- Extingue o mandado de segurança sem julgar o mérito, por perda superveniente de legitimidade ativa
- O MS não pode ser usado como sucedâneo da ADI
- **Convertido em lei ou EC**
  - Cabe controle **AMPLO**
    - Por via de ação e exceção
    - Para corrigir aspectos formais e materiais

Conversão em lei ou EC

MP
Cabe **controle concentrado** e **difuso antes** e **depois** da conversão em lei
Se a MP for
- i. **Rejeitada** antes do julgamento da ADI — ADI **perde** o objeto
- ii. **Convertida** em lei **antes** do **julgamento** da ADI
  - ADI continua **valendo** (basta aditar o pedido)
  - Não perde mais o objeto

Vícios nos requisitos de **relevância** e **urgência**
- ✔ **Regra** — Não são analisados pelo Poder Judiciário
- ✗ **Exceção** — Podem ser analisados se houver **excesso** ou **abuso**
- A **ausência** da relevância e urgência **não** é **convalidada** com a conversão em lei

Relevância e **urgência**
Caráter político e discricionário do Presidente da República

Capítulo 7

Poder Executivo

PODER EXECUTIVO I

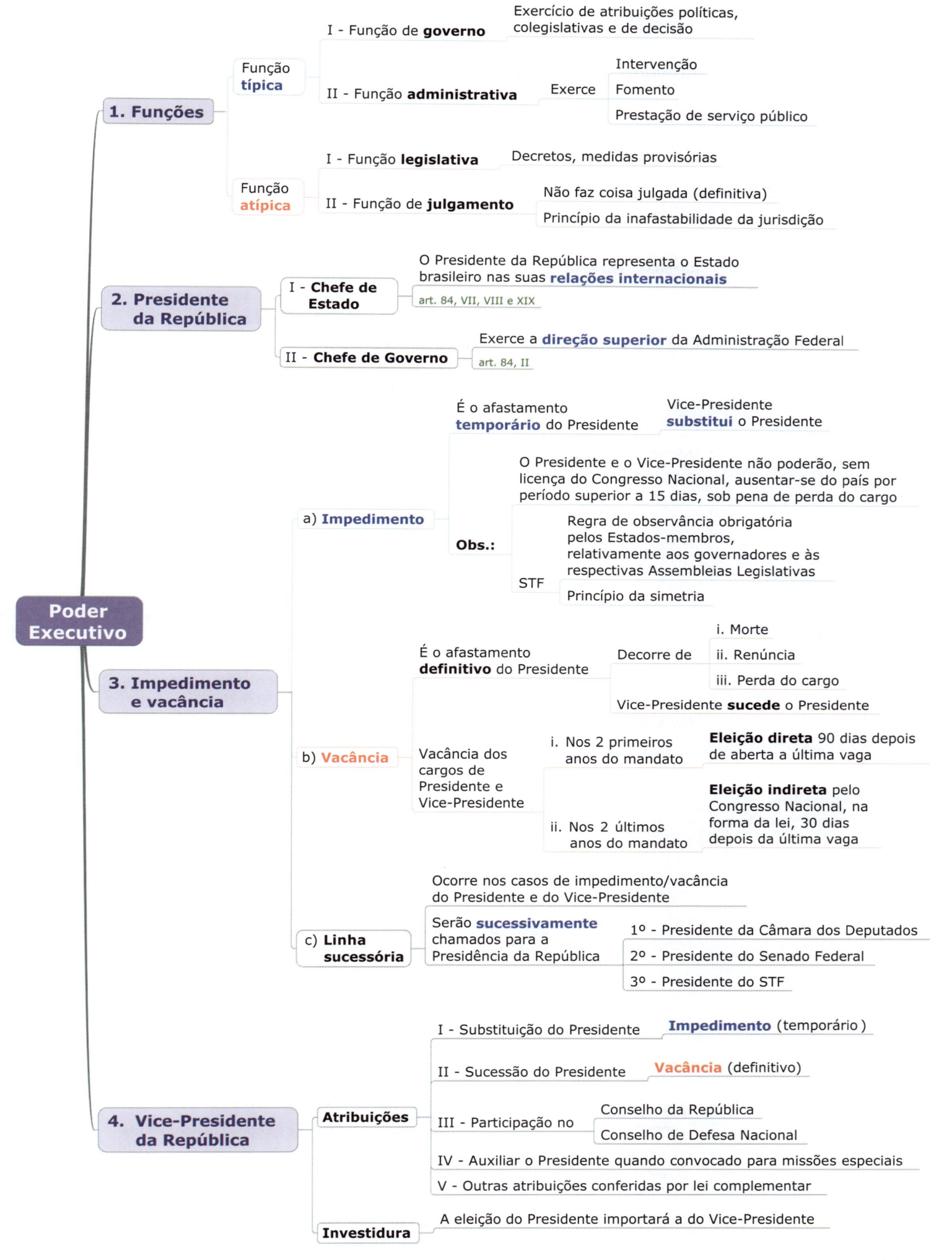

Poder Executivo

1. Funções

- **Função típica**
  - I - Função de **governo** — Exercício de atribuições políticas, colegislativas e de decisão
  - II - Função **administrativa** — Exerce:
    - Intervenção
    - Fomento
    - Prestação de serviço público
- **Função atípica**
  - I - Função **legislativa** — Decretos, medidas provisórias
  - II - Função de **julgamento**
    - Não faz coisa julgada (definitiva)
    - Princípio da inafastabilidade da jurisdição

2. Presidente da República

- I - **Chefe de Estado** — O Presidente da República representa o Estado brasileiro nas suas **relações internacionais** — art. 84, VII, VIII e XIX
- II - **Chefe de Governo** — Exerce a **direção superior** da Administração Federal — art. 84, II

3. Impedimento e vacância

- a) **Impedimento** — É o afastamento **temporário** do Presidente — Vice-Presidente **substitui** o Presidente
  - O Presidente e o Vice-Presidente não poderão, sem licença do Congresso Nacional, ausentar-se do país por período superior a 15 dias, sob pena de perda do cargo
  - **Obs.:**
    - STF — Regra de observância obrigatória pelos Estados-membros, relativamente aos governadores e às respectivas Assembleias Legislativas
    - Princípio da simetria
- b) **Vacância** — É o afastamento **definitivo** do Presidente
  - Decorre de:
    - i. Morte
    - ii. Renúncia
    - iii. Perda do cargo
  - Vice-Presidente **sucede** o Presidente
  - Vacância dos cargos de Presidente e Vice-Presidente:
    - i. Nos 2 primeiros anos do mandato — **Eleição direta** 90 dias depois de aberta a última vaga
    - ii. Nos 2 últimos anos do mandato — **Eleição indireta** pelo Congresso Nacional, na forma da lei, 30 dias depois da última vaga
- c) **Linha sucessória** — Ocorre nos casos de impedimento/vacância do Presidente e do Vice-Presidente
  - Serão **sucessivamente** chamados para a Presidência da República:
    - 1º - Presidente da Câmara dos Deputados
    - 2º - Presidente do Senado Federal
    - 3º - Presidente do STF

4. Vice-Presidente da República

- **Atribuições**
  - I - Substituição do Presidente — **Impedimento** (temporário)
  - II - Sucessão do Presidente — **Vacância** (definitivo)
  - III - Participação no:
    - Conselho da República
    - Conselho de Defesa Nacional
  - IV - Auxiliar o Presidente quando convocado para missões especiais
  - V - Outras atribuições conferidas por lei complementar
- **Investidura** — A eleição do Presidente importará a do Vice-Presidente

PODER EXECUTIVO II

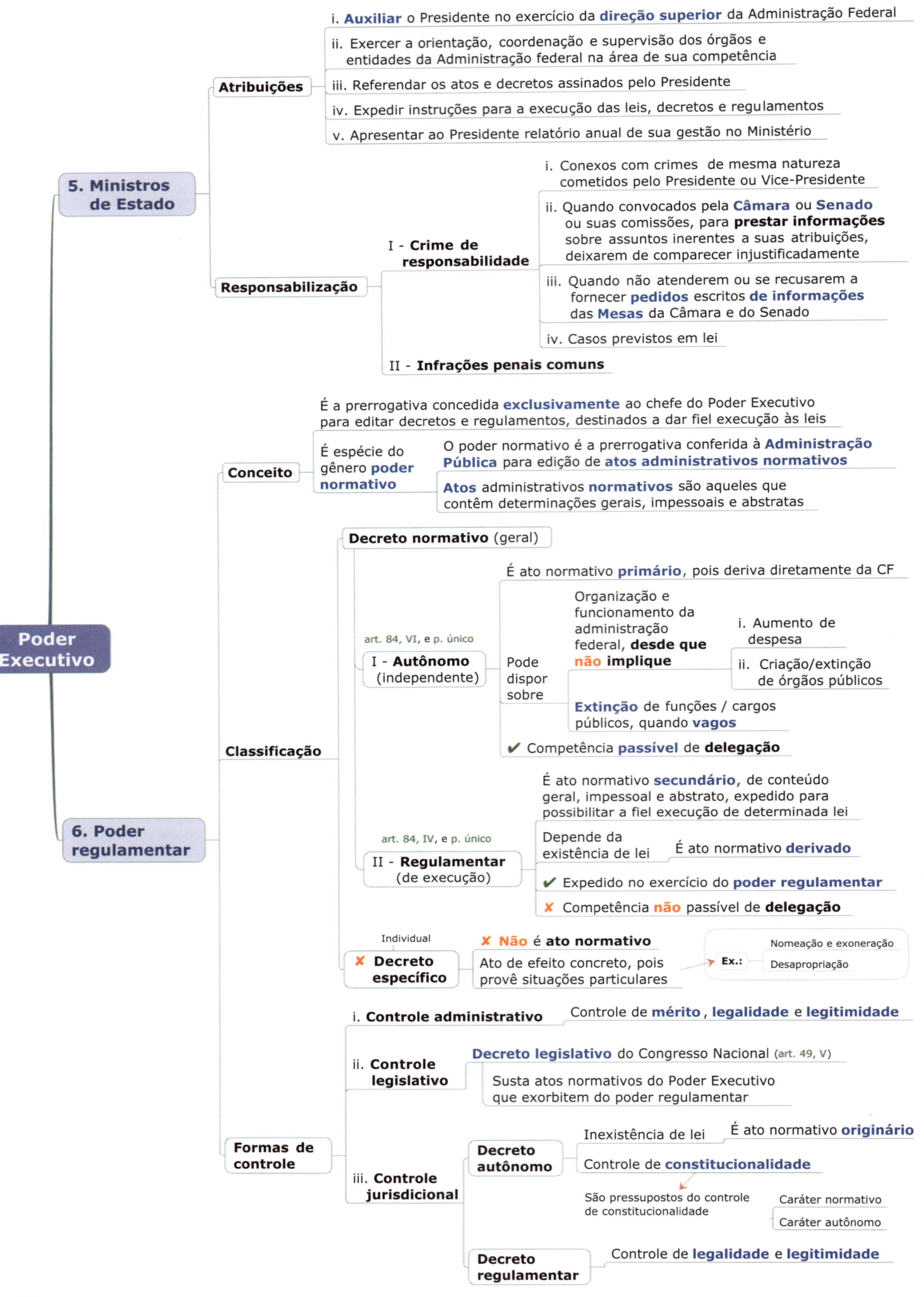

Poder Executivo

5. Ministros de Estado

Atribuições

i. **Auxiliar** o Presidente no exercício da **direção superior** da Administração Federal

ii. Exercer a orientação, coordenação e supervisão dos órgãos e entidades da Administração federal na área de sua competência

iii. Referendar os atos e decretos assinados pelo Presidente

iv. Expedir instruções para a execução das leis, decretos e regulamentos

v. Apresentar ao Presidente relatório anual de sua gestão no Ministério

Responsabilização

I - Crime de responsabilidade

i. Conexos com crimes de mesma natureza cometidos pelo Presidente ou Vice-Presidente

ii. Quando convocados pela **Câmara** ou **Senado** ou suas comissões, para **prestar informações** sobre assuntos inerentes a suas atribuições, deixarem de comparecer injustificadamente

iii. Quando não atenderem ou se recusarem a fornecer **pedidos** escritos **de informações** das **Mesas** da Câmara e do Senado

iv. Casos previstos em lei

II - Infrações penais comuns

6. Poder regulamentar

Conceito

É a prerrogativa concedida **exclusivamente** ao chefe do Poder Executivo para editar decretos e regulamentos, destinados a dar fiel execução às leis

É espécie do gênero **poder normativo**

O poder normativo é a prerrogativa conferida à **Administração Pública** para edição de **atos administrativos normativos**

Atos administrativos **normativos** são aqueles que contêm determinações gerais, impessoais e abstratas

Classificação

Decreto normativo (geral)

I - Autônomo (independente) — art. 84, VI, e p. único

É ato normativo **primário**, pois deriva diretamente da CF

Pode dispor sobre:
- Organização e funcionamento da administração federal, **desde que não** implique
  - i. Aumento de despesa
  - ii. Criação/extinção de órgãos públicos
- **Extinção** de funções / cargos públicos, quando **vagos**

✔ Competência **passível** de **delegação**

II - Regulamentar (de execução) — art. 84, IV, e p. único

É ato normativo **secundário,** de conteúdo geral, impessoal e abstrato, expedido para possibilitar a fiel execução de determinada lei

Depende da existência de lei — É ato normativo **derivado**

✔ Expedido no exercício do **poder regulamentar**

✗ Competência **não** passível de **delegação**

Individual

✗ **Decreto específico**

✗ **Não** é **ato normativo**

Ato de efeito concreto, pois provê situações particulares

Ex.: Nomeação e exoneração / Desapropriação

Formas de controle

i. **Controle administrativo** — Controle de **mérito**, **legalidade** e **legitimidade**

ii. **Controle legislativo**

Decreto legislativo do Congresso Nacional (art. 49, V)

Susta atos normativos do Poder Executivo que exorbitem do poder regulamentar

iii. **Controle jurisdicional**

Decreto autônomo

Inexistência de lei — É ato normativo **originário**

Controle de **constitucionalidade**

São pressupostos do controle de constitucionalidade:
- Caráter normativo
- Caráter autônomo

Decreto regulamentar — Controle de **legalidade** e **legitimidade**

ATRIBUIÇÕES DO PRESIDENTE DA REPÚBLICA

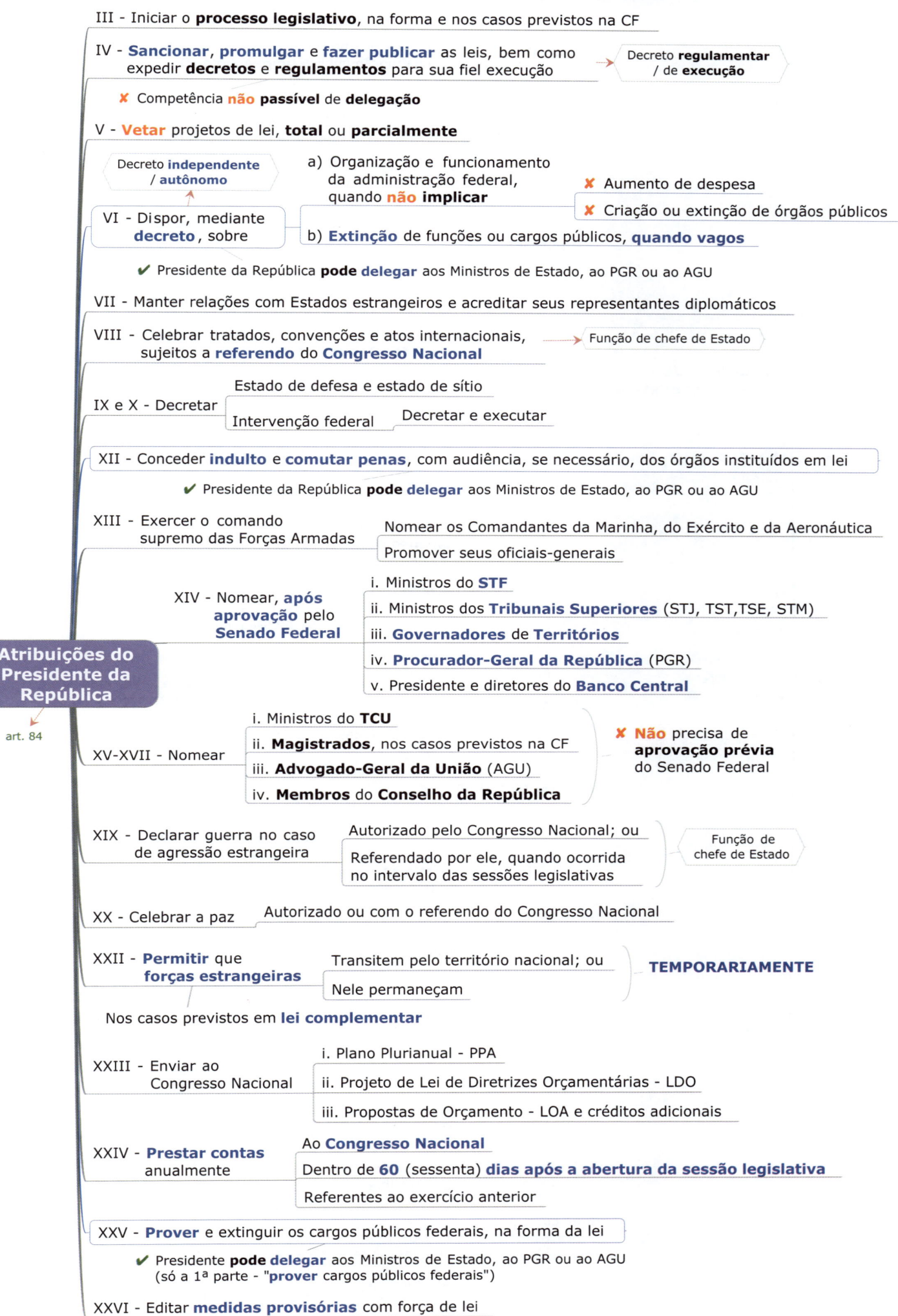

III - Iniciar o **processo legislativo**, na forma e nos casos previstos na CF

IV - **Sancionar**, **promulgar** e **fazer publicar** as leis, bem como expedir **decretos** e **regulamentos** para sua fiel execução → Decreto **regulamentar** / de **execução**

✘ Competência **não** passível de **delegação**

V - **Vetar** projetos de lei, **total** ou **parcialmente**

Decreto **independente** / **autônomo**

VI - Dispor, mediante **decreto**, sobre

a) Organização e funcionamento da administração federal, quando **não** implicar
  ✘ Aumento de despesa
  ✘ Criação ou extinção de órgãos públicos

b) **Extinção** de funções ou cargos públicos, **quando vagos**

✔ Presidente da República **pode delegar** aos Ministros de Estado, ao PGR ou ao AGU

VII - Manter relações com Estados estrangeiros e acreditar seus representantes diplomáticos

VIII - Celebrar tratados, convenções e atos internacionais, sujeitos a **referendo** do **Congresso Nacional** ⟶ Função de chefe de Estado

IX e X - Decretar

Estado de defesa e estado de sítio

Intervenção federal — Decretar e executar

XII - Conceder **indulto** e **comutar penas**, com audiência, se necessário, dos órgãos instituídos em lei

✔ Presidente da República **pode delegar** aos Ministros de Estado, ao PGR ou ao AGU

XIII - Exercer o comando supremo das Forças Armadas
  Nomear os Comandantes da Marinha, do Exército e da Aeronáutica
  Promover seus oficiais-generais

XIV - Nomear, **após aprovação** pelo **Senado Federal**
  i. Ministros do **STF**
  ii. Ministros dos **Tribunais Superiores** (STJ, TST, TSE, STM)
  iii. **Governadores** de **Territórios**
  iv. **Procurador-Geral da República** (PGR)
  v. Presidente e diretores do **Banco Central**

Atribuições do Presidente da República

art. 84

XV-XVII - Nomear
  i. Ministros do **TCU**
  ii. **Magistrados**, nos casos previstos na CF
  iii. **Advogado-Geral da União** (AGU)
  iv. **Membros** do **Conselho da República**
  ✘ **Não** precisa de **aprovação prévia** do Senado Federal

XIX - Declarar guerra no caso de agressão estrangeira
  Autorizado pelo Congresso Nacional; ou
  Referendado por ele, quando ocorrida no intervalo das sessões legislativas
  Função de chefe de Estado

XX - Celebrar a paz   Autorizado ou com o referendo do Congresso Nacional

XXII - **Permitir** que **forças estrangeiras**
  Transitem pelo território nacional; ou
  Nele permaneçam
  TEMPORARIAMENTE

Nos casos previstos em **lei complementar**

XXIII - Enviar ao Congresso Nacional
  i. Plano Plurianual - PPA
  ii. Projeto de Lei de Diretrizes Orçamentárias - LDO
  iii. Propostas de Orçamento - LOA e créditos adicionais

XXIV - **Prestar contas** anualmente
  Ao **Congresso Nacional**
  Dentro de **60** (sessenta) **dias após a abertura da sessão legislativa**
  Referentes ao exercício anterior

XXV - **Prover** e extinguir os cargos públicos federais, na forma da lei

✔ Presidente **pode delegar** aos Ministros de Estado, ao PGR ou ao AGU (só a 1ª parte - "**prover** cargos públicos federais")

XXVI - Editar **medidas provisórias** com força de lei

RESPONSABILIZAÇÃO DO PRESIDENTE DA REPÚBLICA

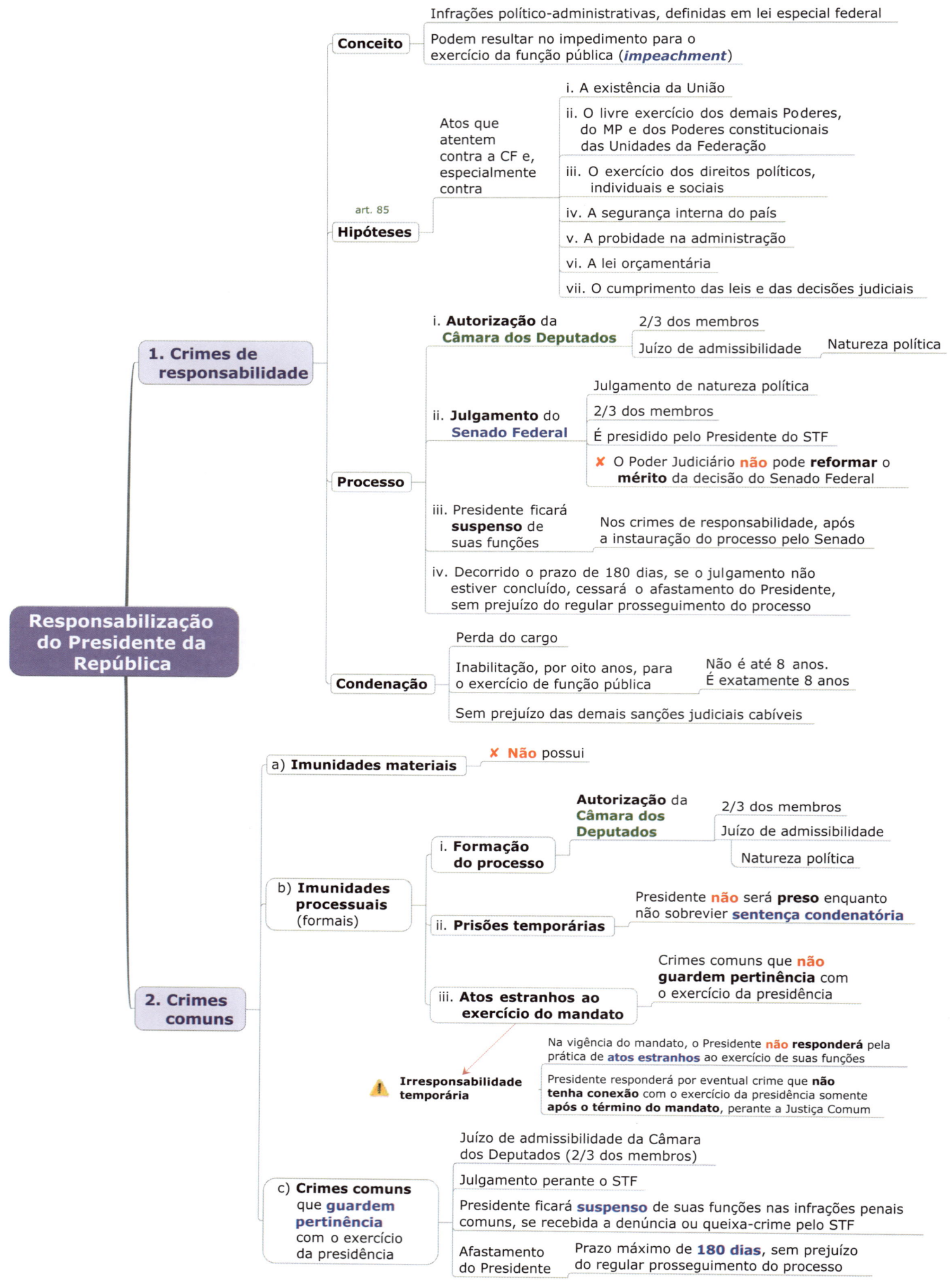

Responsabilização do Presidente da República

1. Crimes de responsabilidade

Conceito
- Infrações político-administrativas, definidas em lei especial federal
- Podem resultar no impedimento para o exercício da função pública (*impeachment*)

Hipóteses (art. 85)
- Atos que atentem contra a CF e, especialmente contra
  - i. A existência da União
  - ii. O livre exercício dos demais Poderes, do MP e dos Poderes constitucionais das Unidades da Federação
  - iii. O exercício dos direitos políticos, individuais e sociais
  - iv. A segurança interna do país
  - v. A probidade na administração
  - vi. A lei orçamentária
  - vii. O cumprimento das leis e das decisões judiciais

Processo
- i. **Autorização** da **Câmara dos Deputados**
  - 2/3 dos membros
  - Juízo de admissibilidade — Natureza política
- ii. **Julgamento** do **Senado Federal**
  - Julgamento de natureza política
  - 2/3 dos membros
  - É presidido pelo Presidente do STF
  - ✗ O Poder Judiciário **não** pode **reformar** o **mérito** da decisão do Senado Federal
- iii. Presidente ficará **suspenso** de suas funções — Nos crimes de responsabilidade, após a instauração do processo pelo Senado
- iv. Decorrido o prazo de 180 dias, se o julgamento não estiver concluído, cessará o afastamento do Presidente, sem prejuízo do regular prosseguimento do processo

Condenação
- Perda do cargo
- Inabilitação, por oito anos, para o exercício de função pública — Não é até 8 anos. É exatamente 8 anos
- Sem prejuízo das demais sanções judiciais cabíveis

2. Crimes comuns

a) Imunidades materiais — ✗ **Não** possui

b) Imunidades processuais (formais)
- i. **Formação do processo**
  - **Autorização** da **Câmara dos Deputados**
    - 2/3 dos membros
    - Juízo de admissibilidade
    - Natureza política
- ii. **Prisões temporárias** — Presidente **não** será **preso** enquanto não sobrevier **sentença condenatória**
- iii. **Atos estranhos ao exercício do mandato** — Crimes comuns que **não** **guardem pertinência** com o exercício da presidência
  - ⚠ **Irresponsabilidade temporária**
    - Na vigência do mandato, o Presidente **não responderá** pela prática de **atos estranhos** ao exercício de suas funções
    - Presidente responderá por eventual crime que **não tenha conexão** com o exercício da presidência somente **após o término do mandato**, perante a Justiça Comum

c) Crimes comuns que **guardem pertinência** com o exercício da presidência
- Juízo de admissibilidade da Câmara dos Deputados (2/3 dos membros)
- Julgamento perante o STF
- Presidente ficará **suspenso** de suas funções nas infrações penais comuns, se recebida a denúncia ou queixa-crime pelo STF
- Afastamento do Presidente — Prazo máximo de **180 dias**, sem prejuízo do regular prosseguimento do processo

Capítulo 8

PoderJudiciário

PODER JUDICIÁRIO - DISPOSIÇÕES GERAIS I

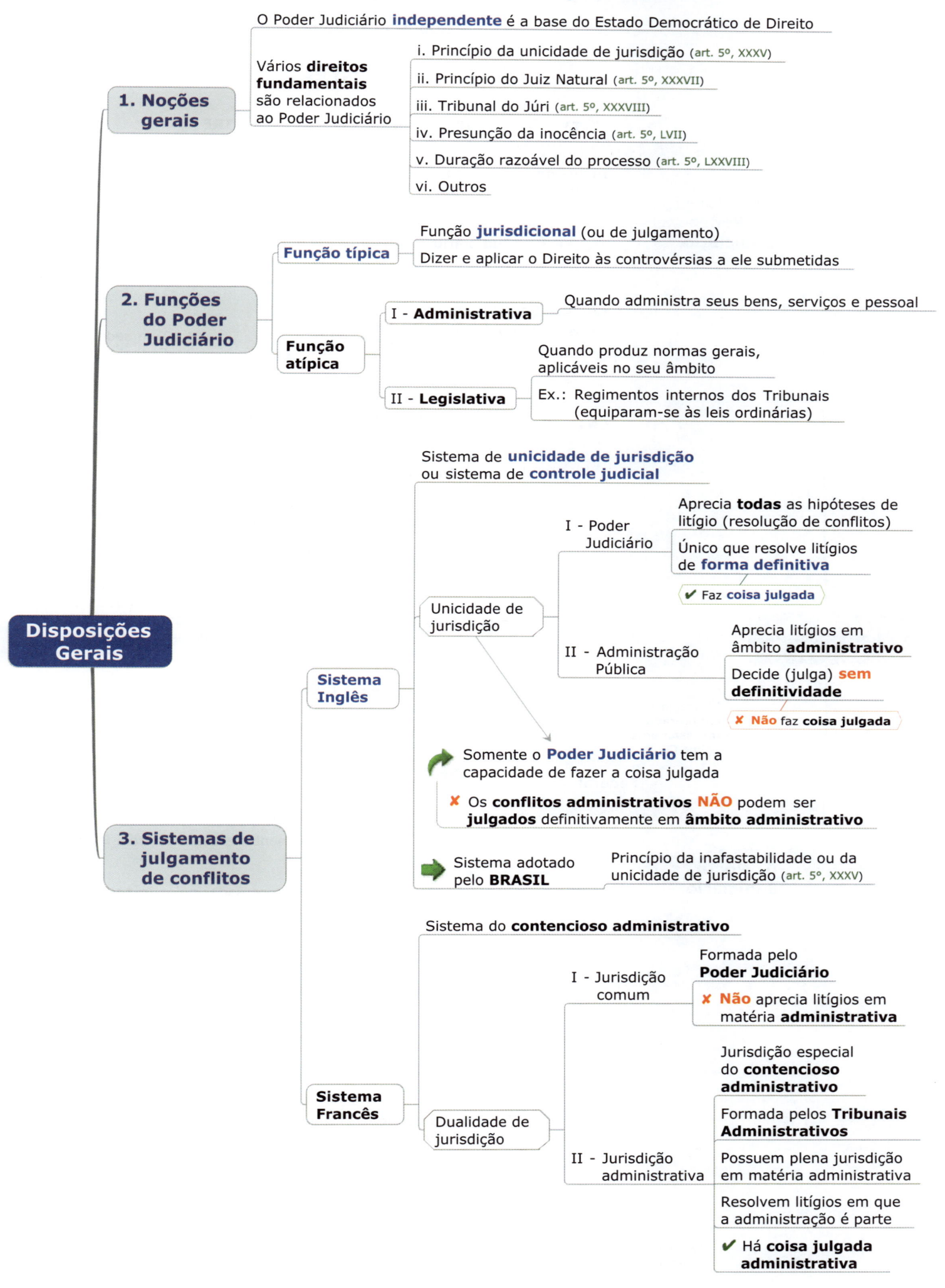

Disposições Gerais

1. Noções gerais

O Poder Judiciário **independente** é a base do Estado Democrático de Direito

Vários **direitos fundamentais** são relacionados ao Poder Judiciário
- i. Princípio da unicidade de jurisdição (art. 5º, XXXV)
- ii. Princípio do Juiz Natural (art. 5º, XXXVII)
- iii. Tribunal do Júri (art. 5º, XXXVIII)
- iv. Presunção da inocência (art. 5º, LVII)
- v. Duração razoável do processo (art. 5º, LXXVIII)
- vi. Outros

2. Funções do Poder Judiciário

Função típica
- Função **jurisdicional** (ou de julgamento)
- Dizer e aplicar o Direito às controvérsias a ele submetidas

Função atípica
- I - **Administrativa** — Quando administra seus bens, serviços e pessoal
- II - **Legislativa** — Quando produz normas gerais, aplicáveis no seu âmbito — Ex.: Regimentos internos dos Tribunais (equiparam-se às leis ordinárias)

3. Sistemas de julgamento de conflitos

Sistema Inglês

Sistema de **unicidade de jurisdição** ou sistema de **controle judicial**

Unicidade de jurisdição
- I - Poder Judiciário
  - Aprecia **todas** as hipóteses de litígio (resolução de conflitos)
  - Único que resolve litígios de **forma definitiva**
    - ✔ Faz **coisa julgada**
- II - Administração Pública
  - Aprecia litígios em âmbito **administrativo**
  - Decide (julga) **sem definitividade**
    - ✘ **Não** faz **coisa julgada**

➔ Somente o **Poder Judiciário** tem a capacidade de fazer a coisa julgada
- ✘ Os **conflitos administrativos NÃO** podem ser **julgados** definitivamente em **âmbito administrativo**

➔ Sistema adotado pelo **BRASIL** — Princípio da inafastabilidade ou da unicidade de jurisdição (art. 5º, XXXV)

Sistema Francês

Sistema do **contencioso administrativo**

- I - Jurisdição comum
  - Formada pelo **Poder Judiciário**
  - ✘ **Não** aprecia litígios em matéria **administrativa**

Dualidade de jurisdição
- II - Jurisdição administrativa
  - Jurisdição especial do **contencioso administrativo**
  - Formada pelos **Tribunais Administrativos**
  - Possuem plena jurisdição em matéria administrativa
  - Resolvem litígios em que a administração é parte
  - ✔ Há **coisa julgada administrativa**

PODER JUDICIÁRIO - DISPOSIÇÕES GERAIS II

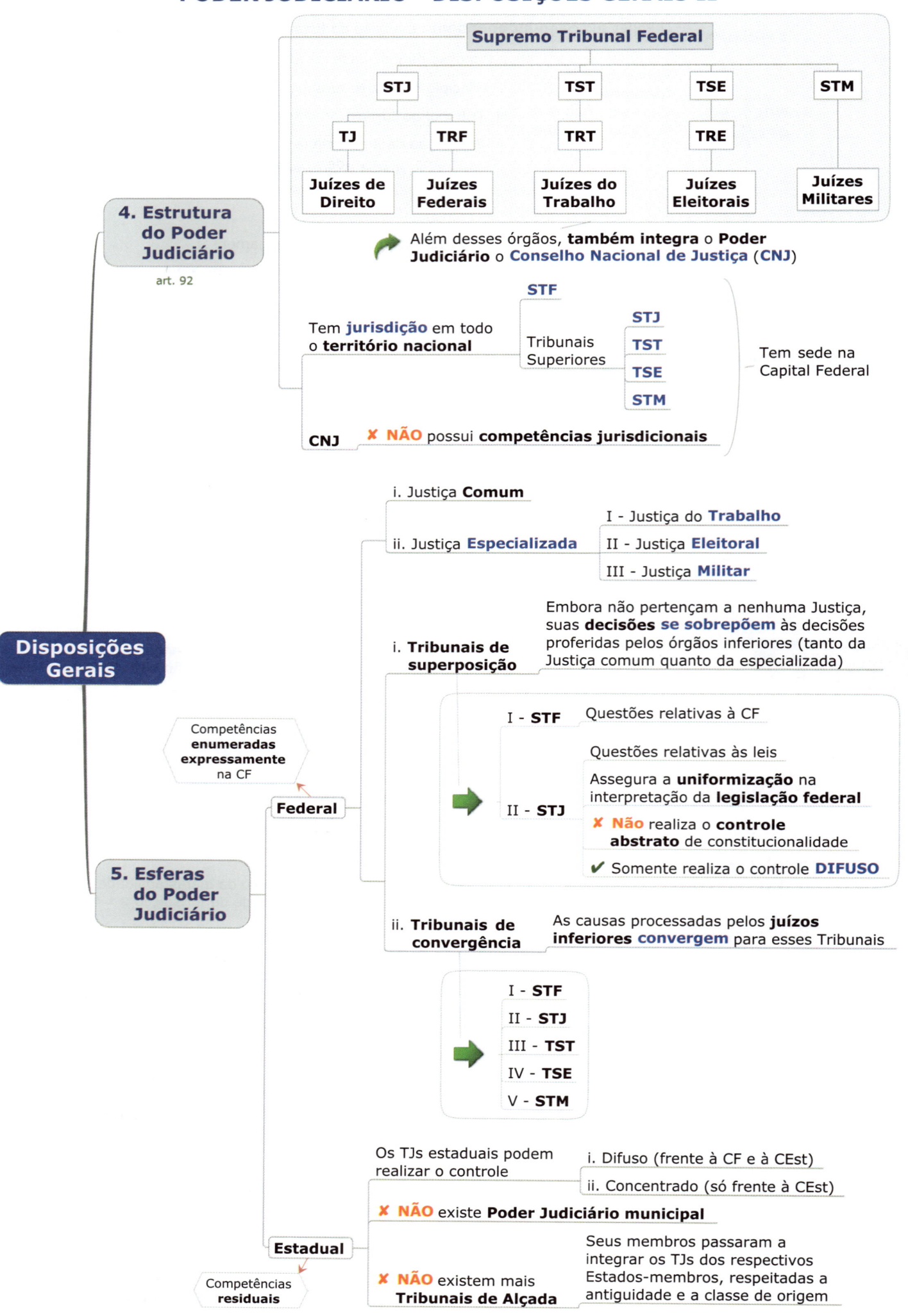

4. Estrutura do Poder Judiciário
art. 92

Supremo Tribunal Federal
- STJ
  - TJ — Juízes de Direito
  - TRF — Juízes Federais
- TST
  - TRT — Juízes do Trabalho
- TSE
  - TRE — Juízes Eleitorais
- STM — Juízes Militares

→ Além desses órgãos, **também integra** o **Poder Judiciário** o **Conselho Nacional de Justiça** (**CNJ**)

Tem **jurisdição** em todo o **território nacional**
- **STF**
- Tribunais Superiores
  - **STJ**
  - **TST**
  - **TSE**
  - **STM**

Tem sede na Capital Federal

CNJ ✗ **NÃO** possui **competências jurisdicionais**

Disposições Gerais

i. Justiça **Comum**

ii. Justiça **Especializada**
- I - Justiça do **Trabalho**
- II - Justiça **Eleitoral**
- III - Justiça **Militar**

Competências **enumeradas expressamente** na CF

Federal

i. **Tribunais de superposição** — Embora não pertençam a nenhuma Justiça, suas **decisões se sobrepõem** às decisões proferidas pelos órgãos inferiores (tanto da Justiça comum quanto da especializada)

→
- I - **STF** — Questões relativas à CF
- II - **STJ**
  - Questões relativas às leis
  - Assegura a **uniformização** na interpretação da **legislação federal**
  - ✗ **Não** realiza o **controle abstrato** de constitucionalidade
  - ✔ Somente realiza o controle **DIFUSO**

ii. **Tribunais de convergência** — As causas processadas pelos **juízos inferiores convergem** para esses Tribunais

→
- I - **STF**
- II - **STJ**
- III - **TST**
- IV - **TSE**
- V - **STM**

5. Esferas do Poder Judiciário

Os TJs estaduais podem realizar o controle
- i. Difuso (frente à CF e à CEst)
- ii. Concentrado (só frente à CEst)

✗ **NÃO** existe **Poder Judiciário municipal**

Estadual

✗ **NÃO** existem mais **Tribunais de Alçada** — Seus membros passaram a integrar os TJs dos respectivos Estados-membros, respeitadas a antiguidade e a classe de origem

Competências **residuais**

PODER JUDICIÁRIO - DISPOSIÇÕES GERAIS III

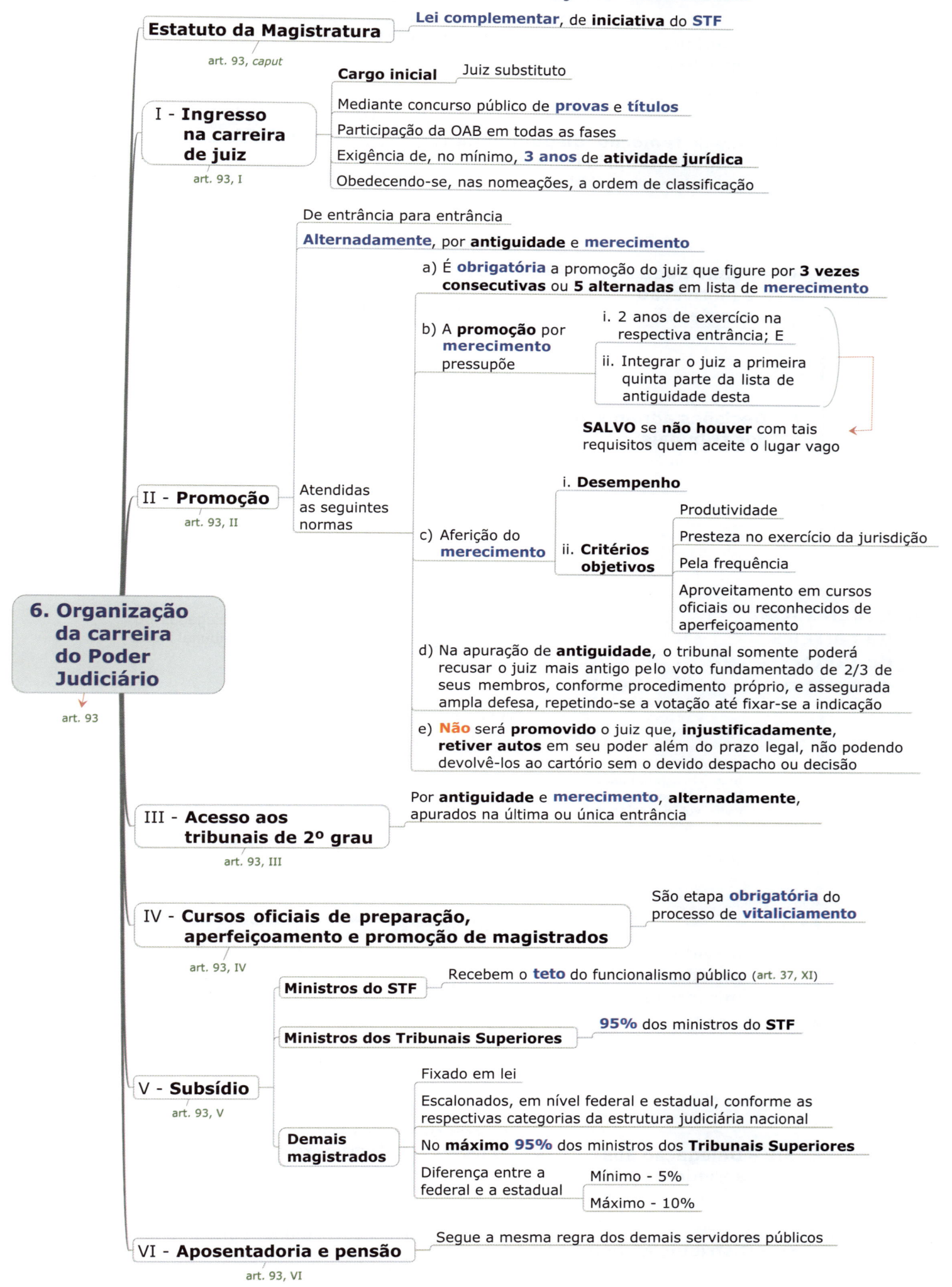

Estatuto da Magistratura
art. 93, *caput*
— **Lei complementar**, de **iniciativa** do **STF**

I - Ingresso na carreira de juiz
art. 93, I
- **Cargo inicial** — Juiz substituto
- Mediante concurso público de **provas** e **títulos**
- Participação da OAB em todas as fases
- Exigência de, no mínimo, **3 anos** de **atividade jurídica**
- Obedecendo-se, nas nomeações, a ordem de classificação

II - Promoção
art. 93, II
De entrância para entrância
Alternadamente, por **antiguidade** e **merecimento**

Atendidas as seguintes normas
- a) É **obrigatória** a promoção do juiz que figure por **3 vezes consecutivas** ou **5 alternadas** em lista de **merecimento**
- b) A **promoção** por **merecimento** pressupõe
  - i. 2 anos de exercício na respectiva entrância; E
  - ii. Integrar o juiz a primeira quinta parte da lista de antiguidade desta
  - **SALVO** se **não houver** com tais requisitos quem aceite o lugar vago
- c) Aferição do **merecimento**
  - i. **Desempenho**
  - ii. **Critérios objetivos**
    - Produtividade
    - Presteza no exercício da jurisdição
    - Pela frequência
    - Aproveitamento em cursos oficiais ou reconhecidos de aperfeiçoamento
- d) Na apuração de **antiguidade**, o tribunal somente poderá recusar o juiz mais antigo pelo voto fundamentado de 2/3 de seus membros, conforme procedimento próprio, e assegurada ampla defesa, repetindo-se a votação até fixar-se a indicação
- e) **Não** será **promovido** o juiz que, **injustificadamente**, **reter autos** em seu poder além do prazo legal, não podendo devolvê-los ao cartório sem o devido despacho ou decisão

6. Organização da carreira do Poder Judiciário
art. 93

III - Acesso aos tribunais de 2º grau
art. 93, III
— Por **antiguidade** e **merecimento**, **alternadamente**, apurados na última ou única entrância

IV - Cursos oficiais de preparação, aperfeiçoamento e promoção de magistrados
art. 93, IV
— São etapa **obrigatória** do processo de **vitaliciamento**

V - Subsídio
art. 93, V
- **Ministros do STF** — Recebem o **teto** do funcionalismo público (art. 37, XI)
- **Ministros dos Tribunais Superiores** — **95%** dos ministros do **STF**
- **Demais magistrados**
  - Fixado em lei
  - Escalonados, em nível federal e estadual, conforme as respectivas categorias da estrutura judiciária nacional
  - No **máximo 95%** dos ministros dos **Tribunais Superiores**
  - Diferença entre a federal e a estadual
    - Mínimo - 5%
    - Máximo - 10%

VI - Aposentadoria e pensão
art. 93, VI
— Segue a mesma regra dos demais servidores públicos

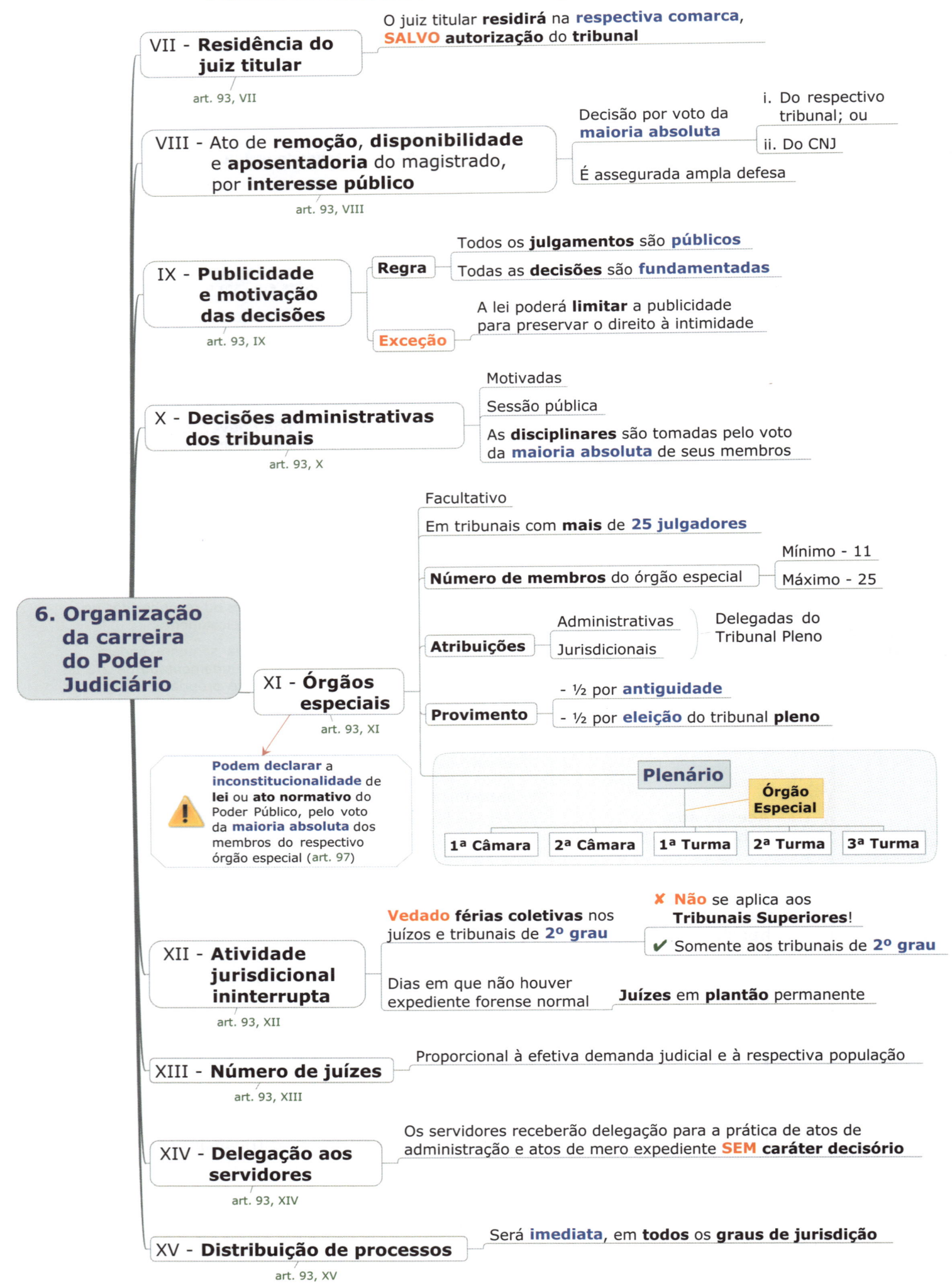

VII - Residência do juiz titular
art. 93, VII

O juiz titular **residirá** na **respectiva comarca**, **SALVO** autorização do **tribunal**

VIII - Ato de remoção, disponibilidade e aposentadoria do magistrado, por interesse público
art. 93, VIII

Decisão por voto da **maioria absoluta**

i. Do respectivo tribunal; ou
ii. Do CNJ

É assegurada ampla defesa

IX - Publicidade e motivação das decisões
art. 93, IX

Regra
Todos os **julgamentos** são **públicos**
Todas as **decisões** são **fundamentadas**

Exceção
A lei poderá **limitar** a publicidade para preservar o direito à intimidade

X - Decisões administrativas dos tribunais
art. 93, X

Motivadas
Sessão pública
As **disciplinares** são tomadas pelo voto da **maioria absoluta** de seus membros

6. Organização da carreira do Poder Judiciário

XI - Órgãos especiais
art. 93, XI

Facultativo
Em tribunais com **mais** de **25 julgadores**

Número de membros do órgão especial
Mínimo - 11
Máximo - 25

Atribuições
Administrativas
Jurisdicionais
Delegadas do Tribunal Pleno

Provimento
- ½ por **antiguidade**
- ½ por **eleição** do tribunal **pleno**

⚠ **Podem declarar** a **inconstitucionalidade** de **lei** ou **ato normativo** do Poder Público, pelo voto da **maioria absoluta** dos membros do respectivo órgão especial (art. 97)

Plenário
Órgão Especial
1ª Câmara | 2ª Câmara | 1ª Turma | 2ª Turma | 3ª Turma

XII - Atividade jurisdicional ininterrupta
art. 93, XII

Vedado férias coletivas nos juízos e tribunais de **2º grau**
✗ **Não** se aplica aos **Tribunais Superiores**!
✔ Somente aos tribunais de **2º grau**

Dias em que não houver expediente forense normal
Juízes em **plantão** permanente

XIII - Número de juízes
art. 93, XIII

Proporcional à efetiva demanda judicial e à respectiva população

XIV - Delegação aos servidores
art. 93, XIV

Os servidores receberão delegação para a prática de atos de administração e atos de mero expediente **SEM caráter decisório**

XV - Distribuição de processos
art. 93, XV

Será **imediata**, em **todos** os **graus de jurisdição**

PODER JUDICIÁRIO - DISPOSIÇÕES GERAIS V

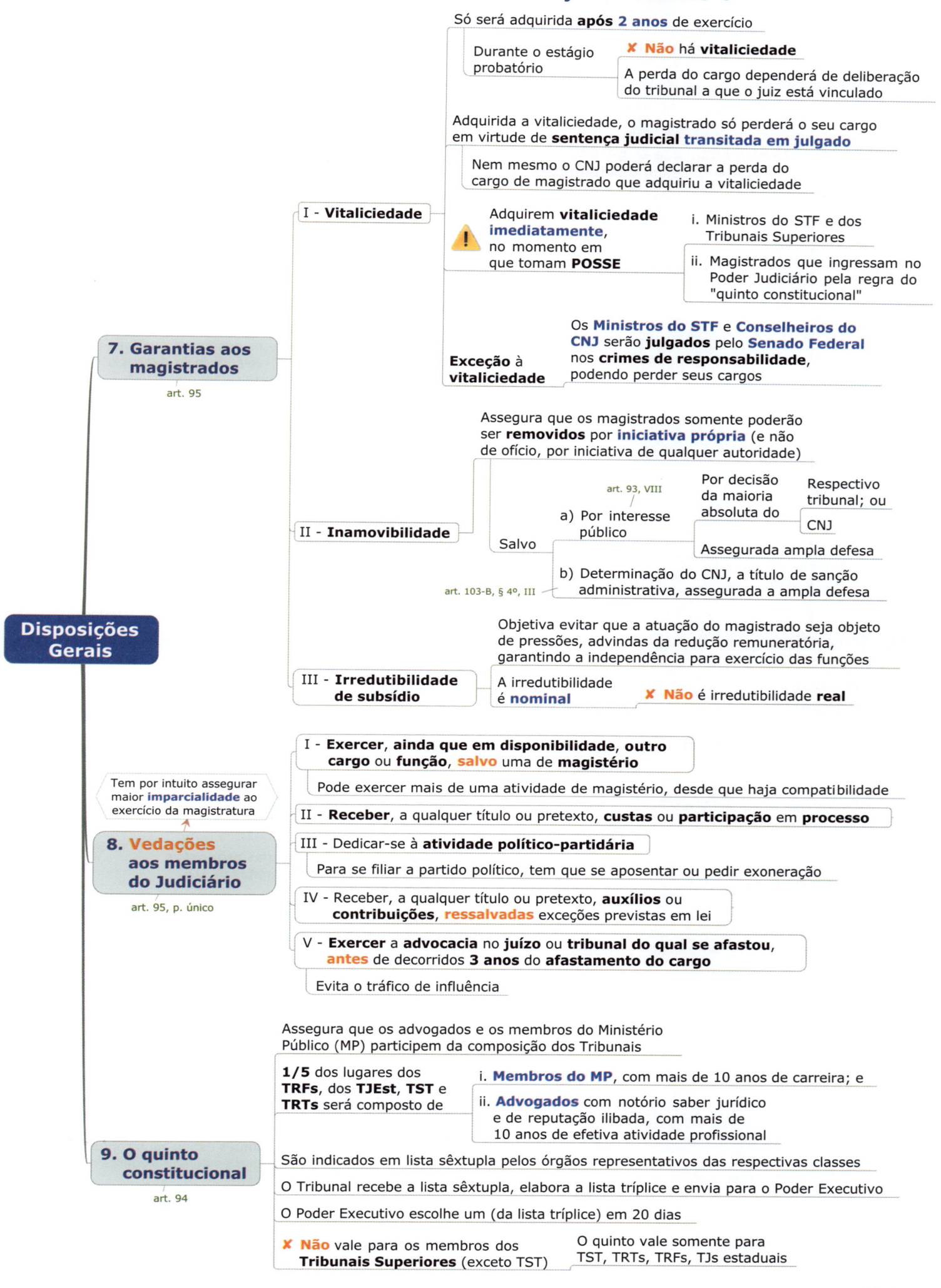

Disposições Gerais

7. Garantias aos magistrados
art. 95

I - Vitaliciedade
- Só será adquirida **após 2 anos** de exercício
  - Durante o estágio probatório
    - ✗ **Não** há **vitaliciedade**
    - A perda do cargo dependerá de deliberação do tribunal a que o juiz está vinculado
- Adquirida a vitaliciedade, o magistrado só perderá o seu cargo em virtude de **sentença judicial transitada em julgado**
  - Nem mesmo o CNJ poderá declarar a perda do cargo de magistrado que adquiriu a vitaliciedade
- ⚠ Adquirem **vitaliciedade imediatamente**, no momento em que tomam **POSSE**
  - i. Ministros do STF e dos Tribunais Superiores
  - ii. Magistrados que ingressam no Poder Judiciário pela regra do "quinto constitucional"
- **Exceção** à **vitaliciedade**
  - Os **Ministros do STF** e **Conselheiros do CNJ** serão **julgados** pelo **Senado Federal** nos **crimes de responsabilidade**, podendo perder seus cargos

II - Inamovibilidade
- Assegura que os magistrados somente poderão ser **removidos** por **iniciativa própria** (e não de ofício, por iniciativa de qualquer autoridade)
- Salvo
  - a) Por interesse público — *art. 93, VIII*
    - Por decisão da maioria absoluta do
      - Respectivo tribunal; ou
      - CNJ
    - Assegurada ampla defesa
  - b) Determinação do CNJ, a título de sanção administrativa, assegurada a ampla defesa — *art. 103-B, § 4º, III*

III - Irredutibilidade de subsídio
- Objetiva evitar que a atuação do magistrado seja objeto de pressões, advindas da redução remuneratória, garantindo a independência para exercício das funções
- A irredutibilidade é **nominal** — ✗ **Não** é irredutibilidade **real**

8. Vedações aos membros do Judiciário
art. 95, p. único

Tem por intuito assegurar maior **imparcialidade** ao exercício da magistratura

- **I - Exercer, ainda que em disponibilidade, outro cargo** ou **função, salvo** uma de **magistério**
  - Pode exercer mais de uma atividade de magistério, desde que haja compatibilidade
- **II - Receber**, a qualquer título ou pretexto, **custas** ou **participação** em **processo**
- **III -** Dedicar-se à **atividade político-partidária**
  - Para se filiar a partido político, tem que se aposentar ou pedir exoneração
- **IV -** Receber, a qualquer título ou pretexto, **auxílios** ou **contribuições, ressalvadas** exceções previstas em lei
- **V - Exercer** a **advocacia** no **juízo** ou **tribunal do qual se afastou, antes** de decorridos **3 anos** do **afastamento do cargo**
  - Evita o tráfico de influência

9. O quinto constitucional
art. 94

- Assegura que os advogados e os membros do Ministério Público (MP) participem da composição dos Tribunais
- **1/5** dos lugares dos **TRFs**, dos **TJEst**, **TST** e **TRTs** será composto de
  - i. **Membros do MP**, com mais de 10 anos de carreira; e
  - ii. **Advogados** com notório saber jurídico e de reputação ilibada, com mais de 10 anos de efetiva atividade profissional
- São indicados em lista sêxtupla pelos órgãos representativos das respectivas classes
- O Tribunal recebe a lista sêxtupla, elabora a lista tríplice e envia para o Poder Executivo
- O Poder Executivo escolhe um (da lista tríplice) em 20 dias
- ✗ **Não** vale para os membros dos **Tribunais Superiores** (exceto TST)
  - O quinto vale somente para TST, TRTs, TRFs, TJs estaduais

PODER JUDICIÁRIO - DISPOSIÇÕES GERAIS VI

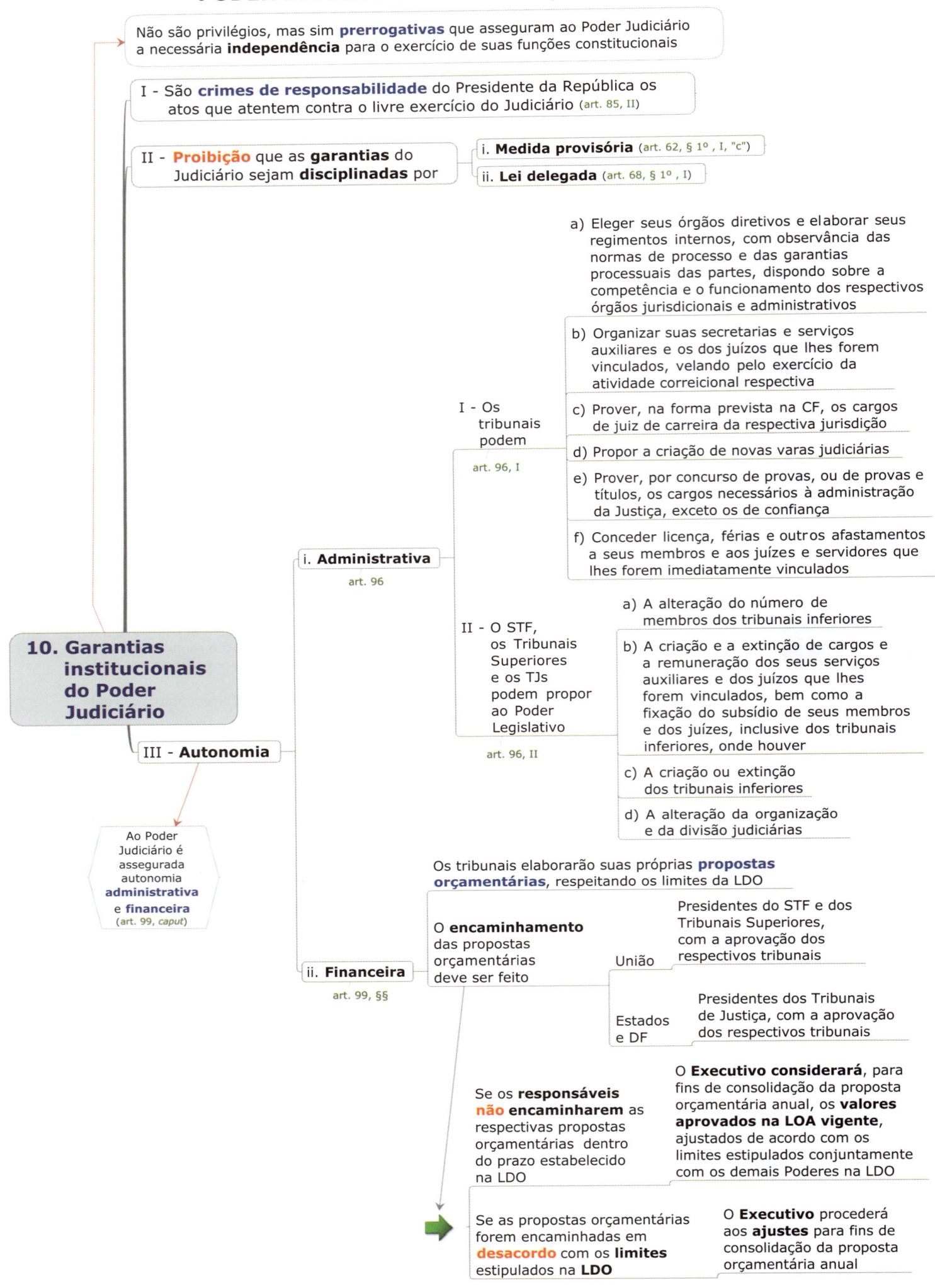

Não são privilégios, mas sim **prerrogativas** que asseguram ao Poder Judiciário a necessária **independência** para o exercício de suas funções constitucionais

I - São **crimes de responsabilidade** do Presidente da República os atos que atentem contra o livre exercício do Judiciário (art. 85, II)

II - **Proibição** que as **garantias** do Judiciário sejam **disciplinadas** por

i. **Medida provisória** (art. 62, § 1º, I, "c")

ii. **Lei delegada** (art. 68, § 1º, I)

10. Garantias institucionais do Poder Judiciário

i. Administrativa
art. 96

I - Os tribunais podem
art. 96, I

a) Eleger seus órgãos diretivos e elaborar seus regimentos internos, com observância das normas de processo e das garantias processuais das partes, dispondo sobre a competência e o funcionamento dos respectivos órgãos jurisdicionais e administrativos

b) Organizar suas secretarias e serviços auxiliares e os dos juízos que lhes forem vinculados, velando pelo exercício da atividade correicional respectiva

c) Prover, na forma prevista na CF, os cargos de juiz de carreira da respectiva jurisdição

d) Propor a criação de novas varas judiciárias

e) Prover, por concurso de provas, ou de provas e títulos, os cargos necessários à administração da Justiça, exceto os de confiança

f) Conceder licença, férias e outros afastamentos a seus membros e aos juízes e servidores que lhes forem imediatamente vinculados

II - O STF, os Tribunais Superiores e os TJs podem propor ao Poder Legislativo
art. 96, II

a) A alteração do número de membros dos tribunais inferiores

b) A criação e a extinção de cargos e a remuneração dos seus serviços auxiliares e dos juízos que lhes forem vinculados, bem como a fixação do subsídio de seus membros e dos juízes, inclusive dos tribunais inferiores, onde houver

c) A criação ou extinção dos tribunais inferiores

d) A alteração da organização e da divisão judiciárias

III - Autonomia

Ao Poder Judiciário é assegurada autonomia **administrativa** e **financeira** (art. 99, *caput*)

ii. Financeira
art. 99, §§

Os tribunais elaborarão suas próprias **propostas orçamentárias**, respeitando os limites da LDO

O **encaminhamento** das propostas orçamentárias deve ser feito

União → Presidentes do STF e dos Tribunais Superiores, com a aprovação dos respectivos tribunais

Estados e DF → Presidentes dos Tribunais de Justiça, com a aprovação dos respectivos tribunais

Se os **responsáveis não** encaminharem as respectivas propostas orçamentárias dentro do prazo estabelecido na LDO → O **Executivo considerará**, para fins de consolidação da proposta orçamentária anual, os **valores aprovados na LOA vigente**, ajustados de acordo com os limites estipulados conjuntamente com os demais Poderes na LDO

Se as propostas orçamentárias forem encaminhadas em **desacordo** com os **limites** estipulados na **LDO** → O **Executivo** procederá aos **ajustes** para fins de consolidação da proposta orçamentária anual

PODER JUDICIÁRIO - SUPREMO TRIBUNAL FEDERAL I

Supremo Tribunal Federal

O **STF** é o órgão cuja principal função é a **guarda da Constituição**

1. Noções gerais
art. 101

Composição
- **11 ministros**
- Nomeados pelo **Presidente da República**
  - O Presidente da República é livre para escolher, observados os requisitos constitucionais
  - O Presidente da República nomeia, mas quem dá a posse é o Presidente do STF
- Adquire a **vitaliciedade** no momento da **POSSE**

Requisitos
- i. Idade entre **35** e **65** anos
- ii. Ser brasileiro **NATO**
- iii. Ser cidadão, no pleno gozo dos direitos políticos
- iv. Possuir **notável saber jurídico** e **reputação ilibada**
  - ✗ **Não** precisa ser membro da **carreira judiciária** ou do **MP**
  - ✗ **Não** precisa nem ser **bacharel** em **Direito**
- v. Aprovação da **maioria absoluta** do **Senado Federal**

Atuação
- Plenário
- 2 Turmas
  - Cada uma com 5 ministros
  - O Presidente do STF não integra nenhuma das Turmas, atuando somente nas sessões plenárias

Quórum de instalação de sessão — 8 membros

Presidente do STF
- Eleito diretamente pelos ministros do STF
- Mandato de **2 anos**
- **Vedada** reeleição

2. Competências do STF
art. 102

Competências do STF

I - Originária — art. 102, I

II - Recursal
- **i. Recurso Ordinário** — art. 102, II
- **ii. Recurso Extraordinário** — art. 102, III

I - Originária (art. 102, I)
- Quando o STF processa e julga, originariamente, a matéria, em **única instância**
- O processo "nasce" no STF
- Rol exaustivo (*numerus clausus*)
- Pode ser ampliado por emenda constitucional

II - Recursal
- Quando o STF aprecia a matéria a ele chegada mediante recurso ordinário ou extraordinário
- **i. Recurso Ordinário** (art. 102, II)
- **ii. Recurso Extraordinário** (RE) (art. 102, III)

PODER JUDICIÁRIO - SUPREMO TRIBUNAL FEDERAL II

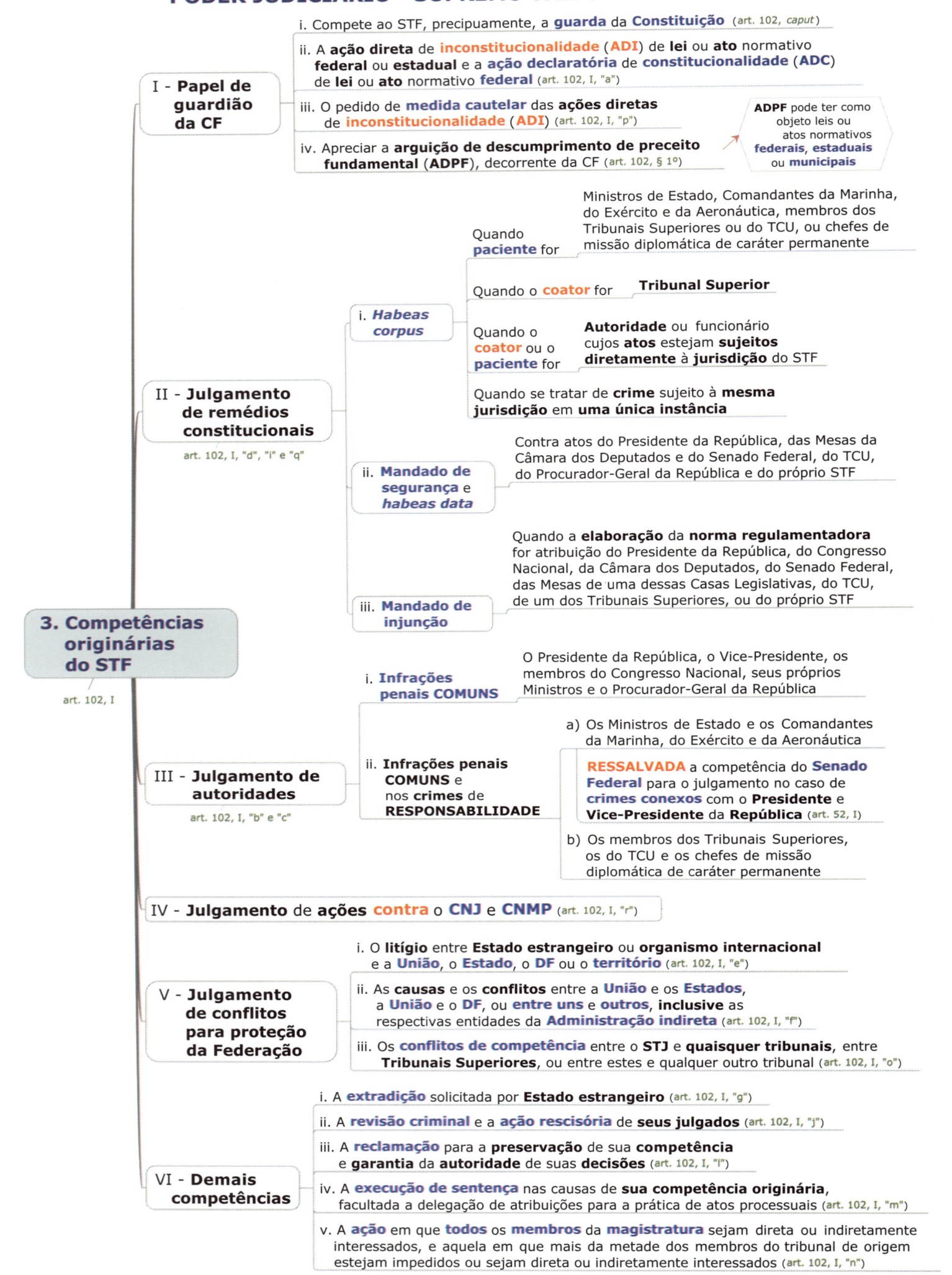

3. Competências originárias do STF (art. 102, I)

I - Papel de guardião da CF

i. Compete ao STF, precipuamente, a **guarda** da **Constituição** (art. 102, *caput*)

ii. A **ação direta** de **inconstitucionalidade** (**ADI**) de **lei** ou **ato** normativo **federal** ou **estadual** e a **ação declaratória** de **constitucionalidade** (**ADC**) de **lei** ou **ato** normativo **federal** (art. 102, I, "a")

iii. O pedido de **medida cautelar** das **ações diretas** de **inconstitucionalidade** (**ADI**) (art. 102, I, "p")

iv. Apreciar a **arguição de descumprimento de preceito fundamental** (**ADPF**), decorrente da CF (art. 102, § 1º)

> ADPF pode ter como objeto leis ou atos normativos **federais**, **estaduais** ou **municipais**

II - Julgamento de remédios constitucionais (art. 102, I, "d", "i" e "q")

i. **Habeas corpus**
- Quando **paciente** for: Ministros de Estado, Comandantes da Marinha, do Exército e da Aeronáutica, membros dos Tribunais Superiores ou do TCU, ou chefes de missão diplomática de caráter permanente
- Quando o **coator** for: **Tribunal Superior**
- Quando o **coator** ou o **paciente** for: **Autoridade** ou funcionário cujos **atos** estejam **sujeitos diretamente** à **jurisdição** do STF
- Quando se tratar de **crime** sujeito à **mesma jurisdição** em **uma única instância**

ii. **Mandado de segurança** e **habeas data**: Contra atos do Presidente da República, das Mesas da Câmara dos Deputados e do Senado Federal, do TCU, do Procurador-Geral da República e do próprio STF

iii. **Mandado de injunção**: Quando a **elaboração** da **norma regulamentadora** for atribuição do Presidente da República, do Congresso Nacional, da Câmara dos Deputados, do Senado Federal, das Mesas de uma dessas Casas Legislativas, do TCU, de um dos Tribunais Superiores, ou do próprio STF

III - Julgamento de autoridades (art. 102, I, "b" e "c")

i. **Infrações penais COMUNS**: O Presidente da República, o Vice-Presidente, os membros do Congresso Nacional, seus próprios Ministros e o Procurador-Geral da República

ii. **Infrações penais COMUNS** e nos **crimes** de **RESPONSABILIDADE**:
- a) Os Ministros de Estado e os Comandantes da Marinha, do Exército e da Aeronáutica
  > **RESSALVADA** a competência do **Senado Federal** para o julgamento no caso de **crimes conexos** com o **Presidente** e **Vice-Presidente** da **República** (art. 52, I)
- b) Os membros dos Tribunais Superiores, os do TCU e os chefes de missão diplomática de caráter permanente

IV - Julgamento de **ações** **contra** o **CNJ** e **CNMP** (art. 102, I, "r")

V - Julgamento de conflitos para proteção da Federação

i. O **litígio** entre **Estado estrangeiro** ou **organismo internacional** e a **União**, o **Estado**, o **DF** ou o **território** (art. 102, I, "e")

ii. As **causas** e os **conflitos** entre a **União** e os **Estados**, a **União** e o **DF**, ou **entre uns** e **outros**, **inclusive** as respectivas entidades da **Administração indireta** (art. 102, I, "f")

iii. Os **conflitos de competência** entre o **STJ** e **quaisquer tribunais**, entre **Tribunais Superiores**, ou entre estes e qualquer outro tribunal (art. 102, I, "o")

VI - Demais competências

i. A **extradição** solicitada por **Estado estrangeiro** (art. 102, I, "g")

ii. A **revisão criminal** e a **ação rescisória** de **seus julgados** (art. 102, I, "j")

iii. A **reclamação** para a **preservação** de sua **competência** e **garantia** da **autoridade** de suas **decisões** (art. 102, I, "l")

iv. A **execução de sentença** nas causas de **sua competência originária**, facultada a delegação de atribuições para a prática de atos processuais (art. 102, I, "m")

v. A **ação** em que **todos** os **membros** da **magistratura** sejam direta ou indiretamente interessados, e aquela em que mais da metade dos membros do tribunal de origem estejam impedidos ou sejam direta ou indiretamente interessados (art. 102, I, "n")

PODER JUDICIÁRIO - SUPREMO TRIBUNAL FEDERAL III

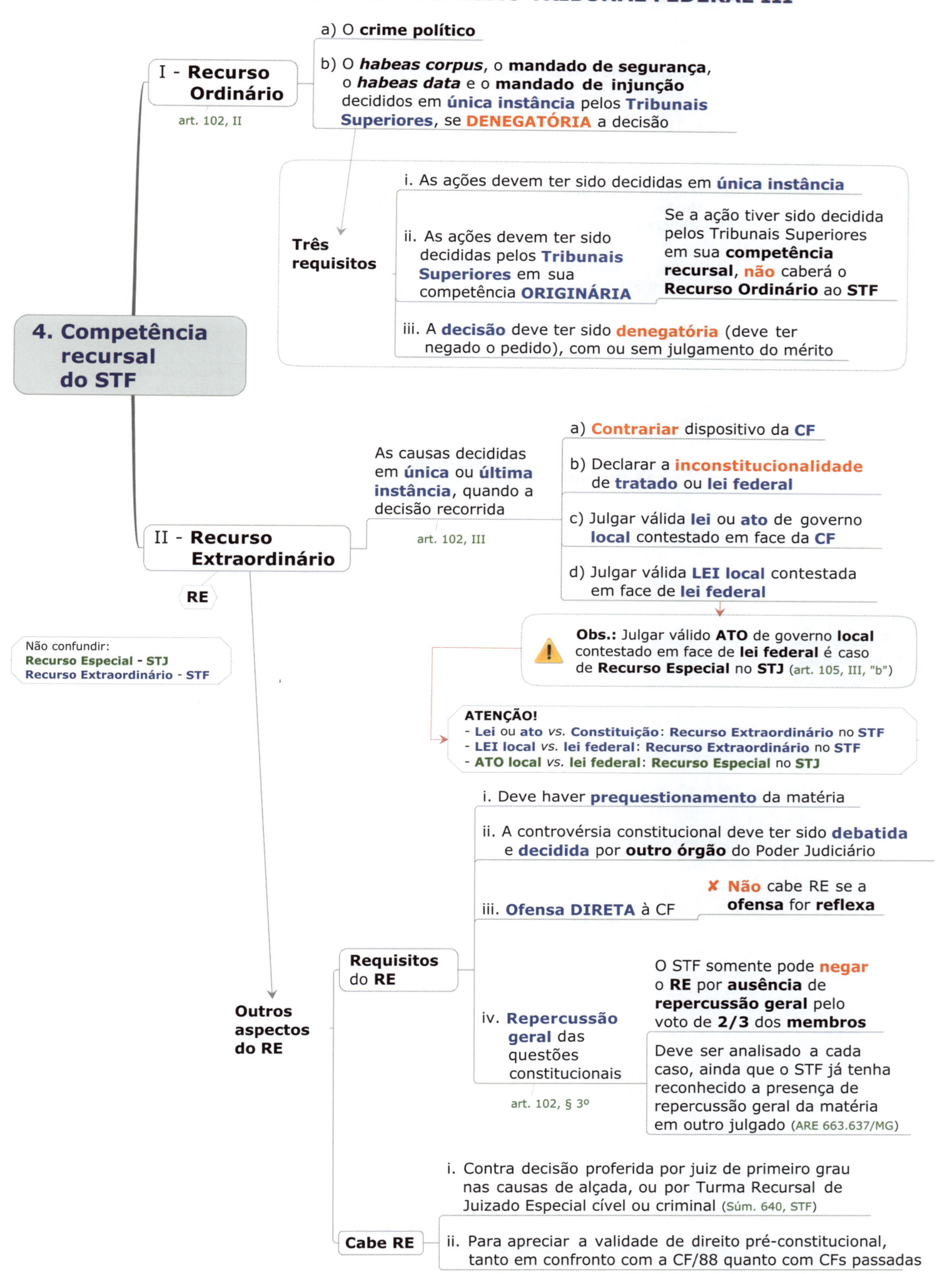

I - Recurso Ordinário
art. 102, II

a) O **crime político**

b) O ***habeas corpus***, o **mandado de segurança**, o ***habeas data*** e o **mandado de injunção** decididos em **única instância** pelos **Tribunais Superiores**, se **DENEGATÓRIA** a decisão

4. Competência recursal do STF

Três requisitos

i. As ações devem ter sido decididas em **única instância**

ii. As ações devem ter sido decididas pelos **Tribunais Superiores** em sua competência **ORIGINÁRIA** — Se a ação tiver sido decidida pelos Tribunais Superiores em sua **competência recursal**, **não** caberá o **Recurso Ordinário** ao **STF**

iii. A **decisão** deve ter sido **denegatória** (deve ter negado o pedido), com ou sem julgamento do mérito

II - Recurso Extraordinário
RE

Não confundir:
Recurso Especial - STJ
Recurso Extraordinário - STF

As causas decididas em **única** ou **última** **instância**, quando a decisão recorrida
art. 102, III

a) **Contrariar** dispositivo da **CF**

b) Declarar a **inconstitucionalidade** de **tratado** ou **lei federal**

c) Julgar válida **lei** ou **ato** de governo **local** contestado em face da **CF**

d) Julgar válida **LEI local** contestada em face de **lei federal**

> ⚠️ **Obs.:** Julgar válido **ATO** de governo **local** contestado em face de **lei federal** é caso de **Recurso Especial** no **STJ** (art. 105, III, "b")

ATENÇÃO!
- **Lei** ou **ato** *vs.* **Constituição**: Recurso Extraordinário no **STF**
- **LEI local** *vs.* **lei federal**: Recurso Extraordinário no **STF**
- **ATO local** *vs.* **lei federal**: Recurso Especial no **STJ**

Outros aspectos do RE

Requisitos do RE

i. Deve haver **prequestionamento** da matéria

ii. A controvérsia constitucional deve ter sido **debatida** e **decidida** por **outro órgão** do Poder Judiciário

iii. **Ofensa DIRETA** à CF — ✗ **Não** cabe RE se a **ofensa** for **reflexa**

iv. **Repercussão geral** das questões constitucionais
art. 102, § 3º

O STF somente pode **negar** o **RE** por **ausência** de **repercussão geral** pelo voto de **2/3** dos **membros**

Deve ser analisado a cada caso, ainda que o STF já tenha reconhecido a presença de repercussão geral da matéria em outro julgado (ARE 663.637/MG)

Cabe RE

i. Contra decisão proferida por juiz de primeiro grau nas causas de alçada, ou por Turma Recursal de Juizado Especial cível ou criminal (Súm. 640, STF)

ii. Para apreciar a validade de direito pré-constitucional, tanto em confronto com a CF/88 quanto com CFs passadas

PODER JUDICIÁRIO - CONSELHO NACIONAL DE JUSTIÇA I

O **CNJ** tem a incumbência de realizar o **controle** da **atuação administrativa** e **financeira** do Poder Judiciário e do **cumprimento** dos **deveres funcionais** dos juízes

Conselho Nacional de Justiça

1. Noções gerais
art. 103-B

O CNJ é órgão eminentemente **ADMINISTRATIVO**
- ✗ **Não** possui funções **jurisdicionais**

É órgão de **CONTROLE INTERNO** do Judiciário, mesmo tendo membros de fora do Poder Judiciário
- Existem membros de fora do Judiciário no CNJ!
- ✗ **Não** é órgão de **controle externo**

O CNJ **não** é **órgão da União**, e sim do **Poder Judiciário nacional**
- ✗ As **Constituições Estaduais NÃO** podem **criar órgão** de controle administrativo do Poder Judiciário do qual participem representantes de outros Poderes ou entidades (Súm. 649, STF)

O CNJ **não tem** nenhuma **competência** sobre o STF e seus ministros
- O STF é o órgão máximo do Poder Judiciário nacional

2. Composição do CNJ

Atenção!
O CNMP tem 14 membros!

15 membros

CNJ	
Componente	**Órgão responsável pela indicação**
Presidente do STF	STF
1 desembargador de TJ	STF
1 juiz estadual	STF
1 Ministro do STJ	STJ
1 juiz de TRF	STJ
1 juiz federal	STJ
1 Ministro do TST	TST
1 juiz de TRT	TST
1 juiz de trabalho	TST
1 membro do MPU	PGR
1 membro do MPE	PGR
2 advogados	Conselho Federal da OAB
2 cidadãos, de notável saber jurídico e reputação ilibada	Um pela Câmara e outro pelo Senado

Mandato — **2 anos**
Recondução — ✔ Admitida **uma recondução**
art. 103-B, *caput*

Presidente
art. 103-B, § 1º
- O CNJ será presidido pelo **Presidente do STF** (PSTF)
- Ausências e impedimentos — Vice-Presidente do STF (VPSTF)
- ⚠ **PSTF** e **VPSTF NÃO** precisam ser **aprovados** pela maioria absoluta do SF

Demais membros
art. 103-B, §§ 2º e 3º
- Nomeação — Presidente da República, após aprovação da **maioria absoluta** do Senado Federal
- Se o órgão responsável não indicar no prazo — O STF escolhe

Ministro do STJ
art. 103-B, § 5º
- Será o **Ministro-Corregedor**
- **Não** recebe **processos**
- Atribuições
  - I - Receber as reclamações e denúncias relativas aos magistrados e aos serviços judiciários
  - II - Exercer funções executivas do Conselho, de inspeção e de correição geral
  - III - Requisitar e designar magistrados, delegando-lhes atribuições, e requisitar servidores de juízos ou tribunais, inclusive nos Estados e DFT
- ➤ Além de outras estabelecidas pelo Estatuto da Magistratura

PGR e presidente da OAB
art. 103-B, § 6º
- ✔ Oficiarão perante o CNJ
- ✗ **Não** podem ser **membros** do **CNJ**

PODER JUDICIÁRIO - CONSELHO NACIONAL DE JUSTIÇA II

3. Foro de julgamento dos membros do CNJ

- **I - Crimes de responsabilidade** — Senado Federal (art. 52, II)
- **II - Crimes comuns** — ✗ **Não** possuem **foro privilegiado**

4. Ações contra o CNJ
art. 102, I, "r"

- Julgadas pelo **STF**
- Somente as manifestações do colegiado e não de seus membros individualmente

Conselho Nacional de Justiça

Noções gerais

- **Lista exemplificativa** — Estatuto da Magistratura pode incluir outras
- **Jamais** faz o **controle jurisdicional** — O **CNJ não** tem **ingerência** na **atividade jurisdicional** dos juízes e Tribunais, somente nas atividades administrativas e financeiras
- Competência é **originária** e **concorrente** — A atuação do CNJ **não** está **condicionada** à **prévia atuação** das corregedorias dos tribunais
- ✗ **CNJ não** tem nenhuma **competência** sobre o **STF** e **seus ministros** (ADI 3.367/DF)

Controle

- Da atuação **administrativa** e **financeira** do **Judiciário**
- Do cumprimento dos **deveres funcionais** dos **juízes**

5. Atribuições do CNJ
art. 103-B, § 4º

CF

- **I** - Zelar pela **autonomia** do **Poder Judiciário** e pelo cumprimento do Estatuto da Magistratura, podendo expedir **atos regulamentares**, no âmbito de sua competência, ou recomendar providências

  - ✔ O CNJ possui **competência** para expedir **atos normativos primários**, ou seja, edita atos com força de LEI

- **II** - Zelar pela observância do art. 37 e apreciar, de ofício ou mediante provocação, a **legalidade** dos **atos administrativos** praticados por membros ou órgãos do Poder Judiciário, **podendo desconstituí-los**, **revê-los** ou **fixar prazo** para que se adotem as providências necessárias ao exato cumprimento da lei, **sem** prejuízo da **competência** do **TCU**

- **III** - Receber e conhecer as **reclamações contra** membros ou órgãos do **Poder Judiciário, inclusive** contra seus **serviços auxiliares**, **serventias** e órgãos prestadores de **serviços notariais** e de registro que atuem por delegação do Poder Público ou oficializados, sem prejuízo da competência disciplinar e correicional dos tribunais, **podendo avocar processos disciplinares** em curso e determinar a remoção, a disponibilidade ou a aposentadoria com subsídios ou proventos proporcionais ao tempo de serviço e aplicar outras sanções administrativas, assegurada ampla defesa

- **IV** - **Representar** ao **Ministério Público**, no caso de **crime contra** a **Administração Pública** ou de **abuso de autoridade**

- **V** - **Rever**, de ofício ou mediante provocação, os **processos disciplinares** de juízes e membros de tribunais **julgados** há **menos** de **um ano**

- **VI** - Elaborar **semestralmente relatório estatístico** sobre processos e sentenças prolatadas, por unidade da Federação, nos diferentes órgãos do Poder Judiciário

- **VII** - Elaborar **relatório anual**, propondo as **providências** que julgar necessárias, sobre a situação do Poder Judiciário no País e as atividades do Conselho, o qual deve integrar mensagem do Presidente do STF a ser remetida ao Congresso Nacional, por ocasião da abertura da sessão legislativa

PODER JUDICIÁRIO - SUPERIOR TRIBUNAL DE JUSTIÇA I

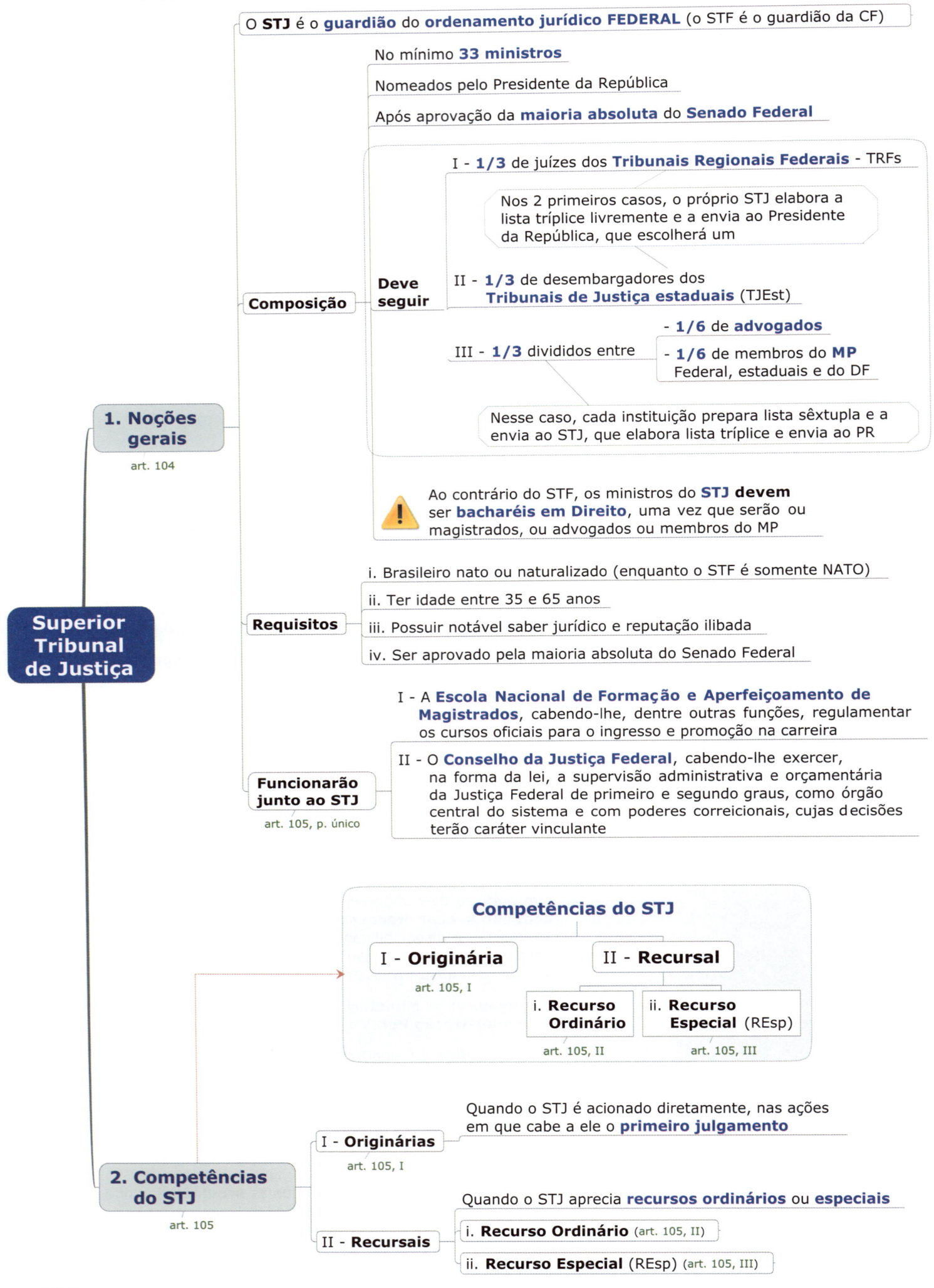

Superior Tribunal de Justiça

1. Noções gerais
art. 104

O **STJ** é o **guardião** do **ordenamento jurídico FEDERAL** (o STF é o guardião da CF)

Composição

- No mínimo **33 ministros**
- Nomeados pelo Presidente da República
- Após aprovação da **maioria absoluta** do **Senado Federal**

Deve seguir

- I - **1/3** de juízes dos **Tribunais Regionais Federais** - TRFs

  Nos 2 primeiros casos, o próprio STJ elabora a lista tríplice livremente e a envia ao Presidente da República, que escolherá um

- II - **1/3** de desembargadores dos **Tribunais de Justiça estaduais** (TJEst)

- III - **1/3** divididos entre
  - **1/6** de **advogados**
  - **1/6** de membros do **MP** Federal, estaduais e do DF

  Nesse caso, cada instituição prepara lista sêxtupla e a envia ao STJ, que elabora lista tríplice e envia ao PR

⚠ Ao contrário do STF, os ministros do **STJ devem** ser **bacharéis em Direito**, uma vez que serão ou magistrados, ou advogados ou membros do MP

Requisitos

- i. Brasileiro nato ou naturalizado (enquanto o STF é somente NATO)
- ii. Ter idade entre 35 e 65 anos
- iii. Possuir notável saber jurídico e reputação ilibada
- iv. Ser aprovado pela maioria absoluta do Senado Federal

Funcionarão junto ao STJ
art. 105, p. único

- I - A **Escola Nacional de Formação e Aperfeiçoamento de Magistrados**, cabendo-lhe, dentre outras funções, regulamentar os cursos oficiais para o ingresso e promoção na carreira

- II - O **Conselho da Justiça Federal**, cabendo-lhe exercer, na forma da lei, a supervisão administrativa e orçamentária da Justiça Federal de primeiro e segundo graus, como órgão central do sistema e com poderes correicionais, cujas decisões terão caráter vinculante

Competências do STJ

I - Originária	II - Recursal
art. 105, I	i. Recurso Ordinário / ii. Recurso Especial (REsp)
	art. 105, II / art. 105, III

2. Competências do STJ
art. 105

I - Originárias
art. 105, I

Quando o STJ é acionado diretamente, nas ações em que cabe a ele o **primeiro julgamento**

II - Recursais

Quando o STJ aprecia **recursos ordinários** ou **especiais**

- i. **Recurso Ordinário** (art. 105, II)
- ii. **Recurso Especial** (REsp) (art. 105, III)

PODER JUDICIÁRIO - SUPERIOR TRIBUNAL DE JUSTIÇA II

2. Competências do STJ

I - Originária
art. 105, I

a) Nos **CRIMES COMUNS**, os **Governadores** dos Estados e do DF, e, **nestes e** nos de **RESPONSABILIDADE**, os **desembargadores** dos TJEst, os membros dos **TC** dos Estados e do DF, os dos **TRFs**, dos **TREs e TRTs**, os membros dos Conselhos ou **TC** dos Municípios e os do **MPU** que **oficiem perante tribunais**

b) Os **mandados de segurança** e os *habeas data* contra ato de **Ministro de Estado**, dos **Comandantes** da **Marinha**, do **Exército** e da **Aeronáutica** ou do **próprio STJ**

c) Os *habeas corpus*, quando o coator **ou** paciente for qualquer das pessoas mencionadas na alínea "a", ou quando o coator for tribunal sujeito à sua jurisdição, **Ministro de Estado** ou **Comandante** da **Marinha**, do **Exército** ou da **Aeronáutica**, ressalvada a competência da Justiça Eleitoral

 Quanto aos **Ministros de Estado** e **Comandantes** das **Forças Armadas** - se forem coatores: competência do **STJ**. Se forem pacientes: competência do STF

d) Os **conflitos de competência** entre **quaisquer tribunais**, ressalvada a competência do **STF**, bem como entre **tribunal e juízes** a ele **não** vinculados e entre **juízes vinculados a tribunais diversos**

e) As **revisões criminais** e as **ações rescisórias** de **seus julgados**

f) A **reclamação** para a preservação de sua competência e garantia da autoridade de suas decisões

g) Os **conflitos de atribuições** entre autoridades administrativas e judiciárias da União, ou entre autoridades judiciárias de um Estado e administrativas de outro ou do DF, ou entre as deste e da União

h) O **mandado de injunção**, quando a elaboração da norma regulamentadora for atribuição de órgão, entidade ou **autoridade federal**, da Administração direta ou indireta, excetuados os casos de competência do STF e dos órgãos da Justiça Militar, da Justiça Eleitoral, da Justiça do Trabalho e da Justiça Federal

i) A **homologação de sentenças estrangeiras** e a **concessão de** *exequatur* **às cartas rogatórias**

 Até a EC 45/2004, conhecida como a Reforma do Judiciário, essa atribuição era do STF. No entanto, com a referida emenda, ela foi transferida para o STJ

II - Recursal

i. Recurso Ordinário
art. 105, II

a) Os *habeas corpus* decididos em **única** ou **última instância** pelos TRFs ou pelos tribunais dos Estados, do DF, quando a decisão é **denegatória**

b) Os **mandados de segurança** decididos em **única instância** pelos TRFs e pelos TJs, quando **denegatória** a decisão

c) As causas em que forem partes **Estado estrangeiro** ou **organismo internacional**, de um lado, e, do outro, **Município** ou **pessoa residente** ou **domiciliada no país**

ii. Recurso Especial (REsp)
art. 105, III

Causas decididas, em **única** ou **última instância**, pelos TRFs ou TJs, quando a decisão recorrida

a) **Contrariar** tratado ou **lei federal**, ou **negar-lhes** vigência

Se for "declarar a **inconstitucionalidade** de tratado ou lei federal" será **Recurso Extraordinário** no **STF**

b) Julgar válido **ATO** de governo **local** contestado em face de **lei federal**

Se for "julgar válida **LEI local** contestada em face de **lei federal**" será **Recurso Extraordinário** no **STF**

c) Der a **lei federal** interpretação divergente da que lhe haja atribuído outro tribunal

✗ **Não** cabe **REsp** contra **decisão** proferida pelas **Turmas Recursais** (órgãos de segundo grau dos Juizados Especiais) (Súm. 203, STJ)

✔ Somente **cabe REsp** em face de decisões proferidas por **Tribunal de SEGUNDO GRAU: TRF** ou **TJ**

Não confundir:
Recurso Especial - STJ
Recurso Extraordinário - STF

TRIBUNAIS REGIONAIS FEDERAIS E JUÍZES FEDERAIS I

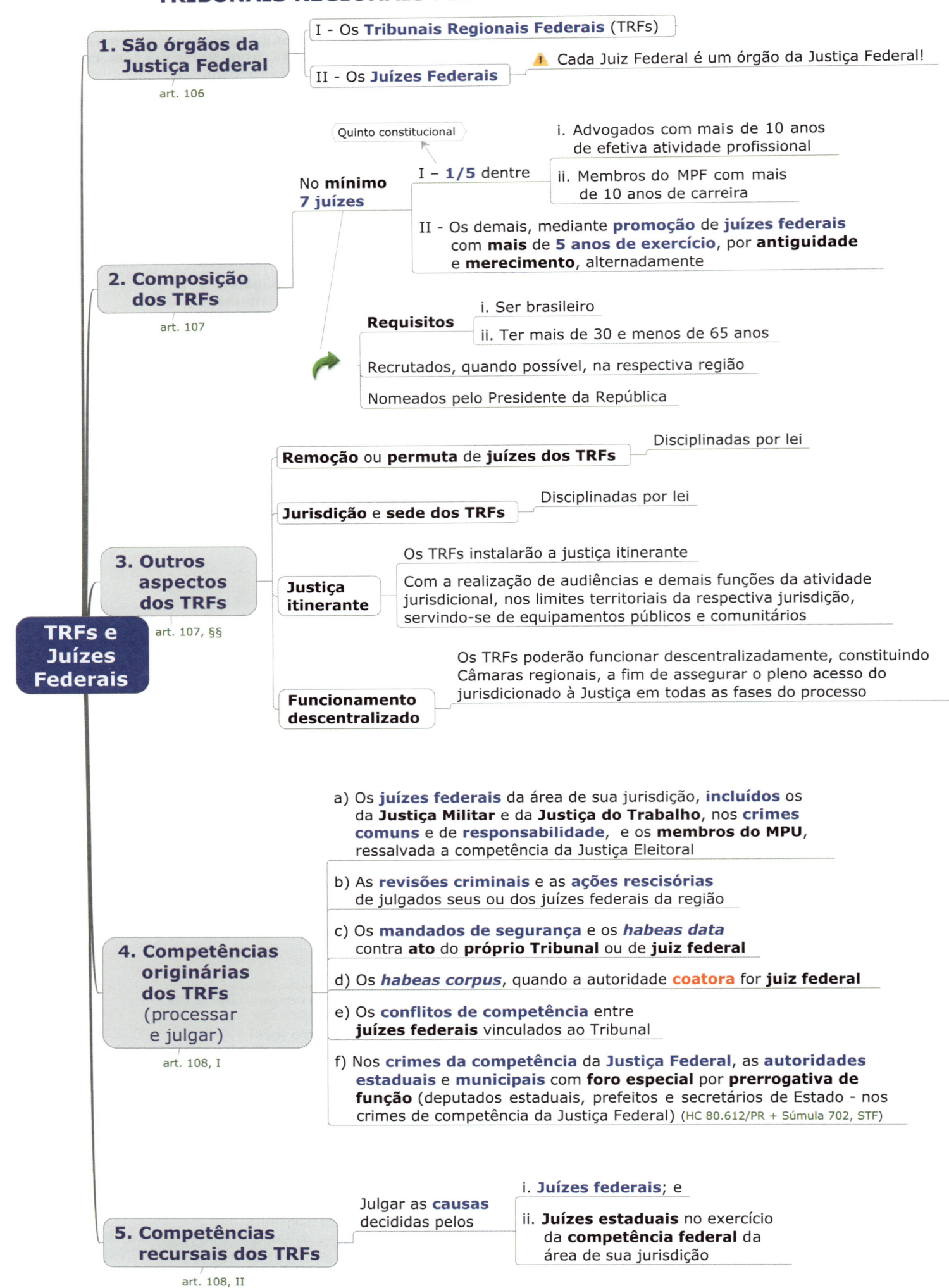

TRFs e Juízes Federais

1. São órgãos da Justiça Federal
art. 106

- I - Os **Tribunais Regionais Federais** (TRFs)
- II - Os **Juízes Federais**
  - ⚠ Cada Juiz Federal é um órgão da Justiça Federal!

2. Composição dos TRFs
art. 107

No **mínimo 7 juízes**

Quinto constitucional

- I – **1/5** dentre
  - i. Advogados com mais de 10 anos de efetiva atividade profissional
  - ii. Membros do MPF com mais de 10 anos de carreira
- II - Os demais, mediante **promoção** de **juízes federais** com **mais** de **5 anos de exercício**, por **antiguidade** e **merecimento**, alternadamente

Requisitos
- i. Ser brasileiro
- ii. Ter mais de 30 e menos de 65 anos

Recrutados, quando possível, na respectiva região

Nomeados pelo Presidente da República

3. Outros aspectos dos TRFs
art. 107, §§

- **Remoção** ou **permuta** de **juízes dos TRFs** — Disciplinadas por lei
- **Jurisdição** e **sede dos TRFs** — Disciplinadas por lei
- **Justiça itinerante**
  - Os TRFs instalarão a justiça itinerante
  - Com a realização de audiências e demais funções da atividade jurisdicional, nos limites territoriais da respectiva jurisdição, servindo-se de equipamentos públicos e comunitários
- **Funcionamento descentralizado**
  - Os TRFs poderão funcionar descentralizadamente, constituindo Câmaras regionais, a fim de assegurar o pleno acesso do jurisdicionado à Justiça em todas as fases do processo

4. Competências originárias dos TRFs (processar e julgar)
art. 108, I

- a) Os **juízes federais** da área de sua jurisdição, **incluídos** os da **Justiça Militar** e da **Justiça do Trabalho**, nos **crimes comuns** e de **responsabilidade**, e os **membros do MPU**, ressalvada a competência da Justiça Eleitoral
- b) As **revisões criminais** e as **ações rescisórias** de julgados seus ou dos juízes federais da região
- c) Os **mandados de segurança** e os *habeas data* contra **ato** do **próprio Tribunal** ou de **juiz federal**
- d) Os *habeas corpus*, quando a autoridade **coatora** for **juiz federal**
- e) Os **conflitos de competência** entre **juízes federais** vinculados ao Tribunal
- f) Nos **crimes da competência** da **Justiça Federal**, as **autoridades estaduais** e **municipais** com **foro especial** por **prerrogativa de função** (deputados estaduais, prefeitos e secretários de Estado - nos crimes de competência da Justiça Federal) (HC 80.612/PR + Súmula 702, STF)

5. Competências recursais dos TRFs
art. 108, II

Julgar as **causas** decididas pelos
- i. **Juízes federais**; e
- ii. **Juízes estaduais** no exercício da **competência federal** da área de sua jurisdição

TRIBUNAIS REGIONAIS FEDERAIS E JUÍZES FEDERAIS II

I - As **causas** em que a **União, entidade autárquica** ou **empresa pública federal** forem interessadas na condição de **autoras, rés, assistentes** ou **oponentes, EXCETO** as de **falência**, as de **acidentes de trabalho** e as sujeitas à **Just. Eleitoral** e à **Just. do Trabalho**

> ⚠ As **sociedades de economia mista federais NÃO** foram elencadas pela CF, **NÃO** sendo, portanto, de **competência** da **Justiça Federal**

II - As causas entre **Estado estrangeiro** ou **organismo internacional** e **Município** ou **pessoa domiciliada** ou **residente** no País

> ⚠ O **Recurso Ordinário** vai para o **STJ**, e **não** para o **TRF** (art. 105, II, "c")

III - As causas fundadas em **tratado** ou **contrato** da **União** com **Estado estrangeiro** ou **organismo internacional**

IV - Os **crimes políticos** e as infrações penais praticadas em detrimento de bens, serviços ou interesse da União ou de suas entidades autárquicas ou empresas públicas, **excluídas** as **contravenções** e **ressalvada** a competência da **Justiça Militar** e da **Justiça Eleitoral**

> ⚠ No caso dos **crimes políticos**, o **Recurso Ordinário** vai para o **STF**, e **não** para o **TRF** (art. 102, II, "b")

V - Os **crimes** previstos em **tratado** ou **convenção internacional**, quando, iniciada a execução no País, o resultado tenha ou devesse ter ocorrido no estrangeiro, ou reciprocamente

V-A - As **causas** relativas a graves violações a **direitos humanos** (art. 109, § 5º)

> ⚠ Nas hipóteses de grave violação de direitos humanos, caso o Procurador-Geral da República (PGR) solicite ao STJ, pode ocorrer o deslocamento de um processo para a Justiça Federal. Caso ocorra esse deslocamento, quem julgará o processo será um juiz federal

VI - Os **crimes** contra a **organização do trabalho** e, nos casos determinados por lei, contra o **sistema financeiro** e a **ordem econômico-financeira**

> ⚠ Os **crimes** contra a **ORGANIZAÇÃO do trabalho** são julgados pela **Justiça Federal**, e **não** pela **Justiça do Trabalho**!

VII - Os **habeas corpus**, em matéria criminal de sua competência ou quando o constrangimento provier de autoridade cujos atos não estejam diretamente sujeitos a outra jurisdição

VIII - Os **mandados de segurança** e os **habeas data** contra **ato** de **autoridade federal, excetuados** os casos de **competência** dos **tribunais federais**

IX - Os **crimes** cometidos a bordo de **navios** ou **aeronaves**, **ressalvada** a competência da **Justiça Militar**

X - Os crimes de ingresso ou permanência irregular de estrangeiro, a **execução** de **carta rogatória**, após o "exequatur", e de **sentença estrangeira**, após a homologação, as causas referentes à nacionalidade, inclusive a respectiva opção, e à naturalização

> ⚠ **Obs.:** Quem **CONCEDE** o exequatur ou **homologa** as **sentenças estrangeiras** é o **STJ**! Já quem **EXECUTA** a **sentença estrangeira** ou a **carta rogatória** são os **juízes federais**

XI - A disputa sobre **direitos indígenas**

> Os juízes federais somente julgam as disputas indígenas nos casos em que a controvérsia envolva direitos ou interesses indígenas típicos e específicos. No caso de crimes ocorridos em reservas indígenas, praticados por ou contra índios, sem vínculo com a etnicidade, a competência será da Justiça comum

6. Competências dos Juízes Federais (processar e julgar)
art. 1097

TRFs e Juízes Federais

7. Foro das ações de interesse da União
art. 109, §§

I - Causas em que a **União** for **autora** — Serão aforadas na seção judiciária onde tiver domicílio a outra parte

II - Causas intentadas **contra** a **União** — Poderão ser aforadas
- i. No domicílio do autor
- ii. Onde houver ocorrido o ato ou fato que deu origem à demanda
- iii. Onde esteja situada a coisa
- iv. No Distrito Federal

III - Causas em que forem **parte instituição** de **previdência social** e **segurado**
- Serão **processadas** e **julgadas** na **Justiça estadual,** no **foro** do domicílio dos **segurados** ou **beneficiários**, sempre que a **comarca não** seja sede de vara do **juízo federal**, e, se verificada essa condição, a lei poderá permitir que outras causas sejam também processadas e julgadas pela Justiça estadual
- O **recurso** será sempre para o **TRF**
- O segurado pode optar por ajuizar a ação nas varas federais da capital do Estado-membro

IV - Se houver grave violação dos direitos humanos
- O **PGR**, com a finalidade de assegurar o cumprimento de obrigações decorrentes de tratados internacionais de direitos humanos dos quais o Brasil seja parte, **poderá suscitar**, perante o **STJ, em qualquer fase** do **inquérito** ou **processo**, incidente de **deslocamento de competência** para a **Justiça Federal**

111

Capítulo 9

Funções Essenciais à Justiça

FUNÇÕES ESSENCIAIS À JUSTIÇA I

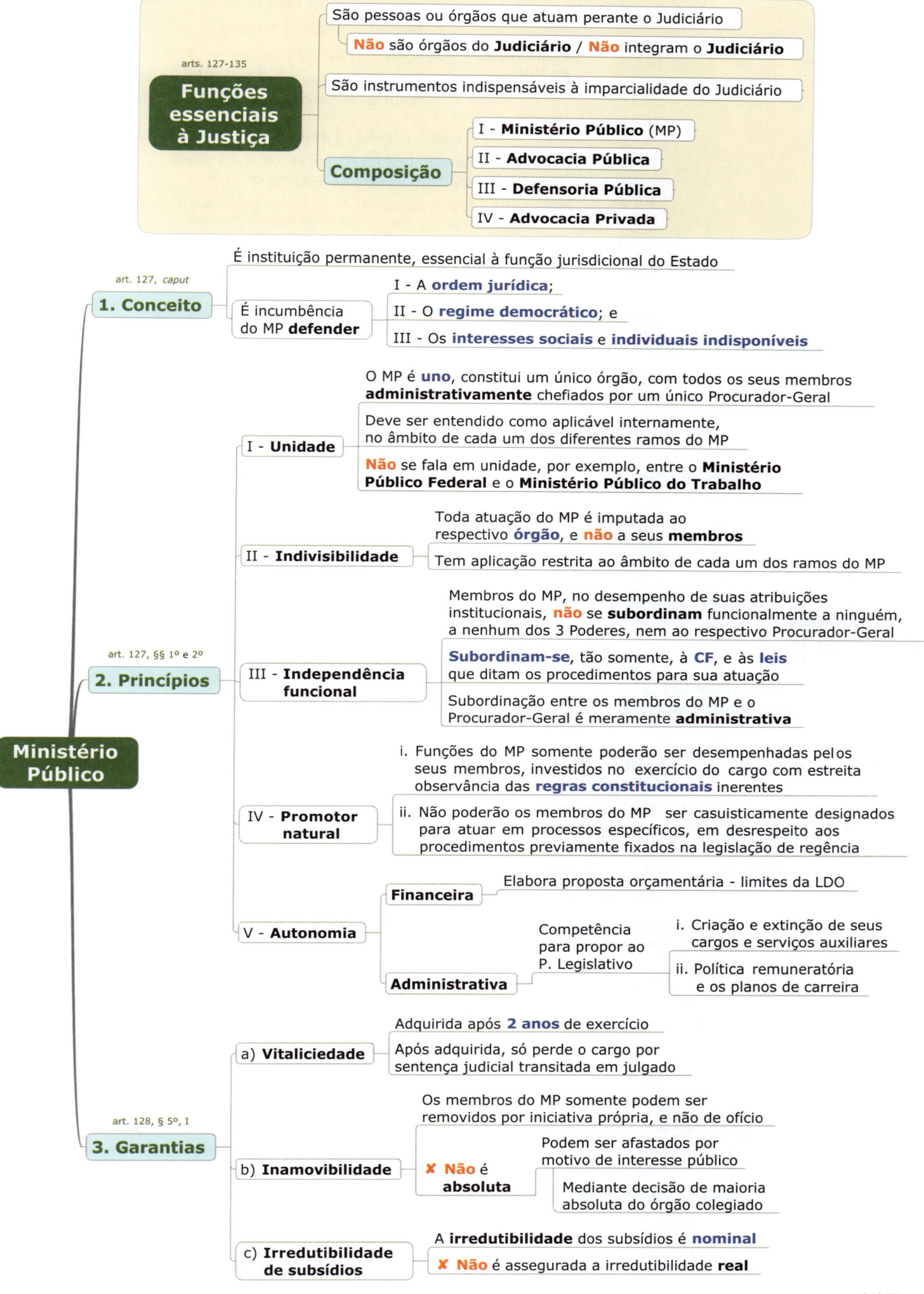

arts. 127-135
Funções essenciais à Justiça

- São pessoas ou órgãos que atuam perante o Judiciário
- **Não** são órgãos do **Judiciário** / **Não** integram o **Judiciário**
- São instrumentos indispensáveis à imparcialidade do Judiciário
- **Composição**
  - I - **Ministério Público** (MP)
  - II - **Advocacia Pública**
  - III - **Defensoria Pública**
  - IV - **Advocacia Privada**

Ministério Público

art. 127, caput — 1. Conceito
- É instituição permanente, essencial à função jurisdicional do Estado
- É incumbência do MP **defender**:
  - I - A **ordem jurídica**;
  - II - O **regime democrático**; e
  - III - Os **interesses sociais** e **individuais indisponíveis**

art. 127, §§ 1º e 2º — 2. Princípios

I - Unidade
- O MP é **uno**, constitui um único órgão, com todos os seus membros **administrativamente** chefiados por um único Procurador-Geral
- Deve ser entendido como aplicável internamente, no âmbito de cada um dos diferentes ramos do MP
- **Não** se fala em unidade, por exemplo, entre o **Ministério Público Federal** e o **Ministério Público do Trabalho**

II - Indivisibilidade
- Toda atuação do MP é imputada ao respectivo **órgão**, e **não** a seus **membros**
- Tem aplicação restrita ao âmbito de cada um dos ramos do MP

III - Independência funcional
- Membros do MP, no desempenho de suas atribuições institucionais, **não** se **subordinam** funcionalmente a ninguém, a nenhum dos 3 Poderes, nem ao respectivo Procurador-Geral
- **Subordinam-se**, tão somente, à **CF**, e às **leis** que ditam os procedimentos para sua atuação
- Subordinação entre os membros do MP e o Procurador-Geral é meramente **administrativa**

IV - Promotor natural
- i. Funções do MP somente poderão ser desempenhadas pelos seus membros, investidos no exercício do cargo com estreita observância das **regras constitucionais** inerentes
- ii. Não poderão os membros do MP ser casuisticamente designados para atuar em processos específicos, em desrespeito aos procedimentos previamente fixados na legislação de regência

V - Autonomia
- **Financeira**
  - Elabora proposta orçamentária - limites da LDO
- **Administrativa**
  - Competência para propor ao P. Legislativo
    - i. Criação e extinção de seus cargos e serviços auxiliares
    - ii. Política remuneratória e os planos de carreira

art. 128, § 5º, I — 3. Garantias

a) Vitaliciedade
- Adquirida após **2 anos** de exercício
- Após adquirida, só perde o cargo por sentença judicial transitada em julgado

b) Inamovibilidade
- Os membros do MP somente podem ser removidos por iniciativa própria, e não de ofício
- ✘ **Não** é **absoluta**
  - Podem ser afastados por motivo de interesse público
  - Mediante decisão de maioria absoluta do órgão colegiado

c) Irredutibilidade de subsídios
- A **irredutibilidade** dos subsídios é **nominal**
- ✘ **Não** é assegurada a irredutibilidade **real**

FUNÇÕES ESSENCIAIS À JUSTIÇA II

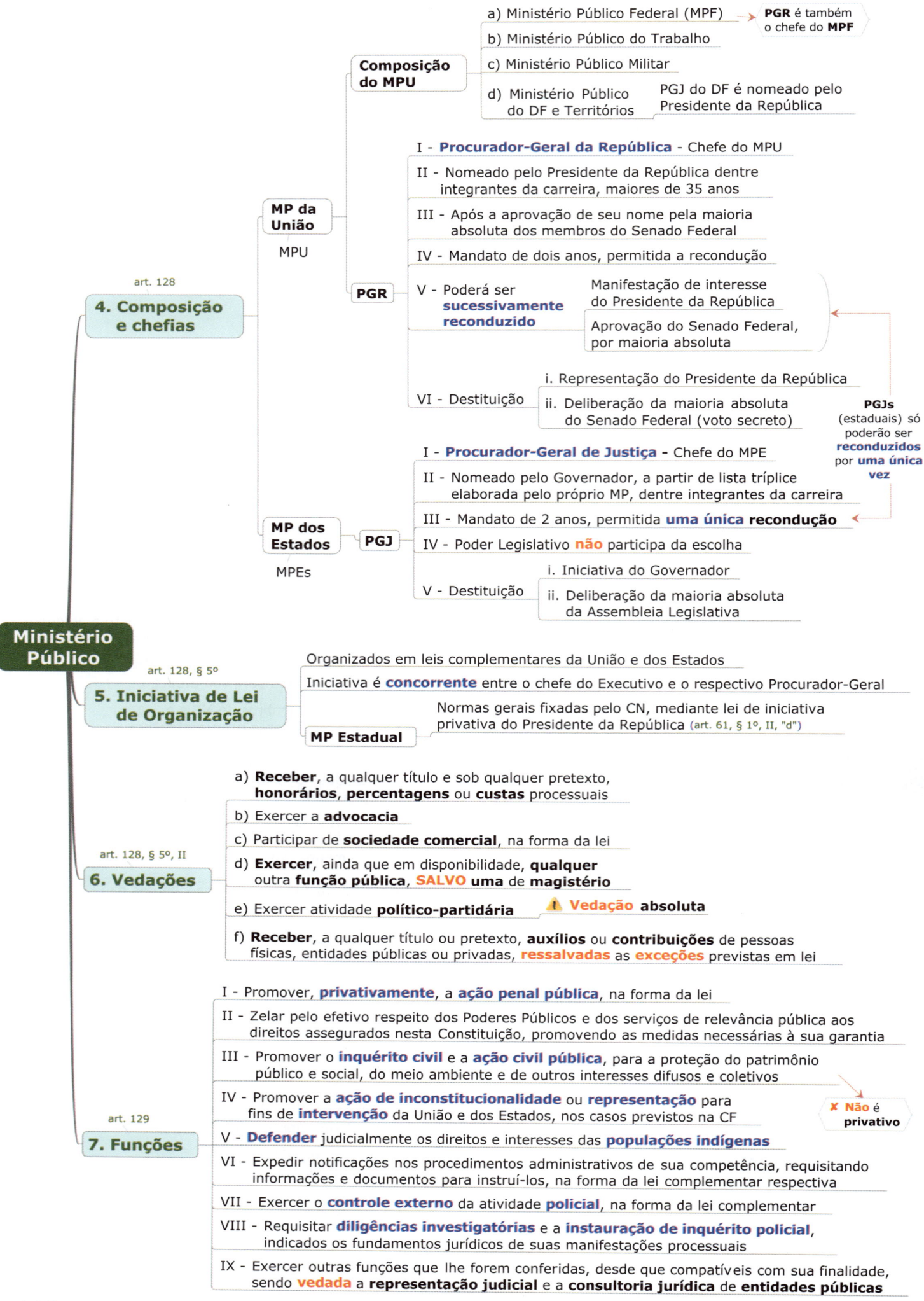

Ministério Público

4. Composição e chefias
art. 128

MP da União (MPU)

Composição do MPU
- a) Ministério Público Federal (MPF) → PGR é também o chefe do MPF
- b) Ministério Público do Trabalho
- c) Ministério Público Militar
- d) Ministério Público do DF e Territórios — PGJ do DF é nomeado pelo Presidente da República

PGR
- I - **Procurador-Geral da República** - Chefe do MPU
- II - Nomeado pelo Presidente da República dentre integrantes da carreira, maiores de 35 anos
- III - Após a aprovação de seu nome pela maioria absoluta dos membros do Senado Federal
- IV - Mandato de dois anos, permitida a recondução
- V - Poderá ser **sucessivamente reconduzido**
  - Manifestação de interesse do Presidente da República
  - Aprovação do Senado Federal, por maioria absoluta
- VI - Destituição
  - i. Representação do Presidente da República
  - ii. Deliberação da maioria absoluta do Senado Federal (voto secreto)

PGJs (estaduais) só poderão ser **reconduzidos** por **uma única vez**

MP dos Estados (MPEs)

PGJ
- I - **Procurador-Geral de Justiça** - Chefe do MPE
- II - Nomeado pelo Governador, a partir de lista tríplice elaborada pelo próprio MP, dentre integrantes da carreira
- III - Mandato de 2 anos, permitida **uma única recondução**
- IV - Poder Legislativo **não** participa da escolha
- V - Destituição
  - i. Iniciativa do Governador
  - ii. Deliberação da maioria absoluta da Assembleia Legislativa

5. Iniciativa de Lei de Organização
art. 128, § 5º

- Organizados em leis complementares da União e dos Estados
- Iniciativa é **concorrente** entre o chefe do Executivo e o respectivo Procurador-Geral
- **MP Estadual** — Normas gerais fixadas pelo CN, mediante lei de iniciativa privativa do Presidente da República (art. 61, § 1º, II, "d")

6. Vedações
art. 128, § 5º, II

- a) **Receber**, a qualquer título e sob qualquer pretexto, **honorários, percentagens** ou **custas** processuais
- b) Exercer a **advocacia**
- c) Participar de **sociedade comercial**, na forma da lei
- d) **Exercer**, ainda que em disponibilidade, **qualquer** outra **função pública**, **SALVO** uma de **magistério**
- e) Exercer atividade **político-partidária** — ⚠ **Vedação absoluta**
- f) **Receber**, a qualquer título ou pretexto, **auxílios** ou **contribuições** de pessoas físicas, entidades públicas ou privadas, **ressalvadas** as **exceções** previstas em lei

7. Funções
art. 129

- I - Promover, **privativamente**, a **ação penal pública**, na forma da lei
- II - Zelar pelo efetivo respeito dos Poderes Públicos e dos serviços de relevância pública aos direitos assegurados nesta Constituição, promovendo as medidas necessárias à sua garantia
- III - Promover o **inquérito civil** e a **ação civil pública**, para a proteção do patrimônio público e social, do meio ambiente e de outros interesses difusos e coletivos
- IV - Promover a **ação de inconstitucionalidade** ou **representação** para fins de **intervenção** da União e dos Estados, nos casos previstos na CF — ✗ **Não** é **privativo**
- V - **Defender** judicialmente os direitos e interesses das **populações indígenas**
- VI - Expedir notificações nos procedimentos administrativos de sua competência, requisitando informações e documentos para instruí-los, na forma da lei complementar respectiva
- VII - Exercer o **controle externo** da atividade **policial**, na forma da lei complementar
- VIII - Requisitar **diligências investigatórias** e a **instauração de inquérito policial**, indicados os fundamentos jurídicos de suas manifestações processuais
- IX - Exercer outras funções que lhe forem conferidas, desde que compatíveis com sua finalidade, sendo **vedada** a **representação judicial** e a **consultoria jurídica** de **entidades públicas**

FUNÇÕES ESSENCIAIS À JUSTIÇA III

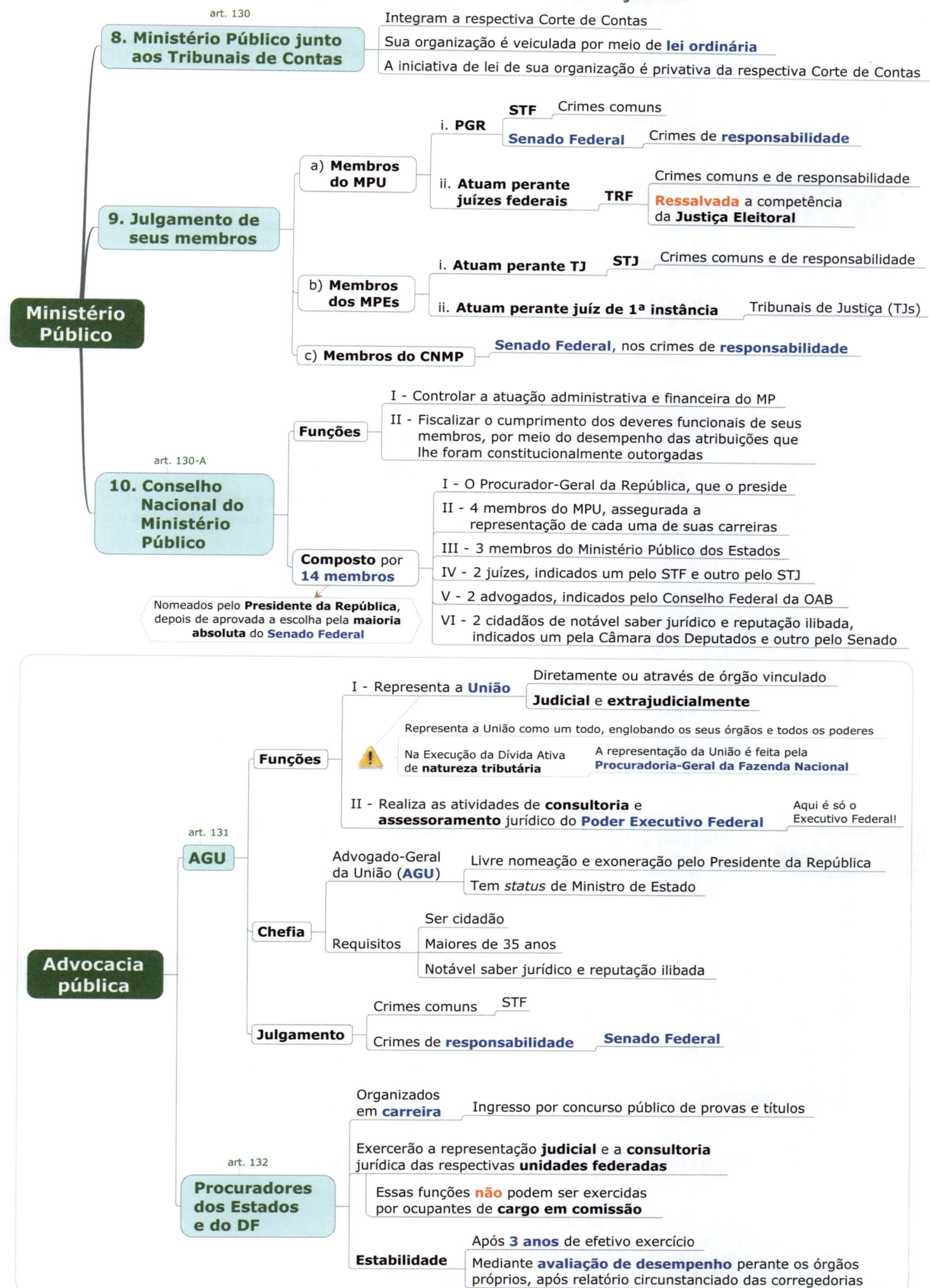

Ministério Público

8. Ministério Público junto aos Tribunais de Contas (art. 130)
- Integram a respectiva Corte de Contas
- Sua organização é veiculada por meio de **lei ordinária**
- A iniciativa de lei de sua organização é privativa da respectiva Corte de Contas

9. Julgamento de seus membros
- a) **Membros do MPU**
  - i. **PGR**
    - STF — Crimes comuns
    - **Senado Federal** — Crimes de **responsabilidade**
  - ii. **Atuam perante juízes federais**
    - TRF — Crimes comuns e de responsabilidade
    - **Ressalvada** a competência da **Justiça Eleitoral**
- b) **Membros dos MPEs**
  - i. **Atuam perante TJ** — STJ — Crimes comuns e de responsabilidade
  - ii. **Atuam perante juíz de 1ª instância** — Tribunais de Justiça (TJs)
- c) **Membros do CNMP** — **Senado Federal**, nos crimes de **responsabilidade**

10. Conselho Nacional do Ministério Público (art. 130-A)
- **Funções**
  - I - Controlar a atuação administrativa e financeira do MP
  - II - Fiscalizar o cumprimento dos deveres funcionais de seus membros, por meio do desempenho das atribuições que lhe foram constitucionalmente outorgadas
- **Composto** por **14 membros**
  - I - O Procurador-Geral da República, que o preside
  - II - 4 membros do MPU, assegurada a representação de cada uma de suas carreiras
  - III - 3 membros do Ministério Público dos Estados
  - IV - 2 juízes, indicados um pelo STF e outro pelo STJ
  - V - 2 advogados, indicados pelo Conselho Federal da OAB
  - VI - 2 cidadãos de notável saber jurídico e reputação ilibada, indicados um pela Câmara dos Deputados e outro pelo Senado
  - Nomeados pelo **Presidente da República**, depois de aprovada a escolha pela **maioria absoluta** do **Senado Federal**

Advocacia pública

AGU (art. 131)
- **Funções**
  - I - Representa a **União**
    - Diretamente ou através de órgão vinculado
    - **Judicial** e **extrajudicialmente**
  - ⚠️ Representa a União como um todo, englobando os seus órgãos e todos os poderes
    - Na Execução da Dívida Ativa de **natureza tributária** — A representação da União é feita pela **Procuradoria-Geral da Fazenda Nacional**
  - II - Realiza as atividades de **consultoria** e **assessoramento** jurídico do **Poder Executivo Federal** — Aqui é só o Executivo Federal!
- **Chefia**
  - Advogado-Geral da União (**AGU**)
    - Livre nomeação e exoneração pelo Presidente da República
    - Tem *status* de Ministro de Estado
  - Requisitos
    - Ser cidadão
    - Maiores de 35 anos
    - Notável saber jurídico e reputação ilibada
- **Julgamento**
  - Crimes comuns — STF
  - Crimes de **responsabilidade** — **Senado Federal**

Procuradores dos Estados e do DF (art. 132)
- Organizados em **carreira** — Ingresso por concurso público de provas e títulos
- Exercerão a representação **judicial** e a **consultoria** jurídica das respectivas **unidades federadas**
- Essas funções **não** podem ser exercidas por ocupantes de **cargo em comissão**
- **Estabilidade**
  - Após **3 anos** de efetivo exercício
  - Mediante **avaliação de desempenho** perante os órgãos próprios, após relatório circunstanciado das corregedorias

117

FUNÇÕES ESSENCIAIS À JUSTIÇA IV

Advocacia privada
art. 133

O advogado é indispensável à administração da Justiça
- Capacidade postulatória
- Advogado deve ser inscrito na OAB
- **Exceções**
  - *Habeas corpus*
  - Revisão criminal
  - Acesso à Justiça do Trabalho
  - Juizados Especiais **CÍVEIS**
    - ↪ Nos **criminais** precisa de advogado

Inviolabilidade
- O advogado é **inviolável** por seus atos e manifestações no exercício da profissão (não é absoluta)

⚠ Os advogados **podem** ter acesso a provas **já documentadas** em autos de inquéritos policiais, **inclusive** os que tramitam em sigilo

É **direito** do **defensor**, no interesse do representado, ter **acesso amplo** aos elementos de **prova** que, já documentados em procedimento investigatório realizado por órgão com competência de polícia judiciária, digam respeito ao exercício do direito de defesa (Súmula Vinculante 14)

Defensoria Pública

1. Noções gerais
art. 134
- Criada pela **CF/88**
  - Fortalece o direito de acesso à Justiça
  - A Defensoria Pública deve atender aos **necessitados**
- A DP é **instituição PERMANENTE**, **essencial à função jurisdicional** do **Estado**
- ✘ **Não** pode prestar **assistência judicial a servidores públicos**, quando processados por **ato** praticado em razão do exercício de suas **funções** (ADI 3.022/RS)

2. Incumbências
⭐ art. 134, *caput* (EC 80/2014)
- I - A **orientação jurídica**
- II - A promoção dos **direitos humanos**
- III - A **defesa**

Aos **necessitados** na forma do art. 5º, LXXIV
- Em todos os graus
- Judicial e extrajudicial
- Dos direitos individuais e coletivos
- De forma integral e gratuita

3. Organização da DP
art. 134, § 1º
- **Lei complementar** irá
  - **Organizar** a Defensoria Pública da **União** e do **DF** e **Territórios**
  - Prescrever **normas gerais** para organização das Defensorias Públicas **Estaduais**
- **Cargos** da DP
  - São organizados em **carreira**
  - Providos, na classe inicial, mediante **concurso público** de **provas** e **títulos**
  - Possuem **inamovibilidade**
  - Remunerados por **subsídio**
  - ✘ **Vedado** o exercício da **advocacia** fora das atribuições institucionais

4. Autonomia
- ⭐ As **DPs** da **União**, dos **Estados** e do **DF** possuem **autonomia** (art. 134, §§ 2º e 3º; EC 74/2013)
- **Possuem**
  - **Autonomia** funcional e **administrativa**
  - **Iniciativa** de sua **proposta orçamentária** dentro dos limites estabelecidos na LDO
- EC 69/2012
  - ⚠ O **DF organiza** e **mantém** sua Defensoria Pública!
  - Aplicam-se à DPDF os mesmos princípios e regras que, nos termos da CF, regem as DPs dos Estados

5. Princípios institucionais
art. 134, § 4º
- I - **Unidade**
- II - **Indivisibilidade**
- III - **Independência funcional**
- ⭐ EC 80/2014

Capítulo 10

Controle de Constitucionalidade

CONTROLE DE CONSTITUCIONALIDADE I

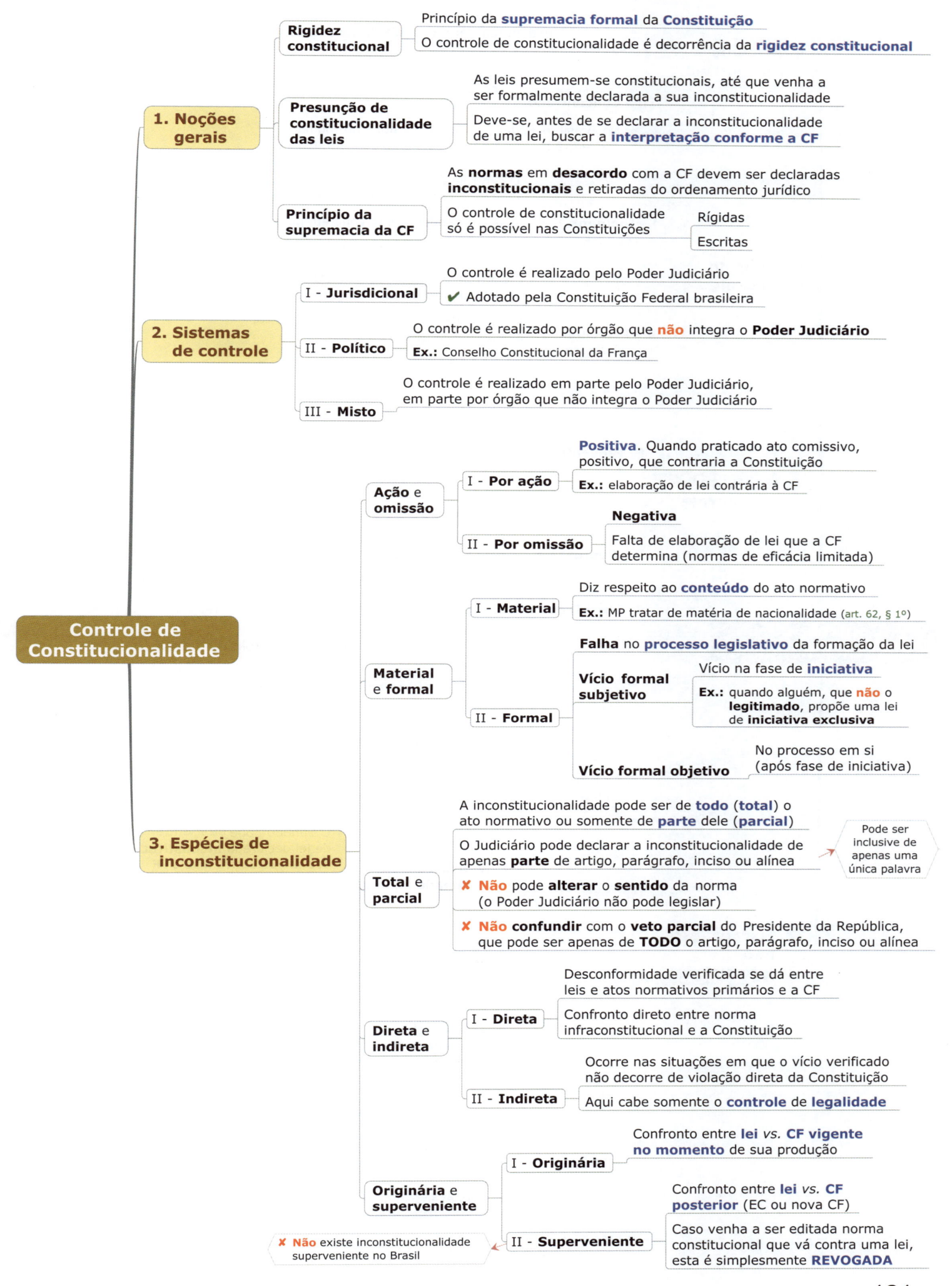

Controle de Constitucionalidade

1. Noções gerais

Rigidez constitucional
- Princípio da **supremacia formal** da **Constituição**
- O controle de constitucionalidade é decorrência da **rigidez constitucional**

Presunção de constitucionalidade das leis
- As leis presumem-se constitucionais, até que venha a ser formalmente declarada a sua inconstitucionalidade
- Deve-se, antes de se declarar a inconstitucionalidade de uma lei, buscar a **interpretação conforme a CF**

Princípio da supremacia da CF
- As **normas** em **desacordo** com a CF devem ser declaradas **inconstitucionais** e retiradas do ordenamento jurídico
- O controle de constitucionalidade só é possível nas Constituições
  - Rígidas
  - Escritas

2. Sistemas de controle

I - Jurisdicional
- O controle é realizado pelo Poder Judiciário
- ✔ Adotado pela Constituição Federal brasileira

II - Político
- O controle é realizado por órgão que **não** integra o **Poder Judiciário**
- **Ex.:** Conselho Constitucional da França

III - Misto
- O controle é realizado em parte pelo Poder Judiciário, em parte por órgão que não integra o Poder Judiciário

3. Espécies de inconstitucionalidade

Ação e omissão

I - Por ação
- **Positiva**. Quando praticado ato comissivo, positivo, que contraria a Constituição
- **Ex.:** elaboração de lei contrária à CF

II - Por omissão
- **Negativa**
- Falta de elaboração de lei que a CF determina (normas de eficácia limitada)

Material e formal

I - Material
- Diz respeito ao **conteúdo** do ato normativo
- **Ex.:** MP tratar de matéria de nacionalidade (art. 62, § 1º)

II - Formal
- **Falha** no **processo legislativo** da formação da lei
- **Vício formal subjetivo**
  - Vício na fase de **iniciativa**
  - **Ex.:** quando alguém, que **não** o **legitimado**, propõe uma lei de **iniciativa exclusiva**
- **Vício formal objetivo**
  - No processo em si (após fase de iniciativa)

Total e parcial
- A inconstitucionalidade pode ser de **todo** (**total**) o ato normativo ou somente de **parte** dele (**parcial**)
- O Judiciário pode declarar a inconstitucionalidade de apenas **parte** de artigo, parágrafo, inciso ou alínea → *Pode ser inclusive de apenas uma única palavra*
- ✗ **Não** pode **alterar** o **sentido** da norma (o Poder Judiciário não pode legislar)
- ✗ **Não confundir** com o **veto parcial** do Presidente da República, que pode ser apenas de **TODO** o artigo, parágrafo, inciso ou alínea

Direta e indireta

I - Direta
- Desconformidade verificada se dá entre leis e atos normativos primários e a CF
- Confronto direto entre norma infraconstitucional e a Constituição

II - Indireta
- Ocorre nas situações em que o vício verificado não decorre de violação direta da Constituição
- Aqui cabe somente o **controle** de **legalidade**

Originária e superveniente

I - Originária
- Confronto entre **lei** *vs.* **CF vigente no momento** de sua produção

II - Superveniente
- Confronto entre **lei** *vs.* **CF posterior** (EC ou nova CF)
- Caso venha a ser editada norma constitucional que vá contra uma lei, esta é simplesmente **REVOGADA**
- ✗ **Não** existe inconstitucionalidade superveniente no Brasil

CONTROLE DE CONSTITUCIONALIDADE II

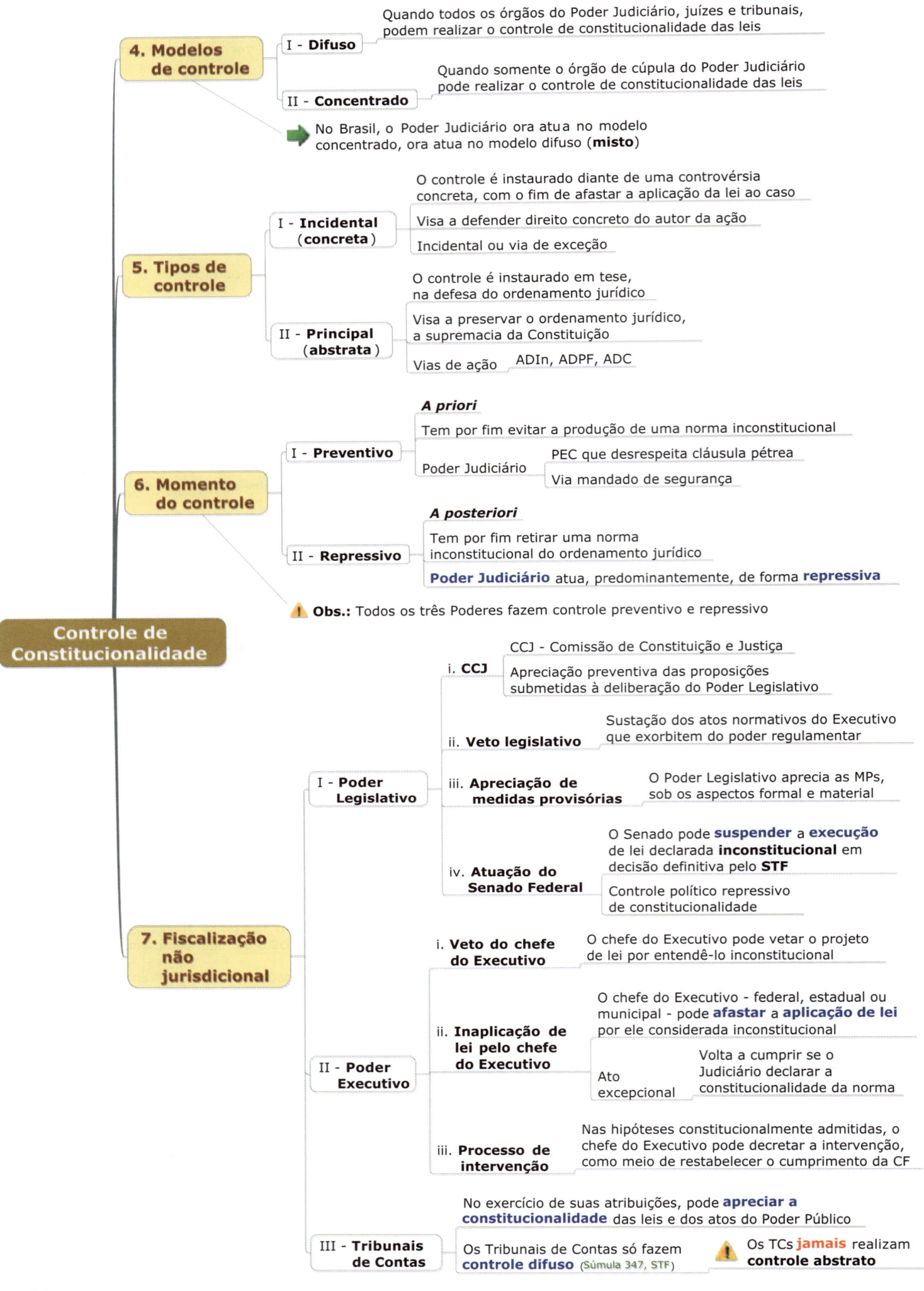

4. Modelos de controle

I - Difuso — Quando todos os órgãos do Poder Judiciário, juízes e tribunais, podem realizar o controle de constitucionalidade das leis

II - Concentrado — Quando somente o órgão de cúpula do Poder Judiciário pode realizar o controle de constitucionalidade das leis

➤ No Brasil, o Poder Judiciário ora atua no modelo concentrado, ora atua no modelo difuso (**misto**)

5. Tipos de controle

I - Incidental (concreta)
- O controle é instaurado diante de uma controvérsia concreta, com o fim de afastar a aplicação da lei ao caso
- Visa a defender direito concreto do autor da ação
- Incidental ou via de exceção

II - Principal (abstrata)
- O controle é instaurado em tese, na defesa do ordenamento jurídico
- Visa a preservar o ordenamento jurídico, a supremacia da Constituição
- Vias de ação — ADIn, ADPF, ADC

6. Momento do controle

I - Preventivo
- *A priori*
- Tem por fim evitar a produção de uma norma inconstitucional
- Poder Judiciário — PEC que desrespeita cláusula pétrea / Via mandado de segurança

II - Repressivo
- *A posteriori*
- Tem por fim retirar uma norma inconstitucional do ordenamento jurídico
- **Poder Judiciário** atua, predominantemente, de forma **repressiva**

⚠ **Obs.:** Todos os três Poderes fazem controle preventivo e repressivo

Controle de Constitucionalidade

7. Fiscalização não jurisdicional

I - Poder Legislativo

i. CCJ
- CCJ - Comissão de Constituição e Justiça
- Apreciação preventiva das proposições submetidas à deliberação do Poder Legislativo

ii. Veto legislativo
- Sustação dos atos normativos do Executivo que exorbitem do poder regulamentar

iii. Apreciação de medidas provisórias
- O Poder Legislativo aprecia as MPs, sob os aspectos formal e material

iv. Atuação do Senado Federal
- O Senado pode **suspender** a **execução** de lei declarada **inconstitucional** em decisão definitiva pelo **STF**
- Controle político repressivo de constitucionalidade

II - Poder Executivo

i. Veto do chefe do Executivo
- O chefe do Executivo pode vetar o projeto de lei por entendê-lo inconstitucional

ii. Inaplicação de lei pelo chefe do Executivo
- O chefe do Executivo - federal, estadual ou municipal - pode **afastar** a **aplicação de lei** por ele considerada inconstitucional
- Ato excepcional — Volta a cumprir se o Judiciário declarar a constitucionalidade da norma

iii. Processo de intervenção
- Nas hipóteses constitucionalmente admitidas, o chefe do Executivo pode decretar a intervenção, como meio de restabelecer o cumprimento da CF

III - Tribunais de Contas
- No exercício de suas atribuições, pode **apreciar a constitucionalidade** das leis e dos atos do Poder Público
- Os Tribunais de Contas só fazem **controle difuso** (Súmula 347, STF)
- ⚠ Os TCs **jamais** realizam **controle abstrato**

CONTROLE DE CONSTITUCIONALIDADE - CONTROLE DIFUSO I

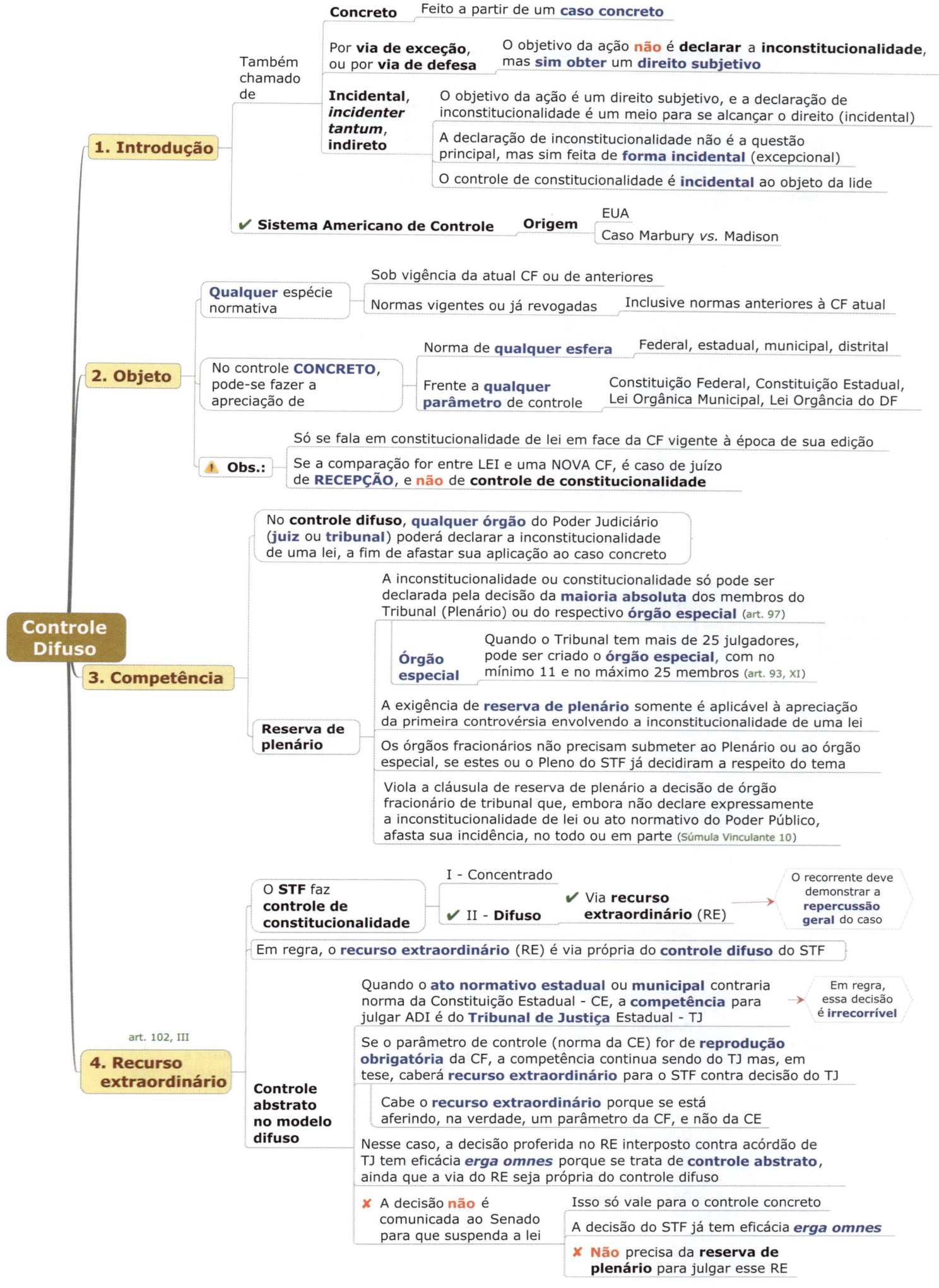

Controle Difuso

1. Introdução

Também chamado de

- **Concreto** — Feito a partir de um **caso concreto**
- Por **via de exceção**, ou por **via de defesa** — O objetivo da ação **não** é **declarar** a **inconstitucionalidade**, mas **sim obter** um **direito subjetivo**
- **Incidental**, *incidenter tantum*, indireto
  - O objetivo da ação é um direito subjetivo, e a declaração de inconstitucionalidade é um meio para se alcançar o direito (incidental)
  - A declaração de inconstitucionalidade não é a questão principal, mas sim feita de **forma incidental** (excepcional)
  - O controle de constitucionalidade é **incidental** ao objeto da lide

✔ **Sistema Americano de Controle** — **Origem** — EUA / Caso Marbury *vs.* Madison

2. Objeto

- **Qualquer** espécie normativa
  - Sob vigência da atual CF ou de anteriores
  - Normas vigentes ou já revogadas — Inclusive normas anteriores à CF atual
- No controle **CONCRETO**, pode-se fazer a apreciação de
  - Norma de **qualquer esfera** — Federal, estadual, municipal, distrital
  - Frente a **qualquer parâmetro** de controle — Constituição Federal, Constituição Estadual, Lei Orgânica Municipal, Lei Orgânica do DF
- ⚠ **Obs.:**
  - Só se fala em constitucionalidade de lei em face da CF vigente à época de sua edição
  - Se a comparação for entre LEI e uma NOVA CF, é caso de juízo de **RECEPÇÃO**, e **não** de **controle de constitucionalidade**

3. Competência

- No **controle difuso**, **qualquer órgão** do Poder Judiciário (**juiz** ou **tribunal**) poderá declarar a inconstitucionalidade de uma lei, a fim de afastar sua aplicação ao caso concreto
- A inconstitucionalidade ou constitucionalidade só pode ser declarada pela decisão da **maioria absoluta** dos membros do Tribunal (Plenário) ou do respectivo **órgão especial** (art. 97)
  - **Órgão especial** — Quando o Tribunal tem mais de 25 julgadores, pode ser criado o **órgão especial**, com no mínimo 11 e no máximo 25 membros (art. 93, XI)
- **Reserva de plenário**
  - A exigência de **reserva de plenário** somente é aplicável à apreciação da primeira controvérsia envolvendo a inconstitucionalidade de uma lei
  - Os órgãos fracionários não precisam submeter ao Plenário ou ao órgão especial, se estes ou o Pleno do STF já decidiram a respeito do tema
  - Viola a cláusula de reserva de plenário a decisão de órgão fracionário de tribunal que, embora não declare expressamente a inconstitucionalidade de lei ou ato normativo do Poder Público, afasta sua incidência, no todo ou em parte (Súmula Vinculante 10)

4. Recurso extraordinário (art. 102, III)

- O **STF** faz **controle de constitucionalidade**
  - I - Concentrado
  - ✔ II - **Difuso** — ✔ Via **recurso extraordinário** (RE) → O recorrente deve demonstrar a **repercussão geral** do caso
- Em regra, o **recurso extraordinário** (RE) é via própria do **controle difuso** do STF
- **Controle abstrato no modelo difuso**
  - Quando o **ato normativo estadual** ou **municipal** contraria norma da Constituição Estadual - CE, a **competência** para julgar ADI é do **Tribunal de Justiça** Estadual - TJ → Em regra, essa decisão é **irrecorrível**
  - Se o parâmetro de controle (norma da CE) for de **reprodução obrigatória** da CF, a competência continua sendo do TJ mas, em tese, caberá **recurso extraordinário** para o STF contra decisão do TJ
    - Cabe o **recurso extraordinário** porque se está aferindo, na verdade, um parâmetro da CF, e não da CE
  - Nesse caso, a decisão proferida no RE interposto contra acórdão de TJ tem eficácia *erga omnes* porque se trata de **controle abstrato**, ainda que a via do RE seja própria do controle difuso
  - ✘ A decisão **não** é comunicada ao Senado para que suspenda a lei
    - Isso só vale para o controle concreto
    - A decisão do STF já tem eficácia *erga omnes*
    - ✘ **Não** precisa da **reserva de plenário** para julgar esse RE

123

CONTROLE DE CONSTITUCIONALIDADE - CONTROLE DIFUSO II

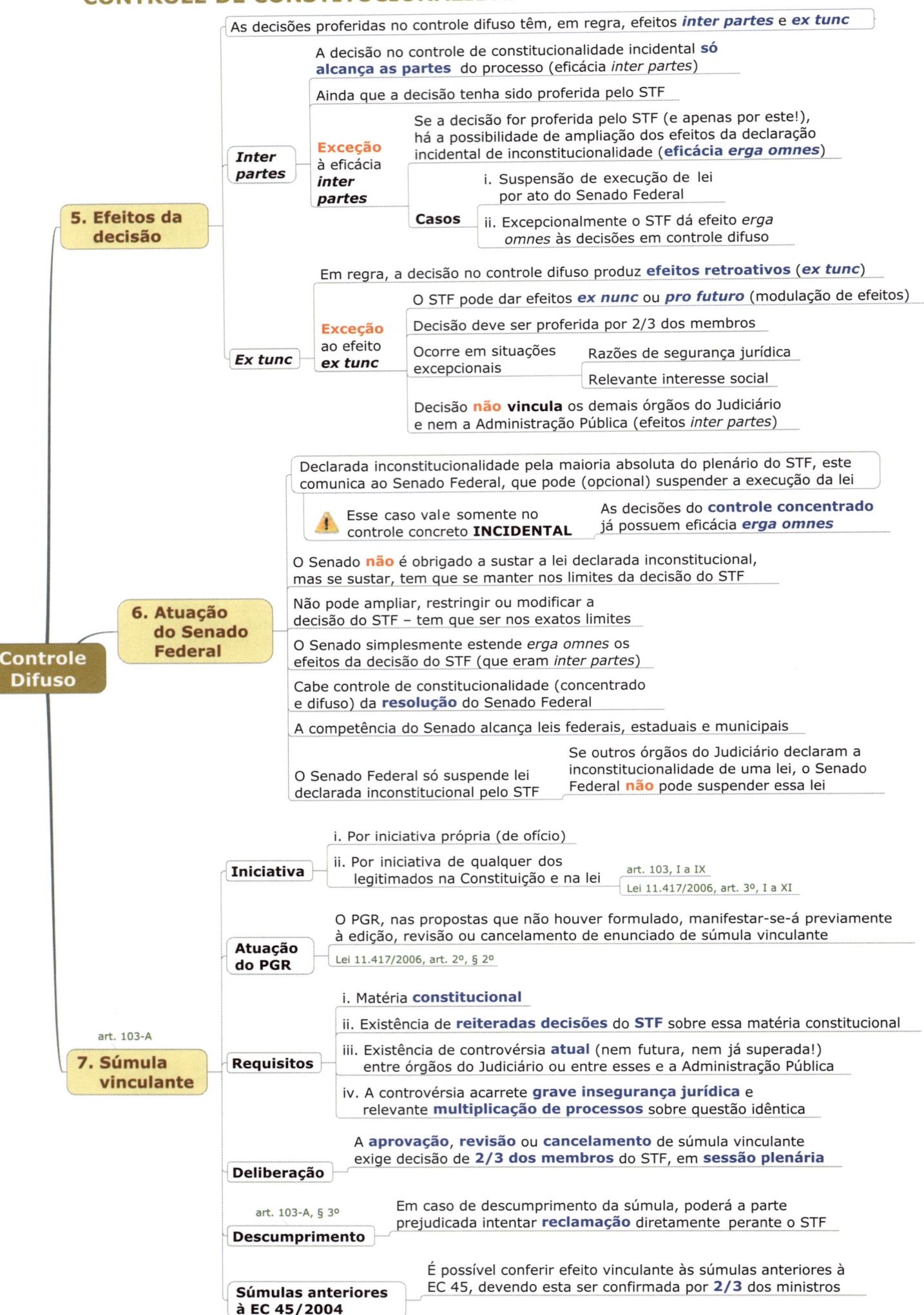

Controle Difuso

5. Efeitos da decisão

As decisões proferidas no controle difuso têm, em regra, efeitos *inter partes* e *ex tunc*

Inter partes

A decisão no controle de constitucionalidade incidental **só alcança as partes** do processo (eficácia *inter partes*)

Ainda que a decisão tenha sido proferida pelo STF

Exceção à eficácia *inter partes*

Se a decisão for proferida pelo STF (e apenas por este!), há a possibilidade de ampliação dos efeitos da declaração incidental de inconstitucionalidade (**eficácia *erga omnes***)

Casos
i. Suspensão de execução de lei por ato do Senado Federal
ii. Excepcionalmente o STF dá efeito *erga omnes* às decisões em controle difuso

Ex tunc

Em regra, a decisão no controle difuso produz **efeitos retroativos** (*ex tunc*)

Exceção ao efeito *ex tunc*

O STF pode dar efeitos *ex nunc* ou *pro futuro* (modulação de efeitos)

Decisão deve ser proferida por 2/3 dos membros

Ocorre em situações excepcionais
— Razões de segurança jurídica
— Relevante interesse social

Decisão **não** vincula os demais órgãos do Judiciário e nem a Administração Pública (efeitos *inter partes*)

6. Atuação do Senado Federal

Declarada inconstitucionalidade pela maioria absoluta do plenário do STF, este comunica ao Senado Federal, que pode (opcional) suspender a execução da lei

⚠ Esse caso vale somente no controle concreto **INCIDENTAL** — As decisões do **controle concentrado** já possuem eficácia *erga omnes*

O Senado **não** é obrigado a sustar a lei declarada inconstitucional, mas se sustar, tem que se manter nos limites da decisão do STF

Não pode ampliar, restringir ou modificar a decisão do STF – tem que ser nos exatos limites

O Senado simplesmente estende *erga omnes* os efeitos da decisão do STF (que eram *inter partes*)

Cabe controle de constitucionalidade (concentrado e difuso) da **resolução** do Senado Federal

A competência do Senado alcança leis federais, estaduais e municipais

O Senado Federal só suspende lei declarada inconstitucional pelo STF — Se outros órgãos do Judiciário declaram a inconstitucionalidade de uma lei, o Senado Federal **não** pode suspender essa lei

7. Súmula vinculante (art. 103-A)

Iniciativa
i. Por iniciativa própria (de ofício)
ii. Por iniciativa de qualquer dos legitimados na Constituição e na lei
— art. 103, I a IX
— Lei 11.417/2006, art. 3º, I a XI

Atuação do PGR
O PGR, nas propostas que não houver formulado, manifestar-se-á previamente à edição, revisão ou cancelamento de enunciado de súmula vinculante
— Lei 11.417/2006, art. 2º, § 2º

Requisitos
i. Matéria **constitucional**
ii. Existência de **reiteradas decisões** do **STF** sobre essa matéria constitucional
iii. Existência de controvérsia **atual** (nem futura, nem já superada!) entre órgãos do Judiciário ou entre esses e a Administração Pública
iv. A controvérsia acarrete **grave insegurança jurídica** e relevante **multiplicação de processos** sobre questão idêntica

Deliberação
A **aprovação**, **revisão** ou **cancelamento** de súmula vinculante exige decisão de **2/3 dos membros** do STF, em **sessão plenária**

Descumprimento (art. 103-A, § 3º)
Em caso de descumprimento da súmula, poderá a parte prejudicada intentar **reclamação** diretamente perante o STF

Súmulas anteriores à EC 45/2004
É possível conferir efeito vinculante às súmulas anteriores à EC 45, devendo esta ser confirmada por **2/3** dos ministros

AÇÃO DIRETA DE INCONSTITUCIONALIDADE - ADI I

ADI

1. Introdução

Objetivo
- Declaração de inconstitucionalidade da lei, e não a solução do litígio (como é no controle difuso)
- É instrumento de defesa do ordenamento jurídico, e não de defesa de direitos subjetivos
- Não há caso concreto

Objeto
- Devem possuir **generalidade** e **abstração**
  - i. Lei (em sentido amplo)
  - ii. Atos normativos de **caráter abstrato**
- Se o ato normativo for de **efeito concreto** (ato administrativo material) – com objeto determinado e destinatário certo
  - ✗ **Não** cabe **ADI**
  - ✔ Mas cabe **mandado de segurança**
- ✔ Contra **lei formal sempre** cabe ADI
  - Ainda que seja lei de efeitos concretos (ADIMC 4.048/DF)

Elementos essenciais
- i. **Elemento temporal**
  - A norma a ser controlada deve estar vigente
  - Se tiver sido revogada, cabe apenas o controle concreto
- ii. **Elemento conceitual**
  - Parâmetros de controle
    - Constituição em vigor
      - Normas constitucionais originárias
      - Normas constitucionais derivadas
  - **Preâmbulo**
    - Não tem relevância jurídica, só política (ADI 2.076/AC)

2. Legitimação ativa
art. 103

a) Legitimados universais
- Podem impugnar qualquer matéria, independentemente de comprovação de interesse
- **Legitimados universais**
  - I - Presidente da República
  - II - Procurador-Geral da República
  - III - Mesa
    - Câmara dos Deputados
    - Senado Federal
  - IV - Conselho Federal da OAB
  - V - Partido Político com representação no Congresso Nacional (CN)
    - ↪ Necessita de advogado para propositura da ação

b) Legitimados especiais
- Só podem impugnar a matéria em relação à qual comprovem interesse
- **Legitimados especiais**
  - VI - Governador de Estado e do DF
  - VII - Mesa de Assembleia Legislativa e da Câmara Legislativa do DF
  - VIII - Confederação sindical ou entidade de classe de âmbito nacional
    - ↪ Necessita de advogado para propositura da ação

⚠ **Obs.:**
- **Associação de Associação**
  - ✔ **Pode** propor ADI
  - **Ex.:** Federação Nacional das Associações dos Produtores de Cachaça de Alambique
- **Perda de representação do Partido Político no CN**
  - Representação do partido político no CN = 1 parlamentar em qualquer das Casas
  - Se perder representação após propositura da ADI — Ela continua válida
  - Aferição de legitimidade ativa deve ser feita no momento da propositura da ação e a perda superveniente de representação parlamentar não prejudica a apreciação da ADI
  - Não é o parlamentar que entra com a ADI, e sim o Partido Político
- **Sindicatos, federações, centrais sindicais**
  - ✗ **Não** podem **propor ADI**
  - ✔ Somente as **CONFEDERAÇÕES** sindicais

AÇÃO DIRETA DE INCONSTITUCIONALIDADE - ADI II

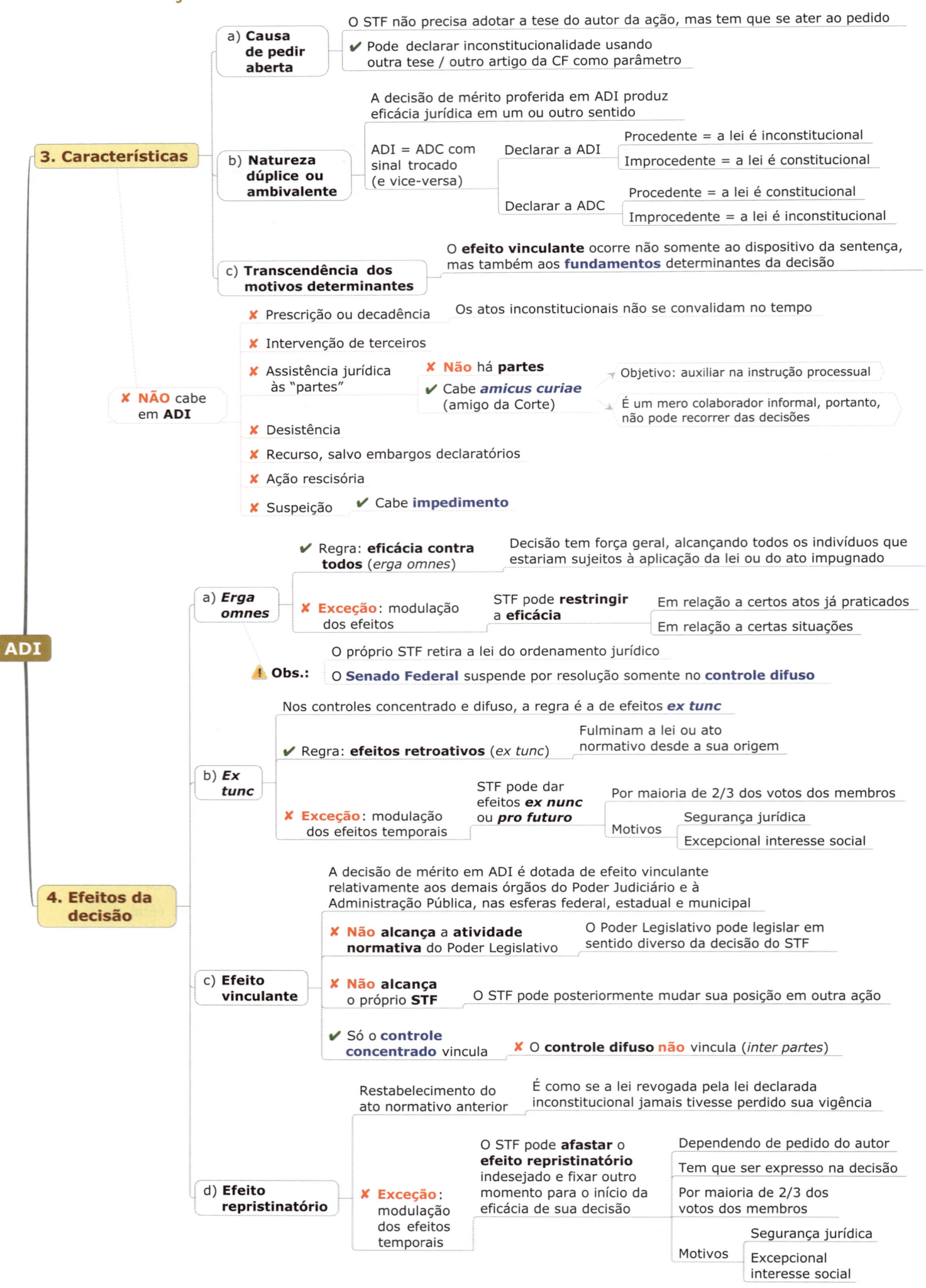

3. Características

a) **Causa de pedir aberta**
- O STF não precisa adotar a tese do autor da ação, mas tem que se ater ao pedido
- ✔ Pode declarar inconstitucionalidade usando outra tese / outro artigo da CF como parâmetro

b) **Natureza dúplice ou ambivalente**
- A decisão de mérito proferida em ADI produz eficácia jurídica em um ou outro sentido
- ADI = ADC com sinal trocado (e vice-versa)
  - Declarar a ADI
    - Procedente = a lei é inconstitucional
    - Improcedente = a lei é constitucional
  - Declarar a ADC
    - Procedente = a lei é constitucional
    - Improcedente = a lei é inconstitucional

c) **Transcendência dos motivos determinantes**
- O **efeito vinculante** ocorre não somente ao dispositivo da sentença, mas também aos **fundamentos** determinantes da decisão

✗ **NÃO** cabe em **ADI**
- ✗ Prescrição ou decadência — Os atos inconstitucionais não se convalidam no tempo
- ✗ Intervenção de terceiros
- ✗ Assistência jurídica às "partes"
  - ✗ **Não** há **partes**
  - ✔ Cabe **amicus curiae** (amigo da Corte)
    - Objetivo: auxiliar na instrução processual
    - É um mero colaborador informal, portanto, não pode recorrer das decisões
- ✗ Desistência
- ✗ Recurso, salvo embargos declaratórios
- ✗ Ação rescisória
- ✗ Suspeição — ✔ Cabe **impedimento**

4. Efeitos da decisão

a) **Erga omnes**
- ✔ Regra: **eficácia contra todos** (erga omnes) — Decisão tem força geral, alcançando todos os indivíduos que estariam sujeitos à aplicação da lei ou do ato impugnado
- ✗ **Exceção**: modulação dos efeitos — STF pode **restringir a eficácia**
  - Em relação a certos atos já praticados
  - Em relação a certas situações
- ⚠ **Obs.:**
  - O próprio STF retira a lei do ordenamento jurídico
  - O **Senado Federal** suspende por resolução somente no **controle difuso**

b) **Ex tunc**
- Nos controles concentrado e difuso, a regra é a de efeitos **ex tunc**
- ✔ Regra: **efeitos retroativos** (ex tunc) — Fulminam a lei ou ato normativo desde a sua origem
- ✗ **Exceção**: modulação dos efeitos temporais — STF pode dar efeitos **ex nunc** ou **pro futuro**
  - Por maioria de 2/3 dos votos dos membros
  - Motivos
    - Segurança jurídica
    - Excepcional interesse social

c) **Efeito vinculante**
- A decisão de mérito em ADI é dotada de efeito vinculante relativamente aos demais órgãos do Poder Judiciário e à Administração Pública, nas esferas federal, estadual e municipal
- ✗ **Não alcança** a **atividade normativa** do Poder Legislativo — O Poder Legislativo pode legislar em sentido diverso da decisão do STF
- ✗ **Não alcança** o próprio **STF** — O STF pode posteriormente mudar sua posição em outra ação
- ✔ Só o **controle concentrado** vincula — ✗ O **controle difuso não** vincula (inter partes)

d) **Efeito repristinatório**
- Restabelecimento do ato normativo anterior — É como se a lei revogada pela lei declarada inconstitucional jamais tivesse perdido sua vigência
- ✗ **Exceção**: modulação dos efeitos temporais — O STF pode **afastar** o **efeito repristinatório** indesejado e fixar outro momento para o início da eficácia de sua decisão
  - Dependendo de pedido do autor
  - Tem que ser expresso na decisão
  - Por maioria de 2/3 dos votos dos membros
  - Motivos
    - Segurança jurídica
    - Excepcional interesse social

AÇÃO DIRETA DE INCONSTITUCIONALIDADE - ADI III

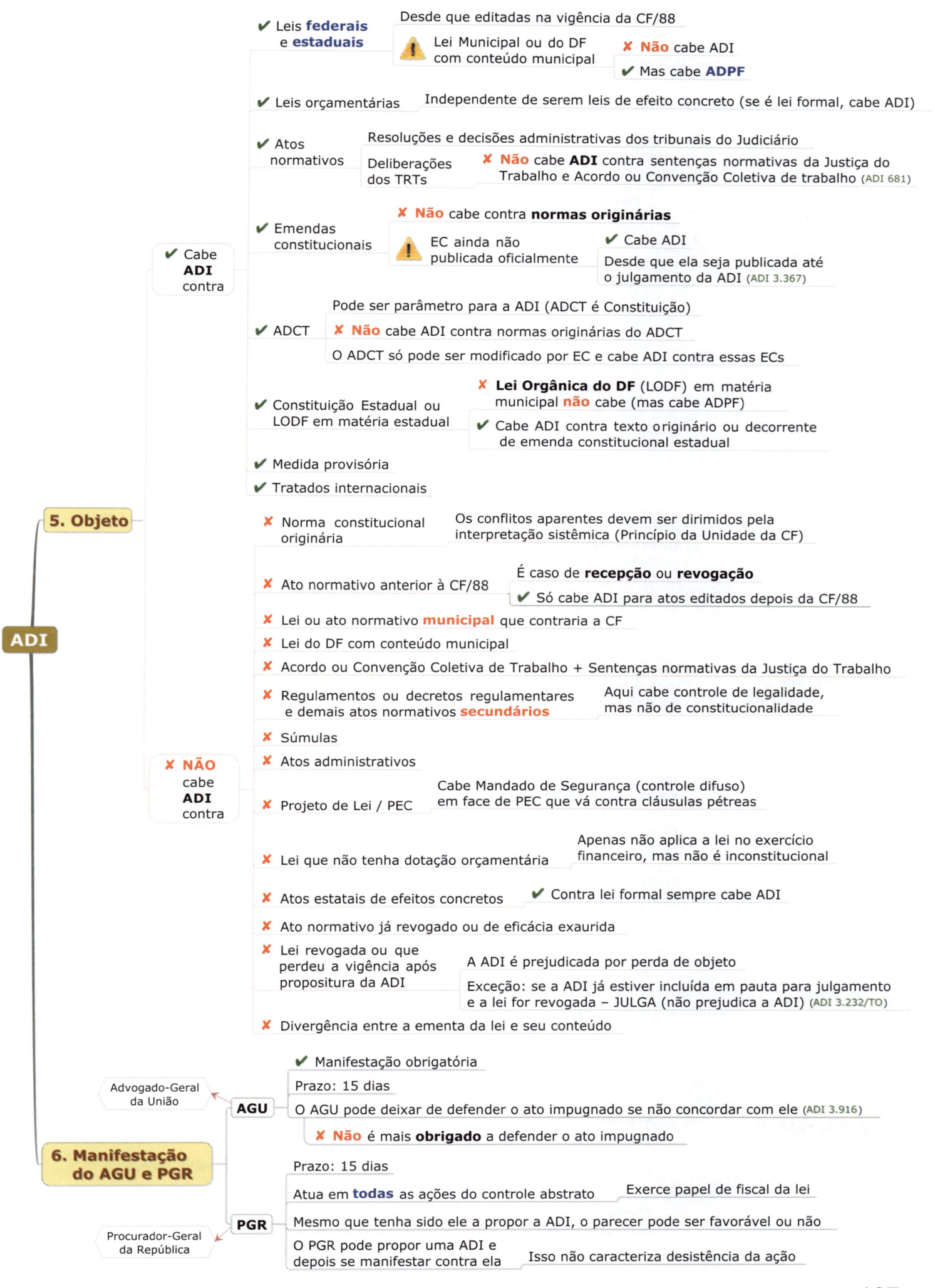

5. Objeto

✔ Cabe ADI contra

✔ Leis **federais** e **estaduais** — Desde que editadas na vigência da CF/88
⚠ Lei Municipal ou do DF com conteúdo municipal
    ✘ **Não** cabe ADI
    ✔ Mas cabe **ADPF**

✔ Leis orçamentárias — Independente de serem leis de efeito concreto (se é lei formal, cabe ADI)

✔ Atos normativos
    Resoluções e decisões administrativas dos tribunais do Judiciário
    Deliberações dos TRTs — ✘ **Não** cabe **ADI** contra sentenças normativas da Justiça do Trabalho e Acordo ou Convenção Coletiva de trabalho (ADI 681)

✔ Emendas constitucionais
    ✘ **Não** cabe contra **normas originárias**
    ⚠ EC ainda não publicada oficialmente
        ✔ Cabe ADI
        Desde que ela seja publicada até o julgamento da ADI (ADI 3.367)

✔ ADCT
    Pode ser parâmetro para a ADI (ADCT é Constituição)
    ✘ **Não** cabe ADI contra normas originárias do ADCT
    O ADCT só pode ser modificado por EC e cabe ADI contra essas ECs

✔ Constituição Estadual ou LODF em matéria estadual
    ✘ **Lei Orgânica do DF** (LODF) em matéria municipal **não** cabe (mas cabe ADPF)
    ✔ Cabe ADI contra texto originário ou decorrente de emenda constitucional estadual

✔ Medida provisória
✔ Tratados internacionais

✘ NÃO cabe ADI contra

✘ Norma constitucional originária — Os conflitos aparentes devem ser dirimidos pela interpretação sistêmica (Princípio da Unidade da CF)

✘ Ato normativo anterior à CF/88
    É caso de **recepção** ou **revogação**
    ✔ Só cabe ADI para atos editados depois da CF/88

✘ Lei ou ato normativo **municipal** que contraria a CF

✘ Lei do DF com conteúdo municipal

✘ Acordo ou Convenção Coletiva de Trabalho + Sentenças normativas da Justiça do Trabalho

✘ Regulamentos ou decretos regulamentares e demais atos normativos **secundários** — Aqui cabe controle de legalidade, mas não de constitucionalidade

✘ Súmulas

✘ Atos administrativos

✘ Projeto de Lei / PEC — Cabe Mandado de Segurança (controle difuso) em face de PEC que vá contra cláusulas pétreas

✘ Lei que não tenha dotação orçamentária — Apenas não aplica a lei no exercício financeiro, mas não é inconstitucional

✘ Atos estatais de efeitos concretos — ✔ Contra lei formal sempre cabe ADI

✘ Ato normativo já revogado ou de eficácia exaurida

✘ Lei revogada ou que perdeu a vigência após propositura da ADI
    A ADI é prejudicada por perda de objeto
    Exceção: se a ADI já estiver incluída em pauta para julgamento e a lei for revogada – JULGA (não prejudica a ADI) (ADI 3.232/TO)

✘ Divergência entre a ementa da lei e seu conteúdo

6. Manifestação do AGU e PGR

Advogado-Geral da União → **AGU**
    ✔ Manifestação obrigatória
    Prazo: 15 dias
    O AGU pode deixar de defender o ato impugnado se não concordar com ele (ADI 3.916)
    ✘ **Não** é mais **obrigado** a defender o ato impugnado

Procurador-Geral da República → **PGR**
    Prazo: 15 dias
    Atua em **todas** as ações do controle abstrato — Exerce papel de fiscal da lei
    Mesmo que tenha sido ele a propor a ADI, o parecer pode ser favorável ou não
    O PGR pode propor uma ADI e depois se manifestar contra ela — Isso não caracteriza desistência da ação

ADI

AÇÃO DIRETA DE INCONSTITUCIONALIDADE - ADI IV

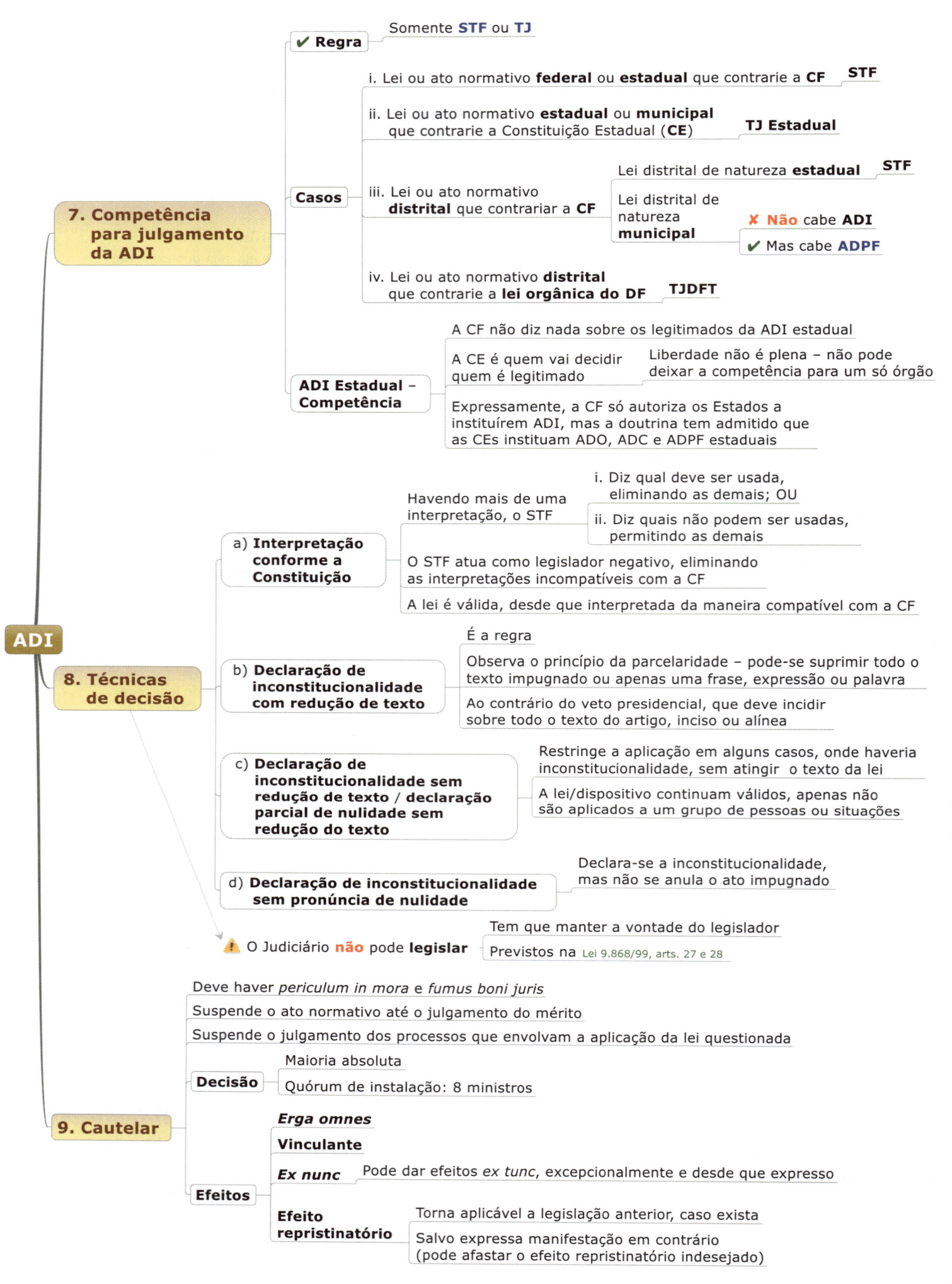

ADI

7. Competência para julgamento da ADI

- ✔ **Regra** — Somente **STF** ou **TJ**
- **Casos**
  - i. Lei ou ato normativo **federal** ou **estadual** que contrarie a **CF** — **STF**
  - ii. Lei ou ato normativo **estadual** ou **municipal** que contrarie a Constituição Estadual (**CE**) — **TJ Estadual**
  - iii. Lei ou ato normativo **distrital** que contrariar a **CF**
    - Lei distrital de natureza **estadual** — **STF**
    - Lei distrital de natureza **municipal** — ✗ **Não** cabe **ADI** / ✔ Mas cabe **ADPF**
  - iv. Lei ou ato normativo **distrital** que contrarie a **lei orgânica do DF** — **TJDFT**
- **ADI Estadual – Competência**
  - A CF não diz nada sobre os legitimados da ADI estadual
  - A CE é quem vai decidir quem é legitimado — Liberdade não é plena – não pode deixar a competência para um só órgão
  - Expressamente, a CF só autoriza os Estados a instituírem ADI, mas a doutrina tem admitido que as CEs instituam ADO, ADC e ADPF estaduais

8. Técnicas de decisão

- a) **Interpretação conforme a Constituição**
  - Havendo mais de uma interpretação, o STF
    - i. Diz qual deve ser usada, eliminando as demais; OU
    - ii. Diz quais não podem ser usadas, permitindo as demais
  - O STF atua como legislador negativo, eliminando as interpretações incompatíveis com a CF
  - A lei é válida, desde que interpretada da maneira compatível com a CF
- b) **Declaração de inconstitucionalidade com redução de texto**
  - É a regra
  - Observa o princípio da parcelaridade – pode-se suprimir todo o texto impugnado ou apenas uma frase, expressão ou palavra
  - Ao contrário do veto presidencial, que deve incidir sobre todo o texto do artigo, inciso ou alínea
- c) **Declaração de inconstitucionalidade sem redução de texto / declaração parcial de nulidade sem redução do texto**
  - Restringe a aplicação em alguns casos, onde haveria inconstitucionalidade, sem atingir o texto da lei
  - A lei/dispositivo continuam válidos, apenas não são aplicados a um grupo de pessoas ou situações
- d) **Declaração de inconstitucionalidade sem pronúncia de nulidade**
  - Declara-se a inconstitucionalidade, mas não se anula o ato impugnado
- ⚠ O Judiciário **não** pode **legislar**
  - Tem que manter a vontade do legislador
  - Previstos na Lei 9.868/99, arts. 27 e 28

9. Cautelar

- Deve haver *periculum in mora* e *fumus boni juris*
- Suspende o ato normativo até o julgamento do mérito
- Suspende o julgamento dos processos que envolvam a aplicação da lei questionada
- **Decisão**
  - Maioria absoluta
  - Quórum de instalação: 8 ministros
- **Efeitos**
  - *Erga omnes*
  - **Vinculante**
  - *Ex nunc* — Pode dar efeitos *ex tunc*, excepcionalmente e desde que expresso
  - **Efeito repristinatório**
    - Torna aplicável a legislação anterior, caso exista
    - Salvo expressa manifestação em contrário (pode afastar o efeito repristinatório indesejado)

ADC - AÇÃO DECLARATÓRIA DE CONSTITUCIONALIDADE

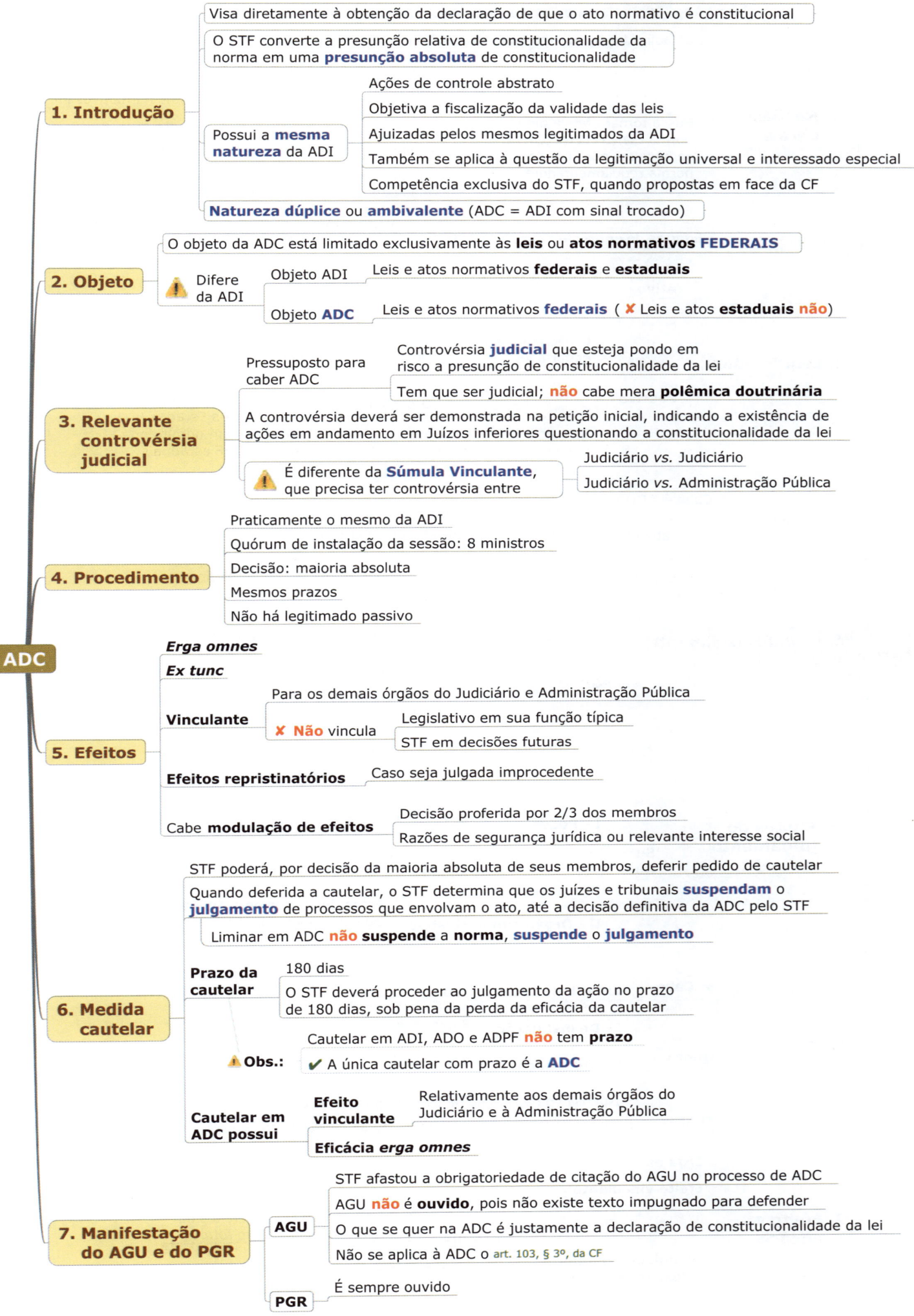

1. Introdução
- Visa diretamente à obtenção da declaração de que o ato normativo é constitucional
- O STF converte a presunção relativa de constitucionalidade da norma em uma **presunção absoluta** de constitucionalidade
- Possui a **mesma natureza** da ADI
  - Ações de controle abstrato
  - Objetiva a fiscalização da validade das leis
  - Ajuizadas pelos mesmos legitimados da ADI
  - Também se aplica à questão da legitimação universal e interessado especial
  - Competência exclusiva do STF, quando propostas em face da CF
- **Natureza dúplice** ou **ambivalente** (ADC = ADI com sinal trocado)

2. Objeto
- O objeto da ADC está limitado exclusivamente às **leis** ou **atos normativos FEDERAIS**
- Difere da ADI
  - Objeto ADI — Leis e atos normativos **federais** e **estaduais**
  - Objeto **ADC** — Leis e atos normativos **federais** (✗ Leis e atos **estaduais não**)

3. Relevante controvérsia judicial
- Pressuposto para caber ADC
  - Controvérsia **judicial** que esteja pondo em risco a presunção de constitucionalidade da lei
  - Tem que ser judicial; **não** cabe mera **polêmica doutrinária**
- A controvérsia deverá ser demonstrada na petição inicial, indicando a existência de ações em andamento em Juízos inferiores questionando a constitucionalidade da lei
- É diferente da **Súmula Vinculante**, que precisa ter controvérsia entre
  - Judiciário *vs.* Judiciário
  - Judiciário *vs.* Administração Pública

4. Procedimento
- Praticamente o mesmo da ADI
- Quórum de instalação da sessão: 8 ministros
- Decisão: maioria absoluta
- Mesmos prazos
- Não há legitimado passivo

5. Efeitos
- *Erga omnes*
- *Ex tunc*
- **Vinculante**
  - Para os demais órgãos do Judiciário e Administração Pública
  - ✗ **Não** vincula
    - Legislativo em sua função típica
    - STF em decisões futuras
- **Efeitos repristinatórios** — Caso seja julgada improcedente
- Cabe **modulação de efeitos**
  - Decisão proferida por 2/3 dos membros
  - Razões de segurança jurídica ou relevante interesse social

6. Medida cautelar
- STF poderá, por decisão da maioria absoluta de seus membros, deferir pedido de cautelar
- Quando deferida a cautelar, o STF determina que os juízes e tribunais **suspendam** o **julgamento** de processos que envolvam o ato, até a decisão definitiva da ADC pelo STF
- Liminar em ADC **não suspende** a **norma**, **suspende** o **julgamento**
- **Prazo da cautelar**
  - 180 dias
  - O STF deverá proceder ao julgamento da ação no prazo de 180 dias, sob pena da perda da eficácia da cautelar
- Obs.:
  - Cautelar em ADI, ADO e ADPF **não** tem **prazo**
  - ✔ A única cautelar com prazo é a **ADC**
- **Cautelar em ADC possui**
  - **Efeito vinculante** — Relativamente aos demais órgãos do Judiciário e à Administração Pública
  - **Eficácia *erga omnes***

7. Manifestação do AGU e do PGR
- AGU
  - STF afastou a obrigatoriedade de citação do AGU no processo de ADC
  - AGU **não** é **ouvido**, pois não existe texto impugnado para defender
  - O que se quer na ADC é justamente a declaração de constitucionalidade da lei
  - Não se aplica à ADC o art. 103, § 3º, da CF
- PGR
  - É sempre ouvido

AÇÃO DIRETA DE INCONSTITUCIONALIDADE POR OMISSÃO - ADO

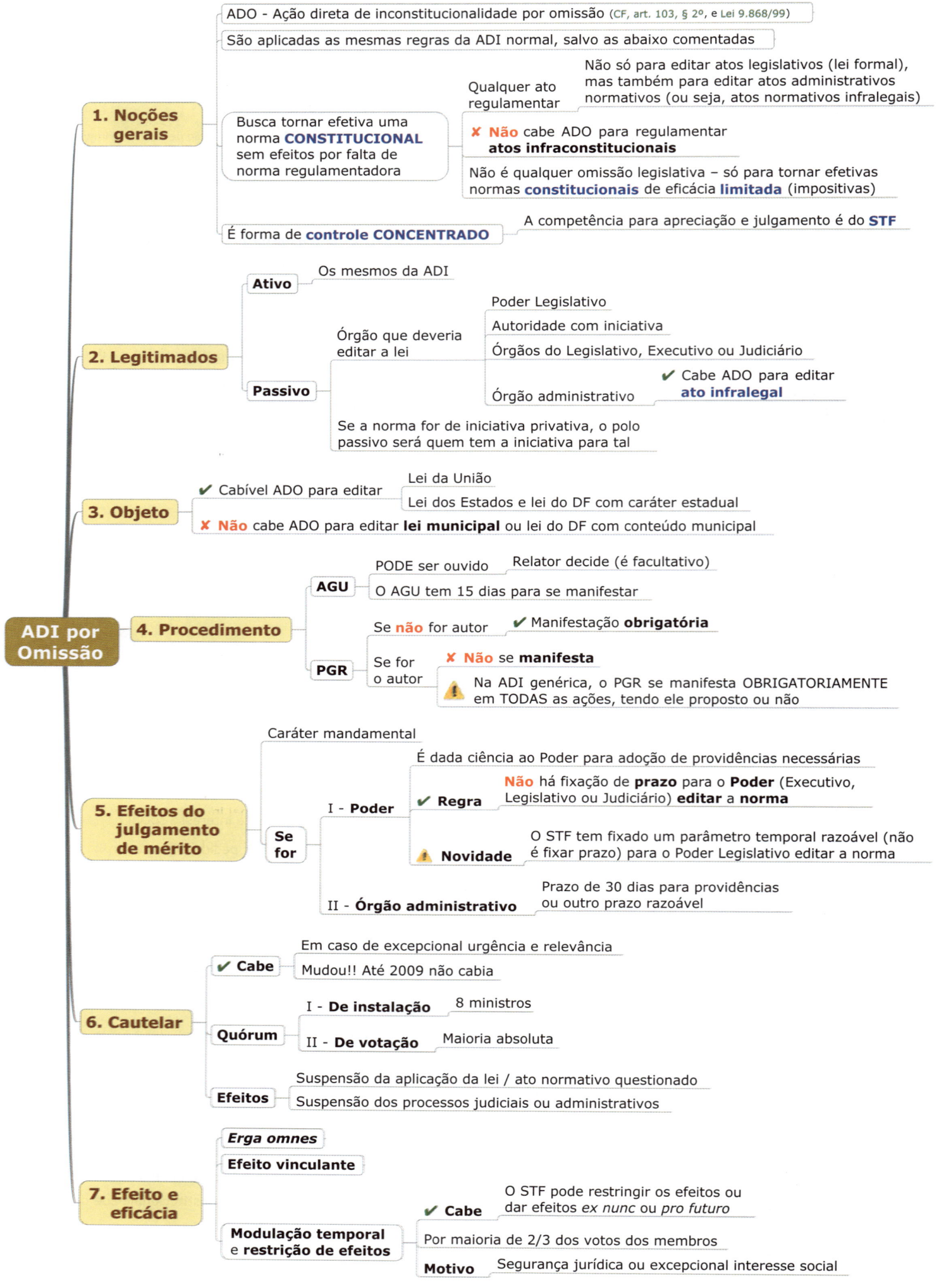

ADI por Omissão

ADO - Ação direta de inconstitucionalidade por omissão (CF, art. 103, § 2º, e Lei 9.868/99)

São aplicadas as mesmas regras da ADI normal, salvo as abaixo comentadas

1. Noções gerais

Busca tornar efetiva uma norma **CONSTITUCIONAL** sem efeitos por falta de norma regulamentadora
- Qualquer ato regulamentar — Não só para editar atos legislativos (lei formal), mas também para editar atos administrativos normativos (ou seja, atos normativos infralegais)
- ✘ **Não** cabe ADO para regulamentar **atos infraconstitucionais**
- Não é qualquer omissão legislativa – só para tornar efetivas normas **constitucionais** de eficácia **limitada** (impositivas)

É forma de **controle CONCENTRADO** — A competência para apreciação e julgamento é do **STF**

2. Legitimados
- **Ativo** — Os mesmos da ADI
- **Passivo**
  - Órgão que deveria editar a lei
    - Poder Legislativo
    - Autoridade com iniciativa
    - Órgãos do Legislativo, Executivo ou Judiciário
  - Órgão administrativo — ✔ Cabe ADO para editar **ato infralegal**
  - Se a norma for de iniciativa privativa, o polo passivo será quem tem a iniciativa para tal

3. Objeto
- ✔ Cabível ADO para editar
  - Lei da União
  - Lei dos Estados e lei do DF com caráter estadual
- ✘ **Não** cabe ADO para editar **lei municipal** ou lei do DF com conteúdo municipal

4. Procedimento
- **AGU**
  - PODE ser ouvido — Relator decide (é facultativo)
  - O AGU tem 15 dias para se manifestar
- **PGR**
  - Se **não** for autor — ✔ Manifestação **obrigatória**
  - Se for o autor — ✘ **Não** se **manifesta**
  - ⚠ Na ADI genérica, o PGR se manifesta OBRIGATORIAMENTE em TODAS as ações, tendo ele proposto ou não

5. Efeitos do julgamento de mérito
- Caráter mandamental
- É dada ciência ao Poder para adoção de providências necessárias
- **Se for**
  - I - **Poder**
    - ✔ **Regra** — **Não** há fixação de **prazo** para o **Poder** (Executivo, Legislativo ou Judiciário) **editar** a **norma**
    - ⚠ **Novidade** — O STF tem fixado um parâmetro temporal razoável (não é fixar prazo) para o Poder Legislativo editar a norma
  - II - **Órgão administrativo** — Prazo de 30 dias para providências ou outro prazo razoável

6. Cautelar
- ✔ **Cabe**
  - Em caso de excepcional urgência e relevância
  - Mudou!! Até 2009 não cabia
- **Quórum**
  - I - **De instalação** — 8 ministros
  - II - **De votação** — Maioria absoluta
- **Efeitos**
  - Suspensão da aplicação da lei / ato normativo questionado
  - Suspensão dos processos judiciais ou administrativos

7. Efeito e eficácia
- *Erga omnes*
- **Efeito vinculante**
- **Modulação temporal e restrição de efeitos**
  - ✔ **Cabe** — O STF pode restringir os efeitos ou dar efeitos *ex nunc* ou *pro futuro*
  - Por maioria de 2/3 dos votos dos membros
  - **Motivo** — Segurança jurídica ou excepcional interesse social

ARGUIÇÃO DE DESCUMPRIMENTO DE PRECEITO FUNDAMENTAL - ADPF

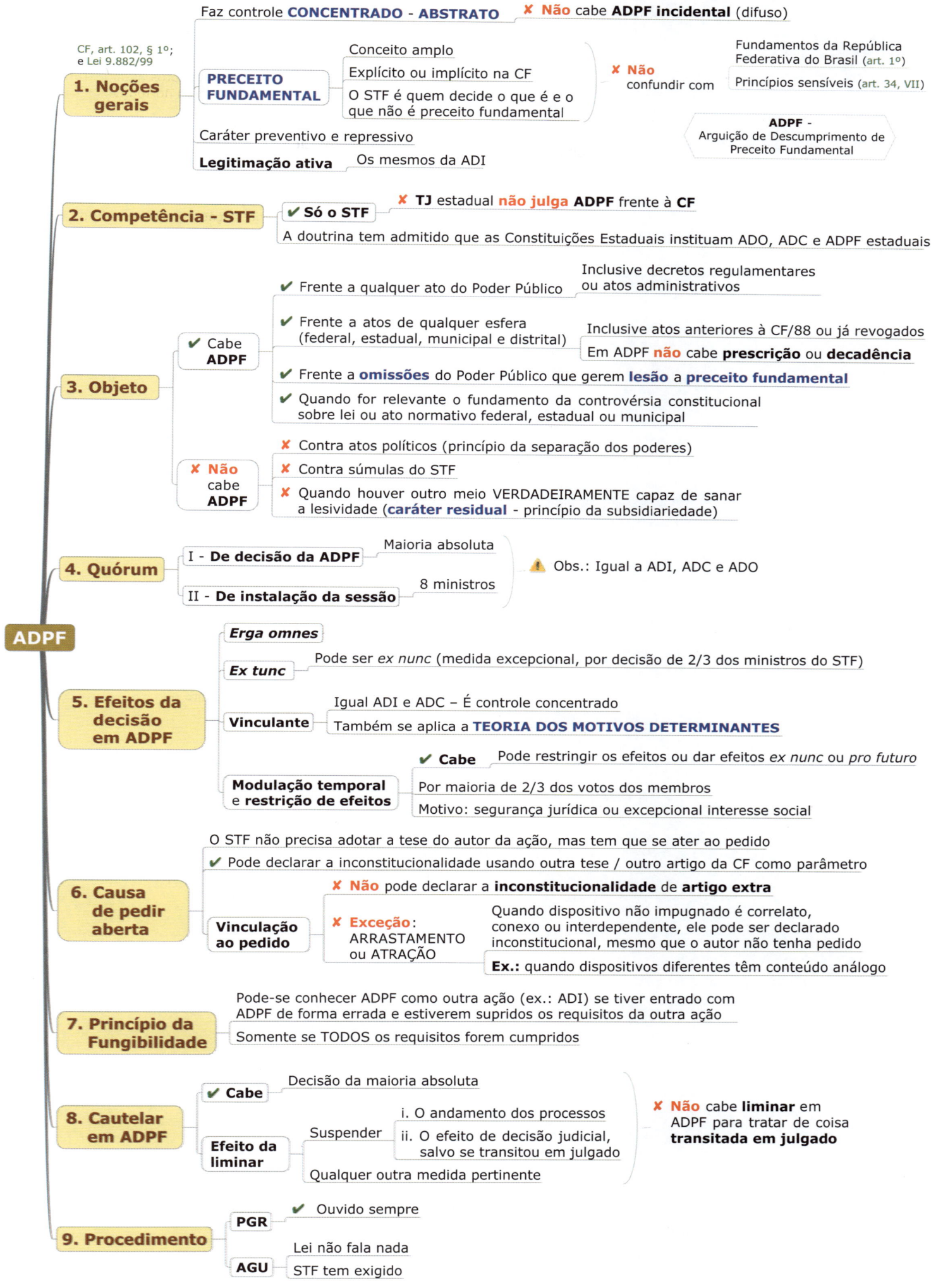

ADPF

1. Noções gerais
- Faz controle **CONCENTRADO - ABSTRATO** ✘ **Não** cabe **ADPF incidental** (difuso)
- CF, art. 102, § 1º; e Lei 9.882/99
- **PRECEITO FUNDAMENTAL**
  - Conceito amplo
  - Explícito ou implícito na CF
  - O STF é quem decide o que é e o que não é preceito fundamental
  - ✘ **Não** confundir com
    - Fundamentos da República Federativa do Brasil (art. 1º)
    - Princípios sensíveis (art. 34, VII)
- Caráter preventivo e repressivo
- **Legitimação ativa** — Os mesmos da ADI

ADPF - Arguição de Descumprimento de Preceito Fundamental

2. Competência - STF
- ✔ **Só o STF** — ✘ **TJ** estadual **não julga** **ADPF** frente à **CF**
- A doutrina tem admitido que as Constituições Estaduais instituam ADO, ADC e ADPF estaduais

3. Objeto
- ✔ Cabe **ADPF**
  - ✔ Frente a qualquer ato do Poder Público — Inclusive decretos regulamentares ou atos administrativos
  - ✔ Frente a atos de qualquer esfera (federal, estadual, municipal e distrital) — Inclusive atos anteriores à CF/88 ou já revogados / Em ADPF **não** cabe **prescrição** ou **decadência**
  - ✔ Frente a **omissões** do Poder Público que gerem **lesão** a **preceito fundamental**
  - ✔ Quando for relevante o fundamento da controvérsia constitucional sobre lei ou ato normativo federal, estadual ou municipal
- ✘ **Não** cabe **ADPF**
  - ✘ Contra atos políticos (princípio da separação dos poderes)
  - ✘ Contra súmulas do STF
  - ✘ Quando houver outro meio VERDADEIRAMENTE capaz de sanar a lesividade (**caráter residual** - princípio da subsidiariedade)

4. Quórum
- I - **De decisão da ADPF** — Maioria absoluta
- II - **De instalação da sessão** — 8 ministros
- ⚠ Obs.: Igual a ADI, ADC e ADO

5. Efeitos da decisão em ADPF
- **Erga omnes**
- **Ex tunc** — Pode ser *ex nunc* (medida excepcional, por decisão de 2/3 dos ministros do STF)
- **Vinculante**
  - Igual ADI e ADC – É controle concentrado
  - Também se aplica a **TEORIA DOS MOTIVOS DETERMINANTES**
- **Modulação temporal e restrição de efeitos**
  - ✔ **Cabe** — Pode restringir os efeitos ou dar efeitos *ex nunc* ou *pro futuro*
  - Por maioria de 2/3 dos votos dos membros
  - Motivo: segurança jurídica ou excepcional interesse social

6. Causa de pedir aberta
- O STF não precisa adotar a tese do autor da ação, mas tem que se ater ao pedido
- ✔ Pode declarar a inconstitucionalidade usando outra tese / outro artigo da CF como parâmetro
- **Vinculação ao pedido**
  - ✘ **Não** pode declarar a **inconstitucionalidade** de **artigo extra**
  - ✘ **Exceção**: ARRASTAMENTO ou ATRAÇÃO — Quando dispositivo não impugnado é correlato, conexo ou interdependente, ele pode ser declarado inconstitucional, mesmo que o autor não tenha pedido
  - **Ex.:** quando dispositivos diferentes têm conteúdo análogo

7. Princípio da Fungibilidade
- Pode-se conhecer ADPF como outra ação (ex.: ADI) se tiver entrado com ADPF de forma errada e estiverem supridos os requisitos da outra ação
- Somente se TODOS os requisitos forem cumpridos

8. Cautelar em ADPF
- ✔ **Cabe** — Decisão da maioria absoluta
- **Efeito da liminar**
  - Suspender
    - i. O andamento dos processos
    - ii. O efeito de decisão judicial, salvo se transitou em julgado
  - Qualquer outra medida pertinente
- ✘ **Não** cabe **liminar** em ADPF para tratar de coisa **transitada em julgado**

9. Procedimento
- **PGR** — ✔ Ouvido sempre
- **AGU** — Lei não fala nada / STF tem exigido

Capítulo 11

Defesa do Estado e das Instituições Democráticas

DEFESA DO ESTADO E DAS INSTITUIÇÕES DEMOCRÁTICAS I

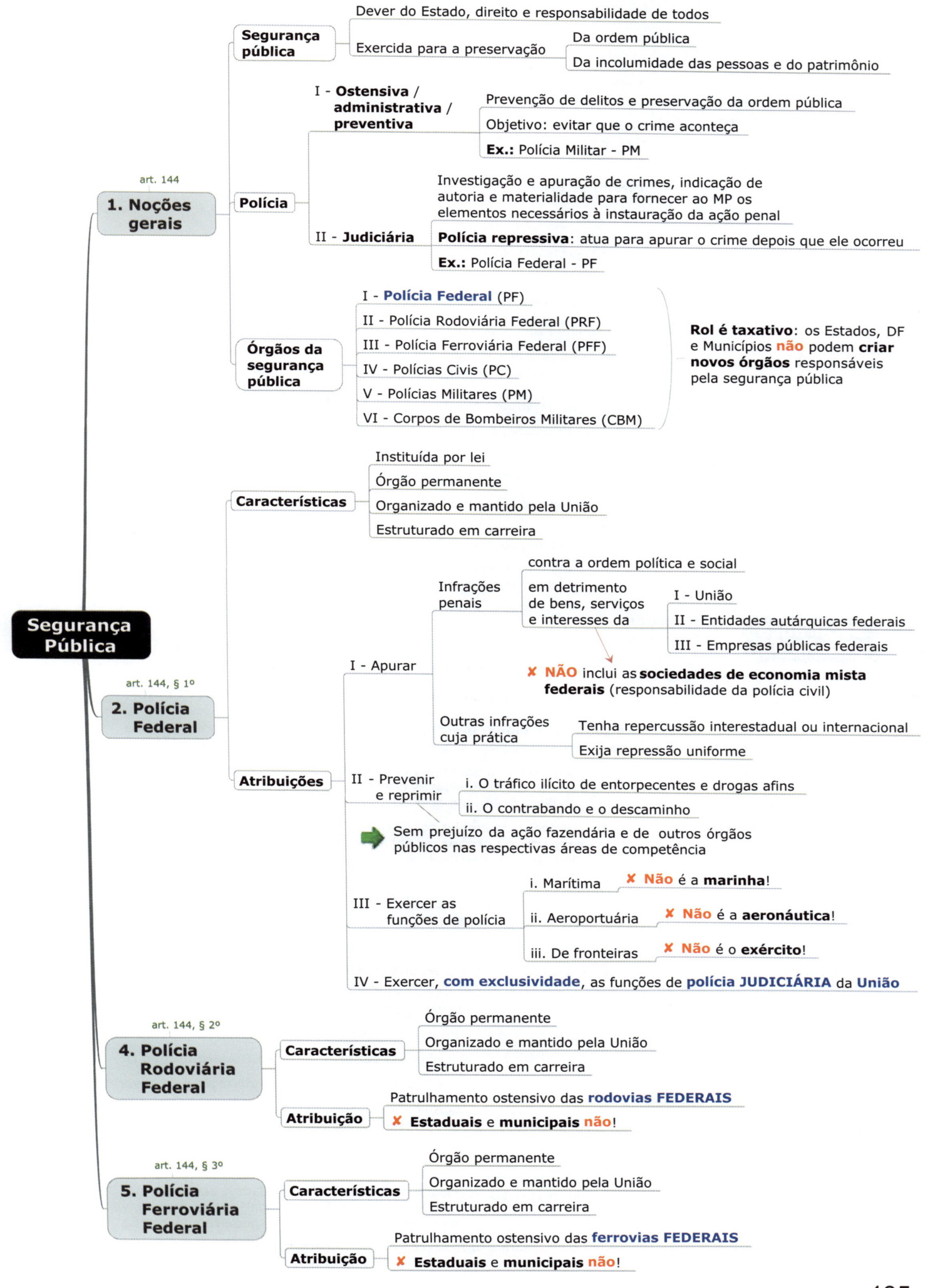

Segurança Pública

1. Noções gerais — art. 144

- **Segurança pública**
  - Dever do Estado, direito e responsabilidade de todos
  - Exercida para a preservação
    - Da ordem pública
    - Da incolumidade das pessoas e do patrimônio

- **Polícia**
  - I - **Ostensiva / administrativa / preventiva**
    - Prevenção de delitos e preservação da ordem pública
    - Objetivo: evitar que o crime aconteça
    - **Ex.:** Polícia Militar - PM
  - II - **Judiciária**
    - Investigação e apuração de crimes, indicação de autoria e materialidade para fornecer ao MP os elementos necessários à instauração da ação penal
    - **Polícia repressiva**: atua para apurar o crime depois que ele ocorreu
    - **Ex.:** Polícia Federal - PF

- **Órgãos da segurança pública**
  - I - **Polícia Federal** (PF)
  - II - Polícia Rodoviária Federal (PRF)
  - III - Polícia Ferroviária Federal (PFF)
  - IV - Polícias Civis (PC)
  - V - Polícias Militares (PM)
  - VI - Corpos de Bombeiros Militares (CBM)

  Rol é taxativo: os Estados, DF e Municípios **não** podem **criar novos órgãos** responsáveis pela segurança pública

2. Polícia Federal — art. 144, § 1º

- **Características**
  - Instituída por lei
  - Órgão permanente
  - Organizado e mantido pela União
  - Estruturado em carreira

- **Atribuições**
  - I - Apurar
    - Infrações penais
      - contra a ordem política e social
      - em detrimento de bens, serviços e interesses da
        - I - União
        - II - Entidades autárquicas federais
        - III - Empresas públicas federais
      - ✗ **NÃO** inclui as **sociedades de economia mista federais** (responsabilidade da polícia civil)
    - Outras infrações cuja prática
      - Tenha repercussão interestadual ou internacional
      - Exija repressão uniforme
  - II - Prevenir e reprimir
    - i. O tráfico ilícito de entorpecentes e drogas afins
    - ii. O contrabando e o descaminho
    - ➡ Sem prejuízo da ação fazendária e de outros órgãos públicos nas respectivas áreas de competência
  - III - Exercer as funções de polícia
    - i. Marítima — ✗ Não é a **marinha**!
    - ii. Aeroportuária — ✗ Não é a **aeronáutica**!
    - iii. De fronteiras — ✗ Não é o **exército**!
  - IV - Exercer, **com exclusividade**, as funções de **polícia JUDICIÁRIA** da **União**

4. Polícia Rodoviária Federal — art. 144, § 2º

- **Características**
  - Órgão permanente
  - Organizado e mantido pela União
  - Estruturado em carreira
- **Atribuição**
  - Patrulhamento ostensivo das **rodovias FEDERAIS**
  - ✗ **Estaduais** e **municipais não**!

5. Polícia Ferroviária Federal — art. 144, § 3º

- **Características**
  - Órgão permanente
  - Organizado e mantido pela União
  - Estruturado em carreira
- **Atribuição**
  - Patrulhamento ostensivo das **ferrovias FEDERAIS**
  - ✗ **Estaduais** e **municipais não**!

DEFESA DO ESTADO E DAS INSTITUIÇÕES DEMOCRÁTICAS II

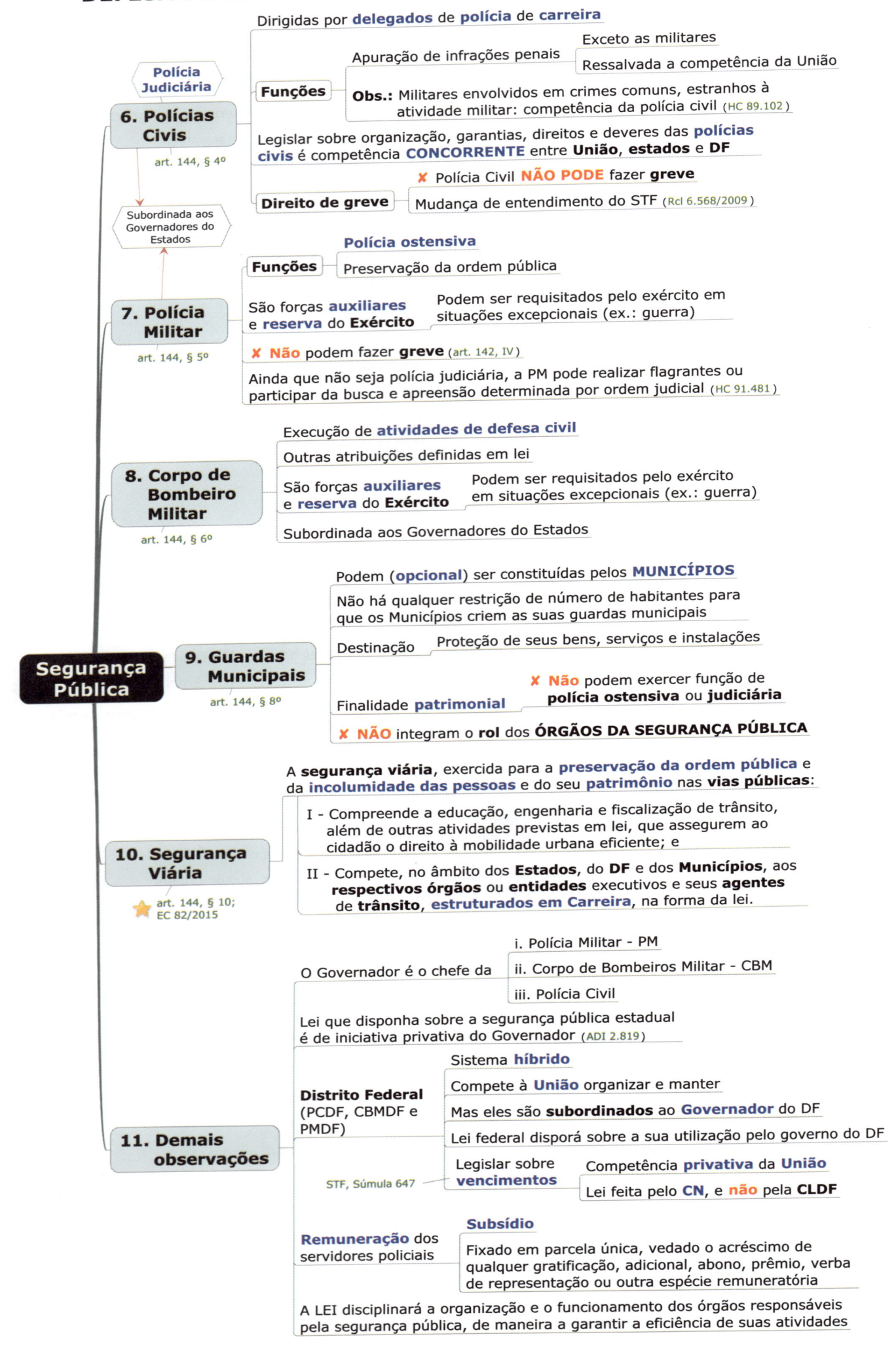

Segurança Pública

6. Polícias Civis (art. 144, § 4º) — Polícia Judiciária / Subordinada aos Governadores do Estados

Dirigidas por **delegados** de **polícia** de **carreira**

Funções
- Apuração de infrações penais
  - Exceto as militares
  - Ressalvada a competência da União
- **Obs.:** Militares envolvidos em crimes comuns, estranhos à atividade militar: competência da polícia civil (HC 89.102)

Legislar sobre organização, garantias, direitos e deveres das **polícias civis** é competência **CONCORRENTE** entre **União**, **estados** e **DF**

Direito de greve
- ✗ Polícia Civil **NÃO PODE** fazer **greve**
- Mudança de entendimento do STF (Rcl 6.568/2009)

7. Polícia Militar (art. 144, § 5º)

Funções
- Polícia ostensiva
- Preservação da ordem pública

São forças **auxiliares** e **reserva** do **Exército** — Podem ser requisitados pelo exército em situações excepcionais (ex.: guerra)

✗ **Não** podem fazer **greve** (art. 142, IV)

Ainda que não seja polícia judiciária, a PM pode realizar flagrantes ou participar da busca e apreensão determinada por ordem judicial (HC 91.481)

8. Corpo de Bombeiro Militar (art. 144, § 6º)

Execução de **atividades de defesa civil**

Outras atribuições definidas em lei

São forças **auxiliares** e **reserva** do **Exército** — Podem ser requisitados pelo exército em situações excepcionais (ex.: guerra)

Subordinada aos Governadores do Estados

9. Guardas Municipais (art. 144, § 8º)

Podem (**opcional**) ser constituídas pelos **MUNICÍPIOS**

Não há qualquer restrição de número de habitantes para que os Municípios criem as suas guardas municipais

Destinação — Proteção de seus bens, serviços e instalações

Finalidade **patrimonial** — ✗ **Não** podem exercer função de **polícia ostensiva** ou **judiciária**

✗ **NÃO** integram o **rol** dos **ÓRGÃOS DA SEGURANÇA PÚBLICA**

10. Segurança Viária (art. 144, § 10; EC 82/2015)

A **segurança viária**, exercida para a **preservação da ordem pública** e da **incolumidade das pessoas** e do seu **patrimônio** nas **vias públicas**:

I - Compreende a educação, engenharia e fiscalização de trânsito, além de outras atividades previstas em lei, que assegurem ao cidadão o direito à mobilidade urbana eficiente; e

II - Compete, no âmbito dos **Estados**, do **DF** e dos **Municípios**, aos **respectivos órgãos** ou **entidades** executivos e seus **agentes** de **trânsito, estruturados em Carreira**, na forma da lei.

11. Demais observações

O Governador é o chefe da
- i. Polícia Militar - PM
- ii. Corpo de Bombeiros Militar - CBM
- iii. Polícia Civil

Lei que disponha sobre a segurança pública estadual é de iniciativa privativa do Governador (ADI 2.819)

Distrito Federal (PCDF, CBMDF e PMDF)
- Sistema **híbrido**
- Compete à **União** organizar e manter
- Mas eles são **subordinados** ao **Governador** do DF
- Lei federal disporá sobre a sua utilização pelo governo do DF

Legislar sobre **vencimentos** (STF, Súmula 647)
- Competência **privativa** da **União**
- Lei feita pelo **CN**, e **não** pela **CLDF**

Remuneração dos servidores policiais
- **Subsídio**
- Fixado em parcela única, vedado o acréscimo de qualquer gratificação, adicional, abono, prêmio, verba de representação ou outra espécie remuneratória

A LEI disciplinará a organização e o funcionamento dos órgãos responsáveis pela segurança pública, de maneira a garantir a eficiência de suas atividades

Capítulo 12

Sistema Tributário Nacional

SISTEMA TRIBUTÁRIO NACIONAL I

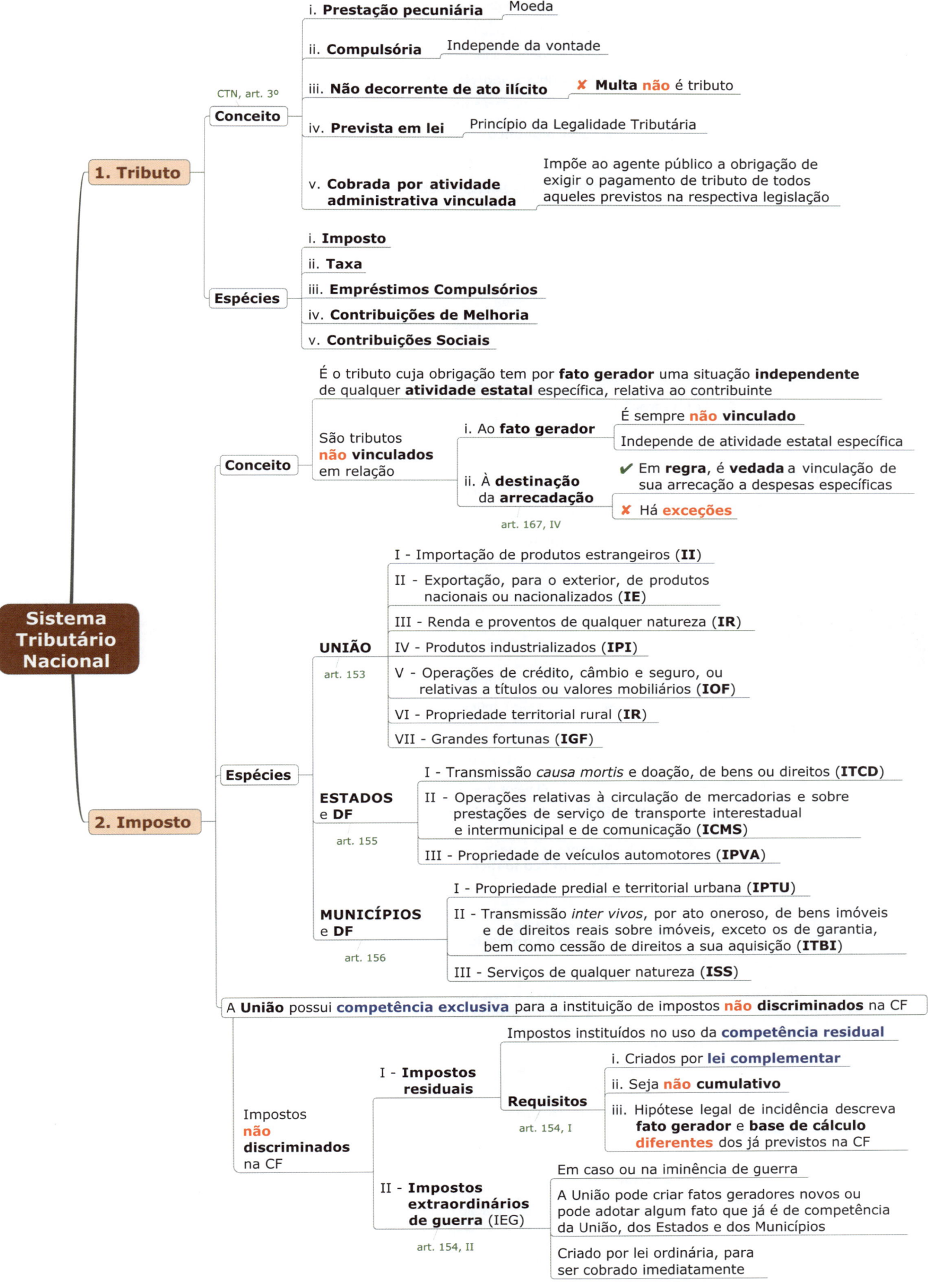

Sistema Tributário Nacional

1. Tributo

Conceito — CTN, art. 3º
- i. **Prestação pecuniária** — Moeda
- ii. **Compulsória** — Independe da vontade
- iii. **Não decorrente de ato ilícito** — ✗ **Multa não** é tributo
- iv. **Prevista em lei** — Princípio da Legalidade Tributária
- v. **Cobrada por atividade administrativa vinculada** — Impõe ao agente público a obrigação de exigir o pagamento de tributo de todos aqueles previstos na respectiva legislação

Espécies
- i. **Imposto**
- ii. **Taxa**
- iii. **Empréstimos Compulsórios**
- iv. **Contribuições de Melhoria**
- v. **Contribuições Sociais**

2. Imposto

Conceito
É o tributo cuja obrigação tem por **fato gerador** uma situação **independente** de qualquer **atividade estatal** específica, relativa ao contribuinte

São tributos **não** vinculados em relação
- i. Ao **fato gerador**
  - É sempre **não** vinculado
  - Independe de atividade estatal específica
- ii. À **destinação** da **arrecadação** — art. 167, IV
  - ✔ Em **regra**, é **vedada** a vinculação de sua arrecação a despesas específicas
  - ✗ Há **exceções**

Espécies

UNIÃO — art. 153
- I - Importação de produtos estrangeiros (**II**)
- II - Exportação, para o exterior, de produtos nacionais ou nacionalizados (**IE**)
- III - Renda e proventos de qualquer natureza (**IR**)
- IV - Produtos industrializados (**IPI**)
- V - Operações de crédito, câmbio e seguro, ou relativas a títulos ou valores mobiliários (**IOF**)
- VI - Propriedade territorial rural (**IR**)
- VII - Grandes fortunas (**IGF**)

ESTADOS e DF — art. 155
- I - Transmissão *causa mortis* e doação, de bens ou direitos (**ITCD**)
- II - Operações relativas à circulação de mercadorias e sobre prestações de serviço de transporte interestadual e intermunicipal e de comunicação (**ICMS**)
- III - Propriedade de veículos automotores (**IPVA**)

MUNICÍPIOS e DF — art. 156
- I - Propriedade predial e territorial urbana (**IPTU**)
- II - Transmissão *inter vivos*, por ato oneroso, de bens imóveis e de direitos reais sobre imóveis, exceto os de garantia, bem como cessão de direitos a sua aquisição (**ITBI**)
- III - Serviços de qualquer natureza (**ISS**)

A **União** possui **competência exclusiva** para a instituição de impostos **não** discriminados na CF

Impostos **não** discriminados na CF
- I - **Impostos residuais** — Impostos instituídos no uso da **competência residual**
  - **Requisitos** — art. 154, I
    - i. Criados por **lei complementar**
    - ii. Seja **não** cumulativo
    - iii. Hipótese legal de incidência descreva **fato gerador** e **base de cálculo diferentes** dos já previstos na CF
- II - **Impostos extraordinários de guerra** (IEG) — art. 154, II
  - Em caso ou na iminência de guerra
  - A União pode criar fatos geradores novos ou pode adotar algum fato que já é de competência da União, dos Estados e dos Municípios
  - Criado por lei ordinária, para ser cobrado imediatamente

SISTEMA TRIBUTÁRIO NACIONAL II

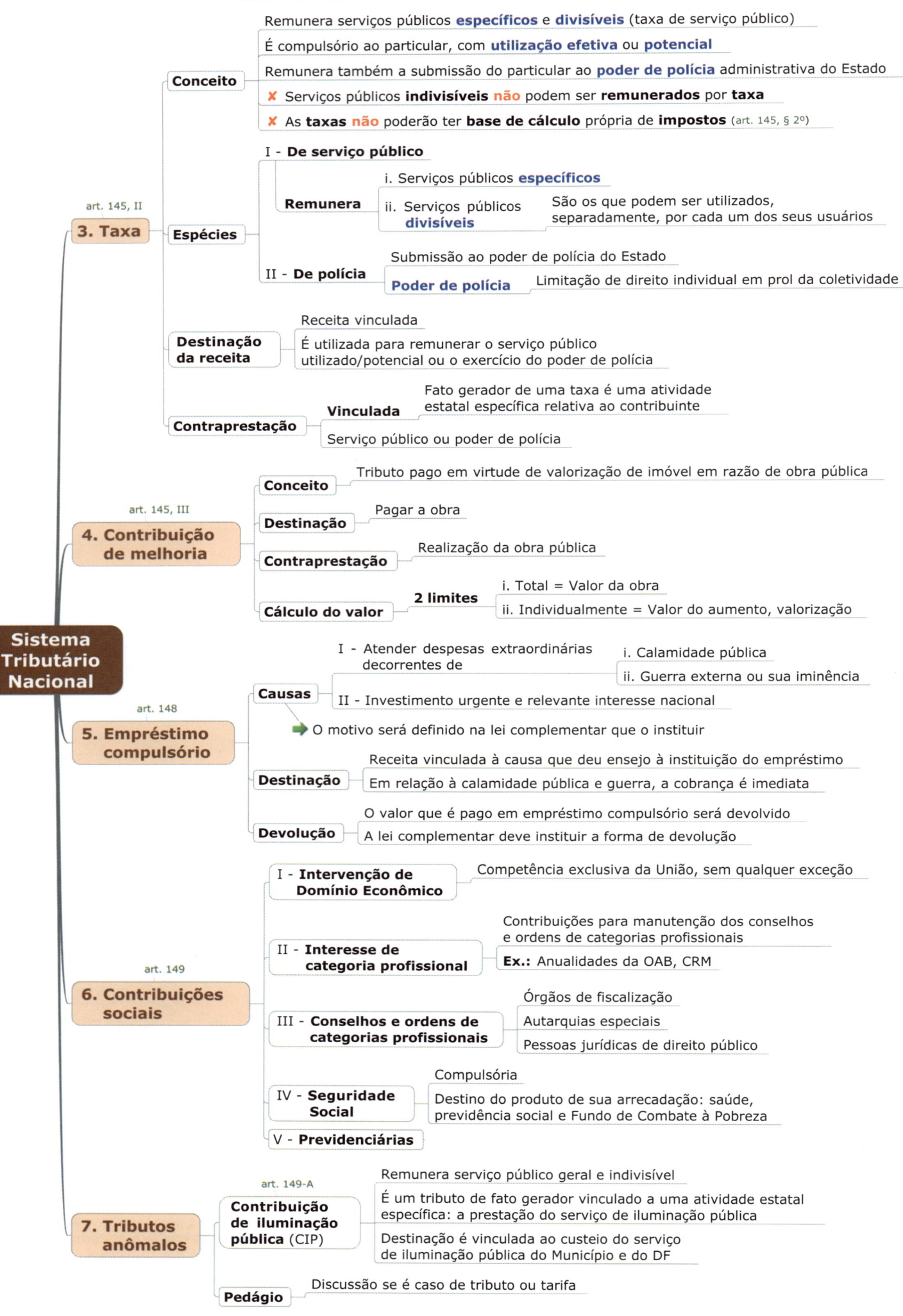

Sistema Tributário Nacional

3. Taxa (art. 145, II)

- **Conceito**
  - Remunera serviços públicos **específicos** e **divisíveis** (taxa de serviço público)
  - É compulsório ao particular, com **utilização efetiva** ou **potencial**
  - Remunera também a submissão do particular ao **poder de polícia** administrativa do Estado
  - ✗ Serviços públicos **indivisíveis não** podem ser **remunerados** por **taxa**
  - ✗ As **taxas não** poderão ter **base de cálculo** própria de **impostos** (art. 145, § 2º)

- **Espécies**
  - I - **De serviço público**
    - **Remunera**
      - i. Serviços públicos **específicos**
      - ii. Serviços públicos **divisíveis** — São os que podem ser utilizados, separadamente, por cada um dos seus usuários
  - II - **De polícia**
    - Submissão ao poder de polícia do Estado
    - **Poder de polícia** — Limitação de direito individual em prol da coletividade

- **Destinação da receita**
  - Receita vinculada
  - É utilizada para remunerar o serviço público utilizado/potencial ou o exercício do poder de polícia

- **Contraprestação**
  - **Vinculada** — Fato gerador de uma taxa é uma atividade estatal específica relativa ao contribuinte
  - Serviço público ou poder de polícia

4. Contribuição de melhoria (art. 145, III)

- **Conceito** — Tributo pago em virtude de valorização de imóvel em razão de obra pública
- **Destinação** — Pagar a obra
- **Contraprestação** — Realização da obra pública
- **Cálculo do valor** — **2 limites**
  - i. Total = Valor da obra
  - ii. Individualmente = Valor do aumento, valorização

5. Empréstimo compulsório (art. 148)

- **Causas**
  - I - Atender despesas extraordinárias decorrentes de
    - i. Calamidade pública
    - ii. Guerra externa ou sua iminência
  - II - Investimento urgente e relevante interesse nacional
  - ➡ O motivo será definido na lei complementar que o instituir
- **Destinação**
  - Receita vinculada à causa que deu ensejo à instituição do empréstimo
  - Em relação à calamidade pública e guerra, a cobrança é imediata
- **Devolução**
  - O valor que é pago em empréstimo compulsório será devolvido
  - A lei complementar deve instituir a forma de devolução

6. Contribuições sociais (art. 149)

- I - **Intervenção de Domínio Econômico** — Competência exclusiva da União, sem qualquer exceção
- II - **Interesse de categoria profissional**
  - Contribuições para manutenção dos conselhos e ordens de categorias profissionais
  - **Ex.:** Anualidades da OAB, CRM
- III - **Conselhos e ordens de categorias profissionais**
  - Órgãos de fiscalização
  - Autarquias especiais
  - Pessoas jurídicas de direito público
- IV - **Seguridade Social**
  - Compulsória
  - Destino do produto de sua arrecadação: saúde, previdência social e Fundo de Combate à Pobreza
- V - **Previdenciárias**

7. Tributos anômalos (art. 149-A)

- **Contribuição de iluminação pública (CIP)**
  - Remunera serviço público geral e indivisível
  - É um tributo de fato gerador vinculado a uma atividade estatal específica: a prestação do serviço de iluminação pública
  - Destinação é vinculada ao custeio do serviço de iluminação pública do Município e do DF
- **Pedágio**
  - Discussão se é caso de tributo ou tarifa

LIMITAÇÕES AO PODER DE TRIBUTAR I

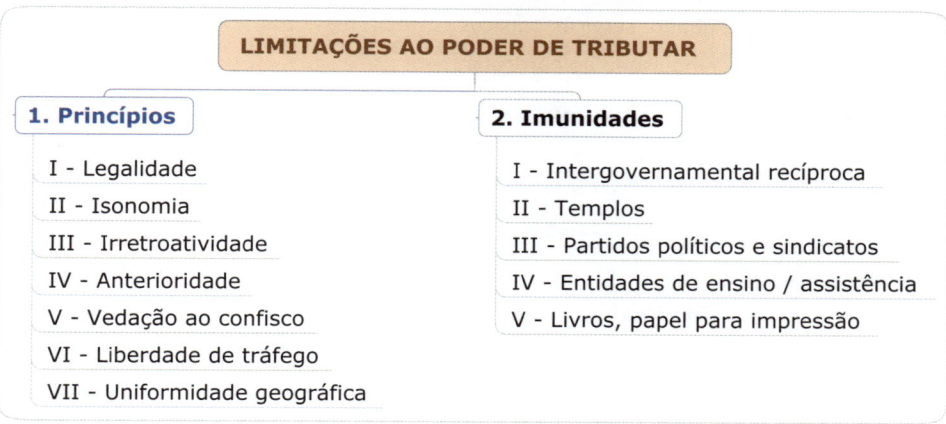

LIMITAÇÕES AO PODER DE TRIBUTAR

1. Princípios

- I - Legalidade
- II - Isonomia
- III - Irretroatividade
- IV - Anterioridade
- V - Vedação ao confisco
- VI - Liberdade de tráfego
- VII - Uniformidade geográfica

2. Imunidades

- I - Intergovernamental recíproca
- II - Templos
- III - Partidos políticos e sindicatos
- IV - Entidades de ensino / assistência
- V - Livros, papel para impressão

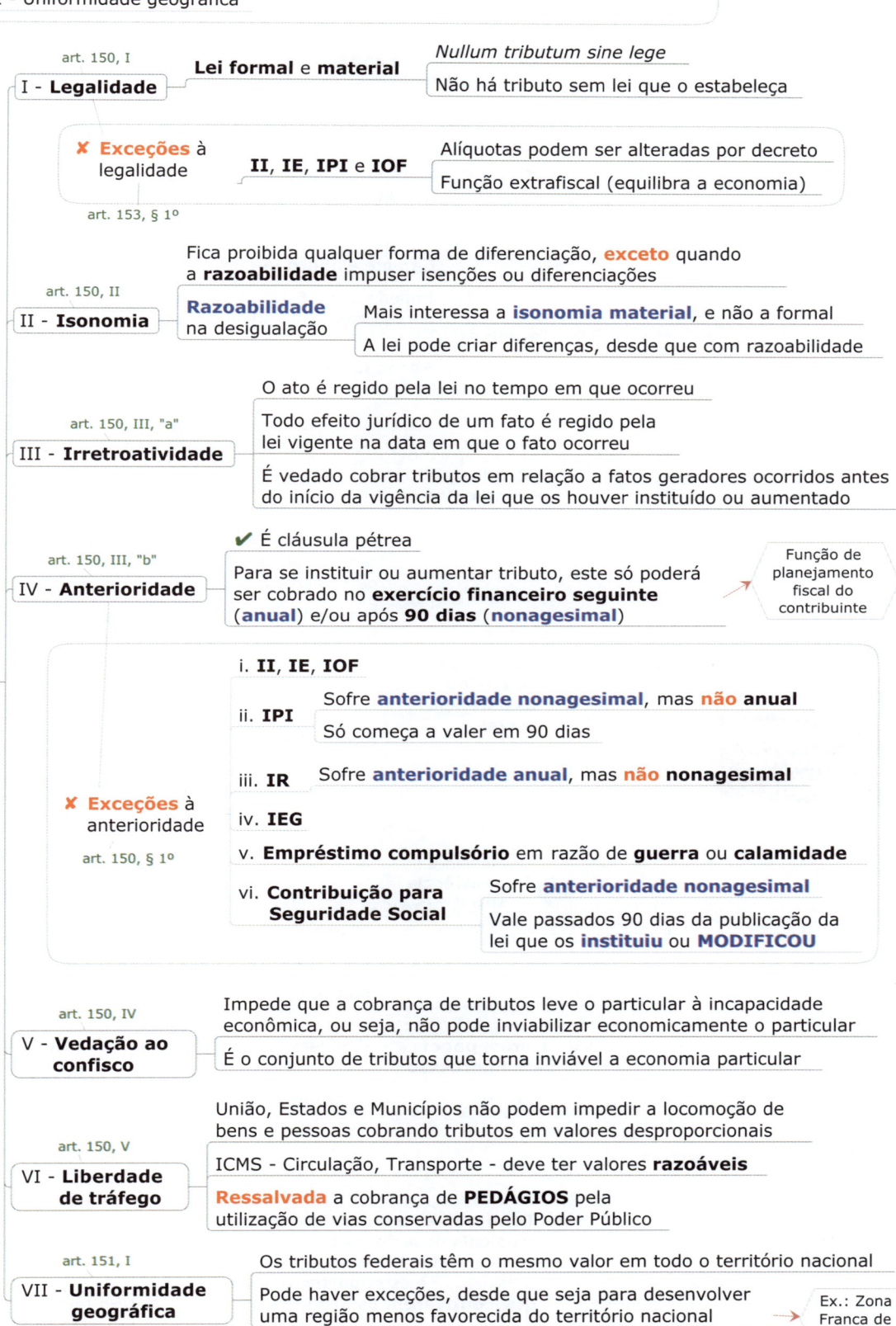

art. 150, I

I - Legalidade — **Lei formal** e **material**

Nullum tributum sine lege
Não há tributo sem lei que o estabeleça

✗ **Exceções** à legalidade — **II, IE, IPI e IOF**

Alíquotas podem ser alteradas por decreto
Função extrafiscal (equilibra a economia)

art. 153, § 1º

art. 150, II

II - Isonomia

Fica proibida qualquer forma de diferenciação, **exceto** quando a **razoabilidade** impuser isenções ou diferenciações

Razoabilidade na desigualação

Mais interessa a **isonomia material**, e não a formal
A lei pode criar diferenças, desde que com razoabilidade

art. 150, III, "a"

III - Irretroatividade

O ato é regido pela lei no tempo em que ocorreu

Todo efeito jurídico de um fato é regido pela lei vigente na data em que o fato ocorreu

É vedado cobrar tributos em relação a fatos geradores ocorridos antes do início da vigência da lei que os houver instituído ou aumentado

art. 150, III, "b"

IV - Anterioridade

✔ É cláusula pétrea

Para se instituir ou aumentar tributo, este só poderá ser cobrado no **exercício financeiro seguinte** (**anual**) e/ou após **90 dias** (**nonagesimal**)

→ Função de planejamento fiscal do contribuinte

1. Princípios

Limitações ao Poder de Tributar

✗ **Exceções** à anterioridade

art. 150, § 1º

i. **II, IE, IOF**

ii. **IPI**
Sofre **anterioridade nonagesimal**, mas **não** anual
Só começa a valer em 90 dias

iii. **IR**
Sofre **anterioridade anual**, mas **não** nonagesimal

iv. **IEG**

v. **Empréstimo compulsório** em razão de **guerra** ou **calamidade**

vi. **Contribuição para Seguridade Social**
Sofre **anterioridade nonagesimal**
Vale passados 90 dias da publicação da lei que os **instituiu** ou **MODIFICOU**

art. 150, IV

V - Vedação ao confisco

Impede que a cobrança de tributos leve o particular à incapacidade econômica, ou seja, não pode inviabilizar economicamente o particular

É o conjunto de tributos que torna inviável a economia particular

art. 150, V

VI - Liberdade de tráfego

União, Estados e Municípios não podem impedir a locomoção de bens e pessoas cobrando tributos em valores desproporcionais

ICMS - Circulação, Transporte - deve ter valores **razoáveis**

Ressalvada a cobrança de **PEDÁGIOS** pela utilização de vias conservadas pelo Poder Público

art. 151, I

VII - Uniformidade geográfica

Os tributos federais têm o mesmo valor em todo o território nacional

Pode haver exceções, desde que seja para desenvolver uma região menos favorecida do território nacional

→ Ex.: Zona Franca de Manaus

LIMITAÇÕES AO PODER DE TRIBUTAR II

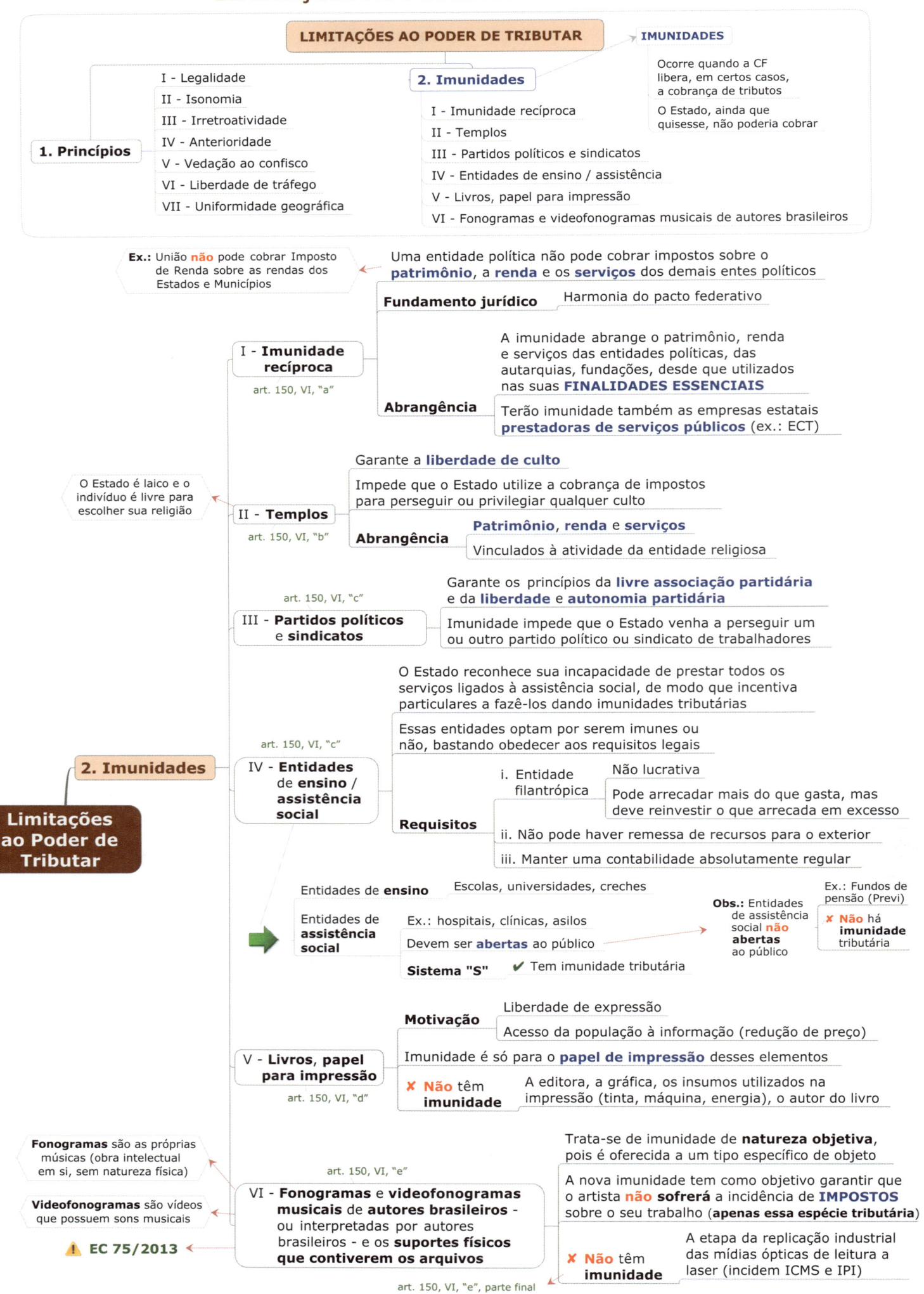

LIMITAÇÕES AO PODER DE TRIBUTAR → **IMUNIDADES**

1. Princípios
- I - Legalidade
- II - Isonomia
- III - Irretroatividade
- IV - Anterioridade
- V - Vedação ao confisco
- VI - Liberdade de tráfego
- VII - Uniformidade geográfica

2. Imunidades
- I - Imunidade recíproca
- II - Templos
- III - Partidos políticos e sindicatos
- IV - Entidades de ensino / assistência
- V - Livros, papel para impressão
- VI - Fonogramas e videofonogramas musicais de autores brasileiros

Ocorre quando a CF libera, em certos casos, a cobrança de tributos

O Estado, ainda que quisesse, não poderia cobrar

Limitações ao Poder de Tributar

2. Imunidades

I - Imunidade recíproca
art. 150, VI, "a"

Ex.: União **não** pode cobrar Imposto de Renda sobre as rendas dos Estados e Municípios

Uma entidade política não pode cobrar impostos sobre o **patrimônio**, a **renda** e os **serviços** dos demais entes políticos

Fundamento jurídico — Harmonia do pacto federativo

Abrangência
- A imunidade abrange o patrimônio, renda e serviços das entidades políticas, das autarquias, fundações, desde que utilizados nas suas **FINALIDADES ESSENCIAIS**
- Terão imunidade também as empresas estatais **prestadoras de serviços públicos** (ex.: ECT)

II - Templos
art. 150, VI, "b"

O Estado é laico e o indivíduo é livre para escolher sua religião

Garante a **liberdade de culto**

Impede que o Estado utilize a cobrança de impostos para perseguir ou privilegiar qualquer culto

Abrangência
- **Patrimônio, renda e serviços**
- Vinculados à atividade da entidade religiosa

III - Partidos políticos e sindicatos
art. 150, VI, "c"

Garante os princípios da **livre associação partidária** e da **liberdade** e **autonomia partidária**

Imunidade impede que o Estado venha a perseguir um ou outro partido político ou sindicato de trabalhadores

IV - Entidades de ensino / assistência social
art. 150, VI, "c"

O Estado reconhece sua incapacidade de prestar todos os serviços ligados à assistência social, de modo que incentiva particulares a fazê-los dando imunidades tributárias

Essas entidades optam por serem imunes ou não, bastando obedecer aos requisitos legais

Requisitos
- i. Entidade filantrópica
  - Não lucrativa
  - Pode arrecadar mais do que gasta, mas deve reinvestir o que arrecada em excesso
- ii. Não pode haver remessa de recursos para o exterior
- iii. Manter uma contabilidade absolutamente regular

Entidades de **ensino** — Escolas, universidades, creches

Entidades de **assistência social**
- Ex.: hospitais, clínicas, asilos
- Devem ser **abertas** ao público

Obs.: Entidades de assistência social **não abertas** ao público

Ex.: Fundos de pensão (Previ)

✗ **Não** há **imunidade** tributária

Sistema "S" ✔ Tem imunidade tributária

V - Livros, papel para impressão
art. 150, VI, "d"

Motivação
- Liberdade de expressão
- Acesso da população à informação (redução de preço)

Imunidade é só para o **papel de impressão** desses elementos

✗ **Não** têm **imunidade** — A editora, a gráfica, os insumos utilizados na impressão (tinta, máquina, energia), o autor do livro

VI - Fonogramas e videofonogramas musicais de autores brasileiros - ou interpretadas por autores brasileiros - e os **suportes físicos que contiverem os arquivos**
art. 150, VI, "e"

Fonogramas são as próprias músicas (obra intelectual em si, sem natureza física)

Videofonogramas são vídeos que possuem sons musicais

⚠ **EC 75/2013**

Trata-se de imunidade de **natureza objetiva**, pois é oferecida a um tipo específico de objeto

A nova imunidade tem como objetivo garantir que o artista **não sofrerá** a incidência de **IMPOSTOS** sobre o seu trabalho (**apenas essa espécie tributária**)

✗ **Não** têm **imunidade** — A etapa da replicação industrial das mídias ópticas de leitura a laser (incidem ICMS e IPI)

art. 150, VI, "e", parte final

142

Capítulo 13

Finanças Públicas

FINANÇAS PÚBLICAS I

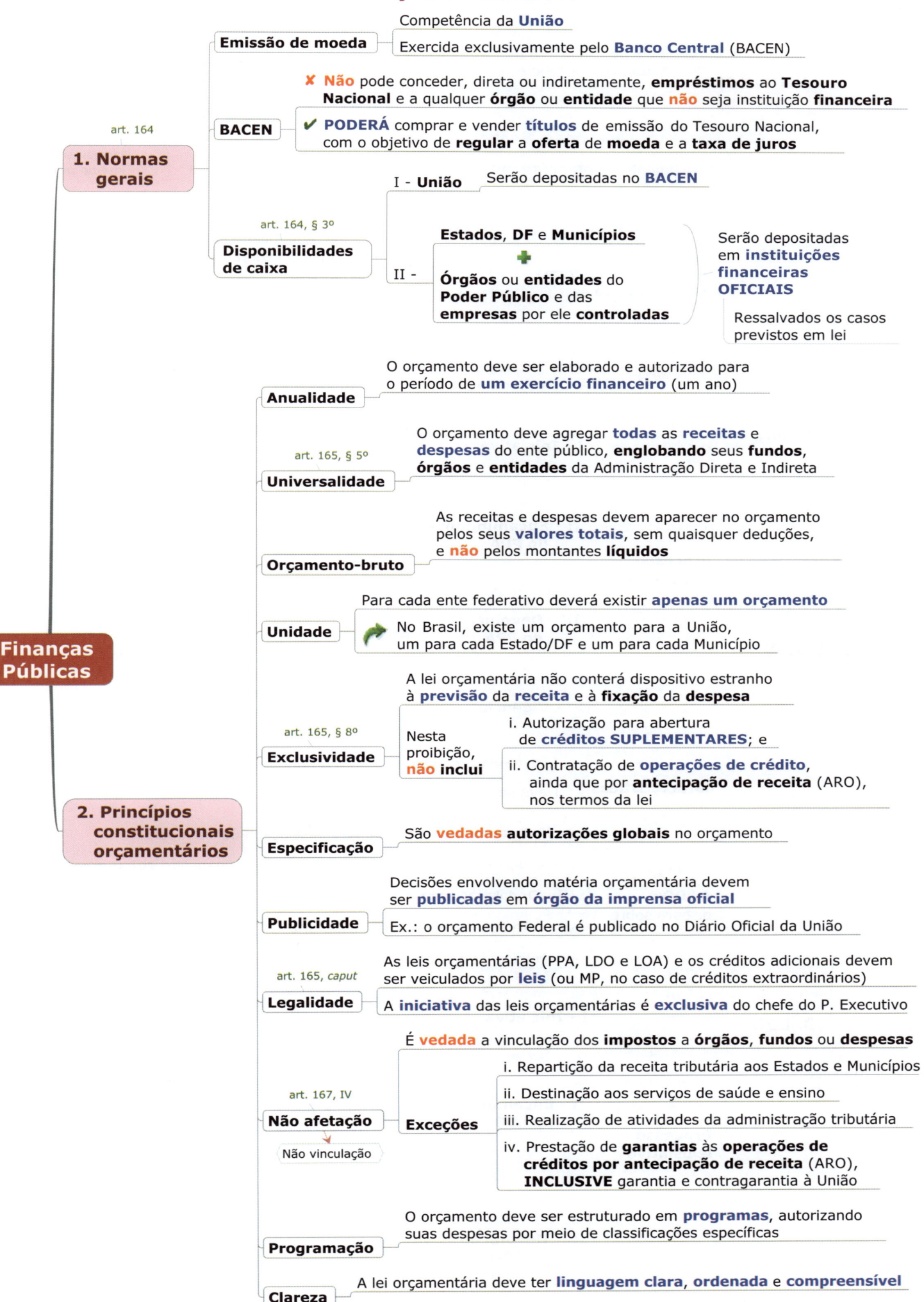

Finanças Públicas

1. Normas gerais (art. 164)

Emissão de moeda
- Competência da **União**
- Exercida exclusivamente pelo **Banco Central** (BACEN)

BACEN
- ✗ **Não** pode conceder, direta ou indiretamente, **empréstimos** ao **Tesouro Nacional** e a qualquer **órgão** ou **entidade** que **não** seja instituição **financeira**
- ✔ **PODERÁ** comprar e vender **títulos** de emissão do Tesouro Nacional, com o objetivo de **regular** a **oferta** de **moeda** e a **taxa de juros**

Disponibilidades de caixa (art. 164, § 3º)
- I - **União** — Serão depositadas no **BACEN**
- II - **Estados**, **DF** e **Municípios** ➕ **Órgãos** ou **entidades** do **Poder Público** e das **empresas** por ele **controladas** — Serão depositadas em **instituições financeiras OFICIAIS** — Ressalvados os casos previstos em lei

2. Princípios constitucionais orçamentários

Anualidade
- O orçamento deve ser elaborado e autorizado para o período de **um exercício financeiro** (um ano)

Universalidade (art. 165, § 5º)
- O orçamento deve agregar **todas** as **receitas** e **despesas** do ente público, **englobando** seus **fundos**, **órgãos** e **entidades** da Administração Direta e Indireta

Orçamento-bruto
- As receitas e despesas devem aparecer no orçamento pelos seus **valores totais**, sem quaisquer deduções, e **não** pelos montantes **líquidos**

Unidade
- Para cada ente federativo deverá existir **apenas um orçamento**
- No Brasil, existe um orçamento para a União, um para cada Estado/DF e um para cada Município

Exclusividade (art. 165, § 8º)
- A lei orçamentária não conterá dispositivo estranho à **previsão** da **receita** e à **fixação** da **despesa**
- Nesta proibição, **não** inclui:
  - i. Autorização para abertura de **créditos SUPLEMENTARES**; e
  - ii. Contratação de **operações de crédito**, ainda que por **antecipação de receita** (ARO), nos termos da lei

Especificação
- São **vedadas** **autorizações globais** no orçamento

Publicidade
- Decisões envolvendo matéria orçamentária devem ser **publicadas** em **órgão da imprensa oficial**
- Ex.: o orçamento Federal é publicado no Diário Oficial da União

Legalidade (art. 165, *caput*)
- As leis orçamentárias (PPA, LDO e LOA) e os créditos adicionais devem ser veiculados por **leis** (ou MP, no caso de créditos extraordinários)
- A **iniciativa** das leis orçamentárias é **exclusiva** do chefe do P. Executivo

Não afetação (art. 167, IV) → Não vinculação
- É **vedada** a vinculação dos **impostos** a **órgãos**, **fundos** ou **despesas**
- **Exceções**:
  - i. Repartição da receita tributária aos Estados e Municípios
  - ii. Destinação aos serviços de saúde e ensino
  - iii. Realização de atividades da administração tributária
  - iv. Prestação de **garantias** às **operações de créditos por antecipação de receita** (ARO), **INCLUSIVE** garantia e contragarantia à União

Programação
- O orçamento deve ser estruturado em **programas**, autorizando suas despesas por meio de classificações específicas

Clareza
- A lei orçamentária deve ter **linguagem clara, ordenada** e **compreensível**

FINANÇAS PÚBLICAS II

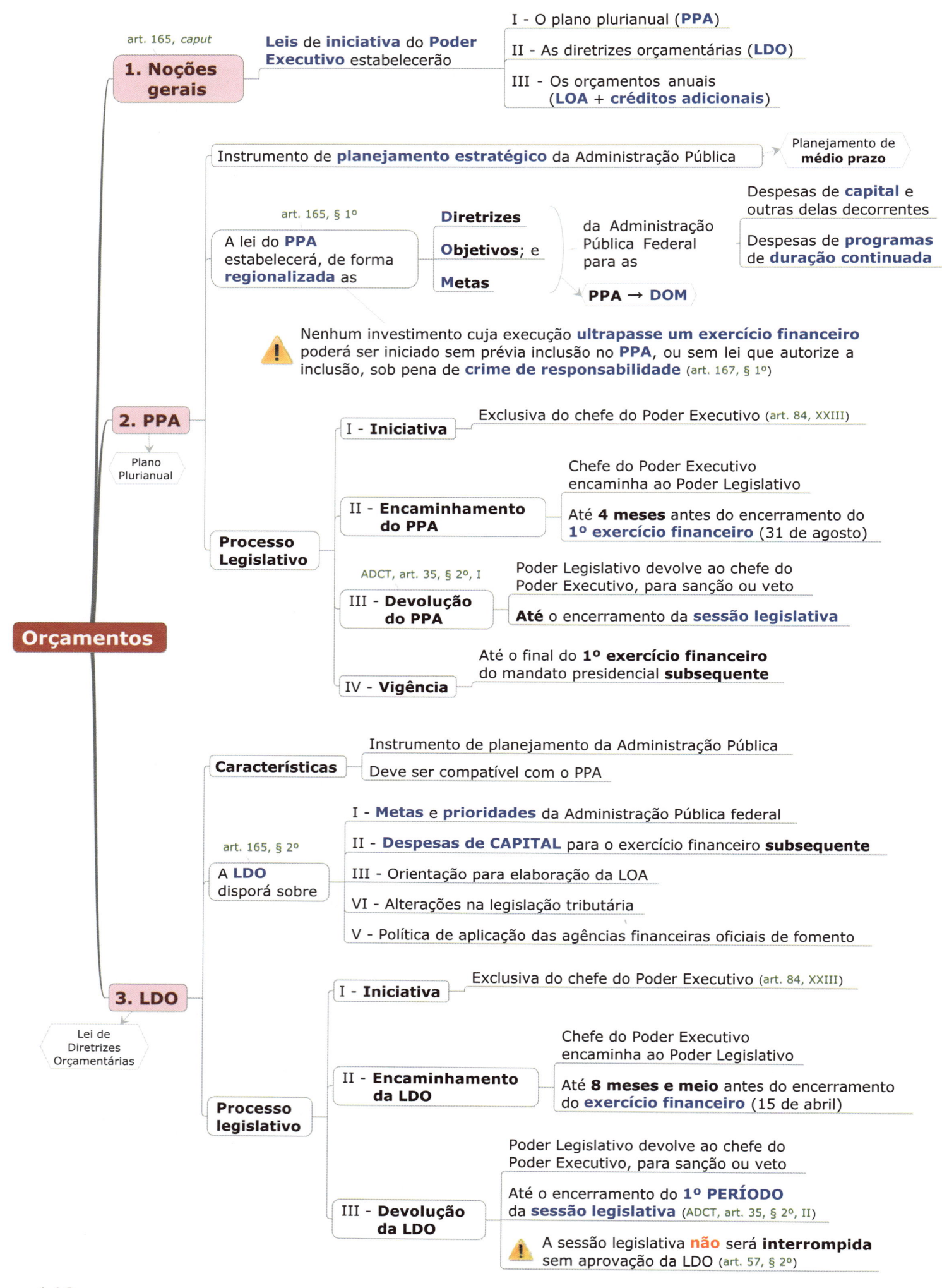

Orçamentos

1. Noções gerais

art. 165, *caput*

Leis de **iniciativa** do **Poder Executivo** estabelecerão

- I - O plano plurianual (**PPA**)
- II - As diretrizes orçamentárias (**LDO**)
- III - Os orçamentos anuais (**LOA** + **créditos adicionais**)

2. PPA

Plano Plurianual

Instrumento de **planejamento estratégico** da Administração Pública → Planejamento de **médio prazo**

art. 165, § 1º

A lei do **PPA** estabelecerá, de forma **regionalizada** as
- **Diretrizes**
- **Objetivos**; e
- **Metas**

da Administração Pública Federal para as
- Despesas de **capital** e outras delas decorrentes
- Despesas de **programas** de **duração continuada**

PPA → DOM

⚠ Nenhum investimento cuja execução **ultrapasse um exercício financeiro** poderá ser iniciado sem prévia inclusão no **PPA**, ou sem lei que autorize a inclusão, sob pena de **crime de responsabilidade** (art. 167, § 1º)

Processo Legislativo

- **I - Iniciativa** — Exclusiva do chefe do Poder Executivo (art. 84, XXIII)
- **II - Encaminhamento do PPA** — Chefe do Poder Executivo encaminha ao Poder Legislativo / Até **4 meses** antes do encerramento do **1º exercício financeiro** (31 de agosto)
- ADCT, art. 35, § 2º, I — **III - Devolução do PPA** — Poder Legislativo devolve ao chefe do Poder Executivo, para sanção ou veto / **Até** o encerramento da **sessão legislativa**
- **IV - Vigência** — Até o final do **1º exercício financeiro** do mandato presidencial **subsequente**

3. LDO

Lei de Diretrizes Orçamentárias

Características
- Instrumento de planejamento da Administração Pública
- Deve ser compatível com o PPA

art. 165, § 2º

A **LDO** disporá sobre
- I - **Metas** e **prioridades** da Administração Pública federal
- II - **Despesas de CAPITAL** para o exercício financeiro **subsequente**
- III - Orientação para elaboração da LOA
- VI - Alterações na legislação tributária
- V - Política de aplicação das agências financeiras oficiais de fomento

Processo legislativo

- **I - Iniciativa** — Exclusiva do chefe do Poder Executivo (art. 84, XXIII)
- **II - Encaminhamento da LDO** — Chefe do Poder Executivo encaminha ao Poder Legislativo / Até **8 meses e meio** antes do encerramento do **exercício financeiro** (15 de abril)
- **III - Devolução da LDO** — Poder Legislativo devolve ao chefe do Poder Executivo, para sanção ou veto / Até o encerramento do **1º PERÍODO** da **sessão legislativa** (ADCT, art. 35, § 2º, II) / ⚠ A sessão legislativa **não** será **interrompida** sem aprovação da LDO (art. 57, § 2º)

146

FINANÇAS PÚBLICAS III

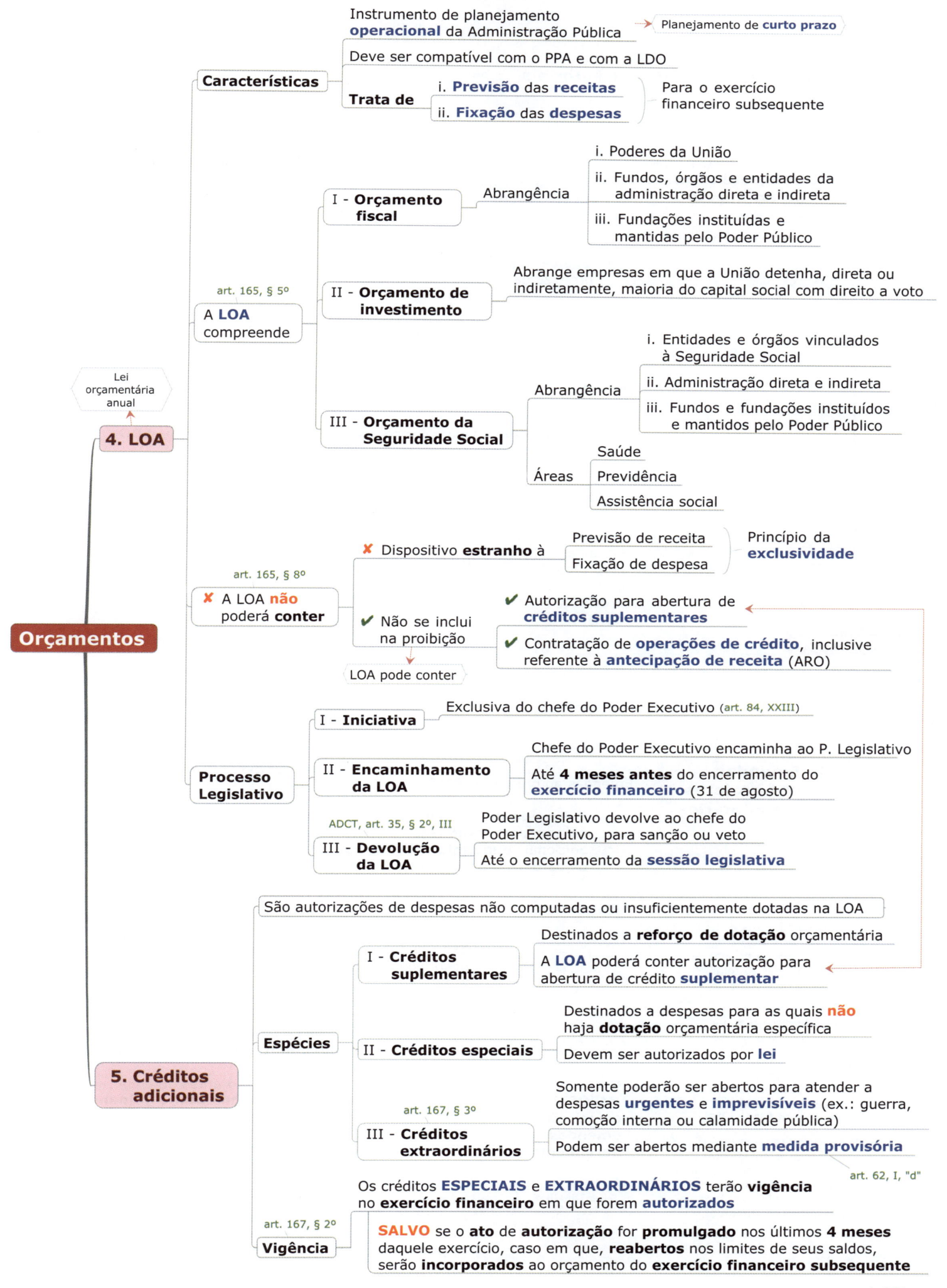

Orçamentos

4. LOA (Lei orçamentária anual)

Características
- Instrumento de planejamento **operacional** da Administração Pública → Planejamento de **curto prazo**
- Deve ser compatível com o PPA e com a LDO
- **Trata de**
  - i. **Previsão** das **receitas**
  - ii. **Fixação** das **despesas**
  - Para o exercício financeiro subsequente

A LOA compreende (art. 165, § 5º)
- **I - Orçamento fiscal** — Abrangência
  - i. Poderes da União
  - ii. Fundos, órgãos e entidades da administração direta e indireta
  - iii. Fundações instituídas e mantidas pelo Poder Público
- **II - Orçamento de investimento** — Abrange empresas em que a União detenha, direta ou indiretamente, maioria do capital social com direito a voto
- **III - Orçamento da Seguridade Social**
  - Abrangência
    - i. Entidades e órgãos vinculados à Seguridade Social
    - ii. Administração direta e indireta
    - iii. Fundos e fundações instituídos e mantidos pelo Poder Público
  - Áreas
    - Saúde
    - Previdência
    - Assistência social

✗ A LOA não poderá conter (art. 165, § 8º)
- ✗ Dispositivo **estranho** à
  - Previsão de receita
  - Fixação de despesa
  - Princípio da **exclusividade**
- ✔ Não se inclui na proibição (LOA pode conter)
  - ✔ Autorização para abertura de **créditos suplementares**
  - ✔ Contratação de **operações de crédito**, inclusive referente à **antecipação de receita** (ARO)

Processo Legislativo
- **I - Iniciativa** — Exclusiva do chefe do Poder Executivo (art. 84, XXIII)
- **II - Encaminhamento da LOA**
  - Chefe do Poder Executivo encaminha ao P. Legislativo
  - Até **4 meses antes** do encerramento do **exercício financeiro** (31 de agosto)
- **III - Devolução da LOA** (ADCT, art. 35, § 2º, III)
  - Poder Legislativo devolve ao chefe do Poder Executivo, para sanção ou veto
  - Até o encerramento da **sessão legislativa**

5. Créditos adicionais

São autorizações de despesas não computadas ou insuficientemente dotadas na LOA

Espécies
- **I - Créditos suplementares**
  - Destinados a **reforço de dotação** orçamentária
  - A **LOA** poderá conter autorização para abertura de crédito **suplementar**
- **II - Créditos especiais**
  - Destinados a despesas para as quais **não** haja **dotação** orçamentária específica
  - Devem ser autorizados por **lei**
- **III - Créditos extraordinários** (art. 167, § 3º)
  - Somente poderão ser abertos para atender a despesas **urgentes** e **imprevisíveis** (ex.: guerra, comoção interna ou calamidade pública)
  - Podem ser abertos mediante **medida provisória** (art. 62, I, "d")

Vigência (art. 167, § 2º)
- Os créditos **ESPECIAIS** e **EXTRAORDINÁRIOS** terão **vigência** no **exercício financeiro** em que forem **autorizados**
- **SALVO** se o **ato** de **autorização** for **promulgado** nos últimos **4 meses** daquele exercício, caso em que, **reabertos** nos limites de seus saldos, serão **incorporados** ao orçamento do **exercício financeiro subsequente**

FINANÇAS PÚBLICAS IV

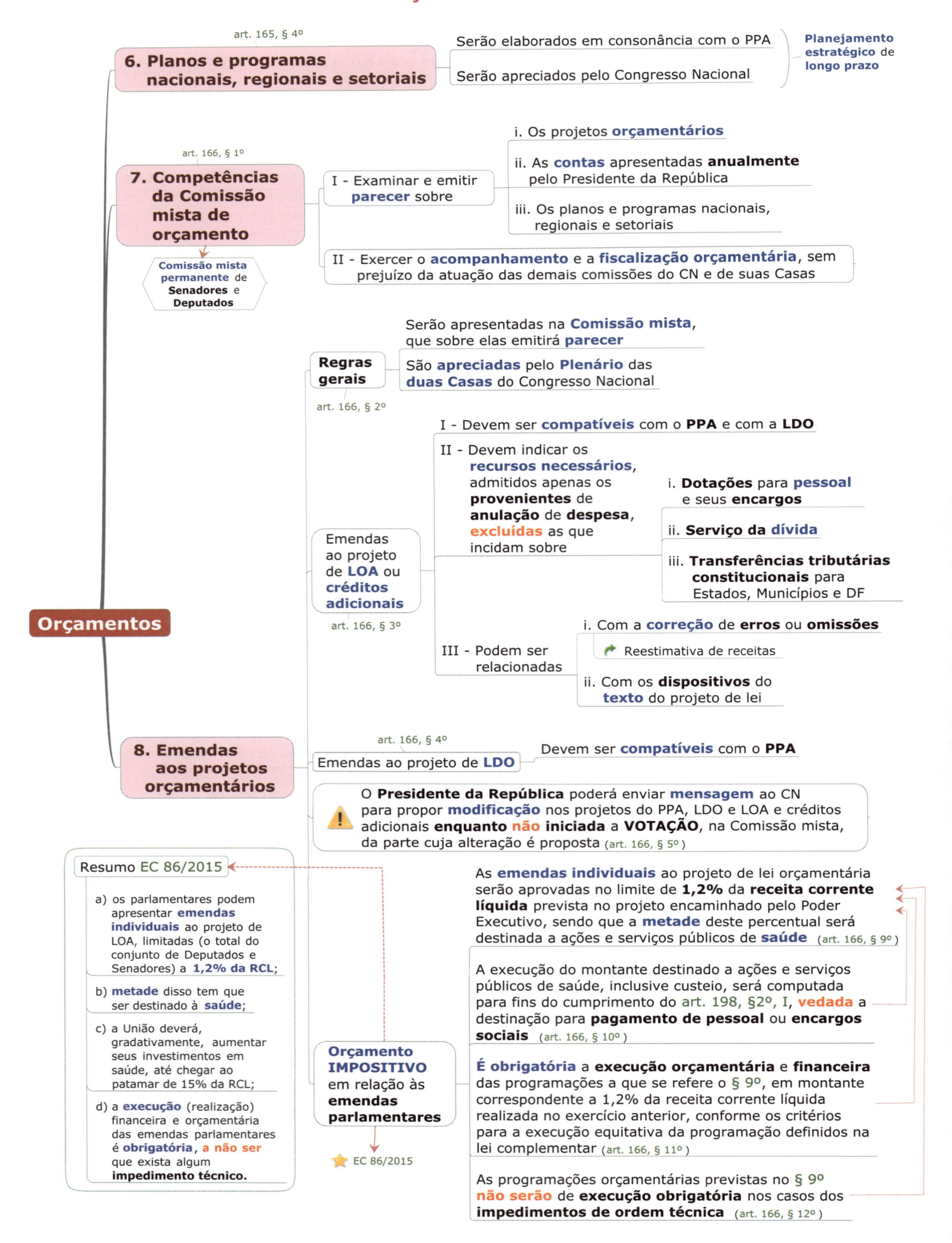

Orçamentos

art. 165, § 4º

6. Planos e programas nacionais, regionais e setoriais
- Serão elaborados em consonância com o PPA
- Serão apreciados pelo Congresso Nacional

Planejamento estratégico de longo prazo

art. 166, § 1º

7. Competências da Comissão mista de orçamento

Comissão mista permanente de Senadores e Deputados

I - Examinar e emitir **parecer** sobre
- i. Os projetos **orçamentários**
- ii. As **contas** apresentadas **anualmente** pelo Presidente da República
- iii. Os planos e programas nacionais, regionais e setoriais

II - Exercer o **acompanhamento** e a **fiscalização orçamentária**, sem prejuízo da atuação das demais comissões do CN e de suas Casas

Regras gerais
- Serão apresentadas na **Comissão mista**, que sobre elas emitirá **parecer**
- São **apreciadas** pelo **Plenário** das **duas Casas** do Congresso Nacional

art. 166, § 2º

Emendas ao projeto de LOA ou créditos adicionais

art. 166, § 3º

I - Devem ser **compatíveis** com o **PPA** e com a **LDO**

II - Devem indicar os **recursos necessários**, admitidos apenas os **provenientes** de **anulação** de **despesa**, **excluídas** as que incidam sobre
- i. **Dotações** para **pessoal** e seus **encargos**
- ii. **Serviço** da **dívida**
- iii. **Transferências tributárias constitucionais** para Estados, Municípios e DF

III - Podem ser relacionadas
- i. Com a **correção** de **erros** ou **omissões**
  - Reestimativa de receitas
- ii. Com os **dispositivos** do **texto** do projeto de lei

art. 166, § 4º

8. Emendas aos projetos orçamentários

Emendas ao projeto de **LDO** — Devem ser **compatíveis** com o **PPA**

⚠ O **Presidente da República** poderá enviar **mensagem** ao CN para propor **modificação** nos projetos do PPA, LDO e LOA e créditos adicionais **enquanto não iniciada** a **VOTAÇÃO**, na Comissão mista, da parte cuja alteração é proposta (art. 166, § 5º)

Resumo EC 86/2015

a) os parlamentares podem apresentar **emendas individuais** ao projeto de LOA, limitadas (o total do conjunto de Deputados e Senadores) a **1,2% da RCL**;

b) **metade** disso tem que ser destinado à **saúde**;

c) a União deverá, gradativamente, aumentar seus investimentos em saúde, até chegar ao patamar de 15% da RCL;

d) a **execução** (realização) financeira e orçamentária das emendas parlamentares é **obrigatória**, **a não ser** que exista algum **impedimento técnico**.

Orçamento IMPOSITIVO em relação às **emendas parlamentares**

⭐ EC 86/2015

As **emendas individuais** ao projeto de lei orçamentária serão aprovadas no limite de **1,2%** da **receita corrente líquida** prevista no projeto encaminhado pelo Poder Executivo, sendo que a **metade** deste percentual será destinada a ações e serviços públicos de **saúde** (art. 166, § 9º)

A execução do montante destinado a ações e serviços públicos de saúde, inclusive custeio, será computada para fins do cumprimento do art. 198, §2º, I, **vedada** a destinação para **pagamento de pessoal** ou **encargos sociais** (art. 166, § 10º)

É obrigatória a **execução orçamentária** e **financeira** das programações a que se refere o § 9º, em montante correspondente a 1,2% da receita corrente líquida realizada no exercício anterior, conforme os critérios para a execução equitativa da programação definidos na lei complementar (art. 166, § 11º)

As programações orçamentárias previstas no § 9º **não serão** de **execução obrigatória** nos casos dos **impedimentos de ordem técnica** (art. 166, § 12º)

FINANÇAS PÚBLICAS V

I - O início de programas ou projetos **não incluídos** na **LOA**

II - A realização de despesas ou assunção de obrigações diretas que excedam os créditos orçamentários ou adicionais

III - Realização de **operações de créditos** que excedam o montante das **despesas de capital** (REGRA DE OURO), **ressalvadas** as autorizadas mediante **créditos suplementares** ou **especiais** com **finalidade precisa**, aprovados pelo Poder Legislativo por **maioria absoluta**

IV - A **vinculação** de **receita** de **impostos** a **órgão**, **fundo** ou **despesa**

> Princípio da não afetação

Ressalvadas

CF **autoriza** a vinculação de receitas

i. As repartições constitucionais do produto da arrecadação de impostos (arts. 158 e 159)

ii. A destinação de recursos para as ações e serviços públicos de **saúde**, para manutenção e desenvolvimento do **ensino**

iii. Os recursos para a realização de atividades da **administração tributária**

iv. A prestação de **garantias** às **operações de crédito** por **antecipação de receita** (ARO)

v. A prestação de garantias ou contragarantias à União e para pagamento de débitos para com esta (art. 167, § 4º)

V - A abertura de crédito **suplementar** ou **especial sem prévia autorização legislativa** e sem **indicação dos recursos** correspondentes

VI - A **transposição**, o **remanejamento** ou a **transferência** de recursos de uma categoria de programação para outra ou de um órgão para outro, **sem prévia autorização legislativa**

EXCEÇÃO - A transposição, o remanejamento ou a transferência de recursos de uma categoria de programação para outra **poderão** ser admitidos, no âmbito das **atividades de ciência**, **tecnologia** e **inovação**, com o objetivo de viabilizar os resultados de projetos restritos a essas funções, **mediante ato do Poder Executivo**, **sem necessidade** da **prévia autorização legislativa** (art. 167, § 5º)

>  EC 85/2015

VII - A concessão ou utilização de **créditos ilimitados**

VIII - A utilização, **sem autorização legislativa específica**, de recursos dos orçamentos fiscal e da seguridade social para suprir necessidade ou cobrir déficit de empresas, fundações e fundos, inclusive dos constantes dos orçamentos fiscal e da seguridade social

IX - A instituição de fundos de qualquer natureza, **sem prévia autorização legislativa**

X - A **transferência voluntária** de recursos e a concessão de empréstimos, inclusive por antecipação de receita, pelos Governos Federal e Estaduais e suas instituições financeiras, para pagamento de **despesas com pessoal** ativo, inativo e pensionista, dos Estados, do DF e dos Municípios

XI - A utilização dos recursos provenientes das contribuições sociais de que trata o art. 195, I, "a", e II, para a realização de despesas distintas do pagamento de benefícios do Regime Geral de Previdência Social (RGPS)

Orçamentos

9. São VEDADOS
art. 167

10. Outros aspectos
art. 167, §§

Nenhum **investimento** cuja execução **ultrapasse um exercício financeiro** poderá ser iniciado **sem prévia** inclusão no **plano plurianual**, ou sem lei que autorize a inclusão, sob pena de **crime de responsabilidade** (art. 167, § 1º)

art. 167, § 4º

É **permitida** a **vinculação** de **receitas próprias** geradas

> Exceção ao princípio da não afetação

i. Pelos **impostos** (arts. 155 e 156)

ii. Dos recursos provenientes da **repartição das receitas tributárias** (arts. 157, 158 e 159)

Para a prestação de **garantia** ou **contragarantia** à **União** e para **pagamento de débitos** para com esta

Capítulo 14

Ordem Econômica e Financeira

ORDEM ECONÔMICA E FINANCEIRA I
FUNDAMENTOS, FINALIDADE E PRINCÍPIOS

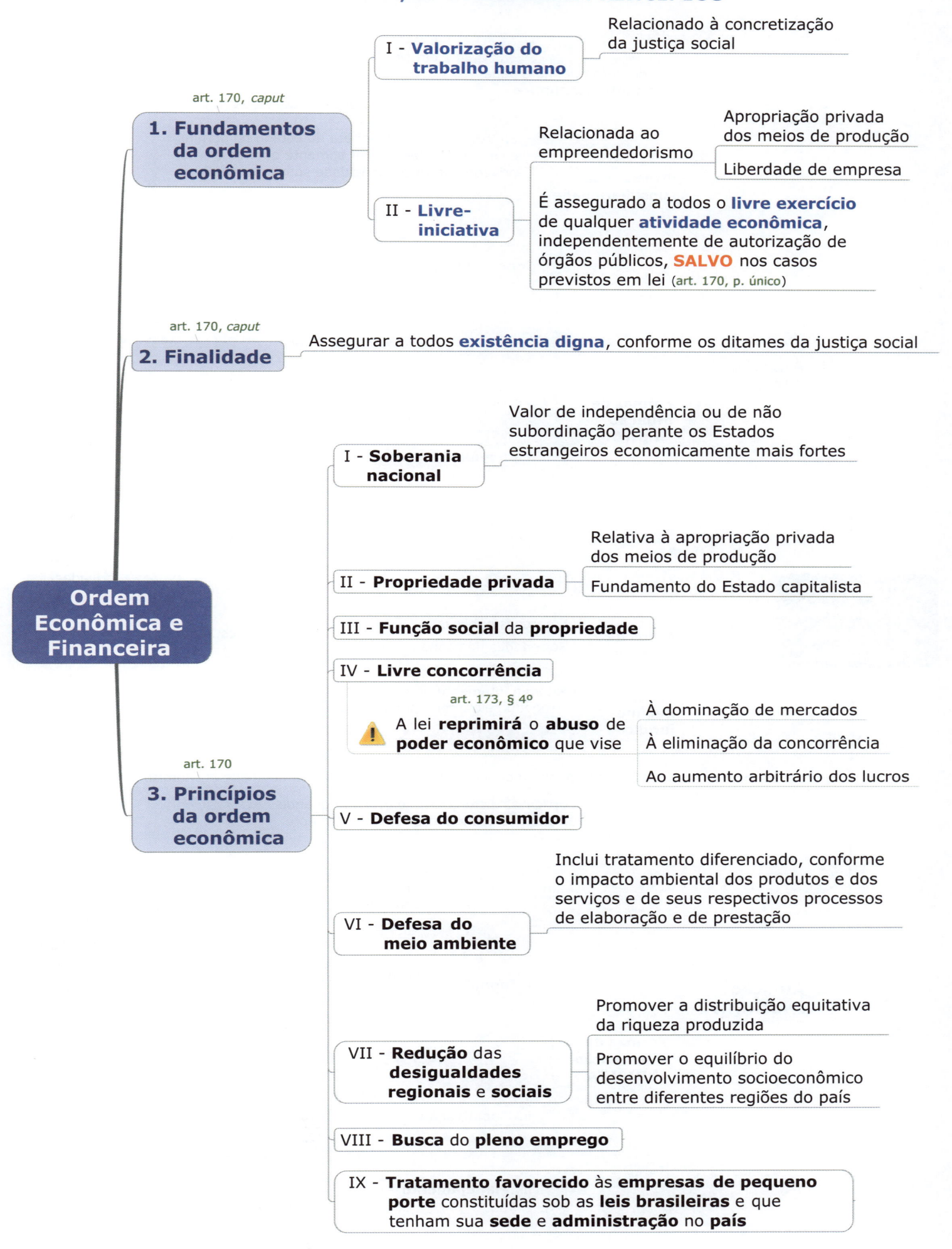

Ordem Econômica e Financeira

1. Fundamentos da ordem econômica — art. 170, *caput*

- **I - Valorização do trabalho humano** — Relacionado à concretização da justiça social
- **II - Livre-iniciativa**
  - Relacionada ao empreendedorismo
    - Apropriação privada dos meios de produção
    - Liberdade de empresa
  - É assegurado a todos o **livre exercício** de qualquer **atividade econômica**, independentemente de autorização de órgãos públicos, **SALVO** nos casos previstos em lei (art. 170, p. único)

2. Finalidade — art. 170, *caput*
- Assegurar a todos **existência digna**, conforme os ditames da justiça social

3. Princípios da ordem econômica — art. 170

- **I - Soberania nacional** — Valor de independência ou de não subordinação perante os Estados estrangeiros economicamente mais fortes
- **II - Propriedade privada**
  - Relativa à apropriação privada dos meios de produção
  - Fundamento do Estado capitalista
- **III - Função social** da **propriedade**
- **IV - Livre concorrência**
  - ⚠ art. 173, § 4º — A lei **reprimirá** o **abuso** de **poder econômico** que vise
    - À dominação de mercados
    - À eliminação da concorrência
    - Ao aumento arbitrário dos lucros
- **V - Defesa do consumidor**
- **VI - Defesa do meio ambiente** — Inclui tratamento diferenciado, conforme o impacto ambiental dos produtos e dos serviços e de seus respectivos processos de elaboração e de prestação
- **VII - Redução das desigualdades regionais e sociais**
  - Promover a distribuição equitativa da riqueza produzida
  - Promover o equilíbrio do desenvolvimento socioeconômico entre diferentes regiões do país
- **VIII - Busca do pleno emprego**
- **IX - Tratamento favorecido** às **empresas de pequeno porte** constituídas sob as **leis brasileiras** e que tenham sua **sede** e **administração** no **país**

ORDEM ECONÔMICA E FINANCEIRA II
ATUAÇÃO DO ESTADO NO DOMÍNIO ECONÔMICO

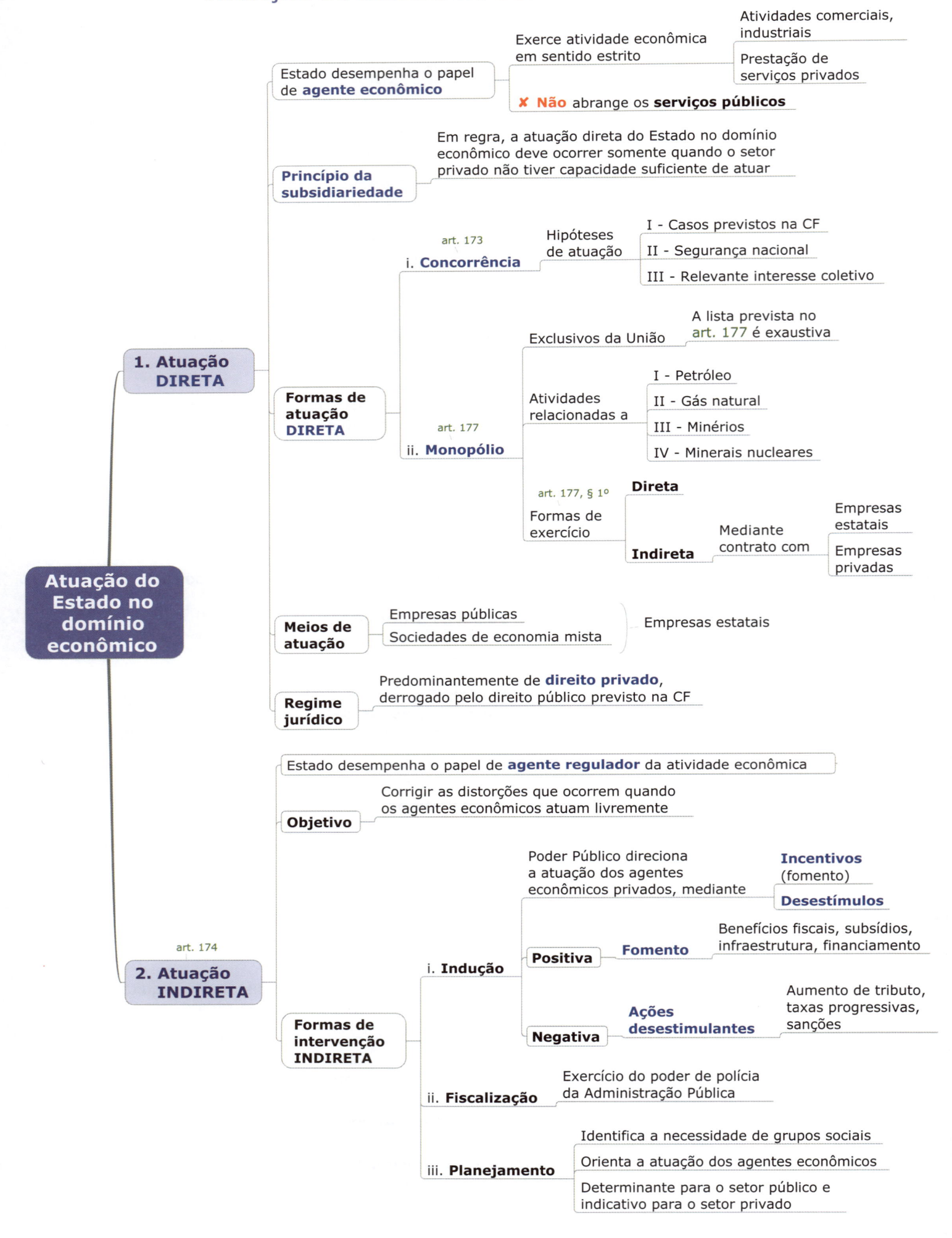

Atuação do Estado no domínio econômico

1. Atuação DIRETA

- Estado desempenha o papel de **agente econômico**
  - Exerce atividade econômica em sentido estrito
    - Atividades comerciais, industriais
    - Prestação de serviços privados
  - ✗ **Não** abrange os **serviços públicos**

- **Princípio da subsidiariedade**
  - Em regra, a atuação direta do Estado no domínio econômico deve ocorrer somente quando o setor privado não tiver capacidade suficiente de atuar

- **Formas de atuação DIRETA**
  - art. 173 — **i. Concorrência**
    - Hipóteses de atuação
      - I - Casos previstos na CF
      - II - Segurança nacional
      - III - Relevante interesse coletivo
  - art. 177 — **ii. Monopólio**
    - Exclusivos da União
      - A lista prevista no art. 177 é exaustiva
    - Atividades relacionadas a
      - I - Petróleo
      - II - Gás natural
      - III - Minérios
      - IV - Minerais nucleares
    - art. 177, § 1º — Formas de exercício
      - **Direta**
      - **Indireta** — Mediante contrato com
        - Empresas estatais
        - Empresas privadas

- **Meios de atuação**
  - Empresas públicas
  - Sociedades de economia mista
  - Empresas estatais

- **Regime jurídico**
  - Predominantemente de **direito privado**, derrogado pelo direito público previsto na CF

2. Atuação INDIRETA (art. 174)

- Estado desempenha o papel de **agente regulador** da atividade econômica

- **Objetivo**
  - Corrigir as distorções que ocorrem quando os agentes econômicos atuam livremente

- **Formas de intervenção INDIRETA**
  - **i. Indução**
    - Poder Público direciona a atuação dos agentes econômicos privados, mediante
      - **Incentivos** (fomento)
      - **Desestímulos**
    - **Positiva** — **Fomento**
      - Benefícios fiscais, subsídios, infraestrutura, financiamento
    - **Negativa** — **Ações desestimulantes**
      - Aumento de tributo, taxas progressivas, sanções
  - **ii. Fiscalização**
    - Exercício do poder de polícia da Administração Pública
  - **iii. Planejamento**
    - Identifica a necessidade de grupos sociais
    - Orienta a atuação dos agentes econômicos
    - Determinante para o setor público e indicativo para o setor privado

Capítulo 15

Ordem Social

DA ORDEM SOCIAL I - SEGURIDADE SOCIAL

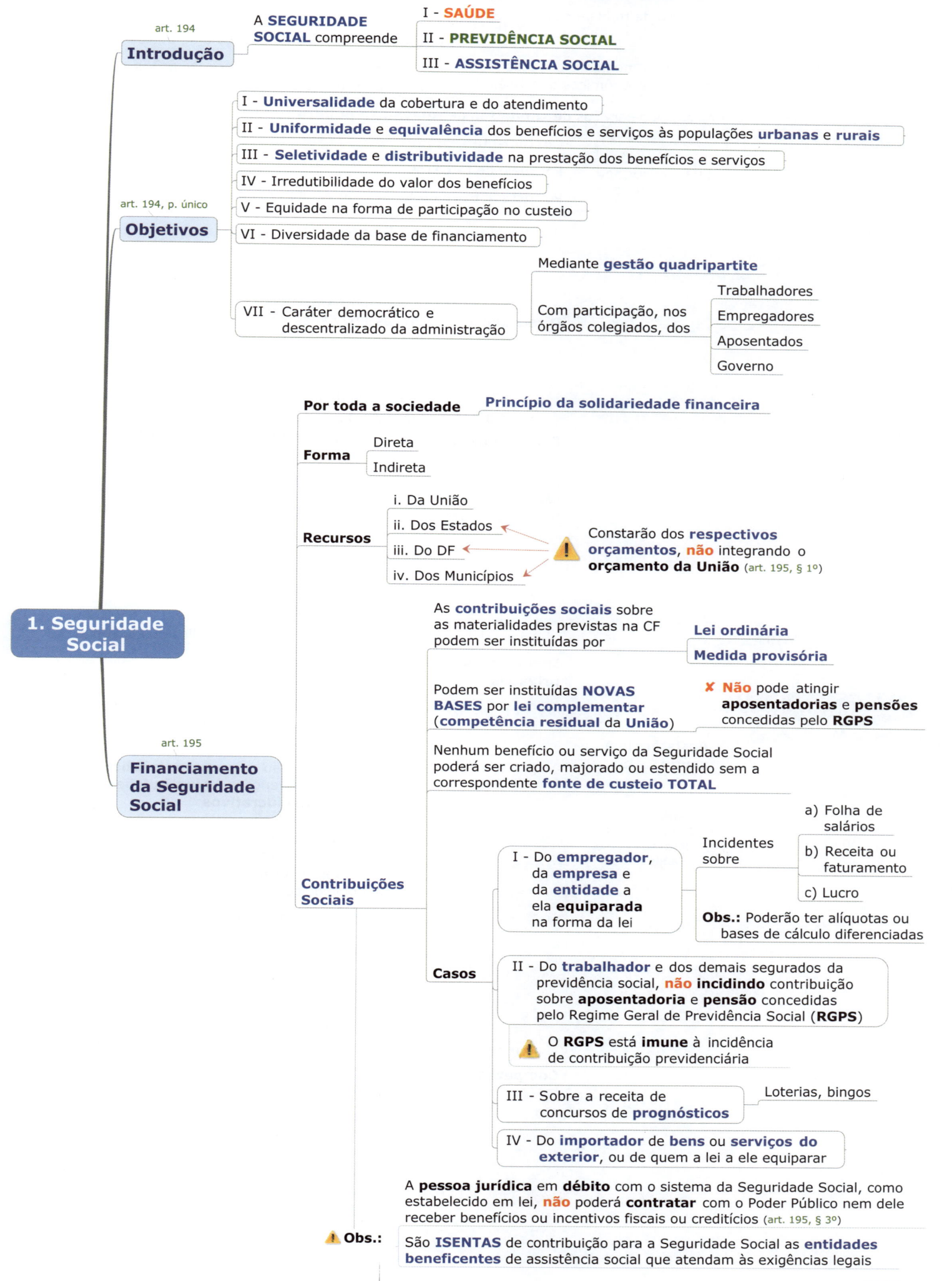

Introdução (art. 194)

A **SEGURIDADE SOCIAL** compreende
- I - **SAÚDE**
- II - **PREVIDÊNCIA SOCIAL**
- III - **ASSISTÊNCIA SOCIAL**

Objetivos (art. 194, p. único)
- I - **Universalidade** da cobertura e do atendimento
- II - **Uniformidade** e **equivalência** dos benefícios e serviços às populações **urbanas** e **rurais**
- III - **Seletividade** e **distributividade** na prestação dos benefícios e serviços
- IV - Irredutibilidade do valor dos benefícios
- V - Equidade na forma de participação no custeio
- VI - Diversidade da base de financiamento
- VII - Caráter democrático e descentralizado da administração
  - Mediante **gestão quadripartite**
  - Com participação, nos órgãos colegiados, dos
    - Trabalhadores
    - Empregadores
    - Aposentados
    - Governo

1. Seguridade Social

Financiamento da Seguridade Social (art. 195)

- Por toda a sociedade — **Princípio da solidariedade financeira**
- **Forma**
  - Direta
  - Indireta
- **Recursos**
  - i. Da União
  - ii. Dos Estados
  - iii. Do DF
  - iv. Dos Municípios
  - ⚠ Constarão dos **respectivos orçamentos**, **não** integrando o **orçamento da União** (art. 195, § 1º)

- **Contribuições Sociais**
  - As **contribuições sociais** sobre as materialidades previstas na CF podem ser instituídas por
    - **Lei ordinária**
    - **Medida provisória**
  - Podem ser instituídas **NOVAS BASES** por **lei complementar** (**competência residual** da União)
    - ✗ **Não** pode atingir **aposentadorias** e **pensões** concedidas pelo **RGPS**
  - Nenhum benefício ou serviço da Seguridade Social poderá ser criado, majorado ou estendido sem a correspondente **fonte de custeio TOTAL**
  - **Casos**
    - I - Do **empregador**, da **empresa** e da **entidade** a ela **equiparada** na forma da lei
      - Incidentes sobre
        - a) Folha de salários
        - b) Receita ou faturamento
        - c) Lucro
      - **Obs.:** Poderão ter alíquotas ou bases de cálculo diferenciadas
    - II - Do **trabalhador** e dos demais segurados da previdência social, **não incidindo** contribuição sobre **aposentadoria** e **pensão** concedidas pelo Regime Geral de Previdência Social (**RGPS**)
      - ⚠ O **RGPS** está **imune** à incidência de contribuição previdenciária
    - III - Sobre a receita de concursos de **prognósticos**
      - Loterias, bingos
    - IV - Do **importador** de **bens** ou **serviços do exterior**, ou de quem a lei a ele equiparar
  - ⚠ **Obs.:**
    - A **pessoa jurídica** em **débito** com o sistema da Seguridade Social, como estabelecido em lei, **não** poderá **contratar** com o Poder Público nem dele receber benefícios ou incentivos fiscais ou creditícios (art. 195, § 3º)
    - São **ISENTAS** de contribuição para a Seguridade Social as **entidades beneficentes** de assistência social que atendam às exigências legais

ORDEM SOCIAL II - SEGURIDADE SOCIAL

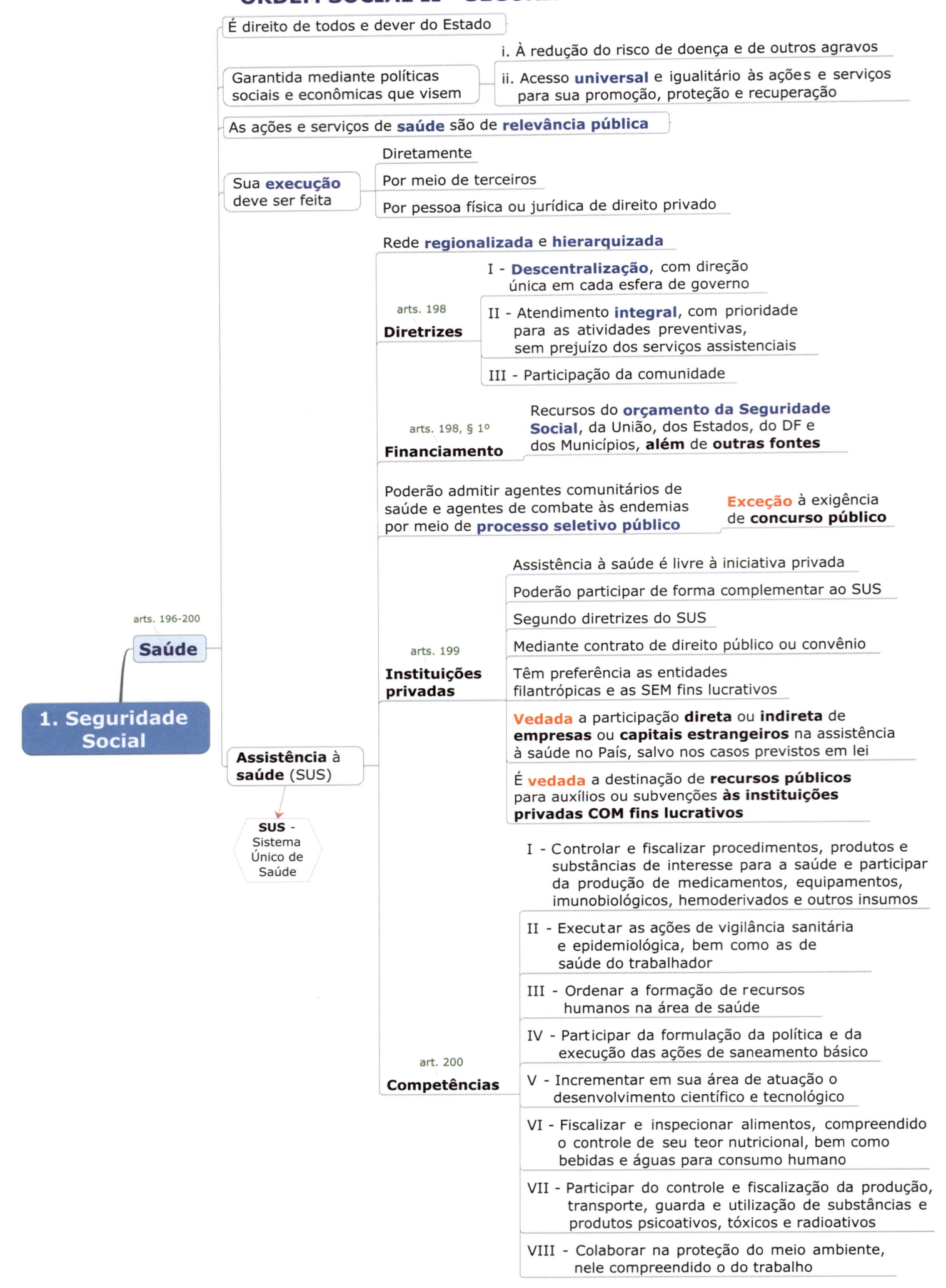

1. Seguridade Social

Saúde (arts. 196-200)

É direito de todos e dever do Estado

Garantida mediante políticas sociais e econômicas que visem
- i. À redução do risco de doença e de outros agravos
- ii. Acesso **universal** e igualitário às ações e serviços para sua promoção, proteção e recuperação

As ações e serviços de **saúde** são de **relevância pública**

Sua **execução** deve ser feita
- Diretamente
- Por meio de terceiros
- Por pessoa física ou jurídica de direito privado

Assistência à saúde (SUS)

SUS - Sistema Único de Saúde

Rede **regionalizada** e **hierarquizada**

arts. 198 — Diretrizes
- I - **Descentralização**, com direção única em cada esfera de governo
- II - Atendimento **integral**, com prioridade para as atividades preventivas, sem prejuízo dos serviços assistenciais
- III - Participação da comunidade

arts. 198, § 1º — Financiamento
- Recursos do **orçamento da Seguridade Social**, da União, dos Estados, do DF e dos Municípios, **além** de **outras fontes**

Poderão admitir agentes comunitários de saúde e agentes de combate às endemias por meio de **processo seletivo público**
— **Exceção** à exigência de **concurso público**

arts. 199 — Instituições privadas
- Assistência à saúde é livre à iniciativa privada
- Poderão participar de forma complementar ao SUS
- Segundo diretrizes do SUS
- Mediante contrato de direito público ou convênio
- Têm preferência as entidades filantrópicas e as SEM fins lucrativos
- **Vedada** a participação **direta** ou **indireta** de **empresas** ou **capitais estrangeiros** na assistência à saúde no País, salvo nos casos previstos em lei
- É **vedada** a destinação de **recursos públicos** para auxílios ou subvenções **às instituições privadas COM fins lucrativos**

art. 200 — Competências
- I - Controlar e fiscalizar procedimentos, produtos e substâncias de interesse para a saúde e participar da produção de medicamentos, equipamentos, imunobiológicos, hemoderivados e outros insumos
- II - Executar as ações de vigilância sanitária e epidemiológica, bem como as de saúde do trabalhador
- III - Ordenar a formação de recursos humanos na área de saúde
- IV - Participar da formulação da política e da execução das ações de saneamento básico
- V - Incrementar em sua área de atuação o desenvolvimento científico e tecnológico
- VI - Fiscalizar e inspecionar alimentos, compreendido o controle de seu teor nutricional, bem como bebidas e águas para consumo humano
- VII - Participar do controle e fiscalização da produção, transporte, guarda e utilização de substâncias e produtos psicoativos, tóxicos e radioativos
- VIII - Colaborar na proteção do meio ambiente, nele compreendido o do trabalho

ORDEM SOCIAL III - SEGURIDADE SOCIAL

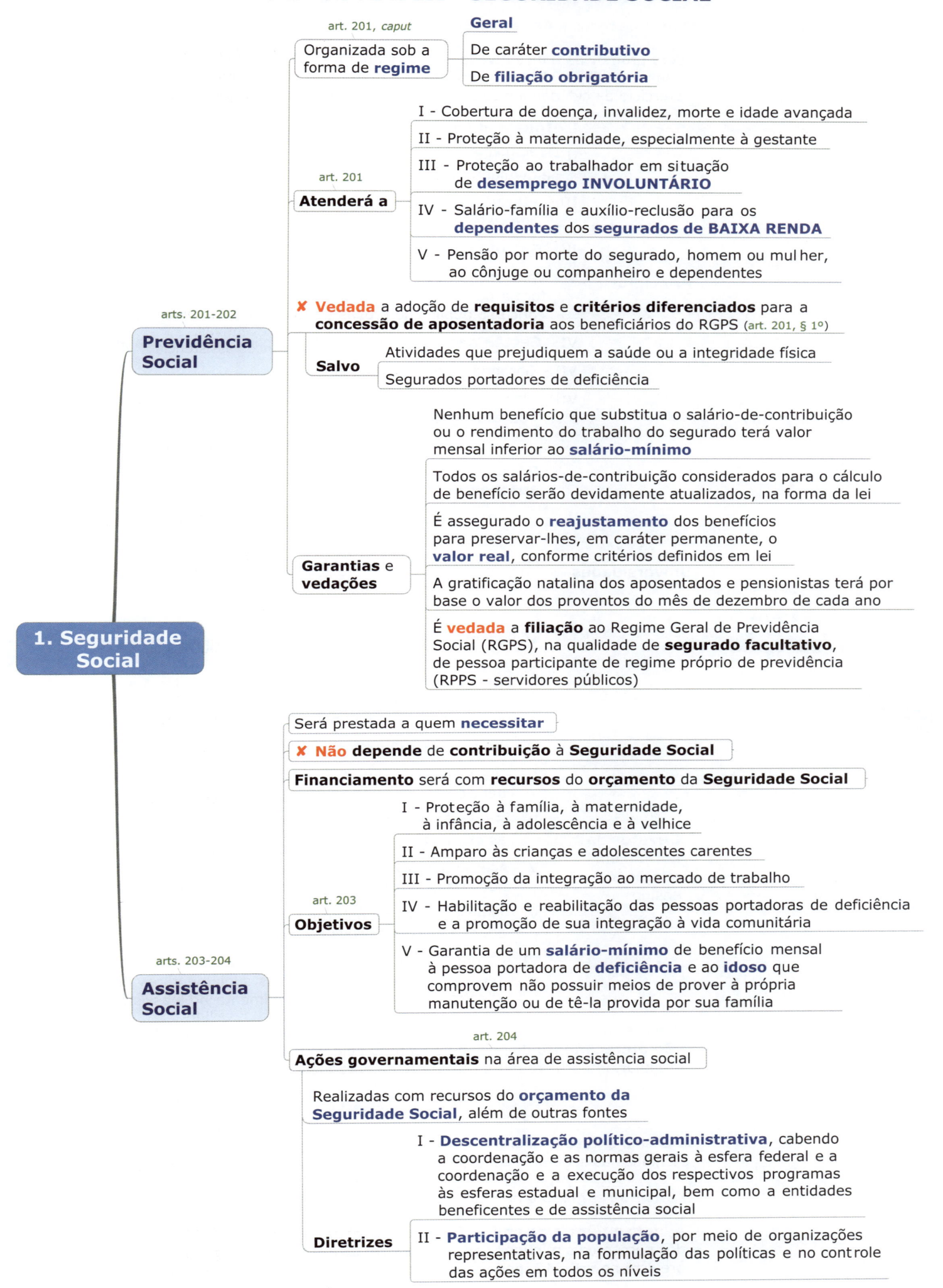

1. Seguridade Social

Previdência Social (arts. 201-202)

Organizada sob a forma de **regime** (art. 201, *caput*)
- **Geral**
- De caráter **contributivo**
- De **filiação obrigatória**

Atenderá a (art. 201)
- I - Cobertura de doença, invalidez, morte e idade avançada
- II - Proteção à maternidade, especialmente à gestante
- III - Proteção ao trabalhador em situação de **desemprego INVOLUNTÁRIO**
- IV - Salário-família e auxílio-reclusão para os **dependentes** dos **segurados de BAIXA RENDA**
- V - Pensão por morte do segurado, homem ou mulher, ao cônjuge ou companheiro e dependentes

✗ **Vedada** a adoção de **requisitos** e **critérios diferenciados** para a **concessão de aposentadoria** aos beneficiários do RGPS (art. 201, § 1º)

Salvo
- Atividades que prejudiquem a saúde ou a integridade física
- Segurados portadores de deficiência

Garantias e **vedações**
- Nenhum benefício que substitua o salário-de-contribuição ou o rendimento do trabalho do segurado terá valor mensal inferior ao **salário-mínimo**
- Todos os salários-de-contribuição considerados para o cálculo de benefício serão devidamente atualizados, na forma da lei
- É assegurado o **reajustamento** dos benefícios para preservar-lhes, em caráter permanente, o **valor real**, conforme critérios definidos em lei
- A gratificação natalina dos aposentados e pensionistas terá por base o valor dos proventos do mês de dezembro de cada ano
- É **vedada** a **filiação** ao Regime Geral de Previdência Social (RGPS), na qualidade de **segurado facultativo**, de pessoa participante de regime próprio de previdência (RPPS - servidores públicos)

Assistência Social (arts. 203-204)

- Será prestada a quem **necessitar**
- ✗ **Não** depende de **contribuição** à **Seguridade Social**
- **Financiamento** será com **recursos** do **orçamento** da **Seguridade Social**

Objetivos (art. 203)
- I - Proteção à família, à maternidade, à infância, à adolescência e à velhice
- II - Amparo às crianças e adolescentes carentes
- III - Promoção da integração ao mercado de trabalho
- IV - Habilitação e reabilitação das pessoas portadoras de deficiência e a promoção de sua integração à vida comunitária
- V - Garantia de um **salário-mínimo** de benefício mensal à pessoa portadora de **deficiência** e ao **idoso** que comprovem não possuir meios de prover à própria manutenção ou de tê-la provida por sua família

Ações governamentais na área de assistência social (art. 204)

Realizadas com recursos do **orçamento da Seguridade Social**, além de outras fontes

Diretrizes
- I - **Descentralização político-administrativa**, cabendo a coordenação e as normas gerais à esfera federal e a coordenação e a execução dos respectivos programas às esferas estadual e municipal, bem como a entidades beneficentes e de assistência social
- II - **Participação da população**, por meio de organizações representativas, na formulação das políticas e no controle das ações em todos os níveis

ORDEM SOCIAL IV

Direito de todos e **dever do Estado** e **da família** (art. 205)

Será promovida e incentivada com a colaboração da sociedade, visando ao pleno desenvolvimento da pessoa, seu preparo para o exercício da cidadania e sua qualificação para o trabalho (art. 205)

art. 206
Princípios

I - **Igualdade** de condições para o acesso e permanência na escola

II - **Liberdade** de aprender, ensinar, pesquisar e divulgar o pensamento, a arte e o saber

III - **Pluralismo** de ideias e de concepções pedagógicas, e **coexistência** de instituições **públicas e privadas** de ensino

IV - **Gratuidade** do ensino público em estabelecimentos oficiais

V - Valorização dos profissionais da educação escolar, garantidos, na forma da lei, planos de carreira, com ingresso exclusivamente por concurso público de provas e títulos, aos das redes públicas

VI - **Gestão democrática** do ensino público, na forma da lei

VII - Garantia de padrão de qualidade

VIII - Piso salarial profissional nacional para os profissionais da educação escolar pública, nos termos de lei federal

art. 207
Universidades

Gozam de **autonomia**
- i. Didático-científica
- ii. Administrativa
- iii. Gestão financeira e patrimonial

Obedecerão ao **princípio de indissociabilidade** entre
- i. Ensino
- ii. Pesquisa
- iii. Extensão

✔ Podem admitir professores, técnicos e cientistas **estrangeiros**

arts. 205-214
2. Educação

Ordem Social

art. 208
Deveres do Estado em relação ao ensino

I - **Educação básica obrigatória** e **gratuita** dos **4** aos **17 anos** de idade, assegurada a oferta gratuita para todos os que a ela não tiveram acesso na idade própria

II - Progressiva **universalização do ensino médio** gratuito

III - Atendimento educacional especializado aos portadores de deficiência, preferencialmente na rede regular de ensino

IV - Educação infantil, em **creche** e **pré-escola**, às **crianças até 5 anos** de idade

V - Acesso aos níveis mais elevados do ensino, da pesquisa e da criação artística, segundo a capacidade de cada um

VI - Oferta de ensino noturno regular, adequado às condições do educando

VII - Atendimento ao educando, em todas as etapas da educação básica, por meio de programas suplementares de material didático-escolar, transporte, alimentação e assistência à saúde

O acesso ao ensino **obrigatório** e **gratuito** é **direito público subjetivo** e o **não oferecimento** do ensino obrigatório pelo Poder Público, ou sua oferta irregular, importa **responsabilidade** da autoridade competente (art. 208, §§ 1º-2º)

art. 209
O ensino é **livre** à **iniciativa privada**, atendidas as seguintes condições

I - Cumprimento das normas gerais da educação nacional

II - Autorização e avaliação de qualidade pelo Poder Público

O **ensino religioso** é de matrícula **facultativa** (art. 210, § 1º)

A **inobservância** da **aplicação na educação**, pelo Estado-membro ou DF, dos percentuais mínimos das **receitas resultantes de impostos**, conforme previsto no art. 212, poderá ensejar a **decretação de intervenção federal**

ORDEM SOCIAL V

Ordem Social

3. Cultura
arts. 215-216

O Estado garantirá a todos o pleno exercício dos direitos culturais e acesso às fontes da cultura nacional, e apoiará e incentivará a valorização e a difusão das manifestações culturais (art. 215)

art. 215, § 1º

O Estado protegerá as manifestações das culturas populares, indígenas e afro-brasileiras, e das de outros grupos participantes do processo civilizatório nacional

art. 215, § 3º

A lei estabelecerá o **Plano Nacional de Cultura**, de **duração plurianual**, visando ao desenvolvimento cultural do País e à integração das ações do Poder Público que conduzem à

- I - Defesa e valorização do patrimônio cultural brasileiro
- II - Produção, promoção e difusão de bens culturais
- III - Formação de pessoal qualificado para a gestão da cultura em suas múltiplas dimensões
- IV - Democratização do acesso aos bens de cultura
- V - Valorização da diversidade étnica e regional

Ficam tombados todos os documentos e os sítios detentores de reminiscências históricas dos antigos quilombos

art. 216

Constituem patrimônio cultural brasileiro os bens de natureza **material** e **imaterial**, tomados individualmente ou em conjunto, portadores de referência à identidade, à ação, à memória dos diferentes grupos formadores da sociedade brasileira, nos quais se incluem

- I - As formas de expressão
- II - Os modos de criar, fazer e viver
- III - As criações científicas, artísticas e tecnológicas
- IV - As obras, objetos, documentos, edificações e demais espaços destinados às manifestações artístico-culturais
- V - Os conjuntos urbanos e sítios de valor histórico, paisagístico, artístico, arqueológico, paleontológico, ecológico e científico

4. Ciência e Tecnologia
arts. 218-219

O Estado promoverá e incentivará o desenvolvimento científico, a pesquisa, a capacitação **científica** e tecnológica e a **inovação** ★ *art. 218, caput EC 85/2015*

Pesquisa
- **Científica básica** — Receberá tratamento prioritário do Estado
- **Tecnológica** — Voltar-se-á preponderantemente para a solução dos problemas brasileiros e para o desenvolvimento do sistema produtivo nacional e regional

➤ Tendo em vista o bem público e o progresso da ciência, **tecnologia** e **inovação** (art. 215, § 1º / EC 85/2015)

O **Estado apoiará** a **formação de recursos humanos** nas áreas de ciência, pesquisa, tecnologia e **inovação, INCLUSIVE** por meio do **apoio às atividades de extensão tecnológica**, e concederá aos que delas se ocupem meios e condições especiais de trabalho (art. 215, § 3º / EC 85/2015)

A **lei apoiará** e **estimulará** as **empresas que invistam em pesquisa**, criação de tecnologia adequada ao país, formação e aperfeiçoamento de seus recursos humanos e que pratiquem sistemas de remuneração que assegurem ao empregado, desvinculada do salário, participação nos ganhos econômicos resultantes da produtividade de seu trabalho

É **facultado** aos Estados e ao Distrito Federal vincular parcela de sua receita orçamentária a entidades públicas de fomento ao ensino e à pesquisa científica e tecnológica

O mercado interno integra o patrimônio nacional e será incentivado de modo a viabilizar o desenvolvimento cultural e socioeconômico, o bem-estar da população e a autonomia tecnológica do país, nos termos de lei federal

ORDEM SOCIAL VI

art. 220

A manifestação do pensamento, a criação, a expressão e a informação, sob qualquer forma, processo ou veículo **não sofrerão qualquer restrição** (**salvo** as **restrições** que a própria **CF estabelecer**)

art. 220, § 1º

A lei não pode prejudicar a plena liberdade de informação jornalística

art. 220, § 2º

É **vedada** toda e qualquer **censura** de natureza política, ideológica e artística

art. 220, § 3º

Compete à lei federal

I - Regular as diversões e espetáculos públicos, cabendo ao Poder Público informar sobre a natureza deles, as faixas etárias a que não se recomendem, locais e horários em que sua apresentação se mostre inadequada

II - Estabelecer os meios legais que garantam à pessoa e à família a possibilidade de se defenderem de programas ou programações de rádio e televisão que contrariem os princípios a seguir, bem como da propaganda de produtos, práticas em serviços que possam ser nocivos à saúde e ao meio ambiente

art. 220, § 5º

Os meios de comunicação social não podem, direta ou indiretamente, ser objeto de monopólio ou oligopólio

art. 220, § 6º

A **publicação** de **veículo impresso** de comunicação **INDEPENDE** de **LICENÇA** de autoridade

arts. 220-224

5. Comunicação Social

Ordem Social

art. 221

Princípios

I - Preferência a finalidades educativas, artísticas, culturais e informativas

II - Promoção da cultura nacional e regional e estímulo à produção independente que objetive sua divulgação

III - Regionalização da produção cultural, artística e jornalística, conforme percentuais estabelecidos em lei

IV - Respeito aos valores éticos e sociais da pessoa e da família

art. 222

Propriedade de **empresa jornalística** e de **radiodifusão** sonora e de sons e imagens é **PRIVATIVA** de

i. Brasileiros natos, ou

ii. Brasileiros naturalizados há mais de 10 anos, ou

iii. Pessoas jurídicas constituídas sob as leis brasileiras e que tenham sede no país

Obs.: Pelo menos 70% do capital total e do capital votante das empresas jornalísticas e de radiodifusão sonora e de sons e imagens deverá pertencer, direta ou indiretamente, a brasileiros natos ou naturalizados há mais de 10 anos, que exercerão obrigatoriamente a gestão das atividades e estabelecerão o conteúdo da programação

art. 222, § 2º

A responsabilidade editorial e as atividades de seleção e direção da programação veiculada são privativas de brasileiros natos ou naturalizados há mais de dez anos, em qualquer meio de comunicação social

ORDEM SOCIAL VII

Ordem Social

6. Desporto
art. 217

É **dever do Estado** fomentar **práticas desportivas formais** e **não formais**

Direito de todos

Devem ser observados

I - A autonomia das entidades desportivas dirigentes e associações, quanto à sua organização e funcionamento

II - A destinação de recursos públicos para a promoção prioritária do desporto educacional e, em casos específicos, para a do desporto de alto rendimento

III - Tratamento diferenciado para o desporto profissional e o não profissional

IV - A proteção e o incentivo às manifestações desportivas de criação nacional

O **Poder Judiciário** só admitirá ações relativas à disciplina e às competições desportivas **APÓS esgotarem-se** as **instâncias** da **justiça desportiva**

⚠ **Obs.:**
A **justiça desportiva não** faz parte do **Poder Judiciário**

As suas **decisões não** fazem **coisa julgada**

7. Meio ambiente
art. 225

Todos têm direito ao **meio ambiente ecologicamente equilibrado**, bem de uso comum do povo e essencial à sadia qualidade de vida, impondo-se ao Poder Público e à coletividade o dever de defendê-lo e preservá-lo para as presentes e futuras gerações

⚠ O meio ambiente **ecologicamente equilibrado** é **direito fundamental**

art. 225, § 1º

Incumbe ao Poder Público

I - Preservar e restaurar os processos ecológicos essenciais e prover o manejo ecológico das espécies e ecossistemas

II - Preservar a diversidade e a integridade do patrimônio genético do país e fiscalizar as entidades dedicadas à pesquisa e manipulação de material genético

III - Definir, em todas as unidades da Federação, espaços territoriais e seus componentes a serem especialmente protegidos, sendo a alteração e a supressão permitidas somente através de lei, vedada qualquer utilização que comprometa a integridade dos atributos que justifiquem sua proteção

IV - Exigir, na forma da lei, para instalação de obra ou atividade potencialmente causadora de significativa degradação do meio ambiente, estudo prévio de impacto ambiental, a que se dará publicidade

V - Controlar a produção, a comercialização e o emprego de técnicas, métodos e substâncias que comportem risco para a vida, a qualidade de vida e o meio ambiente

VI - Promover a educação ambiental em todos os níveis de ensino e a conscientização pública para a preservação do meio ambiente

VII - Proteger a fauna e a flora, vedadas, na forma da lei, as práticas que coloquem em risco sua função ecológica, provoquem a extinção de espécies ou submetam os animais a crueldade

Não se consideram **cruéis** as práticas desportivas que **utilizem animais**, desde que sejam **manifestações culturais**, registradas como bem de natureza imaterial integrante do patrimônio cultural brasileiro, devendo ser regulamentadas por lei específica que assegure o bem-estar dos animais envolvidos (**EC 96/2017**)

Aquele que explorar recursos minerais **fica obrigado** a **recuperar** o meio ambiente degradado

A **Floresta Amazônica brasileira**, a **Mata Atlântica**, a **Serra do Mar**, o **Pantanal Mato-Grossense** e a **Zona Costeira** são **patrimônio nacional**, e sua utilização far-se-á, na forma da lei, dentro de condições que assegurem a preservação do meio ambiente, inclusive quanto ao uso dos recursos naturais

As condutas e atividades consideradas lesivas ao meio ambiente sujeitarão os infratores, **pessoas físicas** ou **jurídicas**, a sanções penais e administrativas, independentemente da obrigação de reparar os danos causados

São indisponíveis as terras devolutas ou arrecadadas pelos Estados, por ações discriminatórias, necessárias à proteção dos ecossistemas naturais

As usinas que operem com reator nuclear deverão ter sua **localização definida** em **lei FEDERAL**, sem o que não poderão ser instaladas

DA ORDEM SOCIAL VIII

Ordem Social

8. Família, Criança, Adolescente, Jovem e Idoso
arts. 226-230

A família, **base da sociedade**, tem especial proteção do Estado

Casamento
art. 226, §§

- É civil e gratuito
- Religioso tem efeito civil
- A lei deve **facilitar** a conversão da união estável em casamento
- Os direitos e deveres referentes à sociedade conjugal são exercidos igualmente pelo homem e pela mulher

art. 226, § 6º
Casamento civil pode ser **dissolvido** pelo **DIVÓRCIO**

✗ **Não** precisa mais esperar **2 anos** de **separação de fato** ou **1 ano** de **separação judicial** (EC 66/2010)

Para efeito da **proteção do Estado**, é reconhecida a **união estável** entre o **homem** e a **mulher** como **entidade familiar**

✔ "homem e a mulher" – também pode ser estendido para **uniões homoafetivas** (ADI 4.277/DF e ADPF 132/RJ)

Entidade familiar
- Casamento (civil ou religioso)
- União estável
- Qualquer dos pais e seus descendentes

Planejamento familiar
art. 226, § 7º
- Livre decisão do casal
- O Estado deve propiciar recursos educacionais e científicos para o exercício desse direito, **vedada** qualquer **forma coercitiva** por parte de instituições oficiais ou privadas

Portadores de deficiência
- A lei os protegerá

O Estado promoverá programas de **assistência integral** à **saúde** da **criança**, do **adolescente** e do **jovem**, **admitida** a participação de **entidades não governamentais**, mediante políticas específicas e obedecendo aos seguintes **preceitos**

I - Aplicação de percentual dos recursos públicos destinados à saúde na assistência maternoinfantil

II - Criação de programas de prevenção e atendimento especializado para as pessoas portadoras de deficiência física, sensorial ou mental, bem como de integração social do adolescente e do jovem portador de deficiência, mediante o treinamento para o trabalho e a convivência, e a facilitação do acesso aos bens e serviços coletivos, com a eliminação de obstáculos arquitetônicos e de todas as formas de discriminação

São **penalmente inimputáveis** os menores de **18 anos**, sujeitos às normas da legislação especial (art. 228)

9. Índios
arts. 231-232

São reconhecidos aos índios sua organização social, costumes, línguas, crenças e tradições, e os **DIREITOS** originários sobre as terras que tradicionalmente ocupam, competindo à **União** demarcá-las, proteger e fazer respeitar todos os seus bens

As **terras tradicionalmente ocupadas** pelos índios são bens da **UNIÃO**

São **terras tradicionalmente ocupadas** pelos índios as por eles habitadas em caráter permanente, as utilizadas para suas atividades produtivas, as imprescindíveis à preservação dos recursos ambientais necessários a seu bem-estar e as necessárias a sua reprodução física e cultural, segundo seus usos, costumes e tradições

As terras tradicionalmente ocupadas pelos índios destinam-se a sua posse permanente, cabendo-lhes o **usufruto exclusivo das riquezas do solo**, **dos rios e dos lagos** nelas existentes

O **aproveitamento** dos **recursos hídricos**, incluídos os **potenciais energéticos**, a **pesquisa** e a **lavra das riquezas minerais** em terras indígenas só podem ser efetivados com **autorização do Congresso Nacional**, ouvidas as comunidades afetadas, ficando-lhes assegurada participação nos resultados da lavra, na forma da lei

As terras de que trata este artigo são **inalienáveis** e **indisponíveis**, e os direitos sobre elas, **imprescritíveis**

É **vedada** a **remoção** dos grupos **indígenas de suas terras**, salvo, "*ad referendum*" do Congresso Nacional, em caso de catástrofe ou epidemia que ponha em risco sua população, ou no interesse da soberania do país, após deliberação do Congresso Nacional, garantido, em qualquer hipótese, o retorno imediato logo que cesse o risco

Os índios, suas comunidades e organizações são partes legítimas para ingressar em juízo em defesa de seus direitos e interesses, **intervindo** o **Ministério Público** em todos os atos do processo

Bibliografia

ALEXANDRINO, Marcelo & PAULO, Vicente. *Direito administrativo descomplicado*. 26ª ed. São Paulo: Editora Método, 2016.

CRUZ, Vitor. *1001 questões comentadas de direito constitucional – Cespe*. 3ª ed. São Paulo: Editora Método, 2012.

LENZA, Pedro. *Direito constitucional esquematizado*. 21ª ed. São Paulo: Editora Saraiva, 2015.

MENDES, Gilmar Ferreira; COELHO, Inocêncio Mártires; BRANCO, Paulo Gustavo Gonet. *Curso de direito constitucional*. São Paulo: Editora Saraiva, 2007.

MORAES, Alexandre de. *Direito constitucional*. 21ª ed. São Paulo: Editora Atlas, 2007.

PAULO, Vicente & ALEXANDRINO, Marcelo. *Direito constitucional descomplicado*. 16ª ed. São Paulo: Editora Método, 2016.

PAULO, Vicente; ALEXANDRINO, Marcelo; DIAS, Frederico. *Aulas de direito constitucional para concursos*. 3ª ed. São Paulo: Editora Método, 2014.

Anotações

_____
_____
_____
_____
_____
_____
_____
_____
_____
_____
_____
_____
_____
_____
_____
_____
_____
_____
_____
_____
_____
_____
_____
_____
_____
_____

Anotações

Esta obra foi impressa em papel offset 90g/m²